威科法律译丛 II

# 版权法

## 案例与解析

〔美〕斯蒂芬·麦克约翰 著

宋慧献 译

创于1897　商务印书馆　The Commercial Press

By

Stephen M. Mcjohn

**Copyright：Examples & Explanations**

Fourth Edition

This is a translation of Copyright Fourth Edition，by Stephen M. Mcjohn，published and sold by The Commercial Press，by permission of Wolters Kluwer Law International in The Hague/London/ New York，the owner of all rights to publish and sell same.

# 出 版 说 明

我馆历来重视迻译出版世界各国法律著作。早在 1907 年就出版了第一套系统介绍外国法律法规的《新译日本法规大全》81 册，还出版了《汉译日本法律经济辞典》。1909 年出版了中国近代启蒙思想家严复翻译的法国著名思想家孟德斯鸠的《法意》。这些作品开近代中国法治风气之先。其后，我馆翻译出版了诸多政治、法律方面的作品，对于民国时期的政治家和学人产生了重要影响。新中国成立后，我馆以译介外国哲学社会科学著作为重，特别是从 1981 年开始分辑出版"汉译世界学术名著丛书"，西方政治法律思想名著构成其中重要部分，在我国法学和法治建设中发挥了积极作用。

2010 年开始，我馆与荷兰威科集团建立战略合作伙伴关系，联手开展法学著作中外文双向合作出版。威科集团创立于 1836 年，是全球最大的法律专业信息服务和出版机构之一。"威科法律译丛"是我们从威科集团出版的法律图书中挑选的精品，其中涉及当前中国学术界尚处在空白状态、亟需研究的领域，希望能够对中国的法学和法治建设有所助益。除了引进国外法律图书外，我们同时也通过威科集团将中国的法律思想和制度译介给西方社会，俾使中国学人的思想成果走向世界，中华文明的有益经验惠及异域。

商务印书馆编辑部

2011 年 8 月

# 译 者 序

## 一

翻译过《美国知识产权法原理》，原本不想再翻译此类著作。可是，2015年初，在美国佩斯大学法学院书店看到这本书，初始印象挺好。当商务印书馆编辑王兰萍博士表示愿意在国内出版时，我竟欣然答应了。这源自我们一直的想法：为国内法学专业学生和实务工作者提供实用而简明的美国知识产权法基础读物，使他们能够快捷、准确而全面地掌握美国知识产权法——包括基本学说与法律体系，成文法解释与代表性判例。而这两本书确当此任。

作为法学教师，我们会经常考虑此类问题：法科生的教材最好能是什么样的？很多同仁为此进行了有益的探索，知识产权法学科的收获也令人瞩目。在此过程中，美国的法学教材几乎成了很多人心目中的一种楷模，即所谓"案例与材料/Cases and Materials"模式。关于这种教材模式的优点，共识昭然，此处无需累赘。这里倒是想说说我对此种出版物（而非教材构成模式）一直抱有的腹诽：一本书汇集大量的法院判决书和文献资料，鸿篇巨制，携带不便，且需学子们投入一笔相当可观的开支（动辄一两百美金）；又因循环利用的消费市场，出版社为了取得不菲的利润，可能必须依靠不间断的修订以及其他未必有利于读者大众的商业策略（没有调查，只是猜测）。案例与材料固然为法学学业所必需（尤其在判例法国家），但当今传播方式的变革似乎正在削弱这种汇编式大部头的必要性：当数字化、网络化已使各种案例与材料唾手可得时，物巨而价高的书籍模式似乎可以退出舞台的中心了。所以，在美国法学院书店里，我更看好本书所属之"案例与解析系列

(Examples & Explanations)"，其他还有"Nutshells Series"、"Understanding Series"等。加之平装，其物美价廉便不只是本土美国人才有的感觉。此类简明教材自然也属于一贯的案例与材料模式：全面涵盖了基本制度、学说与判解。但它并不汇编大量判例与文献摘录，而是在介绍制度、讲解学说的同时援引案例与文献要点，点到为止但面面俱到。握此一册，读者既可迅速掌握某一领域的知识信息，又可借此引导，快速查找更详尽的原始文献。这正是我愿意前后两度翻译的缘由。

　　"案例与解析系列"涵盖了法学的各个学科，商务印书馆已引进《美国宪法：个人权利》等。就本书而言，除了前述以及匆匆浏览即可看到的诸特点，如下几点值得提及。该书之系列名称"Examples & Explanations"中的Examples，无论其名其实，均当译为"实例"。但为了与商务印书馆已出版的其他图书保持一致，本书也译之为"案例"。也需注意，这些案例(Examples)并非法院审判之Cases，而是作者精心设计的案情事例，针对性很强。不过，这些实例也并非尽由作者凭空臆造，而多有真实的法院判例(Cases)作为其基础。这种裁剪真实判例的做法，更能贴合有关制度与学说的理解。另外，该书语言平实、讲解详尽，远超笔者见过的任何同类出版物，可令任何初涉美国版权法的读者快速登堂入室。

二

　　此书翻译，再次遇到一个老问题：版权、抑或著作权？我相信，大多数研习著作权/版权法的人，都会面对这个问题。虽然我国成文法明确视二者为同义，但这毕竟是两个不同的词语，使用者难免因各种理由而面对选择，较真的人可能还会很纠结。对此，这里想啰嗦几句。

　　当年任职《中国版权》杂志编辑时，编辑部形成一种惯例：作者可自由选择使用版权或著作权，但须文内一致，不可混用；当然，成文法之名称与引文仍须忠于原文，即采用著作权一词；行政机关名称须采用版权——我国各级行政部门只有版权局/处、没有著作权局/处。就个人倾向而言，我更支持在学术著作中采用著作权一词，因为这毕竟已被成文法正面采用，且我国台湾地区、日本法律也均采用了著作权，由此我甚至还希望我国能彻底放弃版权一词。但我的三本著译都采用了版权一词，理由有所不同。《版权保护与表达自由》一书是为了保持"版权保护"与"表达自由"之间的字数平衡；并且也曾想到，因表达自由受到限制的主要是财产性权利，而被认为源于英美的版权主要是一种财产性权利——这一理由之合理性值得怀疑。两部译著系美国学者撰写，内容主要针对美国法律，遵循我国学界一直抱有的习惯性看法，版权一词似乎是一种比较入俗的选择。无论如何，虽然我国法律一直视著作权/版权为同义词，但学术界却又有不同的倾向：谈英美法，多称版权；论欧陆法，则多称著作权。而实际上，19 世纪日本人率先用汉字著作权一词与欧陆法律上的 author's right——准确翻译应该是"作者权"，其间确实能划等号么？很多时候，这是个不小的问题。

众所周知，欧陆法传统上的"作者权＋邻接权"、英美法上的 copyright，各自成体系，界限清晰。而一旦将二者混在一起，特别是再出之于第三种语言和术语，问题就复杂了。我国版权/著作权界面对的术语之惑是多层面的。除了版权与著作权之异同，著作权与作者权之异同、著作权之广义与狭义的区分都看似是一个简单的称呼问题，实际上，一不小心，难免会引起原则性与制度性的理解歧义。我国《著作权法》客观上导致"著作权"一语可做两用：狭义著作权仅属于作者，而广义著作权还包含了邻接权或有关权，人们的讨论便难免会有广、狭之混。同样的问题也存在于国际背景下。在英美法律框架下，Copyright 是一个大概念，其外延包括大陆法上的作者权和邻接权（至少是部分），但不少文件与文献却又将 Copyright 与邻接权并列，Copyright 因而就仅仅对应于作者权了。这样，就像我国的著作权一语，Copyright 也得到了广义与狭义两种层面上的理解。混乱由此而生，如著作权保护的实质要件即独创性之辨。我国法律语境下常常引发议论的著作权实质要件对应于欧陆法上的作者权要件，不包括邻接权，但它与英美法上的可版权性/独创性（Copyrightability / Originality）显然不能划等号，因为英美法上的 Copyright 囊括了大陆法上的邻接权，其对可版权性提出的最低创造性要求应该也涵盖了大陆法框架下的邻接权。这样的话，我国法律实践对于狭义著作权（即作者权）实质要件的解释与界定若借鉴美国法上的最低创造性标准，似乎显得不太对劲儿。几年前我撰写过一篇小文《著作权、作者权与版权：正其名以顺其言》，其中指出，为了概念体系的严整性，我国《著作权法》不妨将著作权明确定为包括邻接权的广义性概念，同时采纳欧陆法上的作者权一词，由此，著作权＝作者权＋邻接权。同样，欧陆国家法律应为作者权和邻接权创设一个上位概念，最便捷的方式是直接将 Copyright 引入欧洲语言。

另一个值得推敲的术语是 Moral Right。英文 Moral Right 源于法语 Droit Moral，对应于我国《著作权法》中的人身权，我国学术上也称其为人格权或精神权利；日本和我国台湾地区的著作权法则称其为人格权。对这一概念的中文表述，我一直持有疑问：如果这种权利可以被称为人格权或人身权，法国著作权法在最初为之命名时为何没有直接使用 Personalité，而是使用了 Moral？而对于普通的人格权，这些国家通常采用了 Right of Personality（英语）、Droit De La Personalité（法语）、Personlichkeitsrecht（德语）。进而，这是否表明，著作权法上的 Moral Rights 与民法意义上的人格权有着性质上的差异？应该做此理解，因为无论如何，作者对于作品的 Moral Right 很难与一般自然人就其人格享有的权利被视为等同。既然如此，我们也不妨将 Moral Right 直接翻译为精神权利，既与概念之源头保持一致，也可显示两类权利之间的差异。另外，Moral Right 也有道德权利之意，这也可以为我们多角度理解这种权利的性质提供线索。

翻译中的其他转换之难还有很多，比如 distribution、communication、transmission 与发行、传播、传输之间，transfer、assignment、conveyance、alienation 与转让、转移、让与、让渡之间，能否做到一一对应？其他局部性或枝节性词语转换问题也比比皆是，此处不予尽述。

仍有一些技术性细节需要做简要交代。

原著只标明了一级标题（即章/Chapter）的序号，译文则依国内习惯，对各次级标题添加了序号。注释方面，原著全部采用行内注的方式。但此种方式不合国内大多数著作习惯，也难免有碍阅读，译文遂将其改为页下注。译文还添加了少量的译者注，均做了文字说明，序号则未作特别标记。

对于参考文献，如案例名与卷号、作品标题与来源文献等，为了便于读者进一步查询，本书在做部分翻译的同时保留了原文。有些人名及其他名称的翻译难免差强人意。对此，除遵照商务印书馆出版的《英语姓名译名手册》之外，译者基本遵循了音译为主、意译为辅的原则，但仍有多处让人难免困惑，像 Perfect 10, Inc.、Titleserv, Inc.、Theflyonthewall.com, Inc.、Skylink Techs. 等。

另外，译文有多处以括号方式保留了原文表达，主要是为了就某些专门性术语或特殊性用语提示读者特别注意，也为了方便读者进一步查询相关文献。

很多人不愿意做翻译，原因多多。翻译之基本功，是对原文做全面而尽量准确的理解与转换，不能有任何遗漏，仿佛始终要接受一个外在的标尺的衡量。因而，翻译过程太少自由创作的空间。这种限制是客观性的。从文化的角度看，语言翻译的确是在跨越注定不可跨越的交流障碍，知其不可为而为之。翻译看似实现了交流，而实质性障碍却依然存在，甚至还可能增添新的麻烦。另外，在当下教育与学术界，即使大部头的翻译，也可能不如一篇轻松为之的"原创"能够增加职称竞争的砝码。由此，翻译多方面地让人感到徒劳却无功。也许，全球化时代的阅读与交流，其最理想的状态，是寄望于人人通晓多种语言。

## 三

一如既往，本书翻译得众多同仁友朋之助力，感谢之情当永记。

为了准确理解美国法条或学说、准确转化众多术语，我曾多次在线咨询众多学界好友，如韦之、孙远钊等。移居美国湾区的马军同学似早晚"待命",就书中所涉诸多领域的疑点提出宝贵的参考建议。我的几位研究生(贾柠宁、高晓元、马建伦等),既为学习、也为帮忙,曾参与了部分章节的初译。定稿虽经我较大幅度修改或重译,他们的贡献却已渗透其中。作为编辑,王兰萍女士悉心关照着整体译程。尤其是,身为编辑兼学者、教授,王兰萍博士对本书之翻译与编辑体例设计,均提出了很多宝贵的建议。

　　本书出版计划于 2016 年夏季拟定。因为正常工作及其他写作任务,也因为个人阅读兴趣分散,竟致本可一年完成的工作拖延了三年有余。回想过去,半年甚至更长时间里,竟是如许世事变迁。法界而言,《民法典》多年之后正在欢乐声中冉冉升起;《著作权法》的新一轮修改工作也再次进入人们的视野。展望未来,诸多感慨只化作一声祈愿。尤其是,愿译者这绵薄之力能够汇入我们共同的法治事业!

宋慧献

2020 年春夏之际于京南

# 简　目

# 第四部分  版权诉讼

# 目　　录

# 第一部分　版权保护的客体

# 第三部分　法定权利

## 第四部分　版权诉讼

# 缩　略　语

| | |
|---|---|
| ASCAP | 美国作曲家、作家与出版者协会 |
| BMI | 广播音乐公司 |
| CC | 创造共享 |
| CD | 激光唱片、光盘 |
| CEO | 首席执行官 |
| CONTU | 版权作品新技术应用全国委员会 |
| CTEA | 《版权期限延长法》 |
| DMCA | 《数字千年版权法》 |
| DRAM | 临时高速存储器 |
| DRM | 数字权利管理 |
| DVD | 数字化视频光盘 |
| FBI | 联邦调查局 |
| ISP | 网络服务提供者 |
| MP3 | 一种音频压缩格式 |
| NASA | 美国国家航空和宇宙航行局 |
| NDA | 不披露协议 |
| TRIPS | 《与贸易有关的知识产权协定》 |
| U.C.C | 《统一商法典》 |
| USB | （计算机设备连接）通用串行总线 |
| VARA | 《视觉艺术家权利法案》 |
| VHS | 家用录像机系统 |
| WIPO | 世界知识产权组织 |
| WTO | 世界贸易组织 |

# 序　言

对于版权法基础知识的学习,本书提供了一个必要的工具,读者对象包括,选修版权法概要的法科学生,或希望对版权法基础有所了解的任何人。本书内容分为四个主要领域:可版权的客体、所有权与交易、法定的权利和版权诉讼。版权法作为知识产权法的一部分,所规范的是有关信息的权利,但版权的客体与专利和商标只有轻微的重叠。

版权法适用于作品,但超越了作者。版权所系,在于饥饿的艺术家、打拼的资本家、狡猾的黑客、满怀期待的投资人、炫耀的消费者、规则制定者、秘密保守者、软件爱好者、四处寻觅的下载者、说唱乐迷、写作者、游戏玩家——所有人都有可能。在数字世界,版权无处不及。其实际规则规范着一种最为变化多样的客体:创造性表达,来自从孟德斯鸠到蒙蒂·派松①。版权影响着表达自由、艺术家以及其他创新者的精神权利、经济资源分配、消费者利益,等等。

该书所遵照的是"案例与解析"系列的写作方法。每一部分都配以案例与相应的解析,为法律规则提供材料,指导学生将它们运用于其他各种情形。这些实例取自多种资源:司法意见、新闻报道、学生问题以及日常生活。学习法学不只是学习规则,它意味着学会将这些规则运用于各种实际情形。通过把具体的实例与解释结合在一起,敏思的读者将能发展这种综合性能力。

实例还可用来复习各个概念。读者可以通读各部分的实例而不必重读正文。他们也可以改变实例中的事实,并考虑结果是否有所不同——或可考虑,要以某种特定方式获得不同的结果,这些事实应做怎样的改变。

令我深感谢忱的帮助,来自众多学生和同事,来自不吝赐教的读者,来

---

① 　Monty Python,英国的一个超现实喜剧团体。——译者

自威科出版公司（特洛伊·弗洛贝、卡罗尔·麦基恩、苏珊·麦克伦、托尼·佩列洛、芭芭拉·罗斯、彼得·斯卡吉斯塔德和凯西·尹恩），尤其是，也来自我的家人。特别感谢服务于《西北技术与知识产权杂志》的学生们。我们每年一度的知识产权法"前十（Top Tens）"分析曾是该书得以修订完善的源泉。

　　时刻期待着您的思想、评论、建议、实例和解释，请联系 smcjohn@suffolk.edu。

# 第一章　版权法概要

假设奥兹创作了一部小说(或者是雕塑、歌曲、舞蹈、计算机程序、数据库、照片、电影、传记、哑剧、绘画、书信……)。作品一旦创作出来,她就对其拥有版权。该版权将持续至其身后 70 年(如果作品系因雇佣而作,版权将由其雇主拥有,时间为 95 年)。她不必向美国版权局办理版权登记,或者在公开发表的作品复制件上标注"©2012 奥兹",就可以获得版权保护。她也可以登记版权并使用版权标记,因为这样可提供实实在在的利益,其中包括更多的侵权救济措施,侵权发生前的登记可使证明侵权更加容易。但奥兹不必登记就可以获得版权,并享有版权法提供的一系列排他性权利。作为版权持有者,她拥有从事下列行为的排他性权利:

(1) 以复制品或录制品对其版权作品进行重制(这常常被称为复制权或制作复制品的权利);

(2) 以版权作品为基础创作演绎作品(即改编权);

(3) 通过销售或其他转移所有权的方式,或通过出租、租赁或出借,向公众发行版权作品的复制品或录制品(即公开发行权);

(4) 公开表演版权作品(公开表演权);

(5) 公开展示版权作品(公开展示权)。

未经奥兹允许,他人可能因为从事下列行为侵犯奥兹的版权:

- 制作或销售该小说的复制件;
- 将该小说的创造性成分复制到另一部作品中;
- 根据该小说制作电影;
- 公开表演该小说中的场景;
- 下载该小说的文本。

但他人也可以因为奥兹的权利受到限制而得以免责。作品的某些成分不受版权保护,如思想、非由该作者创作的部分,以及功能性成分。其他作者可以自由复制小说中聪明的想法、研究发现的事实或一套会计制度中的规则。并且,基于合理使用制度的限制,即使是受版权保护的成分也可以被使用。合理使用制度允许他人对奥兹的小说撰写、销售未经授权的仿讽(parody),在课堂上分发作品一章的影印件,或者将其部分内容融入图书评论。

　　奥兹的排他性权利使她控制着作品的多种商业性使用方式:印刷和销售小说、在线销售其中的各章、表演作品等。她还控制着(因合理使用而受限制、思想不受保护)作品的改编形式,如续集、翻译以及其他各种演绎作品。基于一揽子排他性权利,作者不仅可以对作品进行商业性开发,还可以控制有关的公共生活(在有限的程度上。作者不能指令评论家如何评论、公众是否予以关注)。作者可以控制作品的艺术性使用,如在授权一部戏的表演时附加限制(例如,"你不能改变结局或以仿讽的方式上演它")。版权也被用于阻止作品的传递。作者可以排除一部作品(如尚未发表的小说或日记)的发表,以保护其艺术价值,甚至隐私权益。但这里存在着一种风险:作者可能将版权用于审查或限制信息传播,例如,对讨论重要问题的电子邮件,甚至通过停止侵权通知函进行起诉要挟。版权法必须常常在激励作者、保护作者的艺术创作与其他的正当表达利益之间达成平衡。

　　奥兹可以在联邦法院对侵权者提起诉讼。她可以获得多种救济,如赔偿、禁令或扣留侵权复制品。如果她在侵权发生前进行过版权登记,她可以选择获得法定赔偿,而不是实际损害赔偿,还可以寻求律师费赔付。

　　本章将介绍这些问题,并概述版权法内容及其正当性理由、版权人享有
2 权利的范围(反之则是他人使用其作品的权利范围)。

# 一、版权法的正当性

　　版权法可以禁止诸如此类的行为,如发行音乐复制品、依据小说写作戏剧、音乐会上表演歌曲、发表著名作家的信件、销售艺术品等。有人可能认为,所有这些行为都属于法律应该鼓励而非抑制的行为。通过法律来明确

禁止以某些方式使用创造性作品,其目的何在? 版权法的理由常常被区分为两类:经济学的与哲学上的正当性。

## (一) 版权法的经济学基础

萨缪尔·约翰森(Samuel Johnson)说,"若非为了金钱,傻瓜才会写作。"版权常常因激励创作而被视为正当。创作激励理论的法律基础存在于《宪法》中:

> "国会有权……通过在一定期限内保障作者和发明者对各自的著作和发明享有排他性权利,来促进知识和实用技术的进步。"①

依此观念,版权法的存在是为了克服公共品(public goods)的搭便车问题。没有版权法,作者就只有极其微弱的创作激励。如果其他人可以自由制作、销售复制件,潜在的作者就不会为了图书或电影创作而花费其全部的时间与金钱。版权法使他们获得作品上的一系列排他性权利,这些权利就是一种创作激励。最高法院案例判决中的语言表述正与创作激励原则相吻合。

版权法赋予的利益并非毫无代价。版权的成本可能包括交易成本(雇佣律师、使用作品的授权谈判、寻找作者和寻求许可)、寻租(利用版权从不受保护的成分中获得收益,甚至为了和解获利而提出恶意诉讼)、无谓损失(因版权而不能使用作品,比如作者因未能取得必要的版权许可而不能创作图书或歌曲、版权持有人宁愿以高价销售少量作品),以及激励扭曲(将资源专用于可版权性的作品)。最高法院承认,版权保护可能会打击作品传播中的创新:"艺术保护受到的偏袒越多,技术创新所受到的打击就越大;实施版权法是有关交易平衡管理的运用。"②在决定提供多大程度的版权保护时,创作激励原则会建议对收益与成本做出平衡。例如,在考虑合理使用的宽度时,人们要在相关使用之收益与弱化作者激励之代价之间进行衡量。

---

① 美国《宪法》第1条第8款。

② 美高梅电影公司诉格罗克斯特公司(*MGM Studios Inc. v. Grokster, Ltd.*),125 S. Ct. 2764,2775 (2005)。

版权法理并没有被完全局限于激励理论;版权法的范围更加宽泛。版权保护及于任何创造性作品,只要它们是以实体性形式固定下来,其中也包含了非因版权激励而创作的作品,如私人信件、学校规划以及法律备忘等。而且,版权之外,人们的创作也基于其他多种激励:为抒发情感而撰写日记、艺术家为艺术而创作、科学家为获得同行承认而写作、教授为取得终身职位而写作以及自由软件的开发等。创作的冲动往往具有本能性。按照威廉·福克纳[①]的说法,"艺术家是一个受魔鬼驱动的生物。他不知道为什么被他们选中,并且他忙忙碌碌以致没工夫考虑这是为什么?"即使那些为金钱而创作的精明人士,也可以为其作品找到其他收入渠道:音乐家销售音乐会门票、段子手获得薪酬、艺术家出卖作品原件(毕加索作品的复制件不可能售得原件的价格)。最后,版权保护期(作者终生再加 70 年)之长超出了促进创作的必要。即使对于拥有较长时间商业价值的少数作品而言,70 年版税的当前价值将来是微不足道的。所以,创作激励理论为版权提供了一个一般意义上的有力论证,但它与我们现有的具体版权法并非紧密吻合,因为后者远比单纯的激励论更为宽泛。在某些领域,知识产权保护的缺乏可能意味着,自由复制促进创新。[②]

其他代表性的版权经济学理论被称为产权理论或事后理论(ex post theories)。[③] 比较而言,它们将版权视为对作品有效利用的激励,而不仅仅是对作品创作的激励。人们做过一个不动产法的类比。假设某人有一栋房子和庭院,她就拥有一个激励:因为她获得了好处,她就得为有效管理、维持并改善房子而有所投入。如果她粉刷、修补破损物并护理庭院,就能从这些花费中获益(无论她是住在这里、租给他人、将其出售或让她的孩子使用)。针对她将要获得的利益,她要对花费的多少做出决定。但是,如果没有财产

---

① 威廉·福克纳(William Faulkner)系美国著名作家,1949 年诺贝尔文学奖得主。——译者
② 参见卡尔·劳斯提拉、克里斯托弗·斯普里格曼:《盗版悖论:服装设计中的创新与知识产权》(Kal Raustiala and Christopher Sprigman, *The Piracy Paradox:Innovation and Intellectual Property in Fashion Design*),92 Va. L. Rev. 1687 (2006)。
③ 参见马克·A. 莱姆利:《知识产权:事前和事后的正当性》(A. Lemley, *Ex Ante versus Ex Post Justifications of Intellectual Property*),71 U. Chi. L. Rev. 129 (2004)。

权,任何人都可以使用该房屋和庭院,谁也不会有管理、维持或改善的动力,因为其他人都可以从中获得好处。如果任何陌生人都可以搬进来并住下,我为什么要修理它?这就是著名的"公地悲剧"。按照经济学的说法,财产 4权用于避免外部性——在此情形,决策者不承受因此发生的成本或利益。

有人用不动产类比版权,以支持非常广泛的版权保护理论。[①] 将作品作为私人财产,我们就为作品的管理、维持和改善赋予了动力。版权持有人会维护旧作的复制品(就像易损的胶片)、想方设法改进作品(如创作续集或其他演绎作品)、为作品寻求新市场(把他们呈现于更广泛的受众)。因而,创作激励理论是要在保护之代价与激励之收益之间维持平衡,而与之不同的是,财产论路径则引导人们说,"保护越多越好"。

这两种路径将导致不同的版权法律观。试以合理使用为例。在未经许可的情况下,合理使用允许人们为了某些原因使用版权作品,如教育、批评、研究和创作其他作品。以创作激励论看待合理使用,就可能要在代价(降低对作者的激励)与收益(受优待的使用)之间做出评估。而财产论则主张,通常应该由版权拥有者决定如何使用作品,因而,合理使用应仅仅适用于交易成本或其他谈判障碍可能会妨碍获得版权人授权的场合。财产论将导致范围狭窄的合理使用(并且,通常情况下,会导致更加宽泛的版权保护)。

不动产与知识产权之间的一些差异弱化了这一类比。而关键性差异是过度使用的危险。[②] 如果土地向所有人开放,它就可能被过度使用。如果所有人都可以在公地上牧牛,它就会被过度放牧(并且,任何人都不会有耕种的动力,因为其他人的牛会来消费其果实)。同样,如果人人可以使用一栋房子,任何人都不会有维护它的动力。但是,信息就不会面临这种威胁。如果所有人都可以阅读某作者的书,是再好不过的。毋宁说,关键是首先要让作者写出来——这是创作激励论所解决的问题。不过,支持更广泛的版权保护的财产论可能更多地体现了我们现有的广泛性版权保护。

①　参见马克·莱姆利,同 p.4 注 3。
②　参见马克·莱姆利,同前注。

　　另一种政治/经济学理论——"公共选择"理论可以解释版权保护何以如此宽泛。国会创制版权法。立法通常较多受到具体利益而非宽泛的公共政策的影响。版权法影响着每个人,而拥有版权的人们(从作者到各产业)往往与版权立法的创制最为相关。其结果可能是,版权向作者倾斜,而不是相反,向作品的使用者。就像政治一样,有关的观点存有分歧。

　　近来,法律的经济分析越来越多地关注着规范(norms):非正式的、非法律的行为标准。有人将版权视为谴责剽窃甚至偷盗的规范的法律版。其他人则认为,版权超越了相关规范。当行为的社会标准与法律标准相左时,法律就不可能实现其目标,尤其是当某一法律的目标是提供一种行为激励。有人曾质疑版权法是否正在快速背离创造性作品的使用规范——简言之,版权法是不是在禁止社会认可,甚至是对社会有益的行为。这种现象尤其出现在诸如此类的领域:音乐下载、商业化作品的艺术性使用等。

## (二) 版权法的哲学正当性

　　版权法也可以得到哲学理论的支持,它们表现为多种类型。为简单起见,人们可以将它们区分为"人格"论和"自然权利"论。

　　人格论以为,艺术家的人格与她创作的作品相关联。作品的使用者都是在间接影响着作者本人。作者应该控制对其作品的使用,尤其是,她有资格防止歪曲或破坏其作品,以及对其作者身份的误认。依据这一原则,版权应该具有保护作者所必要的宽度。那些与作者联系更为密切的作品类型可以受到更加宽泛的保护:艺术作品可以获得比商业广告更多的保护。

　　基于自然权理论,作者对其通过劳动创作的成果享有自然权利。它可因这一事实受到限制:她在创作中减少了他人可用的资源,并依赖于他人创作的成果。所以作者拥有权利的同时也同样应该允许他人使用她的创作。[①]

---

　　① 比较:温迪·戈登:《自我表达的财产权:知识产权自然法中的平等与个人主义》(Wendy J. Gordon, *A Property Right in Self-Expression: Equality and Individualism in the Natural Law of Intellectual Property*), 102 Yale L. J. 1533 (1993);阿尔弗雷德·尹:《恢复自然法:作为劳动和占有的版权》(Alfred C. Yen, *Restoring the Natural Law: Copyright as Labor and Possession*), 51 Ohio St. L. J. 517 (1990)。

　　比之于经济学理论,这些观点很少得到美国法律的认可,但它们影响着法官、立法者和评论者的公平感,即使它们并未明显地出现于司法意见和立法用语中。它们也在其他国家得到广泛承认,而国际/比较法在版权领域正变得越来越具有影响。的确,在为符合国际条约而采纳的条文中,版权成文法甚至对某些艺术作品授予权利,以制止歪曲、破坏和错误归属。

　　事实上,与各种不同的哲学理论相适应,它所支持的具体学说或案例结局可能变化多样。不过,它们为问题的解决提供了一个很好的分析框架。

　　知识产权法利用了我们的直观性认识——无论好坏。在每一种文化中,起源故事(origin stories)为制度赋予意义、为社会安排提供解释和正当性,并通过共同信念支持文化的统一性。法院常常诉诸规则的最初用语或目的、它对问题的回应或规则制定者对规则的理解,如涉及立法进程或《联邦党人文集》。通过为创造信息的作者或发明人赋予信息控制力,知识产权法对起源故事进行了一次特殊的扭转。① 同样,认知科学告诉我们,"大脑从四个方面理解一个实体:谁或什么使之产生;它由什么构成;它呈什么形状;以及它是为什么。"②知识产权法反映了这一认知结构,为信息制造者赋予法律权利。③

# 二、版权法的法律结构

## (一) 知识产权法:版权的位置

　　版权法是知识产权法的一部分,是关于信息权利的法律。实用专利让

---

　　① 杰西卡·西尔比:《知识产权的神话起源》(Jessica M. Silbey, *The Mythical Beginnings of Intellectual Property*),George Mason L. Rev. 319 (2008)。

　　② 史蒂文·平克:《思想的原料》(Steven Pinker, *The Stuff of Thought*),61 (2008)。

　　③ 参见罗莉·格雷厄姆、斯蒂芬·麦克约翰:《认知、法律、故事》(Lorie Graham and Stephen McJohn, *Cognition, Law, Stories*),10 Minn. J. L. Sci. & Tech. (Fall 2008)。

发明人就其实用性发明拥有权利（从药品到机器、到制造橡胶的方法）。商品或服务的销售者可以阻止他人通过可能使消费者混淆的方式使用其商标（将他们与其他销售者区别开来的符号）。作者对其创造性作品拥有版权。专利、商标和版权的对象只有有限的重叠。发明之专利仅仅适用于实用性产品或方法，而版权则不保护作品的实用性成分（不同于创造性成分）。商标法保护识别性符号，防止欺骗性或混淆性使用，而专利与版权侵权则与欺骗无关。大多数商标是不可获得版权的短语。联邦最高法院曾裁定，不支持用商标法延长专利或版权的保护期。

　　法律上的客体可以有别，但商业产品则多有重叠。假设芒软（Mangosoft）公司销售一种名为 Liddles 的电脑程序。芒软可能对执行该程序的实用性方法拥有专利（例如，制造纳米技术产品的机器控制方法）、对用于软件产品的名称"芒软"和用于纳米技术程序的名称 Liddles 拥有商标、对 Liddles 程序的代码享有版权。对于执行同一方法步骤的一个程序，撰写、使用和销售的人们不会侵犯版权（如果他们只是复制了功能性层面，而没有复制其创造性表达），却会侵犯专利（通过使用、许诺销售拥有专利的发明）。如果其销售是以"Liddles"之名，或者是以具有混淆性的类似名称（或许是"Lidles"），他们同时也会侵犯商标权。

　　版权法还有其他临近的部门法。有人贿赂芒软公司雇员以获得该程序的秘密源代码，可能会违反商业秘密法。有人如果谎称其产品具有的优点，或从事其他反竞争的行为，就可能要承担不正当竞争法上的责任。谁要是对芒软公司创始者的形象进行广告性使用，就可能侵犯了后者的形象权。

　　版权律师（以及大多数知识产权律师）主要的实务范围属于传统类型的合同法。版权是很多合同交易的一部分。作者向出版商销售图书权利、向制片人出售电影权利；公司雇用承包人和员工创作可获版权的作品，如图书、软件、照片和音乐等。合同也可以作为版权的替代。比如，思想不可受版权保护。当作者将其书中的思想告诉出版商，出版商将该思想用于另一本书，不构成侵犯版权。但是，如果出版商事先签订一份不公开协议（祝他们幸运地达成一致），使用该思想的行为就可能是违约。雇主、发明人、投资人以及其他人常常使用合同控制思想方面的权利——正如合同当事人之间。

## （二）美国版权成文法

版权属于成文法领域。经过修订的 1976 年联邦《版权法》提供了版权法方面的规则。要分析一件版权案例,第一件事就要判断,版权成文法是否包含可以适用的规则。通常来说,版权成文法中的一系列范围广泛的规则就下述情形做出了规定:版权的客体和范围;版权所有权与转让;版权保护期;版权声明、交存与登记;版权侵权与救济;以及版权局的运行等。

成文法制定了规则,但判例法依然很重要。判例包含了对成文法的权威性解释,对"思想"、"合理使用"等重要但宽泛的概念做出界定。版权局也解释某些条款,其权威性常常得到法院的遵行。对于成文法各条款如何共同发挥作用,法院也做出了解释。例如,首次销售原则与进口责任之间显然存在冲突,它们应予解决。法院还要填补空白,成文法并不能面面俱到。一些原则如从属责任等,均通过司法解释得以设立并做出界定。① 一个关联点是,版权领域由联邦成文法规制,其诉讼管辖在联邦法院。各州立法机关 8 与法院在此领域几乎没有作为的空间,而只可适用相邻领域的法律——对此,国会没有颁行任何效力优先的立法。

1976 年《版权法》是美国至今有效的版权法律,但版权律师还需经常参考已于 1978 年失效的 1909 年《版权法》。版权保护期很长。1922 年后发表的作品依然处在保护期内。要判定 1978 年前的一部作品是否还享有版权、谁享有其版权等问题,常常需要适用 1909 年《版权法》的某些规定。如果某作者于 1940 年发表某作品,且未附加版权声明,或者未曾于 1968 年续展其版权,她就失去了这一版权(即使它本来可以延续至 2035 年)。理解 1909 年《版权法》对于 1976 年《版权法》的理解也是很重要的,因为后者很

---

① 参见美高梅电影公司诉格罗克斯特公司(*MGM Studios Inc. v. Grokster, Ltd.*),125 S. Ct. 2764 (2005)。

多条款的制定涉及到前者以及对它做出解释的判例。

## (三) 版权法的宪法基础

如前述,美国《宪法》专门授权国会授予版权与专利:

> "国会有权⋯⋯通过在一定期限内保障作者和发明者对各自的著作和发明享有排他性权利,来促进知识和实用技术的进步。"[①]

对于这一权力可得实施的范围,联邦最高法院曾给出一些指示。菲斯特出版公司案曾经裁定,版权保护不能及于事实的复制。[②] 毋宁说,版权只可保护独创性表达,即作者独立创作的成分,至少要具备最低程度的创造性。菲斯特案判决表明,独创性是《宪法》授予"作者"就其"创作"享有专有权这一规定所要求的条件。

埃尔德雷德案让国会拥有更大的自由度。[③] 该案的争议点是 1998 年《版权延期法》的合宪性:该法为原有的版权保护期增加了 20 年,延长了 1920 年代已发表作品的版权。该案判决否决了针对版权延期之合宪性的两项挑战。第一项挑战主张,国会超越了其为"促进知识进步"而授予"一定期限"之版权的权力。原告认为,这一条款暗示,国会的权威因创作激励原则而受限制。而在 1998 年,国会的所作所为不能为 1920 年代的作品创作提供激励。但最高法院裁定,究竟以何种知识产权体制来最好地服务于该条款之目的,《宪法》让国会做出选择。

埃尔德雷德案还拒绝了对延期之合宪性提出的第一修正案挑战。就其本性而言,版权是对言论自由的限制。原告认为,版权延期法是内容中立的管制,应该依据第一修正案受到中等程度审查。而最高法院的推论是,如果

---

① 美国《宪法》第 1 条第 8 项第 8 款。

② 菲斯特出版公司诉乡村电话公司(*Feist Publications v. Rural Tel. Serv.*),499 U. S. 340,369 (1991)。

③ 埃尔德雷德诉阿什克罗夫(*Eldred v. Ashcroft*),537 U. S. 186 (1991)。

国会没有"改变版权的传统框架",第一修正案上的审查就是不必要的。《宪法》版权条款与第一修正案是在大致相同的时间被通过的;并且,版权法本身已经提供了传统的第一修正案保障,如合理使用和复制思想的自由。埃尔德雷德案之后,国会在塑造版权保护制度方面似乎有了相当大的空间。但是,埃尔德雷德案对于合理使用和思想表达两分法的依赖有可能增强版权保护所受到的限制。

## (四) 版权国际法与比较法

版权法是国内法,但它正日益受到国际法的影响。正如 COOL 案例书所称,美国已经从盗版者过渡到了执法者。在早期,美国出版商未经授权即可自由出版外国作家的作品。美国早期版权成文法甚至明确禁止保护外国人的作品。这种情形允许出版商以更便宜地获得材料,也使消费者获得更便宜的书籍。查尔斯·狄更斯曾悲叹:"从我所有图书在美国的大量销售中,我从未得到过六个便士:如此精致的正义!"[①]但这损害了美国作者在国外(因为其他国家也以拒绝保护美国作者的版权相回报)和国内(与免费相竞争是很难的)的利益。美国后来逐渐与其他国家签订了条约,并降低了保护外国作者的门槛。如今,美国已是一系列涉版权条约的成员,最著名的是《保护文学艺术作品伯尔尼公约》和《与贸易相关的知识产权协议》(TRIPs)。其他相关条约还有《WIPO 版权条约》和《WIPO 表演与录音制品条约》。

《伯尔尼公约》要求成员国提供一定水平的版权保护。如帕特里(Patry)教授所称,《伯尔尼公约》是针对外国人的公约,它要求美国为来自其他《伯尔尼公约》成员国的作者提供一定水平的版权保护,但它不要求美国将此种保护给予本国的作者。事实上,美国还是这样做了,对美国作者和其他《伯尔尼公约》成员国的作者给予了同等待遇(略有差别)。

---

[①]　卡萨琳娜·杜兰塔耶:《为孤儿找个家:谷歌图书搜索与美欧孤儿作品法》(Katharina de la Durantaye, *Finding a Home for Orphans: Google Book Search and Orphan Works Law in the United States and Europe*),21 Fordham Intell. Prop. Media & Ent. L. J. 229,274 (2011)。

　　TRIPs 将版权保护纳入国际贸易法律领域。TRIPs 将《伯尔尼公约》
10 的大多数规定转化为世界贸易组织框架下美国义务的一部分。这意味着，
如果美国不能履行其义务，WTO 可以对美国做出强制性处罚。TRIPs 吸
收了《伯尔尼公约》。

　　无论是《伯尔尼公约》、TRIPs 协议，还是其他协议，它们都没有为个体
直接赋予权利。这样，作者决不能依据《伯尔尼公约》起诉侵犯其权利任何
他人，或因美国联邦未能按照《伯尔尼公约》向其赋予充分权利而起诉。但
是，了解国际条约对于研究和适用版权法是很重要的，原因有多个方面。
这些条约限制着美国联邦和版权法修改建议。有的人可能认为，通过法
律来免除学校的侵犯版权之责是个好主意，但这个法律可能违反了
TRIPs 协议。在对版权成文法做出解释时，法院也考虑到国际与比较法
上的因素。如果版权成文法为满足美国的条约义务得到修改，这就可以
被视为符合该义务。同样，在支持《版权保护期延长法》(CETA)之合宪
性时，埃尔德雷德案的审理法院考虑到，版权延期的正当性在于它使美国
与其他法域保持一致，从而可确保美国作者在外国获得更长时间的版权
保护。

　　对美国和其他法域的版权法制度进行比较是很有启发的。通常来
说，美国版权法与其他大多数国家的版权法同样完善，这部分是由于很多
国家都是《伯尔尼公约》和 TRIPs 协议的成员。但是，美国版权法依然在
很多方面保持着其差异性。最显著的是，合理使用(美国法做出了更宽泛
的界定)；形式要件(美国特色在于其版权局功能宽泛，如版权登记、版权
交易备案，版权法并且还强烈鼓励版权登记、作品交存以及版权声明)；精
神权利(美国版权法赋予作者较少的精神权利，如身份归属权和保护作品
免受歪曲)；雇佣作品(按照美国法律，对于雇员在职务范围内的创作，雇
主拥有版权；而其他法域的规定比较狭窄)；以及法定赔偿(在美国，侵犯
已登记作品要赔付 750—15 万美元的法定赔偿金，即使没有查明实际
损害)。

# 三、美国版权成文法一瞥

假设安娜创作了一部小说《白色城堡》，以 2012 年的芝加哥为背景重述莎士比亚作品《哈姆雷特》。安娜使用了《哈姆雷特》的情节主线以及少量对话，同时也增加了许多新的成分。她将原作中的各个人物转化为 21 世纪的新形象，并进行幽默化的变形处理。安娜还以当代视角重塑了其中的各个场景。

11

## （一）版权的客体

如果这是作者的独创性作品、并被固定在实体性表达媒介上，安娜就对其享有版权。她可以很容易地满足这些条件。她的作品并非完全独自完成的：以已有戏剧《哈姆雷特》为基础，另有很多成分不是源于安娜创作，如有关芝加哥的事实。但要满足独创性条件，一部作品只需要是源于某一作者，并显示出最少的火花一般的创造性即可——安娜已远超这一标准。作品还必须是作者的独创之作，而该小说显然是合格的，因为它是一部文学性作品。作品还必须被固定为实体性形式。安娜的小说被写在纸上，或者被输入了电脑，或者以口述录制成磁带，因而可以满足这一要求。所以，安娜满足了版权保护所要求的相当低的实质性要件。

## （二）思想、非独创性成分，以及其他被排除的对象

尽管该作品可享有版权，却并非其所有成分都可受到版权保护。版权仅仅保护独立的创造性的表达，而不适用于非独创性成分。对于从《哈姆雷特》复制的成分、有关芝加哥的事实以及非其创造的其他成分，安娜不能享有版权。版权也不能适用于思想。对于将哈姆雷特置于当代芝加哥背景的想法、构造小说情节之结构的思想以及作品中表达的其他思想，安娜不能享有版权保护。版权法还排除了对作品功能性成分的保护，如受版权保护的

计算机程序中的功能。当然,对于安娜的小说之类的作品,这种排除可能无关紧要。版权法还排除保护政府作品、侵犯他人版权的作品。这些排除同样不适用于安娜的作品。她的作品不侵犯《哈姆雷特》的版权,因为《哈姆雷特》时间久远,因而不再享有版权。

### (三) 版权所有人的权利

作为一个版权所有人,安娜可以享有一系列排他性权利:

(1) 复制权:安娜拥有制作复制件的排他性权利,如印刷小说复制件或在其他小说中复制其表达性要素。

(2) 改编权:安娜拥有将其作品改编为新作品的排他性权利,如创作小说的注释版、将小说翻译成丹麦语、依据小说拍摄电影以及撰写小说续集等。

(3) 公开发行权:安娜拥有向公众发行作品复制件的排他性权利,如销售小说复制件、运营一家允许人们下载小说电子书的网站。

(4) 公开表演权:安娜拥有公开表演其作品的排他性权利,如向公众朗诵小说、或播放该小说的录制版。

(5) 公开展示权:安娜拥有向公众展示作品复制件的排他性权利。

(6) 反规避和版权管理信息权:如果安娜为防止他人复制、限制作品使用或实施数字权利管理系统而使用技术措施,他人篡改该技术的,即属违法。

另外,有些作者还拥有保护作品完整和身份归属的权利。对于视觉艺术作品,如绘画或雕塑,作者可以禁止他人破坏或扭曲作品本身,或者未对作者身份做正确指认的行为。安娜的小说不是视觉艺术,所以她不能拥有这些特殊的权利。但是,其他一些法律规则可让她享有同样的保护。如果有人发表其小说的歪曲性版本,他们可能侵犯了她复制作品和改编作品的权利。如果他们对作者做了错误的身份指认,他们可能要承担虚假广告或不正当竞争的责任。

版权所有人还就其使用的技术保护措施拥有法律保护。一个版权所有

人(或其他发行人)可以使用反复制技术(如使 CD 复制品制作更加困难的
计算机代码),或反接触技术(如对有线或卫星电视传输的电影进行干扰)。
规避反接触技术、从事用于规避反复制或反接触技术的设备买卖或服务的
行为可能违反《版权法》第 1201 条。安娜以电子书形式发行小说,可以使用
加密措施以防止未获授权的人阅读其小说。规避该加密的人,或出售令他
人可规避加密软件的人,可能要向安娜承担责任。

## (四) 版权所有人

作者安娜是版权的原始所有人。如果安娜是以受雇人身份从事创作,
情况就不同了。此时,版权将属于其雇主,因为该作品属于雇佣作品。如果
安娜是作为合作作者参与创作,则二者都对其合作作品享有版权。如果作
品被纳入一部集体作品,集体作品的作者享有该作品的整体版权,而安娜则 13
保留她对其小说的版权。各方可以就相关规则签订合同,例如,同意由受雇
人保留其作品上的版权(罕见),或由雇佣方对独立签约人(如自由作家或顾
问方)创作的作品享有版权(常见)。

请注意,安娜对于作品物质载体的所有权与版权法无关。小说的版权
完全独立于小说手稿或复制件的所有权。仅购买绘画的人取得绘画的所有
权,而没有取得绘画版权的所有权,除非他们也同意转让其版权。毋宁说,
购买方得到的是绘画,而艺术家保留了版权(即制作复制品、改编作品、向公
众发行复制品或公开展示复制件的排他性权利——而展示特定复制件的权
利已被售出)。购买方将拥有绘画并可展示它,但艺术家有权制作显示其绘
画的贴画、在网站上展示或将其改编为新图画。

## (五) 版权声明、登记与交存

仅需以实体性形式固定作品(如将小说写在纸上或计算机里),安娜
就可拥有其小说的版权。版权的获得不必满足诸如此类的形式要件:在
作品复制件上做版权声明("©2012 安娜")、向版权局登记作品或者向国
会图书馆交存作品复制件。但是,安娜可以履行这些手续,并可依此获得

相当多的好处。版权声明让他人知晓她要求拥有该作品的版权,并告知人们向谁寻求作品许可;版权登记假定其版权为有效、对侵权增加可能的救济手段,且为其提起侵权诉讼所必要。如果作者登记过版权并发表了作品,复制件的交存就是必要的技术性要件,否则将面临罚款这一小风险。

## (六)版权交易

安娜拥有其作品的初始版权。很多作者从事版权交易活动。作为版权所有人,安娜有权从事这样一些行为:出版图书、向公众销售复制品、将作品翻译为其他语言以及改编成其他类作品如电影或续集。安娜可以亲自或授权他人实施这些行为。她可以只是销售其版权;她也可以销售(实际上也可说是出租)部分版权。她可以授权一家出版商出版图书、或授权电影厂制作电影。安娜甚至可以将版权用作担保,在她向银行借钱时以版权设立保证。这些授权需要通过书面协议,安娜应予签名。她也可以发放非排他性许可,如允许其他作者印刷小说中的片段。非排他性许可可以是书面的、口头的,也可以是双方行为的默示。

任何人与安娜从事版权交易,都可以到版权局进行备案。如同登记一样,版权备案不是必要条件却有着相当大的好处。若安娜将其版权出让给了 B,然后 B 进行了备案,那么一旦安娜另售该版权,买主 B 将可受到保护。关于以版权做担保,有一个悬而未决的问题需要注意:借贷人究竟应该向联邦版权局,还是在相关州部门就贷方之担保利益申请公示?法院对此没有定论,慎重的贷款人会同时在两个地方申请备案。

安娜转移权利的合同还需要遵循合同法。版权合同条款时常需要做出解释。假定安娜将"以图书形式"发表作品的排他性权利销售给了出版商 P。后来双方发生争议:这意味着只能以纸质形式发表作品,还是说出版商 P 已获得了以电子书形式出版的权利。对此,法院使用了他们在其他合同案件中适用过的相同解释工具。

## （七）授权与许可的终止

安娜的任何授权都受制于其终止权。这意味着,在她发放授权后 35 年,安娜可以取消该授权并重新获得该权利。即使她发放的是无条件授权,甚至明确放弃了她的终止权,她也将保留该权利,因为这种弃权表示是无效的。终止权不适用于雇佣作品。

## （八）版权保护期

安娜的版权将延续至其终生再加 70 年。这样,安娜作品的版权将历经很长一段时间。雇佣作品的保护期是 95 年,与作者生卒年无关。对于老作品,其版权所有权与保护期适用旧版的版权成文法。版权法已历经多次修改。如果安娜作品早几十年写作并发表,上述多个规则的适用便有很大的差异。例如,如果安娜在 1978 年前写出一本书,她就不能仅凭实体形式的固定获得版权;如果她没有发表该图书并做版权声明(©安娜1966),版权法就不适用于她;如果她出版了该书但未做版权声明,该书就属于"失权性(divestive)"出版物——这意味着,安娜不享有版权,该书进入了公有领域。对于 1978 年前发表的作品,版权期限也有所不同。在很宽泛的意义上,1923 年以前发表的作品的保护期是不长的;1923 至 1978 年间发表作品的保护可高达 95 年,只要版权所有人遵行了必要的形式要件,如作品发表时做了版权声明、发表后 28 年申请版权续展;1976 年后发表的作品通常拥有现行保护期(个人作品为终生加 70 年,雇佣作品为 95 年)。从 1978 年到 1989 年,作品发表而未做版权声明也可能导致版权丧失,但比之于 1978 年以前的标准,这一规则还是比较宽容的。

## （九）合理使用及其他版权限制

安娜的排他性权利受限于一些重要的限制。他人可以对安娜的作品进行合理使用。在书评中引用几行、在文学课堂上分发数页复制件或者对安娜小说撰写仿讽之作等,都可能属于合理使用。在决定能否适用合理使用原则时,法院要考虑四个方面:该使用的性质、版权保护原作的性质、被使用的数量以及该使用对原作市场造成的影响。安娜的版权还要受限于首次销售原则,该原则对其专有的发行与展示权构成限制。对于合法制作的复制件,其所有人可以发行或展示该复制件,而不构成侵权。购买安娜图书之合法复制品并再售的人,不侵犯安娜向公众发行的权利。

## (十) 版权诉讼

对于侵犯其排他性权利的行为,安娜可以向联邦法院起诉。被告可能是未经授权复制品的销售者、复制安娜作品的其他小说家。为了胜诉,安娜必须证明如下各项:首先,她必须证明实际侵权的发生。其他小说家如果并未复制安娜作品而独立创作了与安娜作品相同的作品内容,就没有侵权责任。其次,她必须证明对方复制的是其作品中受保护的表达。复制不受版权保护的成分,无需承担责任。其他小说家如果只是复制了安娜有关芝加哥的想法或事实,就不承担责任。最后,双方作品之间必须表现出实质性的相似,否则也无侵权发生。被控侵权人可以提出各种抗辩,合理使用是其中最为常见的。

直接侵权人(复制、改编、发行、公开表演或公开展示作品的人)与从属侵权人均应承担责任。从属侵权人指的是那些为帮助侵权(如引诱他人侵权)或替代侵权(如控制或从侵权行为中获利)承担责任的人。

如果安娜能够证明侵权的存在,法院可能会准予一定的救济:实际损害赔偿、针对侵权人未来行为的禁令、扣留或销毁未经授权的复制品乃至实施复制的设备。如果安娜在侵权之前做过版权登记,她有两种选择:可以选择获得法定赔偿,从而放弃实际损害赔偿;也可以寻求获得律师费,即支付另一方律师费用的救济措施。

# 第一部分　版权保护的客体

# 第二章 创作性作品

什么样的作品可享有版权？书籍、电影和歌曲，而且还有广告、图纸、计算机程序、日记和手指画。如本章所述，版权法布下一张宽大的网，涵盖了所有类型的作品。版权适用于被固定在实体性表达媒介上的所有独创性作品。此后三章将论述三项必要条件：什么才有资格成为作品；如何满足独创性要件；作品何时被固定，从而产生版权保护。

## 一、什么构成"创作性作品"？

版权仅授予独立完成的"创作性作品"。[①] "创作性作品"这一概念可做非常宽泛的解释。版权保护可能被局限于美术或具有高文学品质的作品；它也可能被限于确定的类型，如长篇小说、短篇小说、诗歌、绘画等。同样，版权可能将某些样式（例如虚构小说、历史、纪录片）包括在内，同时认为其他类型不值得保护（有伤风化的作品、侦探小说、喜剧书籍）。有人可能辩论称，由于版权授予一揽子的排他性权利，只有某些值得享有这些权利的作品才应受版权保护。有人判定它们是否值得享有版权，可能会基于美学品质、社会价值或其他标准。但这显然不属于版权法所采取的路径。

相反的是，版权法不考虑艺术品质。作品不必满足任何艺术品质标准

21

---

① 《美国法典》第 17 编第 102 条（a）。在美国版权法上，work、work of authorship 和 original work of authorship 均可翻译为作品。比较而言，work 可泛指一切作品，而以 authorship 和 original 做修饰，意在强调可版权的对象来自创作，具有创造性、独创性。所以，根据语境的需要，本书将 work of authorship 译为创作性作品，将 original work of authorship 译为独创性作品，有时也会将它们简单译为作品。——译者

就有资格成为独创性的作品。版权也不局限于任何特定类型的创造性作品。创造性表达可采取很多形式。法官并非为了要像艺术或文学评论家那样行事而装备齐全。任何作品,只要它有资格成为独创性作品,就可以受到版权保护,而无论它是高雅艺术,还是通俗艺术、广告艺术、荒诞涂鸦或其他任何形式的表达。在判决广告可受版权保护时,霍尔姆斯(Holmes)法官指出:

> 让那些只为法律而受到培训的人超越其最狭窄和最明显的领域,将自己打造成插画之价值的最终判官,将是一件危险的事。在一个极端上,某些天才之作注定要错失青睐。在公众最终懂得作者所使用的崭新话语之前,恰恰是它们的新颖性使它们遭受厌恶。例如,无论是戈雅的蚀刻版画,还是莫奈的油画,乍一面世时,其是否一定能受到保护,非常令人起疑。而在另一端,教育程度不及法官的公众所喜爱的画作可能会被拒绝赋予版权。但如果它们博得了所有公众的青睐,它们就具有了商业价值——而断言其不具有美学和教育价值,则有失冒失——任何公众的趣味都将不会遭受轻蔑的对待。①

也有人可能主张,版权法的构造应该合乎其目的。按照《宪法》,版权法的目的是为作品的创作提供激励:国会有权"通过保障作者和发明者对各自的著作和发明享有一定期限的排他性权利,以促进知识和实用技术之进步"②。只有在有必要提供创作激励时,版权才可被赋予。不过,成文法并没有采纳这一原则。受保护作品的类型没有受限于版权的激励目的。没有版权,很多作品可能不会产生。如果作者没有排他性权利,有些书籍、电影、录音和美术作品就不会被创作出来。制作一部电影可能要花费几百万美元。如果他人可以随意复制并发行这部电影,制片人就很难收回成本,更不

---

① 布来斯坦诉唐纳森平版印刷公司(*Bleistein v. Donaldson Lithographing Co.*),188 U. S. 239,23 S. Ct. 298 (1903)。

② 美国联邦《宪法》第 1 条第 8 款。

要说赢利了。制片人很难与销售同一影片的其他人竞争，因为后者没有任何付出。制片人可以使用一些非版权手段来保护其投资，如限制发行和使用、采取防复制措施（如影院里禁止使用录像机或将防复制技术用于DVD），以及将消费者偏好用于经授权的电影版本。其他部门法提供了一些防止复制的保护措施，如合同、商业秘密和不公平竞争法。但若没有版权，某些制片人肯定会将其资源投向其他方面。这一道理同样适用于其他作品类型。图书写作者、软件开发者以及其他很多创作人员都因版权而获得激励，这意味着，版权法导致更多作品的产生。

另一方面，没有版权保护，依然有很多作品会产生。人们有很多理由从事创作。即使没有版权法保护其利用作品的排他性权利，艺术家还会创作艺术，学者们依然撰写文章，人们也会写作书信。某些类型的作品并不依赖排他性版权来获得报酬。广告代理商创作独创性作品，是要从委托客户而非付费用户那里获得支付。即使是经常依赖版权保护的作者，也并非绝对离不开版权法。例如，某些书籍、电影和音乐无需版权也会产生。创造冲动、表达与认可的渴望以及其他很多动力都可能推动着创造性作品的产生。但是，版权法并不将其保护限于那些离不开版权保护的作品。可以说，版权适用于所有独创性作品。

○**实例**

a. **诱人的封面**。*TV Land* 杂志起诉其竞争对手，称对方复制了 *TV Land* 某期杂志的封面，侵犯了其版权。竞争者没有原样复制其文本和版式设计，而是复制了其封面的尺寸、形状和平面造型设计。构成该设计的基本要素被组成一个悦人的包装，可能吸引着杂货店结账柜台前排队的某人的目光。竞争者认为，杂志封面设计属于产品包装，而不是独创性作品。该杂志封面设计是独创性作品吗？

⊙**解析**

a. **杂志封面设计可构成作品**。杂志封面的版式设计可能没有资格展示于美术馆里，其目的可能是吸引读者的关注而不是表达艺术性意念，但作品的商业性并不妨碍它成为作品。①

　　本书后面的内容将要说明，封面设计属于"绘画、图形和雕刻作品"（见下节述）所界定的二维的实用艺术作品。要获得版权保护（见下章述），它还必须满足独创性要件。即使设计使用了非独创性要素，要素组合方式的选 23 择也可能表现出了必要的创造性。

# 二、作品之外

　　成为独创性作品的必要条件将某些人造成果排除在版权保护之外。谈话常常含有创造性表达，如睿智的话语、生动的描述、滑稽的故事以及有见地的艺术作品评论等；日常行为也同样具有相当的创造性。如儿童游戏、路边偶遇（或由此引起的躲避）乃至恶作剧等行为都可能充满创造性。但是，为会话或个人行为赋予版权将极大地限制人类交流。如果这种日常行为可以享有版权，其他人将不得重复。并且，如果他们只需表明它具有独创性（并以某种方式存在于某种实体形式中，这在我们这个数字时代是相当容易的），人们也很难事先知道某人何时会对这种创造主张版权。为了防止不确定性，按照著名的判决意见，

　　　　必要的是，言说者应该明示，他打算将普通话语流中的相关言论区分出来，他有意将其作为一个独特表述，并希望控制其发表。②

这种保留权利的声明并不是一般性要件——一则短故事、信件或油画可受版权保护，而无需作者的明示性声明。但是，这些作品属于人们可能希望对

---

　　① 参见：读者文摘协会诉保守者文摘（*Reader's Digest Association v. Conservative Digest*），821 F. 2d 800（D. C. Cir. 1987）。

　　② 海明威庄园遗产机构诉兰登书屋（*Estate of Hemingway v. Random House*），23 N. Y. 2d 341（1968）。

其适用版权的作品类型。它们也具有将它们与其他交流区分开来的自然界限。只有在将会话或日常行为之类作为"创作性作品"要求享有版权时,明示性主张才是必要的,因为他人原本认为其不受限制。同样,某物属于"创作性作品"——这一要件可能被用来否认下列创造性活动的版权保护:罪恶的狂欢、撒泼捣乱以及恶作剧。这种"作品"含有通常的独创性,却不会被他人视为受保护的作品创作。

同理,足球或篮球比赛不属于创作性作品。这种比赛可能表现出许多创造性特征,然而,就像会话和日常行为,其中没有任何东西显示其构成所谓的作品,更不必说判断谁是其作者了。相比之下,基于脚本的足球比赛、事先设计的舞蹈或足球比赛手册则可构成作品(尽管其中的非独创性或功能性成分不受保护,参见下文)。足球赛录像或有关比赛的新闻故事可构成创作性作品。比赛本身不属于版权的对象,因为录制者或记者没有创作该比赛。

将版权限定于"作品",还会将其他创造性表达排除在外。美国联邦版权局(一个权威机构,虽然不具有决定性)采取的立场是,词语和短语不能获得版权,如名字、标题和口号。① 有几个判例与此一致。这一原则显然是必要的:如果一个词语或短语可受版权保护,该词语或短语的任何一种使用都可能侵犯版权。如果可能,词语或短语的商标应该受到更为狭窄的商标法保护。"可口可乐"是一个商标,但人们仍然可以使用这一词语,而不会侵犯商标权——只有当标识的使用方式干扰了可口可乐公司向消费者准确标示其产品,才应受到禁止。如果短语受到版权保护,图书标题和歌曲名称也将享有版权,这就意味着,提起一本书或一首歌曲都可能构成侵权。同样,如"三连冠"这种巧妙的词语可能被归于第一个使用人,从而使版权远超其根本之所系。

人们常常这样证明上述原则的合理性:词语或短语不具有充足的独创性(见下文所述)。不过,即使是一个单词,也都源自一个作者,其创造性超

---

① 《联邦条例汇编》第 37 编,第 202 条第 1 款(37 C.F.R. § 202.1)。

出了所必要的最小的火花——就像 copyleft、copywrong 以及 copybroke 之类的杜撰词语。一个更为宽泛的理由可能是，词语或短语不能构成创作性的作品。正如格特鲁德·斯坦对海明威①所说，"谈论（remarks）不是文学"。这一原则的另一个理由是重合原则（merger doctrine，参见下文）。为词语或短语提供版权保护，其结果将是为其表达的思想提供保护。

但需提醒一下，受版权保护的作品可能是由不受版权保护的成分组成的。因而，即使一个短语不可受版权保护，短语的汇编（如短笑话或口号汇编的书籍）则是可以的。同样，从一部作品中复制一个短语可能构成侵权，虽然这可能因合理使用得到许可，或因数量微小而被免责。

版权被限于"创作性作品"还暗示着作者的存在。这明显意味着，有人在创作作品时运用了必要的创造性。在一部完全通过机械程序创作的作品中，版权可能因为无人作为其"作者"而被否认。安装在走廊上的安全摄像机每天 24 小时都在录制，如果它抓取了戏剧性事件，该录像也可能不受版权保护，因为它缺乏作者。

计算机生成作品也提出了作者身份问题。如果作品属于自动生成，或者是某种未来的人工智能产品，其中就可能没有人类作者。问题很可能是：该作品是否体现了人类的独创性，或者说，其中的选择实际上是否由计算机所为。

自然活动或非人类的动物所产生的"作品"也不可能是"创作性作品"。来自火山的熔岩流可形成神奇的形状，但它们不是人类作者的成果，不受版权保护。大象和猩猩都可以被教导画画，其绘画不是创作性作品，不能享有版权。海鸥偷窃相机所产生的录像，或者是捣蛋的恒河猴用失控的相机拍出的照片，均不适于版权保护。

在解释成文法时，版权局提出了人类作者的要求：

---

① 格特鲁德·斯坦（Gertrude Stein）、欧内斯特·米勒尔·海明威（Ernest Miller Hemingway）均系美国著名作家。——译者

为了能够获得版权登记,作品必须是人类作者的成果。由机械程序或因随即选择而获得的产物,其中没有人类作者的贡献,不能取得版权登记。油毡地板上覆盖的五彩缤纷的卵石花纹设计是因机械工序而产生,不能重复,属于随机组成,不能取得登记。同样,一件作品的形式来自于自然之力,缺乏人类作者,不能取得登记;例如,一个木片即使光滑优美而被镶嵌,也不能取得登记。①

将纯粹的机械产物和日常行为与会话排除在版权之外正趋于重叠。我们的所言所行正逐渐借助各种设备记录下来:安全摄像机、交流技术、虚拟世界、聊天空间。不少人身带摄像机,试图记录其整个生活——并且,可穿戴技术很快就能为普通用户从事这些活动。所有这些被摄取的瞬间都可以获得版权吗?有人可能会坚决主张它们不构成创作性作品。一段会话不具有标识其为"作品"的边界线,而 24/7 的自动数据录制同样缺乏支持其版权主张的创作意图与宣称。此类信息收集无需版权激励——它们的产生是因为其他原因。如果无证据表明某人是在创作一部作品,在为这些信息提供版权保护时,法院应该会感到犹豫不决。

最后,一个人的身份特征也不是创作性作品。有人可能将某些人的形象(*persona*)视为他们的创造,如穆罕默德·阿里、杜鲁门·卡波特和麦当娜。人的形象、角色及肖像部分是由于其创造,但也来自于其他因素(他们的遗传构造与经历,包括其他人的影响)。更重要的是,这些因素没有体现为实体性形式,从而为可受保护的作品设定边界。② 有的人可能创造了体现其个性形象的作品,如自传、自画像或民谣。但该作品不属于个性形象,可以获得版权保护。

总之,"创作性作品"的范围的确很宽泛。但下列被排除在外:

26

- 日常会话和行为(除非作者为主张所有权有所作为,并专门将其标

---

① 《版权局执法纲要(二)》(Copyright Office Practices Compendium 2),503.03(a)。
② 参见布朗诉埃姆斯(*Brown v. Ames*),201 F. 3d 654(5th Cir. 2000)。

示为作品），即使其言语与行为被随即性地录制在了机械设备上

- 词语与短语
- 非人类作者的作品
- 人的身份特征或形象

○**实例**

a. 威尔斯用她的手机录制了几个小时的视频，拍摄了一天里城市中生活的人们。她审慎编辑，制作一个无标题的纪录片。这是可享有版权的创作性作品吗？

b. 即时通讯。通过计算机网络上的即时通讯，两位作家有过广泛的交流。它们是范围广泛的文学讨论，包括很多针对名著的精彩评论与深刻分析。后来，某作家对她的会话部分主张版权。她的即时通讯（单独或一起）属于创作性作品吗？

c. 同一成果、包装有异。除了即时的短信会话，某作家还将她的观点写成一篇随笔（essay），同样是针对名著的精彩评论与深刻分析。她的随笔属于创作性作品吗？

d. 事先准备的评论。一文学批评家向一作家写信，要求见面讨论该作家的作品。急于有一个良好的表现，该作家就坐下来，用几天时间撰写了一份针对其作品的长篇分析。在视频录制的会见过程中，作为对批评家所提问题的回应，作家一段一段地发表了分析性意见。作家对其评论拥有版权吗？

e. 鲸鱼歌。鲸鱼专家对夏威夷岛附近唱歌的驼背鲸进行了大量录音活动。鲸鱼专家多年研究这种鲸鱼，并依靠其经验，选择麦克风位置、设定录音层级、确定开始录制的时间。该录制品捕捉了鲸鱼的大量声音，具有突出的音乐属性。有商人获得了其录音磁带，制作复制件，并向鲸鱼爱好者销售。当鲸鱼专家指控其侵犯版权时，该商人认为，该录音不属于创作性作品。那么，该录音属于创作性作品吗？

f. 资助。赫佐格希望就密西西比河上现代人的城市生活拍摄一部纪录片。赫佐格从菲洛基金会获到一笔经费，全面资助该影片的制作。赫佐

格向多所大学邮寄了影片复制件,希望唤起人们的关注。几个月后,赫佐格得知,"电影屋"几个星期以来一直在放映其影片,营利相当不错。当赫佐格 27 寻求对方的补偿时,电影屋认为该作品不受版权保护,并主张,版权是要为作品创作提供激励,这一原则不支持对那些自始至终获得资助的作品赋予版权。版权适用于以任何方式创作的作品吗?

g. 自然之手。俄勒冈的海岸线常常飘来漂流木。当地人博尼常常走在岸上,寻找经受自然塑造并具有织纹的漂流木。她发现一块漂流木有着神秘莫测的外形,并称之为波特兰椒盐卷饼。她把漂流木放在自己的商店橱窗里展览。雕刻家安吉洛对浮木拍照,并制作了一幅外形完全相同的铁质雕刻。对于博尼而言,这一行为是否要承担侵犯版权之责?

h. Voggle 是什么? 有一天,坐在微积分课堂上,坦格举手问老师,"Voggle 是什么?"看过辞典,坦格知道并没有这种东西。与之最为接近的是西伯利亚语中的 vogul。所以,他的问题引起迷惑和数学严谨性上的一点点松弛。其他学生也采取了这种恶作剧,问他们的英语老师、体育馆老师甚至保安人员:"Voggle 是什么?"由于不太明确的原因,这个短语变得十分流行,并且很快,还作为广告语出现在了电视与报纸上。坦格在想:他是否可以就单词 voggle 和短语"voggle 是什么?"获得版税?

i. 图像软件制作。匹克思收集了一个庞大的公共领域照片库,它们大约来自 1900 年,如今都存储为数字格式。她使用广泛流行的图像处理软件 Photoshop,制作出一系列图片。虽然她的图片似乎都拍摄于 1900 年,但它们的形成实际上都剪切并粘贴了其他图片的成分。例如,有一张图片显示的是,一个男孩将警服作为万圣节服装穿在身上,在和一个警官说话。但是,匹克思使用 Photoshop 从多个图片中吸取了多种元素:男孩的形象来自一张学校图片,他的背包取自一张商店图片,他的制服来自一张警官图片并缩小了尺寸,警官则取自一张邮件运送人的图片。Photoshop 软件可以对这些图片的很多方面进行自动调节,以保证它们看上去不像是剪切拼贴画,而更像一张单一图片。未经匹克思许可,出版机构维格使用了她的某些图片,她为此提起版权侵权之诉。维格辩解的理由是,这些图片均由 Photoshop 制作,而非匹克思的创作,因而属于软件的产物,不是作者之作品。那么,操作软件制作的图片是不是创作性作品?

j. 大象看、大象做。大象管理员邵恩耐心地教大象若曼尼画画。经过反复训练之后,若曼尼学会了拿起刷子,在调色板上取颜料,并在空白的纸上涂抹。因款待而受到鼓励之后,若曼尼涂画了纸的大部分。通过慈善拍卖,动物园将这幅画售得若干美元。然后,购买者销售印有若曼尼那幅相当抽象而凌乱的绘画的贴画。动物园感觉受到欺骗,便考虑提起版权侵权之诉。该绘画享有版权吗?

k. 驴的业务。唐卡斯特驴是百老汇广受欢迎的项目。驴子表演复杂的动作,而这些动作由训练师特雷弗设计。驴在圆球上表演平衡术、排队跳舞、以复杂的图案进进出出。它们也做一些滑稽表演。演出大获成功,激发了他人的模仿。拉斯维加斯就有一场表演完全复制唐卡斯特驴的套路。收到特雷弗的停止侵权通知函之后,模仿者称,驴的动作不受版权保护,因为它是驴的作品,而驴没有资格成为作者。没有创作性作品,就没有版权。驴的动作处于公有领域吗?

l. 全世界一个舞台。波利制作了一部有关著名音乐家阿努什卡的影片。剧作家和女主演将阿努什卡离奇而动人的个性表现得淋漓尽致。阿努什卡起诉其侵犯版权。波利应承担责任吗? 如果阿努什卡本人撰写了她的自传,而某出版商复制发行,情况会有不同吗?

m. 辛迪・李・加西亚在暂定名称为《沙漠勇士》的电影里扮演了一个次要角色,但未被采用。制片人后来将她表演的镜头用于反伊斯兰影片《穆斯林的无辜》,还配上了令人不快的台词。加西亚提起版权诉讼。她会胜诉吗?

⊙ 解析

a. 威尔斯的纪录片属于创作。版权例外不适用于她的作品。她所主张版权的对象不是日常行为,而是日常行为的影片。版权适用于很多记录非版权要素的作品。

b. 处理这一问题的案例法几乎没有。这里的基本问题是,即时通讯类似于日常会话(如无明确的权利主张,就不受保护)、还是属于信件(就像很多案例所做判决,无需明确的权利主张即可受到保护)。这里的交流更接近会话,是现实时间里的你来我往。由于技术保留了越来越多的随机谈话和日常行为,这种版权问题可能会大量产生。

c. 该随笔属于创作性作品。明确的权利主张要件只适用于诸如会话或日常行为之类,它们原本不会被他人作为作品,从而被区分出来。需要注意的是,这一规则不是源于成文法或一系列案例,而是某一孤立的著名案例。如果这种案例变得更加普遍,法院就不必采纳明示声明要件,而是要依靠其他要件发挥守门员作用。 [29]

d. 讨论是否有资格成为创作性作品,是有讨论余地的。假定其具有必要的独创性,作家的书面分析就有资格成为独创性作品(具体属于文字作品)。任何对该录像制作复制件的人都有可能侵犯版权(遵循各种限制制度,见下文所述)。

e. 鲸鱼也是遮眼法。鲸鱼专家创作了独创性作品:录制品。对于如何、何时制作录音,她做出了大量创造性决定。一旦她拍摄了鲸鱼,她就创造了独创性作品。

f. 赫佐格的影片受到版权保护,即使版权的激励作用对其创作是不必要的。版权成文法中无任何规定将版权局限于需要版权激励的作品。

g. 安吉洛没有责任,因为博尼对漂流木不享有版权。她没有创造漂流木,而是自然之力创造了它。它不是创作性作品。版权局的管理条例使用了漂流木这一实例。

h. 坦格不能对单词 voggle 和短语"Voggle 是什么?"享有版权。权威性观点否认词语或短语享有版权。该规则的一个理由是,它们没有显示出足够的独创性(虽然构想出一个新词或短语似乎也可以满足必要的最低创造性)。证明该规则的另一个路径是,它们太过简短,不足以构成创作性作品。

i. 使用操作软件制作的图片属于创作性作品。计算机程序可以产生很多作品,但匹克思选择了图片要素并对它们进行剪切和粘贴,这足以使匹克思成为作者。

j. 大象的绘画不能享有版权,因为它不是人类作者。

k. 驴子动作的编舞设计受到版权保护。编舞设计的作者是特雷弗,虽然其表演者是驴。

l. 波利不承担责任,因为他没有复制创作性作品。个性(personality)不是版权法意义上的创作性作品。在某种宽泛的意义上,它是某人的创造物,但没有体现为某一具体的作品。

自传属于创作性作品。所以,复制自传有可能侵犯版权,特别是,如果该复制只是复印和销售某一图书的复制件。不过,如下文所述,自传的很多成分可能不享有版权,如事实和其他非作者独创的材料、思想(即使是独创的思想)。

m. 第九巡回法院判定,电影的版权虽然归导演持有,加西亚可以对其表演享有可版权的利益。[1] 一个演员的表演可能具有创造性的贡献:"而演员的所作所为远非说说纸上的话;他必须'在内心演好他的角色,然后……对其体验做外部体现。'[2]这种体现包括身体语言、面部表达以及与其他演员和诸多情景要素之间的互动。[3] 另外,'每一个傻瓜……都是一个演员,因为每个人……都知道如何阅读。'[4]"

加西亚案判决受到强烈批评。演员的工作确实是创造性的,但其中哪里是单独的创作性作品呢?法院认为加西亚不是电影的作者或合作作者,但并没有真正确定她创作了什么作品。

---

[1]　加西亚诉谷歌公司(*Garcia v. Google , Inc .* ),2014 U. S. App. LEXIS 13709 (9th Cir. Cal. July 11,2014)。

[2]　康斯坦丁·史坦斯拉夫斯基:《演员素养》(Constantin Stanislavki,*An Actor Prepares* ),15,219 (Elizabeth Reynolds Hapgood Trans. ,1936)。

[3]　同前注,at 218-19。

[4]　桑福德·梅斯纳、丹尼斯·隆威尔:《桑福德·梅斯纳论表演》(Sanford Meisner &. Dennis Longwell,*Sanford Meisner on Acting* ),178 (1987)。

# 三、作品分类

版权成文法规定,作品包括下列种类[①]:

(1) 文字作品;

(2) 音乐作品,包括配词;

(3) 戏剧作品,包括配乐;

(4) 哑剧和舞蹈作品;

(5) 绘画、图形和雕刻作品;

(6) 电影和其他视听作品;

(7) 录音作品;

(8) 建筑作品。

成文法还规定,汇编与演绎作品也是可获得版权保护的客体。[②]

各个类型之间并非相互排斥的,所以一部作品同时可被归入多种类型。一部戏同时可被归入文字作品和戏剧作品。这整个列举本身也不是排他性的。成文法和立法历史表明,这一分类属于列举、而非穷尽性的。一部作品看上去是否属于某一类型,可能会影响法院判定该作品是否属于创作性作品,但这又不是决定性的。一部作品不属于所列举的任何类型,如果它是独创性作品的话,也可能有资格获得版权。气味交响曲(a symphony of odors)看上去可能不属于任何作品类型,却依然可能成为独创性作品。无论如何,各类作品的界定(见下述)相当宽泛,以致任何创作性作品都可归入至少其中的某一类。一部作品如果使用了文字或数字,它就是文字作品;如

---

① 《美国法典》第 17 编第 102 条(a)。

② 《美国法典》第 17 编第 103 条(a)。

果它是二维或三维的，就可能是绘画、图形和雕刻类作品。这已经覆盖了几乎一切可能的作品。

该分类的重要性不在于为版权设定边界，而是要适用成文法中的其他规则。下文各章将会详细论及，某些版权规则仅仅适用于特定类型的作品。版权持有人的基本权利因作品类型的不同而存在某种程度的差异。比如，录音的版权在复制与公开表演方面受到较多的权利限制。再比如，音乐作品要受制于强制许可规则，而这一规则不适用于其他类型的作品。判断一个作品属于何种类型，常常是一个重要问题。如下各节将列举作品类型并提出可以适用的定义。某些可适于特定作品的规则也将得到简要评述，而更为详尽的讨论将留待后面各章。

## （一）文字作品

该类作品包括"以词语、数字或其他言词或数字类符号或标记表现的作品，不管它们体现于何种性质的物质载体，如书籍、期刊、手稿、录音、胶片、磁带、磁盘或卡片，但视听作品除外。"[①]

如此宽泛的界定包含了以字母、数字或其他符号所创造的一切，远远超出了通常所谓的"文学"。戏剧、短篇小说、长篇小说、电影剧本、信件、电子邮件、博客、计算机程序、烹调菜谱、T恤纪念信息、数学证明以及城市分区条例都是文字作品的例子。如同所有类型的作品，前述任何一种要获得保护，都必须证明其有资格成为独创性作品。这一界定也强调了，固定形式无关紧要。文字作品不必以人们可以拿起并阅读的形式来固定，如印刷的书籍。可以说，小说的固定可以是在磁盘上保存，或者，故事可通过口头讲述的录音得到固定。

计算机程序，也即软件，是文字作品中的一个重要类型。软件是可以获得版权的，无论是源代码、目标码或其他形式。显然，如此界定的"文字作品"显然超出了它在其他语境的涵义。在大学里，文学系总是与计算机科学

---

① 《美国法典》第 17 编第 101 条。

遥相区分。文学理论更多关注的是诗歌而非计算机代码。人们曾经广泛地争论过，计算机程序在根本上是不是应该获得版权。版权保护创造性表达。[32] 计算机程序可以被视为功能性作品，不同于表达性作品。它们还属于计算机指令序列，而不同于供人类体验的创造性作品。

作为修订 1976 年《版权法》之准备工作的一部分，国会曾成立"版权作品的新技术应用全国委员会"（CONTU）。CONTU 做出的结论称，同时作为一个法律和政策问题，计算机程序属于可享有版权的客体。它提出的两个建议都得到国会的采纳。国会于 1980 年修改《版权法》，将计算机程序界定为"为产生某种结果而直接或间接使用于计算机的语句或指令序列"①。它还增加了第 117 条，对计算机程序版权加以限制。这两项修改表明，计算机程序享有版权。此后的问题不再是计算机程序是否享受版权，而变成了其保护范围之宽度如何。

○ **实例**

a. 文字作品？《版权法》一系列规定适用于"文字作品"。下列哪些属于文字作品？

* 以图书形式发表的长篇小说
* 只能作为电子书在线提供的长篇小说
* 装配游泳池的系列说明书
* 计算机程序
* 数学证明
* 你正在阅读的书
* 能量饮料上的警示标签
* 推特文（a tweet）

⊙ **解析**

a. 它们都是文字作品。小说是唯一一类要在文学课堂上学习的，但版权法上的文字作品定义是很宽泛的：即"以词语、数字或其他言词或数字类

---

① 《美国法典》第 17 编第 101 条。

符号或标记表现"的任何作品,而不管它以何种形式被固定。

## (二)音乐作品:包括配词

　　音乐作品覆盖了所有样式,从无伴奏合唱到吉普赛音乐。音乐作品既包括乐曲,也包括与之相配的词。一部音乐作品可能包括两方面,如某歌曲
33 作者为一首新歌撰写的音乐和歌词。它还可以包括以前已有的成分。旧诗可以被配上音乐,或者老曲调可以被用于新词。任何作品作为音乐作品都有资格获得版权,但版权只能保护新的表达。

　　成文法中没有"音乐作品"的定义。这一术语不限于任何特定的音乐类型或定义。新的音乐形式和样式都可以覆盖在内,即使它们打破了传统的音乐形式。新产生的样式,如电子音乐、说唱音乐以及各种先锋前卫都够资格。任何具体的音乐成分——如节奏、旋律或和声都不是必要的。可以说,任何具有音乐性特征的作品都够资格。约翰·凯奇(John Cage)1952 年的音乐作品《4 分 33 秒》包括 4 分 33 秒的静音,也可以是音乐作品,虽然难以确认其特定的受保护要素。

　　音乐与录音之间有着重大区别。创作音乐或写歌的音乐家是音乐作品的作者。对歌曲进行录音的制作者所创作的是录音,这是一个单独的作品类型。制作者对表演音乐作品的音乐家进行录音,是录音作者。如果录音被置于激光唱片,该唱片就同时是音乐作品和录音的录制品。任何人复制了该录音,就有可能侵犯两项版权:音乐家对音乐作品的版权,以及制作者对于录音的版权。

　　音乐作品的版权受到相当重要的限制。非戏剧音乐作品如歌曲的录音已公开发行后,音乐作品的版权依第 115 条强制许可机制受到限制。任何他人都可以录制该歌曲并销售自己的版本,只要他们发出必要的通知,支付适当的版税,并不得对该歌曲进行超出限制的改动。针对一首歌,某音乐家一旦发行了她自己的版本,他人也就可以自由销售各自的版本。而其他作品不能这样。电影和视频游戏的公开发行并不授权他人制作他们自己的版本。

一个作品有资格成为音乐作品的另一个效果是,某些限制制度可被适用于图书馆和档案馆。为了保存作品或发行稀有作品等目的,第108条允许图书馆就版权作品做某些复制和发行。这项免责主要与文字作品相关,对于音乐作品、视听作品以及绘画、图形与雕塑作品,其适用范围受到限制。

音乐作品在版权法中扮演着重要的角色。很多音乐版权价值巨大,所以,相关业界在塑造版权立法、提起版权诉讼方面积极活跃。从创建集体权利协会如 ASCAP、到近期针对音乐下载的诉讼(如纳普斯特案、格罗克斯特案),音乐版权持有者引导了版权的集体实施。不少歌曲听着相似,这引发了有关独创性与作者身份等问题的有趣的案例,而大量针对著名音乐人主张侵权的著名案例就更不要说了。 34

○ **实例**

a. 音乐作品沉思。依据版权法,下列哪些属于"音乐作品"?

- 《祝你生日快乐》
- 贾格尔和理查兹创作的《满意》
- 歌剧
- 交响曲
- 视频游戏《割绳》的背景音乐
- 《危险境地》的标题音乐
- 孩子们为其俱乐部创作的歌曲
- iTunes 提供的《哈姆雷特》录音

⊙ **解析**

a. 除了最后一项,都有资格成为音乐作品。这表明了版权范围的宽泛。《哈姆雷特》一例只是提醒我们,音乐作品可能与其他作品混合在一起。

## (三)戏剧作品:包括配乐

成文法没有"戏剧作品"的定义。但是,按照著名的论述,这一作品类型包括"其中包含表演性动作、话语或事件,或此三项,向观众传递主题、思想或人物性格的作品。"①戏剧作品的类型可包括"舞蹈编排、哑剧、戏剧、剧本书面梗概,以及用于电影、电台与电视台的脚本。"②戏剧作品最突出的特征是,动作"目的是为了被表演",而不是被讲述或描述。一部歌剧属于戏剧作品,而小说就不是(虽然很多戏剧故事可以用小说来描绘)。歌剧的目的是让扮演形象角色的歌唱家在舞台上表演的;而小说的目的则是供人阅读。某些公开表演的作品(如摇滚歌曲)不是戏剧作品,因为其表演不是通过角色来实现歌曲的戏剧效果。

35

　　戏剧作品可能属于其他类型,如文字作品或音乐作品。作品有资格成为戏剧的主要效果是,它可免于某些版权限制。例如,第 115 条中音乐作品的强制许可就仅仅适用于非戏剧性音乐作品。依据第 110 条,无需版权持有人允许,非戏剧性文字和音乐作品可以被用于在线教育、宗教服务或某些慈善活动。

　　○ 实例

　　a. 戏剧性的。《无准备者埃塞雷德民谣》由德斯蒙德创作、演唱并录制。这首歌讲述的是一个中世纪君主生活的动人故事。德斯蒙德向公众销售了一些唱片,然后听说,戴恩盖尔德录制并发行了该民谣的一个新版本。后者没有获得德斯蒙德的许可,而声称其可适用第 115 条规定的强制许可程序。德斯蒙德提出反对。第 115 条只适用于"非戏剧性音乐作品",而德斯蒙德认为,他的民谣极具戏剧性,因为它讲述了埃塞雷德 10 岁登上王位、为保护王权而奋斗、使王国变得繁荣并与维京人斗争的故事。该民谣是否属于戏剧音乐作品?

　　⊙ 解析

　　a.《无准备者埃塞雷德民谣》即使讲述了戏剧性的故事,却也不是戏剧作品。如果作品中有动作,"目的是供人表演"而不是让人"讲述或描述",才能构成戏剧作品。民谣描写了一些动作,但演唱者并不表演这些动作。民

---

　　①　保罗·戈德斯坦:《版权》(第二版)(Paul Goldstein,*Copyright*),2nd ed.,1996,at 2:110。
　　②　Copyright Office Fl 119。

谣依然可享有版权(作为音乐作品),但它不可适用某些只能适用于戏剧作品的规则。

### (四) 哑剧和舞蹈作品

这类作品包括芭蕾、笑剧、经舞蹈编排的职业摔跤比赛(不同于真正的竞赛),或者是自由体操套路。注意,这里有重叠。很多哑剧和舞蹈作品也可能是戏剧作品。如果是被文字、数字或符号所描述,它们也可以是文字作品。

版权局对舞蹈作品的界定是:"舞蹈呈现为一系列相关的手舞足蹈活动和式样,它们被组织为一个连贯的整体。"[1]"舞蹈是跳舞活动和式样的布置和安排,并常常由音乐伴奏。跳舞(Dance)是身体活动之静止与运动的连续性序列,呈现于特定的节奏和空间关系。舞蹈作品不需要讲述故事就可以得到版权保护"。[2]

○ **实例**

a. 就像钟表机械。针对每一场提前编排的比赛,职业足球队的运动手册对 11 个运动员的角色进行图解。它属于舞蹈作品吗?

⊙ **解析**

a. 足球比赛对多个运动员的活动做出了周密的协调,属于宽泛意义上的舞蹈。但是,版权局的定义(不具有约束力,因为它不是成文法,但具有建议性,因为版权局是具有该领域专门知识的机构)明确将舞蹈限于跳舞(dance)。因而,运动手册不可能是舞蹈作品。但是,它可能属于绘画、图形与雕塑作品。

### (五) 绘画、图形与雕塑作品

"绘画、图形与雕塑作品"范围宽泛,包括"美术、图形和实用艺术、摄影、印刷字体与艺术复制品、地图、地球仪、图表、示意图、模型和技术制图(包括

---

[1] 《版权局执法纲要(二)》(Copyright Office Practices Compendium 2),450.03(a)。

[2] 同前注,at 450.01。

建筑蓝图)等二维和三维作品"。①

就像法院所解释的那样,该类作品不仅包括雕塑与绘画这些传统类型,而且包括任何二维和三维作品。法院曾经判定,腰带扣设计、伏特加酒瓶、照射灯以及时装模特都属于这一类型。家庭休假照片、树屋设计、蹒跚幼儿的手指画以及公园里的稻草人都可以是(当然,都须满足独创性要件)这类作品。

这类作品最重要的限制是针对实用性物品的可分性要件。"实用性物品"是"绘画、图形与雕塑作品"中的一类,只在它具有可与实用性特征相区分的审美特征的情况下,才能受到保护。如下文将要讨论的,在其适用"可分性"要件的具体方法上,各法院之间存有分歧。

○实例

a. 重叠。一件作品,能否同时属于"文字作品"和"绘画、图形与雕塑作品"?

⊙解析

a. 当文字或其他符号被艺术性地制作或编排时,有很多情形可发生这种重叠。试举几例:招贴画、符号以及图案诗歌,如《复活节之翼》(来自 1663 年,已不受版权保护)。②

Lord, who createdſt man in wealth and ſtore,
Though fooliſhly he loſt the ſame,
Decaying more and more,
Till he became
Moſt poore:
With thee
O let me riſe
As larks, harmoniouſly,
And ſing this day thy victories:
Then ſhall the fall further the flight in me.

My tender age in ſorrow did beginne
And ſtill with ſickneſſes and ſhame
Thou didſt ſo puniſh ſinne,
That I became
Moſt thinne.
With thee
Let me combine,
And feel this day thy victorie:
For, if I imp my wing on thine,
Affliction ſhall advance the flight in me.

---

① 《美国法典》第 17 编第 101 条。
② 《复活节之翼》(Easter Wings)被视为图形诗的代表作,作者系 17 世纪英国牧师乔治·赫伯特。这种诗歌独特的文字排列构成特定的图形,象征着作品的主题思想。——译者

## （六）电影及其他视听作品

此类作品包括电影，但其范围还要宽泛。视听作品是指"由一系列相互关联的形象构成的作品，其实质目的是要通过使用机器或设备（放映机、浏览器或电子装置）得到显示，可能还有同步伴音，无论体现该作品的物质载体是什么属性，如胶片或磁带"。①

按定义，视听作品要求使用机器或设备如放映机或电子屏幕得到显示。³⁸舞台演出的戏剧或歌剧不是视听作品，即使它有着相当戏剧性的特效。

视频游戏、幻灯（包括那些主要使用文本的）以及不少种类的概念性艺术属于视听类的作品。视听作品必须要包含视觉成分，但不必含有伴音。机器或设备的使用是必要的。一部戏、木偶演出、马戏表演或其他具有听觉与视觉效果，但不依赖设备来显示的，就不属于视听作品。

各形象之间必须是相互关联的，但它们不必以特定的顺序出现在屏幕上。该作品类型远比胶片电影或卡通、幻灯更为宽泛，它们都具有连续的形象。甚至说，它也可以包括以屏幕展示的视频游戏或其他，比较乏味的计算机程序如税务软件等。当此种程序被使用时，并非所有形象都可以得到显示，且它们还可以显示为多种顺序。这种作品依然可以成为视听作品。即使当形象的内容部分由程序用户（如操纵视频游戏人物的玩家）控制，而非完全决定于作者时，法院仍然视其为视听作品。

如果视听作品中有声音，该声音就被视为该作品之组成部分，而不能被归于"录音"之列。该作品的音频部分不得适用针对录音版权的各种限制制度（见下文）。

在雇佣作品方面，"电影与其他视听作品类"受到特别关注。如果作品被认定为雇佣作品，会发生多种结果：版权属于雇主一方，不存在视觉艺术作品的精神权利，且版权保护期可能有所不同。最具实践意义的是，该作品的制作者没有法定的终止转让之权。"雇佣作品"的定义专门纳入了电影剧

---

① 《美国法典》第 17 编第 101 条。

本、配音作曲以及其他作为电影之一部分而创作的作品(只要双方也同意它属于雇佣作品)。它包括"为用作集合作品之一部分、用作电影或其他视听作品之一部分而专门定做或委托的作品"。如此规定的实践意义是,电影的版权所有人不必担心会有这种可能:剧作家会终止剧本版权的转让。

○ **实例**

39　　a. ppt 文件?幻灯片属于哪一类作品?

⊙ **解析**

a. 它当然应归入视听作品(作为"一系列相互关联的形象,其实质目的是要通过使用机器或设备[放映机、浏览器或电子设施]得到显示")。如果它使用词语或数字符号(可惜,幻灯片常常过多使用),它就会属于文字作品。它还可能是舞蹈作品(如果其展示说明了一段跳舞),或音乐作品。它可能是一部建筑作品(参见下文)。它不可能是录音,因为其定义已将视听作品的伴音排除在外。这一实例强调的是,一些作品可以属于多个类型。而只有当某一项规则仅仅适用于特定的作品类型时(例如音乐作品的强制许可),这一点才具有重要意义。

## (七)录音

录音是指"将一系列音乐、发言或其他声音(但不包括电影或其他视听作品的伴音)加以固定所形成的作品,无论它们被表现为何种属性的物质载体,如磁盘、磁带或其他录制品"。① 该类作品是于 1972 年被纳入版权成文法的。1972 年前,录音被排斥在联邦版权保护之外,但它们可以受到州版权保护。例如,纽约就给予此类作品以普通法保护,且无时间限制。

人们最熟悉的录音是音乐录音,但录音也可以是鸟鸣的录音、学生对演讲的录音,也可以是飓风之声的录音。如前述,如果某一录音是他人作品之表演的录制,有一个区分常常很重要。录音的作者对录音内容做出了创造性选择,并控制着录音的制作。而录音制作者与被录作品的作者或表演者

_____

① 《美国法典》第 17 编第 101 条。

可能是不同的人，且会有两个独立的作品，属于两个不同的作者。如果录制者所录制的是音乐家演唱的该音乐家的新歌，该录音就录取了一部录音作品（制作者所录制）和一部音乐作品（音乐家所创作）。同理，如果某爱好者（经许可）录制了某诗人朗读的诗，该爱好者就是录音的作者，拥有一项单独的版权，区别于该诗人对诗（一部文字作品，可能也是戏剧作品）的版权。 40

　　将一部作品归类为录音，意义重大。一个基本的术语问题是，录音被固定为录制品，而不是复制品。更为重要的是，与其他作品类型相比，录音版权所赋予的排他性权利受到更多的限制——复制与表演作品的排他性权利都受到较多的限制。制作复制件的排他性权利仅仅及于实际声音（actual sounds）的复制——而其他作品的保护还可以禁止非原样复制（nonliteral copying）。排他性公开表演权限于通过数字音频传输方式进行的表演。各种强制性许可条款也适用于录音。

　　这些限制的实际意义介绍如下。版权持有人对作品通常拥有制作复制件的排他性权利——其中包括原样复制件和非原样复制件。假定某出版商拥有一部小说的版权，某复制者印制原样复制品（逐字复制），或者其撰写的图书复制了该小说的表达性成分——比如，大量借用了其故事情节和人物角色，而没有逐字复制，都可能构成侵权。而对于录音而言，只有原样复制才构成侵权。假定：韦尔尼对他撰写的歌剧的表演制作了录音，只有当某复制者在其自己的录音中复制了前者的实际声音，才可能侵犯该录音的版权。如果复制者聆听过该录音，然后制作了她自己的录音，就不会侵犯前者的录音版权，即使该复制者使用了十分近似的成分。

　　韦尔尼对其录音也不能拥有一般性的公开表演权，这与大多数版权作品不同。如果某人在公众中表演了一出戏（无论是实际扮演，抑或展示该戏的影片），就侵犯了公开表演权。但是，播放录音则不对录音构成版权侵犯。

　　上述实例所强调的是，若非依照原样进行复制或公开表演，则不会侵犯录音的版权。请注意，一份录音很可能不只是某录音的录制品，也可能是另一版权作品的复制品。假设，韦尔尼撰写了一部歌剧，然后录制了一份表演，他就拥有音乐作品的版权和录音的版权。任何人就该歌剧制作复制件

（原样或非原样的）、或对它做公开表演，都将侵犯韦尔尼对音乐作品的版
权，尽管不侵犯录音的版权。有时候，录音中的有关作品可能不受版权保
护，因为它可能是1818年发表作品的录音（因太久远而无版权）、或者是鸟
鸣的录音（鸟唱不作为音乐作品享有版权）。在这种情况下，版权持有人可
能被限于录音版权。而在其他情况下，录音中音乐作品的版权可能归一方
41 拥有（如歌曲作者），而录音版权则归另一方拥有（如录音公司）。

○实例

a．录音。德斯蒙德后来得知，戴恩盖尔德未经其许可，正在音乐会上
表演其民谣。当他的律师与对方联系时，对方回应称，德斯蒙德的作品属于
录音，表演方面的权利受到限制。对于录音，只有当其通过数字音频传输的
方式被表演时，才会涉及公开表演权的侵犯。该民谣仅仅是录音吗？

⊙解析

a．德斯蒙德制作了一份录音，内容是他自己对该民谣作品的表演。但
是，当他完成该民谣时（有词语和音乐），他创作了一首音乐作品和一篇文字
作品。当戴恩盖尔德在音乐会上表演该民谣时，它表演了该音乐作品，并可
能构成侵权。该实例提前涉及到本书将要涉及的规则，以尽早予以重视。
一件录制品可能包含了一件音乐作品和一份录音，人们必须关注这两方面
的权利。它们有时也会涉及由不同的人持有的独立版权。

## （八）建筑作品

建筑作品是指"体现于任何实体性表达媒介——包括建筑物、建筑平面
图或草图中的建筑设计。该作品包括设计的总体形式以及其中之空间与各
要素的排列和布局，但不包括个别的普通特征。"①

建筑作品就是建筑物（buildings）的设计——在建筑物被建造之前，即
使该建筑物永远不被建造。但是，上述定义将建筑作品限于建筑物的设计。
弗兰克·莱特设计了家具，但建筑师设计的家具不是建筑作品。不是所有

---

① 《美国法典》第17编第101条。

的结构物(structures)都是建筑物。购物中心内部的商场的设计可能不被视为建筑物的设计(如果购物中心构成建筑)。立法的历史显示,"建筑物"包括人们进入的场所(例如房屋、庙宇或学校),但不包括桥梁和公路等结构物。版权局继续对这一术语做出如下界定:

> 建筑物一词意指可供人类居住,且预计要永久且稳定的结构物,如住房和办公楼,以及其他供人类占据、永久且稳定的结构物,包括但不限于教堂、博物馆、露台、公园亭台。[①]

42

国会于 1990 年将建筑作品的定义写入成文法,清楚地表明,建筑作品可受版权保护,虽然很多建筑作品是由不可保护的要素构成的。尤其是,建筑作品不受制于这一要求(适用于实用性物品):只有那些可与实用性成分区分开来的审美性要素才受到保护。单独地看,建筑设计的所有成分都不可受到保护。它们可能是非独创的建筑特征,因为建筑师要使用那些已经被使用过的门、窗以及其他特征。即使最新创造的特征也可能不能受保护,因为它们是功能性的,而版权不保护功能性要素。但是,总体的设计、各种要素之排列和布局可能源于建筑师,可能具有创作性,且可能具有非功能性方面。因此说,即使单个要素不能,设计本身可受版权保护。

在明确保护建筑作品的同时,国会还出台了其他一些规定,承认这类作品的特殊性质。建筑作品的排他性权利受到某些特殊的限制。[②] 如果一个建筑物可从公共场所看到,版权人就无权禁止他人制作、发行或展示该建筑物的图像。并且,建筑物的所有人可以对它进行改变或毁坏,而无需获得建筑物设计版权人的许可。没有这样的规定,建筑物所有人如对它有所添加,就要为创作未经授权的演绎作品而承担责任。

○**实例**

a. 这些属于第 102 条规定的法定作品类型:

---

[①] 《版权局通告》第 41 号(Copyright Office Circular 41)。
[②] 《美国法典》第 17 编第 120 条。

- 文字作品
- 音乐作品，包括配词
- 戏剧作品，包括配乐
- 哑剧和舞蹈作品
- 绘画、图形和雕刻作品
- 电影和其他视听作品
- 录音作品
- 建筑作品

下列各项分别可归入其中的哪一类？

- 歌剧（词语与音乐）
- 现代舞
- 野外鸟鸣的录制品
- 电影的配音
- 展示房屋设计的蓝图
- 描述哈姆雷特的纹身

⊙ **解析**

a. 该实例目的是提醒人们，作品可以被归入多个法定类型。

歌剧（词语与音乐）：文字作品和戏剧作品。通过对事实细节稍作调整，我们也可以将它归入其他类型。如果其中有舞台运动的舞蹈，它可归入"哑剧和舞蹈作品"。如果其包含舞台设计绘画，它就可归入"绘画、图形和雕刻作品"。如果被拍成电影，它就属于"电影和其他视听作品"。如果表演被录制，它就属于"录音作品"。至于"建筑作品"，最著名的例子之一是悉尼歌剧院。

现代舞属于"哑剧和舞蹈作品"。它还有可能属于戏剧作品。如果其舞步设计以符号加以记录，它就可能是文字作品。如果是以图像记录，就可以归入绘画、图形和雕刻作品。如上述，调整事实细节就可以导致其他作品类型的适用。人们可以将表演制作成录音。即使其中没有音乐、脚步与呼吸的声音也可以制作成有趣的录制品。

鸟鸣的录制品属于录音。无论多么具有音乐性，它也不可能属于音乐。鸟儿不是作者，只有人才是（更不要说，鸟鸣如果决定于遗传，就缺乏独创性）。

电影配音不是录音。"电影和其他视听作品"的定义特别包含了"伴音"。"录音"的定义专门将电影配音排除在外（"电影或其他视听作品的伴音除外"）。有关录音的各种特殊规则不适用于电影配音。

展示房屋设计的蓝图既属于建筑作品，也属于"绘画、图形和雕刻作品"。

纹身有资格成为"绘画、图形和雕刻作品"。

汇编（通过汇集其他作品或信息而创作的作品）和演绎作品（以已有作品为基础的作品）也可享有版权。

## （九）汇 编

"汇编"被定义为"通过收集和汇合已有材料或数据，以能产生整体上构成独创性作品的方式加以选择、协调或编排所形成的作品。'汇编'包括集体性作品"。[①] 汇编的实例包括黄页电话簿、天文信息数据库、诗集以及含 44有来自《国家地理杂志》照片的 CD。

在版权法中，汇编占据着重要地位。一部汇编作品可能由不可享有版权的成分构成，但汇编作品本身可以受到版权保护。汇编作品的关键问题常常涉及独创性和保护范围。要受到版权保护，汇编作品必须有着足够的独创性。它可以由完全非独创的成分构成（如事实或已有作品），但它对成分的选择、协调或编排应该具有足够的独创性。按照菲斯特案（见第三章），独创性的要求只是最低水平的创造性。如果被告复制了汇编作品，但主张其仅仅复制了不受保护的成分，就存在一个保护范围的问题。此时的问题可能是，被告究竟是复制了独创性的选择与排列，还是仅仅复制了不受保护的、非独创的成分。

---

① 《美国法典》第 17 编第 101 条。

## （十）演绎作品

演绎作品所提出的一系列问题将在下面章节中讨论。这一概念有两个关键点：首先，演绎作品是可受版权保护的。尽管《哈克贝利·费恩》时间久远，已不受版权保护，以其为基础创作的新作品（音乐剧《哈克贝利·费恩》，或者是续集《瑞典人哈克贝利》）则可受版权保护。其次，如果一部作品受版权保护，版权持有人就对它拥有排他性的创作演绎作品的权利。《邪恶天才》的版权持有人对该作品拥有创作续集、改编为音乐剧、翻译为芬兰语等排他性权利。

"演绎作品"被定义为：

> 以一部或多部已有作品为基础的作品，如翻译、音乐编排、戏剧化、小说化、电影版、录音、美术复制、节略、缩写，或者对作品进行其他任何形式的改写、转化或改编。由编辑修订、注释、详解或其他修改构成的作品，整体上呈现为独创性作品的，属于"演绎作品"。①

例如，以小说《飘》为基础的演绎作品包括同名电影、小说续集《斯嘉丽》、挪威语译作、仿讽之作《荡》、小说的注释版本以及以小说为基础的音乐剧。

演绎作品可能有自己的版权，只要它有着足够的独创性。它可以改编自另一个拥有版权的作品，也可以是基于公共领域的作品。但是，演绎作品的版权仅仅赋予其中新的创造性表达，而不及于来自原作的成分。

演绎作品提出了一系列有关版权所有权与侵权的问题，对此下文详加讨论。如果一部作品拥有版权，版权人就拥有基于该作品创作演绎作品的排他性权利；如果他人创作了未经许可的演绎作品，他就可能构成侵权。并且，一部新作品中，非法使用已有材料创作的部分不享有版权保护。但是，

---

① 《美国法典》第 17 编第 101 条。

未经许可创作演绎作品可能不构成侵权，例如，它可以因合理使用原则而受到准许。

　　如下文所述，演绎作品还在一系列特别规则中占据重要地位。当许可证到期之后，被许可人可以保留使用演绎作品的权利。对于因不符合美国法上的形式要件而进入公共领域的外国作品，当其版权得到恢复时，该版权不适用于恢复之前创作的演绎作品。音乐作品的强制许可允许他人制作翻唱版（cover versions），但不允许制作演绎作品。演绎作品在续展、声明、登记和救济方面都具有特别规定。

　　○ 实例

　　a．续集？基于长篇小说《麦田里的守望者》，什么演绎作品可以创作？

　　⊙ 解析

　　a．隐居的塞林格没有创作，也没有授权基于《麦田里的守望者》的演绎作品（除了很多个翻译版本）。他向来没有销售过电影权利（尽管有过来自马龙·白兰度和杰瑞·刘易斯的关注）。但是，演绎作品可以包括续集、前传、翻译、电影（及其续集）、广播剧、舞台剧、音乐剧、删节本、注释版等。46

# 第三章　独创性

回顾前述,"依据本法,版权保护存在于以任何实体性表达媒介固定下来的独创性作品"。[①] 版权只保护独立的创造性表达。独创性要件可产生两个重要结果。首先,缺乏独创性的作品不受版权保护(证明必要的独创性虽然很容易)。电话簿白页、客户名单、机械制作的 18 世纪海盗地图复制件都缺乏独创性,因而都不可受版权保护。但是,黑客小说、笨拙的绘画和糟糕的歌曲都具有可受版权保护的足够的创造性。同样,对已有材料进行创造性添附,也有资格获得版权。客户名单的创造性排列、18 世纪海盗地图的 2009 年创造性修订也可受版权保护。其次,作品中的非独创性部分不受保护。一本书可能享有版权,而其非独创性部分(如事实、作品中非由作者创作的部分)则可自由复制,不会侵犯版权。人们可以自由复制作品中的客户名或数据,只是不能涉及作者的创造性添加。

独创性为版权保护设定了一个实质性标准。什么样的作品有资格获得版权保护?版权保护可能被限于高质量作品,或那些表现出对相关领域工作者非显而易见的创造性成分的作品。版权可能受到激励创作原则的限制,这将意味着版权不保护具有其他激励作用的作品(广告、学术性文章、私人信件可能如此)。如果这些标准太过模糊,人们可能要使用一种替代方式(proxy),如发表。版权可能被限于已发表作品,由此推定,至少有人发现该作品值得为发表花费时间和周折。另外,对于那些被视为低社会价值的作品,版权也可能被排除(取决于人们的观点,这可能包括视频游戏、喜剧书、浪漫小说、深奥的学术论文或广告)。

相反,版权法布下一张宽大的网。实体性形式中的作品可以获得版权保护,只要它反映出了独创性——这意味着,它含有作者创作的成分,具有

---

① 《美国法典》第 17 编第 102 条。着重号系作者所加。

最低程度的创造性。对于大多数作品,独创性要件很容易满足。但该要件发挥着重要的功能。它防止原告对非其创作的成分主张版权,也防止有人提出政策性主张(policy arguments)。即使某些信息价值巨大,或者其收集花费了大量时间和代价,如果不能显示必要的创造性,就依然没有版权可言。

# 一、独创性:菲斯特标准

一部作品必须是作者的独创,才能获得版权保护。[①] 按照菲斯特诉乡村电话公司案[②],独创性包含两个不同的条件:具有独创性意味着,一部作品"由作者独立创作(而不是从其他作品复制而来),且具有最低程度的创造性"。菲斯特案判决认为,独创性是版权成文法和宪法共同的要求。国会有权授予"作者"就其"著作"享有排他性权利。早期判例对作者的定义是:"他是事物的源头;创作者;制造者",将版权限定于"作者原创的智力构思",且要求其表明"实存的独创性、智力成果、思想和构思之事实"。并且,"作者"、"著作"这些概念"假定了一定程度的独创性"。

菲斯特案很恰当地例证了双层的独创性要件的适用。该案涉及到乡村公司电话簿白页名单(订户名、连同他们各自的城镇与电话号码,依字母顺序排列)的版权保护问题。原始数据不是乡村公司的独创。事实上,在乡村公司收集并发表它们之前,这些信息已经存在。乡村公司如果以一种独创的方式选择、编排或协调过这些数据,也能够满足独创性的要求。但是,乡村公司只是遵循普通的惯例,按字母顺序排列了这些姓名。这样的安排甚至不能表明具有版权保护所要求的"最低的创造性"。乡村公司不能因为第一个要件(独立创作)对原始数据享有版权,且不能凭第二个要件(最低程度的创造性)对数据之选择与编排享有版权。因此,任何人都能够复制乡村公

48

---

① 《美国法典》第 17 编第 102 条(a)。

② 菲斯特出版公司诉乡村电话服务公司案(*Feist Publications v. Rural Telephone Service*),499 U. S. 340,369 (1991)。

司不受版权保护的名单。总之,事实是不可享有版权的;而事实汇编可以,如果它对事实的选择、协调或编排体现了必要的创造性。

## (一) 独立创作

按照菲斯特案,独创性的第一个要件是独立创作。作者只对她创作的作品成分享有版权保护。独立创作的条件禁止以版权保护事实和其他现象,即使对于第一个发现它们的人。发现不是创造。如果某生物学家发现大象懂得符号语言,该生物学家不得对该信息主张版权。即使她是第一个发现或第一个发表该事实,她也并没有产生该事实。同样,如果某生物学家对美国每个公园里的每个大象进行称重,她也不能对大象体重的事实享有版权。独创性要求一个人必须是"制造者"或"创作者",而不只是发现与记录事实的人。因而,所有类型的事实——科学、历史、传记和日常消息都不受版权保护。同样,发现美丽珠宝、花朵或地质构成的人不享有其版权。

事实是不可获得版权的,而包含事实的作品则可以,因为它们包括了作者创作的其他要素。正如版权局的法规所称,"事实或事件,区别于它在具体作品中得到描述的方式,不可获得版权"。[①] 在不受保护的事实与可获版权的表达之间,通常不能划出一条清晰的界线。例如,如果一个数据库是由汽车售出价格构成,这些价格就是事实,是有关曾经发生的实际交易的信息。而一些法院曾经裁定,汽车价值的"蓝皮书"列表(listings)不是单纯的事实。[②] 列表不是实际交易情况的报告,而是价值评估。虽然评估是以汽车销售价格为基础,但也需要考虑其他各种因素。因此,价格列表包括了一些源于作者的成分,而非单纯的事实。

作者独立创作要件也禁止对他人创作的成分享有版权。如果安娜撰写的小说使用了《哈姆雷特》的情节和人物,她的版权不妨碍他人复制该情节

---

[①] 《版权局执法纲要(第二版)》(Copyright Office Practices Compendium 2),202.02(d)。

[②] 参见 CCC 信息服务公司诉麦克莱恩·亨特市场情报公司(*CCC Information Services, Inc. v. Maclean Hunter Market Reports, Inc.*),44 F. 3d 61,(2d Cir. 1994)。

和人物,而只是禁止复制安娜独创的其他成分。如果安娜以"仓促王埃塞雷德"的生活为基础创作了历史小说,她的版权不会及于小说使用的历史事实(即使她本人发现了那些事实)。如果某房主在尘封的柜橱里发现了未曾发表的短篇小说,他不能因此拥有该小说的版权,因为他没有创作该小说。如果某抄袭者复制了他人的作品,他不能对复制材料享有任何版权。法院记者的抄写稿不是其独创(虽然是凭技艺精心完成),因为这是他人陈述的抄录。①

独创不要求新颖性,不要求作品独一无二,或不同于已有作品。毋宁说,独创性要求作品由作者创作,而不是从他人那里复制。假定某画家今天画出了一副抽象画,因巧合与另一幅几十年前创作的画酷似,但是该画家向来没有见过或听说过那副旧画。该画家的画作因为源于其本人而属于独创的。

版权不同于专利。如果某发明人发明了一种机器,她并不知道该机器与公众已在使用的机器相似,该发明人就可能没有资格获得专利。即使该发明系其本人完成,她也不能满足专利法要求的新颖性。相反,版权法上的保护不会因为他人已经创作过一件相同作品而受阻。

在对独创性问题做出判决时,法院决不会考虑其他作品。在阿卡夫-柔丝公司诉乔斯滕斯一案中,②歌曲作者提出的版权诉讼称,他的歌曲使用了短语"You've got to stand for something or you'll fall for anything"),而被告复制了该短句。法院考虑了这样一个事实:同样的短句曾在不同的地方被使用过——《圣经》、亚伯拉罕·林肯、马丁·路德·金、马尔科姆·X、金吉·罗杰斯、美国参议院的牧师以及其他人,它因而被称为"老话"。并且,1985年,流行歌曲作者和歌手约翰·J.麦伦坎普曾录制过一个专辑,其中包括一首歌曲"You've got to stand for something",歌词包括"you've

---

① A. V. 诉 iParadigms 公司(*A. V. v. iParadigms*,*L. L. C.*),562 F. 3d 630 (4th Cir. 2009)。
② 阿卡夫-柔丝音乐公司诉乔斯滕斯公司(*Acuff-rose Music v. Jostens*,*Inc.*),155 F. 3d 140 (2d Cir. 1998)。

got to stand for something/Or you're gonna fall for anything"。[1] 鉴于该短句已经被广泛使用，法院判决认为原告不能证明是他创作了该短句，相反，他是从他人那里复制而来。请注意，法院并非基于他不是使用该短句的第一人而否定对其提供保护；相反，法院认定，他未能证明它独立创作了这一短句。因而，即使该歌曲整体上受到版权保护，这个非独创的短句却不能。

○实例

a. 被发掘的信件。某历史学家 H，从废纸商贩处购得大量的老旧文件，经过仔细深入的分拣、筛选，从中发现一封失传很久的信。该信件被尘污覆盖，很难看清。然而，基于各种微妙的线索和她丰富的经验，历史学家 H 想象性地认为，该信件可能价值连城。以其万般小心和娴熟的技艺，H 花费数日功夫，清洁该信件并使之恢复原来的色调。书写杂乱、怪异，但 H 努力辨认，使用创造性的推理，以及大量的深入研究。该信件是匿名的，但显然写作于 1965 年前后，以引人遐想的细节和创造性的短语，描写了 1960 年代的西雅图生活。H 将信件内容录入电脑，以便于他人阅读。为此，H 对信件提出了版权主张。她认为，如果版权的目的是激励作品的传播，她就有资格享有该信件的版权。另外，她可以转手写作蹩脚的历史小说。她的主张符合独创性要求吗？

b. 信件照片。假定历史学家 H 决定对信件拍摄照片，以作为档案收藏。她仔细地摆放了几支灯，以便信件的每个侧面都能在照片中得到显示。她还选择了一定的亮度，这与相机上安装的彩色滤光器一起给图片造成一种暗淡的气氛。她的照片符合独创性要件吗？

c. 平衡岩照片。皮普尔花费大量时间去西南沙漠探险。一天，皮普尔发现一个平衡岩，因大自然侵蚀而形状神奇。他非常认真地选择角度，并考虑用光，然后拍了一张岩石照片，发表在新闻通讯上。一周以后，《大都市报》便向他了解岩石所在的地点，以便派自己的摄影师前去拍摄，而皮普尔

---

[1]　阿卡夫-柔丝音乐公司诉乔斯滕斯公司(*Acuff-rose Music v. Jostens, Inc.*)，155 F. 3d 140 (2d Cir. 1998)，at 144。

将其视为秘密,拒绝透露。该报便复制了皮普尔的照片并刊发。该报社认为它没有侵犯版权,因为皮普尔只是发现了该岩石,而没有独自创作。皮普尔的照片符合独创性要求吗?

d. 纪念品。游客 T 来到了芝加哥,在芝加哥棒球小熊队体育场瑞格利球场拍照。为了拍到令人满意的构图、形状,T 在体育场前定位、选择角度,并等待日光洒落体育场、片片白云从上空飘过的时刻。其实,T 的照片与此前已经发表的大量照片极为相似,并没有显出与其他成千上万的瑞格利球场照片有何区别。游客 T 的照片属于独创吗?

e. 世界遗产。某人类学家 A 发现了大量雕刻在岩石上的古代设计。她煞费苦心,利用精湛的拓印技艺,以特制的纸张,将这些设计制作成了复制品。对这些设计,她拥有版权吗?

⊙ 解析

a. 版权保护要求作品是作者的独创。信件的作者满足了菲斯特案之独创性标准(作者独立创作并具有最低水平的创造性)。信件本身显然属于创造和独创。但历史学家 H 没有撰写该信件,所以这不是她的独创。她花费了大量的资源,投入了历史与物理性专业知识,对信件进行探源、复原,使其内容容易阅读。其大多数工作需要创造性思考,这可能满足了第二个条件。她也为此投入了大量的劳动、运用了高度的技能。但是,所有这些无一能够满足独创性的两个条件。总之,是他人撰写了该信件,而历史学家 H 没有独自从事创作。

b. 照片源自历史学家 H,所以能满足第一个条件。与上例不同,H 不是在对他人的作品主张版权,而是创作了一件新作品(即照片)。问题在于,它是否能满足第二个条件,即最低水平的创造性。有人可能认为,她只是制作了一个"临摹件(slavish copy)"——其所有的工作与决定,目的不是创造,而是对信件制造一个尽可能精准的复制件。而这正是某些作品被否定版权时所适用的理论,如公共领域绘画的数字化复制件。但是,历史学家 H 的工作已经超越了制作复制件,她还在光线与色彩方面进行了创造性选择,为照片确定了一种氛围。所以,H 对这张照片拥有版权。她的版权仅仅保护她在已有作品上增加的表达性成分。

c. 皮普尔的确没有独立创作平衡岩,但他独立创作了他的照片。该案说明,作者可以创作展示已有物品的独创性作品。通过考虑光线和角度,皮普尔发挥了充分的创造性,所以其照片符合独创性要求。而《大都市报》复制了该照片,当然也就复制了皮普尔作品的独创性成分。

d. 游客 T 的照片符合独创性要件。该案说明这样一个事实:独创性不要求新颖性、独一性或任何其他意义上的高标准。一部作品不必事无先例就可以获得版权保护。如果一部作品源自作者且至少具有最低的创造性,它就是独创的。游客 T 没有复制他人的照片,即使与他人类似,也属于其本人的创作。她还在拍摄时做了很多创造性选择,满足了独创性的第二个条件,因而有资格获得版权保护。一个作者即使使用了已有的作品主题(正如该例)、事实或已有的作品(如上面的其他实例),甚至是其他已有的材料,她也可以创作出独创性作品。问题的关键在于,作者是否对已有材料增添了她自己的创造性表达。

后来拍摄瑞格利球场照片的人会不会侵犯游客 T 的版权呢?不会。下文侵权一章将要讨论到,侵权要求有复制。如果后来的游客没有复制游客 T 的照片,就不会发生侵权——即使其照片碰巧与游客 T 的照片相同。

e. 虽然人类学家 A 使用了精湛的技艺,她制作拓印件(rubbings)并非通过创造,因而不能拥有拓印件的版权。另一方面,她拥有这些拓印件,并可以控制它们。版权并非使信息得以控制的唯一方式——且无论好坏。

值得注意的是,当已有设计被用于其他目的时,同样的问题也可适用。如果纹身艺术家对毛利人的设计制作了精确复制件,他不对该纹身享有版权。如果该艺术家通过创造对纹身增加设计,他就可能拥有版权。该问题曾发生在拳击家迈克·泰森的纹身上,该纹身曾出现在电影《宿醉 2》及其广告中。

## (二) 最低水平的创造性

除了独立创作,独创性还要求来自作者的创造性。菲斯特案曾强调,这是一个低标准要求。"独创性要件并不特别严格",只要求"某些最低水平的创造性"。① 所有作品都可表现出独创性,除了"那些有限的作品种类,其中创造性的火星完全缺乏,或十分稀少以致实质上并不存在"。② 独创性不要求作品标新立异或出人意料,只是不要"太呆板或庸常以致不具有任何创作性"。③ "绝大多数作品都很容易达到这一程度,因为它们都带有某些创造性火花,'无论多么粗糙、简单或平淡无奇'"。④ 立法过程表明,"该标准不包括新颖、独到或审美品质"。⑤

菲斯特案恰恰表明,作者一定是毫无创造性,才导致其失去版权保护的资格。电话簿出版商只是以字母表的顺序罗列了用户,这种久经验证的信息编排方式长期为电话簿汇编者所使用,而不属于具有创造性的信息选择和编排。

后来的不少案例表明,即使电话号码的罗列也可能具有足够的独创性,从而可享有版权。某汇编者选择了纽约市与美籍华人有关的企业,按照与该社群之利益关系进行分类、编排。⑥另外,某人可以对单独的名单排列增加创造性。有一份冰岛电话白页名单就是一种独创。传统的姓名以及使用父名与母名的方式造成大量的重名现象,很多的男性居民名为 Magnus Magnusson⑦。于是,为了便于识别用户,冰岛电话簿常常含有对个人信息的创造性选择(比如,Magnus Magnusson,高尔夫爱好者,驾驶老式大众甲壳虫汽车)。

作者不必表明她曾经历漫长的创造性过程,或曾做出过显然具有创造性的决定。作者不必符合任何高标准的艺术创造。事实上,创造性可能是偶然发生的。一个画家可能发现,她的作品没有显示出她的目的何在,或

---

① 499 U. S. at 358。

② 499 U. S. at 359。

③ 499 U. S. at 379。

④ 499 U. S. at 345,引自尼莫论版权(*Nimmer on Copyright*)。

⑤ 国会报告(House Report),No. 94-1476。

⑥ 参见凯出版公司诉中国城今日出版企业(*Key Publications v. Chinatown Today Publications Enterprises*),945 F. 2d 509(2d Cir. 1991)。

⑦ 很多人的姓名取自父名,如 Magnusson 即 Magnus 的儿子,他们共同构成一个人的姓名,即 Magnus Magnusson,就造成了大量重名。——译者

者,只是因偶尔为之的几笔而成功。但是,如果她采纳的结果是她自己的,就足以构成创造。在这里,版权法再次显示了与专利法的差别:在后者,发明人获得专利的条件是,与本领域的现有技术相比,其发明是非显而易见的;比较而言,在版权法中,即使作品平淡无奇,但它是独创的,就仍可受到保护。

创造性要求如此之低,以致大多数作品都能很容易地满足。但是,在有些案件中,法院曾裁定创造性过低——通常是,案件原告企图通过被认定有独创性成分,以防止他人复制那些本不受保护的材料。例如,在马修·本德诉韦斯特出版公司一案中①,韦斯特公司出版司法判决报告,但它对司法意见不享有版权,因为它们是由法官及其书记员而非韦斯特创作的。韦斯特对其出版版本增加了原创性、创造性成分,如法律意见摘要,而被告没有复制这些成分。被告复制了韦斯特出版物中的页码,以便让用户参照引用。韦斯特便认为该页码是它的独创性表达,并受版权保护。法院驳回了该主张,理由是,对图书页面进行按序编码缺乏起码的创造性(正如在菲斯特案中,电话簿按字母表进行排列,缺乏起码的创造性)。法院还评论说,韦斯特对司法意见中的标点符号和单词拼写做出了修改,但它对此不享有版权保护,因为这种改变太微不足道,不符合创造性标准。

法院运用创造性要件有效地挫败了其他试图借版权保护非独创材料的企图。在某案例中,原告雇佣某建筑公司建造一栋定制性的房屋。原告采纳了建筑公司的标准建筑图,并就几个地方做了标记,希望自己的房屋有所不同。房屋建造完毕,原告对此颇有些得意。令原告感到遗憾的是,他发现,建筑公司使用这一修改过的图纸为他人建造了同样的房屋。原告提起版权诉讼,声称他对图纸的修改具有足够的创造性,可受版权保护。法院否决了这一诉求,认为这些修改只是编辑性改变。② 原告的真实诉求是,建筑

① 马修·本德诉韦斯特出版公司(*Matthew Bender & Co. v. West Publishing Co.*),158 F. 3d 693 (1998)。

② 沃特金斯诉切萨皮克定制住宅公司(*Watkins v. Chesapeake Custom Homes*),330 F. Supp. 2d 563,573 (D. Md. 2004)。

公司为他人建造了同样的房屋。但是,建筑公司没有复制任何来自原告的创造性成分,未侵犯版权。独创性要件所禁止的,只是引起侵权责任的复制。

对于就标准产品特征(standard product features)主张版权的企图,法院同样予以否决。假设某印刷商拥有一种小企业常用的文具系列,包括印有标签"收件人"和"发信人"的信封,以及带有"寄自:"和"寄至:"线条的便签。竞争对手复制了该信封、便签和其他产品。印刷商指控其侵犯版权。法院很可能判决标准标签不享有版权,因为它们缺乏必要的创造性。当商人将该标签复制在产品上,就产生了同样的问题。如果番茄酱制造商将一幅番茄照片用在产品上,法院可能裁定,它缺乏版权保护所必要的最低的创造性,这意味着,使用相似番茄的竞争者不构成侵权。但是,如果其中有创造性存在——如番茄如何绘制、或多个番茄如何组合,就足以获得版权保护(不过,这只能禁止完全原样的复制)。

同样,借用标准语言的法务表格(legal forms)只有一点点语法改变,或增加了较少的词语,缺乏任何独立的分析或法律研究,因而不能获得版权:

> 即使词语编排有所改变,最多也只是已有形式的改述。其中没有什么明显地不同于表格图书或先前商业表格所使用的语言。基本的法律词语和短语处于公共领域,没有任何人可以垄断它们,以排斥他人的使用。①

这并不是说,空白表格绝不可能获得版权。问题种类的选择、或形式风格上的设计、或问题表述的撰写等如果表现出了创造性,独创性要件就可以得到满足。

由于独创性标准具有某种程度的模糊性,曾有人试图制订特别规则以

---

① 商务表格公司诉乌尔克公司(*M. M. Business Forms Corporation v. Uarco, Incorporated*),472 F. 2d 1137 (6th Cir. 1973)。

指导作者与法院。版权局的法规不受理某些非独创性作品的登记：

> 完全由信息构成的作品是不具有独创性的共同财产，例如，取自公共文件或其他公共资源的标准日历、高度与重量图表、卷尺与直尺、体育赛事进度表、名单或目录。①

55 版权局条例也不接受登记"词语和短语，如姓名、标题和口号"。由于短语缺乏版权保护所要求的足够的独创性，这一规则常常被认为是合理的。

○**实例**

a. 最微量的火星？在亚马逊网站上，AudioQuest K2 喇叭端线可以每副 8450 美元的价格买到。该定价引发了很多评论，最流行的评论是："我们生活在地下。我们以我们的手说话。我们终生戴着耳塞。……我们不能长期保持链接。……**不要使用连线！**"亚马逊网上的评论属于作品吗？

b. 乏味吗？下面一段能获得版权保护吗？

> 内含相当于一杯咖啡的咖啡因。限制咖啡因产品，以避免神经紧张、失眠以及偶尔出现的心跳加快。你可以体验持续片刻的烟酸涌流（热体验、皮肤泛红）。这是由烟酸（维他命 B3）造成的，它增进皮肤的血液流通。

c. 创造性？诺瓦修改了假日快捷酒店的一个设计，增加了一个楼层，扩大了会客区，改动了房间里的壁橱和门设置，并改变了泳池、运动和洗衣房的大小。诺瓦是在收到顾客的建议以及图片之后做出这些改变的。诺瓦的工作是否具有足够的创造性并可获得版权保护？

d. 公式化。M 销售一种表格，供患者访问医生时使用。该表格含有供填写各类特定信息的空格：姓名、生日、性别和疾病。对于每种疾病，表格包

---

① 《联邦条例汇编》第 37 编，第 202 条第 1 款(d)〔37 C.F.R. § 202.1(d)〕。

含需要获取的信息："当前疾病的历史、身体概述、医疗与社会经历、体检情况、医疗决策、临床印象,最后是会诊、处置和医嘱。"为帮助填写,表格对每个问题罗列了一般性答案。M 得知,F 复制并出售了她的表格。F 侵犯版权吗?

⊙解析

a. 该评论属于可享有版权的作品。它属于文字作品,很容易满足最少创造性的要求。随后的问题可能是,谁对它拥有版权? 如下文将要讨论的,这要决定于亚马逊的服务条款。

b. 法院对创造性要件进行了相当宽泛的解释:"功能性饮料上的医学警告声明具有相当明显的差别,且声明中可以插入文体上的华丽辞藻,所以,从法律的角度,医学警告标签有着版权保护所必要的最低程度的独创性。"[1]

56

c. 诺瓦没有表现出创造性。它的这些增改均针对客户的提示,且都是相对常规性的。所以,诺瓦没有贡献出创造性的成分。[2]

d. 法院裁定,这种表格甚至缺乏版权保护所需要的最低的创造性。可以说,它们只需要填写"任何负责任的医生都会向具有特定疾患的病人询问的同类信息"。[3] 正如电话号码簿以字母顺序罗列所有的电话持有人一样,表格上对信息的选择、排列或协调也都不具有创造性。

**1. 作者可以使用设备创作作品**

作者可以以创造性方式使用设备创作独创性作品。伯罗-贾尔斯诉萨罗尼一案[4]否定了这一观点:拍摄照片只是一个缺乏独创性的机械程序。

---

[1]　创新企业有限公司诉 N2G 发行公司(*Innovation Ventures,LLC d/b/a Living Essential Ltd. v. N2G Distributing,Inc.*),No. 2:08-cv-10983-PDB-MJH (E. D. Mich. 2011)。

[2]　参见诺瓦房屋设计公司诉格瑞斯宾馆(*Nova Design Build,Inc. v. Grace Hotels,LLC*),No. 10-1738 (7th Cir. 2011)。

[3]　参见:乌托邦供应系统公司诉领先医学临床系统公司(*Utopia Provider Sys.,Inc. v. Pro-Med Clinical Sys.,L.L.C.*),596 F. 3d 1313 (11th Cir. 2010)。该案判决,模板没有资格获得版权保护,因为它们具有不受版权保护的"空白表格"的属性。

[4]　伯罗-贾尔斯平版印刷公司诉萨罗尼(*Burrow-Giles Lithographic v. Sarony*),111 U. S. 53 (1884)。

涉案照片是奥斯卡·王尔德的肖像。被告认为,该照片只是王尔德肖像的准确复制。但是,摄影师做出了大量创造性选择:为拍摄对象确定姿势、选择并安排服装以及照片中的其他事物,选择光线。另外,作者必须发挥版权保护所需要的创造性。一张照片,只有当作者投入其创造性时,才可能受到版权保护。通过纯粹的机械或标准的程序制作的作品不能享有版权。(如18世纪地图的照相影印件)

作者只能对源于她本人的部分主张版权。如果作者创造了某机器或程序,对于该机器或程序所创造的作品,她不能享有版权。版权局条例给出了很好地例子:

> 登记申请人开发了一项新产品,由透明塑料片组成,它们的外围边缘粘合在一起,并且在叠片之间的空间里有少量的有色液体石油。外表上的任何轻压都会形成起伏的图案和形状,其中没有哪两种是相同的。[①]

该图案可能是美丽的,但玩具制造者没有创造它们,因而没有资格就此获得版权:"液体石油形成的图案和形状的外形轮廓并非源于人力,因而对该图案和形状主张版权是不可能的"。[②]

**2. 额头出汗不足以获得版权**

满足独创性要件的创造性程度不高。但是,按照菲斯特案,创造性是不可替代的。作者不能因其投入可观的资源而获取版权(如收集成千上万的电话号码信息而形成的作品)。有人可能要主张,如果版权功能是激励作品的产生,则数据库应该获得版权保护。这种排他性权利可以激励那些收集重要信息的人,正如它们可以激励作者创造其他类型的作品一样。但是,菲斯特案判决认为,创造性作为获得版权保护的条件,是版权成文法和《宪法》

---

① 《版权局执法纲要(第二版)》(Copyright Office Practices Compendium 2),503.02(a)。
② 同前注。

都提出的要求。国会能否依据《宪法》其他条款向数据库授予排他性权利，如商业条款，还是一个值得探讨的问题。同时，数据库拥有者依然可以获得依法保护的措施。版权保护他们对数据的独创性的选择与安排；他们可以通过合同为客户设定使用条件；商业秘密法和侵权法可以使他们防止他人故意获取信息，但事实本身不能获得版权保护。

**3. 新作品（特别是事实作品、汇编和演绎作品）可以包含非独创性成分**

《版权法》第 103 条："版权的客体：汇编和演绎作品"——

（a）第 102 条所规定的版权客体包括汇编与演绎作品，但是，使用已有版权材料的作品所获得的保护，不得及于非法使用该材料的作品的任何部分。

（b）汇编或演绎作品的版权仅仅及于该作品之作者所完成的部分，它与该作品所使用的已有材料相区分，且不表明对原有材料有任何排他性权利。该作品的版权独立于、也不影响或扩大已有材料之版权保护的范围、期限、归属或维持。

一部作品要获得版权，必须是独创的，却不一定全部独创、甚至主要为独创。相反，所有作品都包含了非独创性成分。每部小说都要使用作者从他人那里获知的词语、短语、事件、人物性格以及其他要素。即使是最抽象的绘画，也可能会从其他地方复制某些因素——颜色，甚至颜料的用法。一部作品，即使它包含了非独创性成分（如事实、或他人创作的作品成分、或自然界、或垃圾堆里的发现），仍然可能属于独创，足可获得版权保护。独创性分析所考虑的，不是有多少内容系从他人复制而来，而是作者是否增加了她自己的创造。

最经常产生问题的是事实作品、演绎作品和汇编。事实作品（就像历史或科学信息类图书）可以呈现事实（非独创性的），但它表达事实的方式可能符合创造性要求。演绎作品以已有作品为基础，但演绎作者所增加的部分可能包含了创造性。汇编作品是已有作品或数据的收集与汇集。汇编作者没有创作已有的作品或数据,但她可能在选择、安排与协调这些成分时运用了创造性。

　　事实不是独创性要素。但一部作品即使包含了事实,也可能获得版权保护。成文法承认,汇编可以是版权保护的作品:"通过收集和汇合已有材料或数据所形成的作品,材料或数据的选择、协调或编排方式,使最终的作品在整体上构成了独创性作品。"①如果作者以独创性方式选择或编排已有材料,其汇编就可以获得版权保护。同样,事实也可被用于创作其他类型的独创性作品。作者也可以采纳某些事实,将其纳入历史文本或将其编入虚构小说。一部传记就是一个人生活的故事叙述,它包括一些非独创的材料:传主出生时糟糕的生活状况、书中描述的各种事件、历史环境类的信息。但是,该书也会包括独创性表达——作者对事实材料的选择与编排以及作者描述事件的方式。同样地,历史文本可能包括很多事实,但这些事实被选择和相互连结的方式可能属于作者的独创。

　　通过相机记录事件,其所包含的,既有不可版权的事实,也有可获版权的创造性表达。例如,一个旁观者在肯尼迪总统遇刺瞬间拍摄的家庭录像。②被告认为,"图片只是记录了已经发生的事,其中没有扎普如德的个人性'成分',而'新闻'不能成为版权的对象"。该影片展现的是事实、非经摄影者创造的历史事件。但摄影者贡献了创造性表达;正如数据库汇编者可以创造性地选择、编排数据,摄影者也选择拍摄的时刻、选择画面中的对象并选择有利位置。法院认同这样几个创造性选择:"扎普如德选择了相机的类型(影片,而不是快照)、胶片的类型(彩色)、镜头的类型(远摄)、被摄图片的地区范围、拍摄的时间以及(在测试多个地点之后)操作相机的地点。"任何随意复制该影片的人都必然要复制其创造性成分,以及录像中描绘的不受保护的事实。

　　一部作品,即使它复制了已有作品中的表达,也可能具有足够的创造

---

①　《美国法典》第 17 编第 101 条。

②　时代杂志诉伯纳德·吉斯(*Time Inc. v. Bernard Geis Associates*),293 F. Supp. 130,133 (D. N. Y. 1968)。

性。事实上,一个作者可以创作一部主要由复制材料构成的作品,并增加作者自己的可获得版权的独创性表达。在标志性的阿尔弗雷德一案[1]中,作为原告的雕刻师创作的铜版雕刻作品是对古典绘画的复制。雕刻家并非只是想简单地重复原绘画。因为雕刻家必须就雕刻凹陷的深度与形状做出创造性选择,该作品就完全超越了机械呆板而具有了独创性。同样,改变形象设计的尺寸、间距和比例,能够增加必要程度的创造性。

主要复制他人作品的作品可能有着版权保护所需要的足够的创造性,就像大师原画的金属版雕刻版画。但是,新作品的创作必须具有某些创造性。当新作品只是已有作品的"临摹件",或者只是"机械性复制"时,法院曾否定其版权保护。即使有技艺突出或技巧高超,也无法弥补创造性的缺乏。例如,由于作者一切的努力就是为了尽可能地准确复制已有作品,法院便否定了其版权保护。制作"临摹件"可能是有技巧难度的,但如此制作并未表现出必要的创造性。同样地,法院也可能会拒绝为"机械性复制"提供保护。如果新作品只是单纯的媒介改变,例如基于平面卡通片中的人物制作立体的服装,可能就缺乏必要的创造性。[2]

涉及旧作新版的案件很难解决。曾有法院判决认为,对著名雕塑制作小尺寸版本,具有足够的创造性。[3] 相反,对老古董山姆大叔钱罐制作模塑版,被判决缺乏必要的创造性。[4] 就像其他一些法院那样,审理巴特林案的法院显然对演绎作品有着不同的判断标准。按照该案的思路,多数作品都要适用一个测试标准,而新作品如果是以另一个作品为基础,就应该受到略高水平的测试。然而,菲斯特案(发生在巴特林案之后)显然是为所有作品设定了一个单一性标准。更好的选择也许是对所有的案例适用菲斯特标

---

① 阿尔弗雷德·贝尔公司诉卡塔达美术公司(*Alfred Bell v. Cataldo Fine Arts*),191 F. 2d 99 (2d Cir. 1951)。

② 参见娱乐研究公司诉创世纪创意公司(*Entertainment Research Group v. Genesis Creative Group*),122 F. 3d 1211 (9th Cir. 1997)。

③ 参见阿尔瓦工作室诉威宁格(*Alva Studios, Inc. v. Winninger*),177 F. Supp. 265 (S. D. N. Y. 1959)。

④ 巴特林公司诉斯奈德(*L. Batlin & Son. v. Snyder*),536 F. 2d 486 (2d Cir. 1976)。

60 准。当版权主张是针对基于已有作品而创作的作品时，问题的关键是，人们能否确认其创造性选择不是为了将该作品置于新的媒介，而是为了审美或艺术性的理由。

很多案例涉及到的新作品是由非独创性成分构成。各个成分均非独创这一事实并不意味着该作品整体上缺乏独创性。小说中的每个词语都可以在辞典中找到，但该小说很容易就能满足创造性要求。即使是最寻常的要素，其独创性编排也都能符合版权保护的要求。一个视频游戏可能只是使用了简单的、惯常的模型，如矩形和正方形，以及普通的颜色，但充分的创造性可能会表现在模型和颜色的选择上，以及戏中诸要素之运动的设计上。[1]

美国版权局也曾处理过汇编的独创性问题。对一个完全由不受保护的要素（如事实或他人创作的作品）构成的作品，作者如果能在这些要素之选择、协调与编排上表现出必要的创造性，她就可以拥有其版权。进行选择、协调或排序的材料的数量越多，汇编就越有可能获得登记。如果汇编缺乏最少量的独创性，登记就可能被拒绝。任何由少于四个选项构成的汇编，都被视为缺乏必要的独创性，进而，选择四个要素便被视为创造性不足。但是，"选择和排列欧·亨利的 20 篇最佳短篇小说，可以被登记为汇编"。[2] 汇编也可能在各要素的协调或编排上具有独创性。这意味着要超越各项被印刷的格式（format）。毋宁说，它需要"各项成分的独创性排序或组合"。[3]

○实例

a. 译文。历史学家 H 将一封信翻译成西班牙语。很多词语和短语都有不少匹配的西班牙语表达。H 希望其译文准确而悦耳。她对这封信的译文主张版权保护。该译文具有独创性吗？另外我们可以假设：这封信的作者找到了，并允许翻译。否则，该译文可能作为未经授权的演绎作品而被否定版权保护。

b. 民歌。老英格兰地区有一个渔民，在其海上生涯中学会了很多地方

---

[1]　阿塔里游戏公司诉阿曼（*Atari Games v. Oman*），979 F. 2d 242（D. C. Cir. 1992）。

[2]　同前注。《版权局执法纲要（二）》（Copyright Office Practices Compendium 2），307.01。

[3]　同前注，307.03。

民歌。他那些年轻的同行们更喜欢其他消遣，如观看视频、聆听当代音乐。由于担心这些歌曲将难以通过口头传统得到传承，他决定自己来保存它们。他挑选了大量的优秀范本，并就一本歌曲集的编辑确定了顺序与组合方式。[61]他对这些歌曲进行编排，并为那些他已回忆不起来的歌构思了旋律和歌词。他还走访了"新发地"一带的渔民，记录他们吟唱的本地民歌。他发表了他自己编排的新英格兰歌曲活页乐谱，以及新发地歌曲录音。后来，某一大牌音乐出版商开始销售同样的活页乐谱复制品和录制品。该出版商认为，它没有复制受保护的表达，因为这些作品都不是渔民的独创。应该说，它们属于传统民歌，已过去了好几个世代。新的编排和录音属于渔民的独创吗？

c. 只是事实。某编辑 E 花费数年编纂了她的体育轶事大全。为此她研读了大量报纸、书籍和其他文献资源，以寻找大量的事实。她还通过亲自走访退休运动员挖掘其他事实。她利用各种创新性的技巧来编辑信息，同时设计了一些新的分类和新的方法来组合体育信息。对于所涵盖的信息范围，她还以各种要素为依据，进行了深思熟虑的选择。在出版书籍前不久，她得知，事实无法获得版权保护。请问：她能获得版权保护吗？

d. 独创性的钱币？奖章公司制造并销售美国硬币与纸币的金属复制品。奖章公司制造了三维银质版的美国折叠式钱币。在制造每一种钞票复制品时，奖章公司都要对下列事项做出选择：如何将色彩对比转换在银质媒介上，如何呈现联邦财政部钞票上复杂的背景细节，某些特征应该是灰暗的银色，还是令其高度鲜亮，某些特征应该是被雕刻，还是应该被做成浅浮雕。奖章公司还制造了美国硬币的三维复制品。其复制品是以同样材质制造的更大款式的美国硬币。奖章公司没有接触使用美国铸币局的材料，因而在制造硬币复制品时面临很多困难的技术问题：使用什么材料、正确的制造工序、可能给出正确图像的制图底片（constructing plates）。在努力制造精确惊人的硬币复制品时，奖章公司的工程师和技术员展示了高超的技艺和技能。奖章公司的复制品是否具有版权法上的独创性？

e. 地图制作者、地图制作者。地图制作者 M 花费数年功夫收集有关柏芬岛的信息。M 研究了地质测量、卫星照片、居民访谈等资料，以及他自

己的测量考察。通过提取这些大量信息，M 制作出一系列柏芬岛地图：包
括全岛图和各区图。有些地图强调了地质信息；其他地图显示了具有历史
62 意义的地点。有竞争者制作了 M 地图的精确复制品并对外销售，还声称这
些地图不具有独创性。首先，它们仅由事实组成，而事实不受版权保护。其
次，这些地图的制作目的就是要成为柏芬岛的精确复制品，故而缺乏创造
性。该竞争者违反了版权法吗？

⊙ **解析**

a. 有人可能会认为，历史学家 H 的所作所为只是墨守式的复制，但从
一种语言向另一种语言的翻译并非机械性的工作或仅仅是复制问题。译者
一定会做出影响译文之审美质量的选择。作者没有写作出独创的信件，但
译文的很多因素将可以满足两个独创性要件。

b. 民歌不是渔民的独创，而其编排和某些旋律和歌词则是。同样，他
在书中对歌曲的选择和排序可能有着必要的独创性。因而，对于他自己的
新英格兰歌曲版本、他对图书内容的选择与编排，渔民享有版权。[①]

录音也有资格被视为充分的独创。渔民对歌曲进行了录制，所以他没
有增加任何成分，如编排、旋律或新词。但是，就像照片一样，录音有着同样
意义上的独创性。恰如摄影师，录制者进行了创造性选择，如收录哪些成
分、哪里安置麦克风等。

c. 事实不能获得版权保护。无论该编辑通过其他源头、还是亲自挖掘
而获得，事实先于她而存在，且不属于她的独创。但是，她对事实的选择和
编排可受到版权保护。该汇编不同于菲斯特案中的电话号码白页。电话号
码簿只是按照字母顺序对订户进行排列，遵循的是产业界通行的惯例。这
种编排和选择甚至缺乏最低的创造性。但是，编辑 E 创造性地设计了新的
方式，以选择、编排信息。所以，其汇编中的独创性成分受到版权保护。如
有人仅仅复制其中的事实材料，而没有复制其独创性的选择或编排，则不侵
犯其版权。

---

[①] 比较：意大利图书公司诉罗西（*Italian Book v. Rossi*），27 F. 2d 1014（S. D. N. Y. 1928）。

d. 设计美国钞票与硬币不是奖章公司的独创,但是,它对钞票复制品的设计可能含有足够的独创性。这些设计复制了钞票上的很多要素,但也包含大量超出"临摹件"的成分。而硬币复制品则缺乏独创性。尽管有高超的技能包含其中,它却只是为了制造出尽可能精确的复制品。①

63

e. 地图之类的作品可能具有创造性,即使它们的目的是呈现事实。在决定地图包含哪些特征,以及如何呈现它们时,地图制作者做出了创造性选择。② 竞争者如果仅仅复制了地图中的具体信息片段,地图制作者不能就此获得赔偿。但是,对地图进行大规模复制可能构成侵权,因为这可能复制了地图制作者对事实信息的选择和编排,及其所呈现的创造性表达。这是一个所谓弱版权(thin copyright)保护的例子,它只能禁止完全原样的、规模性的复制。

地图只是柏芬岛的复制品,这一主张是站不住脚的。"临摹件"缺乏独创性这一规则可适用于对创造性作品制作的复制品,但并不妨碍对摄影获取的真实图像进行版权保护。用地图来呈现事实很少类似于制作复制件。

# 二、复制不受保护的材料不构成侵权

独创性标准的要求是很低的,这意味着获得版权保护并不难。但是,版权保护只及于作品中的独创性成分,这反映了一项重要的版权法原则。复制版权作品中不受保护的成分——如非独创性要素、思想或功能性要素等,不构成侵权。对作品中的独创性、表达性成分进行的复制,才构成侵权。版权只保护独创性成分,这一规则维系着利益平衡。

非独创性成分特别普遍地存在于如下两类作品:演绎作品(因为它们是对已有作品的改编)和汇编作品(它是对事实或已有作品的汇集)。成文法

---

① 比较:奖章艺术公司诉华盛顿铸币厂(*Medallic Art Co. v. Washington Mint*),208 F. 3d 203 (2d Cir. 2000)(未公开)。

② 参见如合众国诉汉密尔顿(*United States v. Hamilton*),583 F. 2d 448 (9th Cir. 1978)。

明确规定，只有新创要素才受到保护："汇编或演绎作品的版权仅仅及于该作品之作者所贡献的部分——它区别于作品使用的已有材料，且不意味着对已有材料拥有任何排他性权利。"①

　　假定某数据库包括有关伍斯特市的事实信息，诸如居民姓名与街道、公用设施和房地产税等。数据库编辑者以创造性方式选择并编排了信息，使该数据库成为享有版权的作品。某人未经许可原样复制整个数据库，可能侵犯版权，因为他同时复制了该作品中受保护和不受保护的成分。假定另外有人仅仅复制了数据库中的事实性信息，而没有复制这些信息的选择或编排，这第二个复制者就没有侵权，因为他仅复制了不受保护的信息（非独创的事实）。因此说，根据版权作品进行复制，不一定造成侵权；复制版权作品中受保护的成分才可能造成侵权。

　　演绎作品和汇编特别有可能包括非独创的，因而不享有版权的材料，但一切作品都包括非独创性成分。如上文所述，扎普如德的家庭录像拍摄了肯尼迪总统遇刺现场，他对其享有版权。但他的版权只能及于源于他本人的创造性部分，而不能禁止他人复制录像中的事实部分（并且，可版权的成分也要受制于合理使用规则）。

　　独创性分析出现于两类案情：即有关作品整体的复制和有关作品部分的复制。在整部作品被复制的情况下，所涉问题可能是，该作品整体上是否有资格获得版权保护。如果该作品是非独创的，就不受版权保护，即使整体复制也不构成侵权。更加常见的是，被告只是复制了原告作品的某些成分，导致有关独创性的问题。被告主张，其所复制的部分不具有独创性，因而没有发生侵权。

　　人们常常采取一项实用的操作性区分：即有关弱保护作品和强保护作品的区分。弱保护作品主要由不受保护的成分构成，事实作品（就像电话号码簿、体育统计书籍）就拥有弱保护。这意味着，广泛的原样复制（例如，复制整个电话簿）可能构成侵权，因为其中可能包含了对创造性成分的复制，

---

① 《美国法典》第 17 编第 103 条。

如数据的选择与编排。高度创造性作品(如想象性小说)所拥有的是强保护,因为原样复制和非原样复制(不是对准确词语,而是对事件顺序和各类形象的复制)都可能产生侵权。因为版权依赖于创造,创造性作品取得更高度的版权保护。

　　一个实践性的问题可能是确认作品中哪些成分不受保护。非独创的成分不受保护,但作者不必确认其作品的哪些部分是独创的。设想有一部描写美国内战的 1910 年的作品,某出版商拥有唯一的现存稿本。浏览之后,出版商让其雇员对作品进行了编辑和增加,大概是这里增一段、那里补一章。其推出的修订本前言称该书增加了某些成分,却没有对其做特别指明。出版商可对新的创造性成分拥有版权,而来自原作的任何内容都不能受到版权保护。然而,读者无法区分受保护与不受保护的部分,这意味着任何复制都有侵权的风险。同样的问题也发生在其他很多类型的作品中。一首歌可能具有受保护的独创性旋律,也可能从其他作品中复制了该旋律。广告中的一幅画可能是新作,也可能是复制于大师旧作。因而,独创性要件将非独创材料置于法律保护范围之外,却往往不能提供使用它的钥匙。 65

　　○ **实例**

　　a. 重现。摄影师哈尼拍了一张社会名流克拉克·洛克菲勒和他女儿离开波士顿教堂的照片。不久之后,洛克菲勒被曝光是一个骗子,名为克瑞斯汀·卡尔·杰哈慈瑞特,并在逃。该照片被广泛传布,包括在警察搜寻杰哈慈瑞特时被用于 FBI 的通缉令海报。索尼的一部电视影片详细叙述了这个传奇式的故事。未经哈尼许可,其中以自己的版本使用了这张照片。那么,通过演员制作一副同样的照片,是否侵权?

　　⊙ **解析**

　　a. 法院承认该图片创作包含有创造性,但它裁定索尼仅仅复制了不受保护的事实:"哈尼的创作主要由对象——'事实'——组成,而他对此没有发挥任何作用,其中包括照片的核心部分:女儿骑在父亲的背上。……我们看不出来,后来的事件怎么能奇迹般地把视觉作品中非独创成分变成了可受保护的对象。"①

## (一) 版权禁反言

即使是独创性内容,如果作者将其呈现为非独创性的,也可能不受保护。按照"版权禁反言"原则,如果作者将某些内容作为事实性信息加以呈现,她就不能对该内容享有版权保护——即使这确实是她的独创。② 如果某作者编造了一个故事,却称其为事实,该事实就不受版权法保护(不同于明确的虚构小说中的事件)。与此类似,独创性的理论可以被视为事实。在纳什诉 CBS 一案③中,作者创作了一部有关黑帮约翰·迪林格的作品,称迪林格经历了芝加哥的拜格拉芙剧院枪击案后,在西部以另一个名字度过余生。电视制作人复制了该作品的某些成分以及作者宣称的其他具体事实,创作了一个电视节目。该作者为此提起版权诉讼。法院裁定,通过宣称某些内容为事实,作者实际上就放弃了其版权保护。他人可以信赖作者的呈现:这些材料非独创(且不享有版权)。

## (二) 合理使用允许必要的复制以获取不受保护的作品成分

版权可以被赋予一部包含了非独创性材料的作品。通过信息选择、整理或协调,数据公司可以创造性地编排来自公共税收记录的信息。复制这整个数据库的人有可能侵犯其版权。但是,如果他们这样做的目的不是复制创造性成分,而是因为这是数据获取所必要的,他们就可能受到合理使用原则的保护(版权法中的关键问题,下文将予详述)。不然的话,该作者实际上会对无版权的成分享有版权保护。

下述实例覆盖了独创性要件的各个方面。

○**实例**

a. 独创性种种。版权法保护下列各种情形吗?

---

① 哈尼诉索尼图画电视公司(*Harney v. Sony Pictures TV, Inc.*),704 F. 3d 173 (1st Cir. 2013)。

② 参见阿里卡诉帕默尔(*Arica Institute, Inc. v. Palmer*),970 F. 2d 1067 (2d Cir. 1992)。

③ 纳什诉 CBS 公司(*Nash v. CBS, INC.*),899 F. 2d 1537 (7th Cir. 1990)。

（a）研究人员披露了大量有关马达加斯加嘶鸣蟑螂的公众未知之事实信息：它们歌唱着求偶交配、组建社交活动、彼此间以绰号相称，以及其他通过观察获得的很多细节。

（b）研究人员撰写的一部图书对上述事实信息进行了披露和分析。

（c）他人重发了这些"事实"，该研究人员揭秘称，所有这些都是他精心编造的结果。

（d）蠕虫研究者制作了一部录像，对此他进行了精心策划、设定位置并配置光亮，以摄取蠕虫日复一日的生活。

（e）蠕虫研究者对大量拍摄对象进行了描述，以一种奇怪的方式摄取了它们各自的特点（例如，"看上去像贝多芬"）。

（f）蠕虫研究者的数据库，被精心编排和协调以便于查询，并且还采取了各种滑稽的分类。

（g）幼儿园孩子有关捕鼠器的绘画。

（h）法学院学生姓名清单，由注册员按照字母顺序编排。

（i）同样的清单，注册员编排时使之听上去尽可能像一首诗。

（j）密西根湖的沉船录像，受水面上的远距离控制。

（k）小提琴家笑话选集，由一个小提琴家收集、选择和编排。

（l）瓦莱里亚重写莎士比亚的《威尼斯商人》：把它重写成对现代商业社会的政治性评论。她重塑了人物性格，把对话安排在现代习语中，增加了时下的幽默，对情节进行调整。尽管如此，她的作品也对原作进行了全面复制。

b. 奇特的数字。汽车配件工厂使用了一种配件编号系统。比如，一部特定种类的汽化器带有数字 03-11-62。其中第一组数字代表产品类型，第二组表示具体类型的引擎，第三组则代表具体的尺寸。尽管该工厂设计了这一系统，它并未为每个配件选择特定的数字组合。毋宁说，该系统的使用产生了这些具体的数字。配件厂发现，有竞争对手在其服务手册中使用了其某些数字。这些数字享有版权保护吗？

c. "世上最美丽的女人"。在一个民间故事里，小男孩的母亲丢了。很自然,他告诉搜寻者,他妈妈是世界上最漂亮的女人。村民们查找了当地所有的美女,却没有一个曾丢过孩子。最终,妈妈出现了——只是对她儿子来说,她容貌出众。剧作家听说了这个故事,将它用作一部电影的素材,增加了很多情节改动和一些对话,还有其他内容。小说家看到这部电影,基于该基础情节创作了一部小说。小说家只复制了来自民间故事的内容。小说的所有其他成分(例如背景、对话、推动故事展开的各种事件插曲)都与电影不同。电影是否独创并享有版权? 如果是,小说家是否侵犯其版权?

d. 蝴蝶世界。通过实地调查和图书馆资料查阅,鳞翅类学者纳博科夫力所能及地收集到了有关蝴蝶的所有事实信息。然后他按照自己的分类对这些信息进行编排,从而创造了一种蝴蝶信息分类法。他出版了一本书,所有信息均被编排于他自己设计的各分类中。纳博科夫的作品可受版权保护吗? 或者说,因为他收纳了他能发现的所有事实信息,他没能显示足够的创造性吗?

e. 有本书空洞无物。有一本书名叫《森菲尔德才能测试》(SAT),其中内容包括关于电视剧《森菲尔德》的各种问题。例如:

① 为了给女性留下印象,乔治假装是:

a)妇科医生;b)地质学家;c)海洋生物学家;d)气象学家

② 在手术室的阳台上观看一个外科手术的过程中,克拉玛嘴里吃的是什么糖果?

③ "我不去做不可偿还的交易……我不能向一个女人作保证……我不是在向一个航空公司作保证",这是谁说的话?

《森菲尔德》制片人提起版权侵权之诉。在答辩时,SAT 的作者声称,他们只是复制了不受保护的事实,即人物形象在表演中的所言所行。那么,被告复制的是独创性表达还是事实。

f. 案例书中的案例。提布斯为一本教育法案例书收集资料。她选择了法官意见、成文法、条例以及其他已发表资料。从这些资料中,她筛选了某些部分编入该书。提布斯在选择资料时考虑过很多因素,如相关性、历史影响、长度(某些项目在很大程度上是编写),甚至还有文学质量。她以精心选定的顺序编排这些资料。这一顺序的用意是帮助读者理解资料，反映法律的历史与发展，有些地方还以风趣的方式插入案例，以增加趣味。提布斯增加了章节标题和少许段落的评注，但主要还是让资料扮演主角，让读者自己去理解资料。她的书刚刚出版，艾伦推出了她的书《教育法核心资料》，以同样的顺序、包含了相同的资料，只是不包含提布斯增写的章节标题和段落。艾伦认为，她没有侵犯版权，因为她仅仅复制了非由提布斯独创的内容。艾伦主张，提布斯没有撰写这些意见、成文法和条例，不能因它们被复制而指控侵权。艾伦是否复制了独创性资料？

g. GNU 短语。Unix 是一款广泛应用的操作系统，一些软件开发商准备为其开发一个新版本。首要事务就是为该软件想出一个名称。他们忽然想到 GNU Project 这个名称。GNU 被读作"guh-noo"，代表着"GNU is not Unix"。GNU 中的字母 G 代表 GNU 这一名称本身。他们决定对短语 GNU Project 进行版权登记（仅仅针对短语本身，而不是软件）。版权局拒绝登记，理由是该词语独创性不够。首先，有一种动物名叫 gnu；其次，词语或短语的独创性不足以获得版权保护。那么，GNU Project 是否具有版权法意义上的独创性？

h. 表格之争。科瑞格斯销售一种"投球表格"，供棒球爱好者使用。该表格共列九个项目。两个项目适于整个赛期：赢/输记录和取得的分值平均数。有三项涉及赛场上的对手队：赢/输记录、已投球的回合以及取得的分值平均数。另四项基于投球手的最后三场赛：赢/输记录、已投球的回合、取得的分值平均数以及按基本平均数计算的人。使用这种表格的作用是让棒球迷通过其提供的信息，并利用自己的知识来预估棒球手可能达到的技能。

表格的每个项目都是一种信息统计，它们不是科瑞格斯的独创，但此前没有任何表格将所有这九项信息罗列在一起。曾有些表格罗列过某些项目，同时也罗列了科瑞格斯表格所没有的项目。表格上填充的，都是人们可以公开获取的信息。联合出版社出版的一种表格是对科瑞格斯表格的复制，并罗列了同样的九类信息。联合出版社认为，科瑞格斯对此不享有版权,因为他仅仅罗列了已有的统计类目。请问,该表格是否含有受到保护的独创性?

i. **传统。**郭英男是中国台湾土著阿美族的一位老人。他与一个表演团到欧洲演出。在他事先不知情的情况下,有人录制了他演唱的一首传统歌曲《阿美欢乐歌》。后来,英格玛乐队将该录音与20世纪的舞蹈节拍混合在一起,以《返璞归真》之名公开发行。该歌曲录音共销售了几百万份,还被用于亚特兰大奥运会的广告。郭英男对《返璞归真》享有版权吗?英格玛公司呢?

j. **真的事实?**《圣经》受版权保护吗?

k. **以真实故事为基础。**来自鲍德尔的司法精神病专家淳克撰写了一本书,讲述她工作生涯中遇到的故事,以及她经受的很多案例。这本书出版后,销售不热不冷。一天晚上,她看到一个电视节目 FSI:Boulder,其中所表现的一个虚构的司法精神病专家有着与淳克非常相似的背景。该节目所叙述的一个案例很像淳克书中介绍的案例。随着每一集节目先后播放,整个节目不断展现的虚构故事都是以淳克的经历为基础。该节目没有使用淳克书中的创造性表达,却轻松地采用了她积累的事实,而没有将这些归于淳克名下。她能够提起版权诉讼吗? 如果淳克没有出版这本书,而是将这些故事记录在日记中,日记丢了并不知怎么就到了电影剧本作者手中,结果会很不一样吗?

l. **骗局抑或乐趣。**在上一例中,假设淳克承认她的职业履历和那些不可思议案件均属她的杜撰。她不是什么司法精神病医生,而是一个极富想象力的电话销售员。然后她对电视节目 FSI:Boulder 的制作人提起版权诉讼:他们复制的不是不受保护的事实,而是具有创造性,因而受版权保护的虚构。那么,她虚构的事实享有版权吗?

m. **"他人正在使用铅笔"。**斯图亚特·西尔弗斯坦决定将多若茜·帕克(还因这样一些言论知名,如"所有不是写作的事请都很有趣","除非有人走近我的办公室,否则我将把'人'写在门上")散落的诗歌汇编一册。西尔弗斯坦花费一年的时间,搜寻到帕克散落的诗歌。他查阅了成百上千的报

刊,甚至还确认了两首未曾发表的诗。他将包含 122 首诗歌的书稿交给企
鹅出版公司。他做了"600 项原稿编辑(copy edits),主要的改动包括标点
符号、大写字母、排版缩进以及加标题,从而使文本变得标准化"。他没有将
他的编辑项告诉企鹅,只是将它们作为帕克的诗提交给了后者。企鹅拒绝
出版这一书稿。后来,企鹅出版了《帕克诗歌全集》,其中专门有一部分题为
"帕克未编诗歌",包含了西尔弗斯坦汇编的 122 首诗中的 121 首(但它按照
时间顺序排列,而没有遵循西尔弗斯坦的编排)。西尔弗斯坦提起版权诉
讼,基于两个主要理由主张其独创性:他对这些散落诗歌的选择、他做的
600 项原稿编辑。该作品有资格获得版权保护吗?

　　n. 创造性选择? 灯具普乐士公司销售台灯"维多利亚蒂芙尼"。它从
供货商提交的众多零配件中选出五种(灯座、灯尾、灯盖、玻璃灯罩以及金属
丝质装饰),按照维多利亚蒂芙尼的设计将它们组配在一起。灯具普乐士公
司主张对该台灯的设计享有版权。尽管它没有设计该台灯的任何零配件,
它认为,从各种可能的组合方式中选择这些零配件,表现了必要的独创性。
该灯的设计享有版权吗?

　　o. 哆来咪。生物实验室为各类动物基因材料进行排序,并在线向研究
者有偿提供有关数据。其序列看上去貌似是 CATAGCTAGCC……。实验
室感到恼怒地发现,用户下载的 DNA 基因序列常常被转交给他人,而它没
有从中获益。该实验室便决定对基因序列申请版权登记——就像音乐作
品,基于四个音符即 C、A、T 和 G 的变化。该序列能够像音乐作品一样受
到版权保护吗?

　　p. 生活,无版权。泽匹玛商场委托承建人按照产业标准方式在其收银
台后面安装了一个安保摄像机。一天晚上,摄像机拍摄到酩酊大醉的名人
罗姆·喜来登在与他的剧作家发生争执。有雇员将摄影镜头在线上传后,
泽匹玛商场提出版权诉求。那么,该影像享有版权吗?

　　q. 数字雕塑还是复制品? 按照与丰田公司的合同,梅希沃克斯公司对
丰田汽车制作了数字模型。制作分为两步:第一步,梅希沃克斯使用植入计
算机网络的自动化手臂,准确测量车辆外形;第二步,梅希沃克斯的数字雕

塑师调整屏幕图像和数据点,以尽可能精确地制作出模型。这些数字模型非常有助于汽车设计师,他们操控模型以模拟出设计变化的效果——包括功能性与艺术性效果。当丰田公司在最初合同约定范围之外使用模型时,梅希沃克斯提起版权之诉。这些数字模型享有版权吗?

r. 涂色书籍的创造性。出版商从联邦普查出版物中复制了公共领域的地图,然后为它们增加颜色、阴影以及新的字体。那么,经过打扮的地图享有版权吗?

s. 停止侵权通知。博客主上传了一段有关毕格公司的批评,然后就收到来自毕格公司律师的停止侵权通知,称其行为已构成诽谤和不正当商业行为。该博主将该信件复制后在线发布。很快,博主又收到一个停止侵权通知,认为该博主侵犯了前面发出的停止侵权通知的版权。停止侵权通知是否享有版权?如果是,收信人将其在线发布以告知世人,是否构成侵权?

⊙解析

a. 基于菲斯特案,独创性包含了两个条件:(i)由作者独自创作;(ii)至少要含有最低程度的创造性。

(a)这些事实非由研究人员创作,而是经发现所得。它们不是研究者的独创,因而不受版权保护。

(b)该图书可能符合上述两个条件。图书文本的很多部分系该作者独创,表现出必要的创造性。

(c)如果他将这些虚构呈现为事实,按照版权法禁反言原则,他不能对这些材料享有版权。其他人有权信赖作者的陈述。

(d)该录像抓取的是有关蠕虫的不受版权保护的事实信息。但录像本身由研究者制作,体现了一定的创造性选择,因而可受版权保护。他人可以复制其中的事实信息,却不能复制其中的表达。另一个研究者可以使用该录像中的事实,但他如果未经许可制作并销售录像复制品,就可能构成侵权。

(e)该描述摄取的是事实,但也可能是独创的、创造性内容。

(f)数据库中的事实不是独创的,但汇编中的事实经过创造性选择、编排和协调,符合独创性要件。他人可以复制事实部分,但不能复制其独创性编排和协调。

72

（g）可享有版权。它们由幼儿园孩子创作,具有必要的创造性。

（h）无论是姓名（非源于注册员的创作）,还是有关其编排（以字母顺序,完全是非独创的,就像菲斯特案中的电话号码罗列）都不具有独创性。

（i）注册员对姓名的编排可能有着足够的创造性。他人可以复制姓名本身,但不能复制其编排,否则可能构成侵权。

（j）沉船事实非独创,但录像的制作可能显示了必要的创造性。以设备准确固定作品,这一事实不妨碍版权保护,因为是人做出了这一创造性决定,从而指导其制作。

（k）这些笑话非由该小提琴家创作,但经她选择和编排所形成的汇编显示了独创性。

（l）基于已有作品的作品也可以是独创,如果作者增加了新的创造性要素。《威尼斯商人》的改编之作能够很轻易满足"最少的创造性火星"这一要求。

b. 配件上的数字不属于创造性表达。它们经系统指定,而不是来自创造性的人工选择。因而这些数字不能享有版权。① 注意,这样的数字并非因其类型而不可享有版权。数字是不受版权保护的,但以数字表示的创造性表达则可以。例如,旧车价格表的选择和编排可以作为汇编受到保护。

c.电影受版权保护,即使它并非全部独创,而是以已有的作品为基础。通过增加独创性表达（情节改动、对话等成分）,剧作家有资格获得版权保护。但是,版权只保护电影中的独创性成分。小说家仅仅从电影中复制了来自民间故事的内容,而没有复制其独创部分,因而小说家没有侵犯电影的版权。②

---

① 南方公司诉凯恩桥公司(*Southco Inc. v. Kanebridge Corp.*),390 F. 3d 276(3rd Cir. 2004)(全体法官出庭,阿利托法官代表)。

② 比较雷尔诉儿童电视工作室(*Reyher v. Children's Television Workshop*),533 F. 2d 87(2d Cir. 1976)。

　　d. 纳博科夫的写作满足了创造性要求。在菲斯特案中,电话号码簿出版人按照字母顺序出版了它能确认的所有电话名单。纳博科夫出版了他能发现的所有事实,因而他对信息的选择可能没有运用创造性。但是,他不仅仅是在按照字母顺序排列这些事实。相反,他将创造运用于信息的编排和协调,因为他设计了组织信息的分类法。正如法院所指出的,"事实不提供它们自己的组织原则。分类是一种创造性努力。"①

　　e. 被告复制了独创性表达。法院对此巧妙地声称——

　　　　SAT 所提问的不是一些真正的事实,如《森菲尔德》中演员的身份、拍摄一集所耗费的天数、演员的传记、《森菲尔德》布景的地点,等等。相反,SAT 测试的是读者是否知道,在钢琴演奏过程中,角色杰瑞把一个 Pez 牌糖果盒放在伊莱恩的腿上;克拉玛喜欢去机场,因为他对行李传送带感到着迷;对于如何认定一个处女,杰瑞说,"这可不像是在识别假发"。因为这些形象和事件源于《森菲尔德》作者的想象,轻易地复制了可受版权保护的创造性表达。②

　　在城堡岩石案中,法院在两种事实之间做出了合理的区分:所谓"真事实"和虚构事实。事实不受版权保护的理由是,事实(就版权法的意义上而言)非产生于其发现者。毋宁说,事实是某人发现、而非创造的信息。但是,《森菲尔德》中的"事实"(例如,角色杰瑞在钢琴演奏过程中把一个糖果盒放在伊莱恩的腿上)的确是由戏的作者所创作,这与事先存在、后被发现的信息(就像恐龙灭绝的事实)相反。

　　f. 艾伦复制了独创性资料。提布斯没有撰写书中的任何一个部分,但她的作品是一个汇编,她在选择、协调与编排原有资料时发挥了创造性。艾

---

　　① 美国牙科协会诉德尔塔牙科规划协会(*American Dental Ass'n v. Delta Dental Plans Ass'n*),126 F. 3d 977,979 (7th Cir. 1997)。

　　② 城堡岩石娱乐公司诉卡罗尔出版公司(*Castle Rock Entm't, Inc. v. Carol Publ'g Group, Inc.*),150 F. 3d 132,139 (2d Cir. 1988)。

伦可以复制任何具体项目而不构成侵权,但她却几乎复制了整本书,只剩下提布斯撰写的具体项目。所以,艾伦复制了提布斯对资料的选择、协调和编排。

g. 该案提出的问题关乎独创性要件的两个方面:独立创作和少量创造性。多数权威人士都会同意,短如 GNU Project 这样的短语不能享有版权。政策是很明智的,不然的话,任何公开提到这一名称的人都要冒侵犯版权的风险。有些人为独创性规则确立的理论基础是,杜撰一个短语甚至不能满足最低的独创性要求。但这听起来有些可疑,因为短语确实具有创造性。一个更好的理由可能是,短语未构成独创性作品,因此不在可受版权保护的客体范围内。

如果短语可受版权保护,下一个问题就是,既然 gnu 已经是一个词语,该短语是否源自该软件开发人。不过,他们的"作品"是短语 GNU Project。就像大多数文学作品,它由已经存在的词语构成,但本身依然是源自作者。

h. 该表格具有充分的独创性,可受保护。[①] 虽然科瑞格斯没有创造各统计类目,但他将这九个类目罗列在了一起。这种选择和编排能够满足菲斯特案所要求的最低标准。 74

i. 该案例引自安吉拉·瑞丽的论文,凸显了独创性要件所存在的麻烦问题。[②] 郭英男不能享有《阿美欢乐歌》的版权,因为他不是其作者。这是一首传统歌曲,其作者(在版权法意义上)可能难再确定。并且,该歌曲已很古老,超出了版权保护的期限。

但是,英格玛对《返璞归真》拥有版权。英格玛没有创作《阿美欢乐歌》,所以它不能享有该音乐作品的版权。英格玛可以对基于《阿美欢乐歌》的作品(假定增加舞蹈节拍满足了最低独创性要件)以及该音乐的录音享有版

---

① 参见科瑞格斯诉联合出版公司(*Kregos v. Associated Press*),937 F. 2d 700(2d Cir. 1991)。

② 安吉拉·瑞丽:《恢复集体性:土著社区的团体知识产权》[(Angela R. Riley, *Recovering Collectivity: Group Rights to Intellectual Property in Indigenous Communities*),18 Cardozo Arts & Ent. L. J. 175(2000)],该文分析了《阿美欢乐歌》案及其他案例,并建议修改版权法以保护土著文化。

权。所以,英格玛有可能对传统歌曲基础上的音乐,以及《返璞归真》的录音享有版权。事实上,对郭英男的表演进行录音的人也对该录音享有版权——假定他在制作时做出了创造性选择。这类案例提出的问题是,当他人可能有效地对土著文化资料进行私有化时,知识产权法是否应该通过调整以做出应对,虽然土著人自身可能没有意识到其中的权利。[①]

j. 真的。《圣经》(被称为历代最畅销的图书)处于版权保护之下——或者,更准确地说,各种《圣经》版本都受版权保护。[②] 最初文本已经处于公共领域,但出版者可以以不同的方式将这些文本作为另一作品的基础:通过翻译、注释、编辑、增加图画,等等。当必要的最低创造性已经具备时,作品就能享有版权(当然,只保护其中的新成分)。对这些文本主张排他性权利的伦理问题是另一个多少有些争议的问题。

75　　k. 淳克不能因侵犯版权提起诉讼。[③] 事实不受版权保护,复制事实不构成侵权。假设剧作家仅仅复制了事实(一个大胆假设,因为文学作品中总有一些创造性表达与事实混合在一起),他们不用承担侵权之责。版权法不同于禁止剽窃的伦理原则,后者谴责那些将他人作品归为己有的做法。

即使淳克将这些事实记录在私人日记中,结果也没有什么区别。她可以拥有版权,但版权不会因为事实被复制而受到侵犯。当然,复制者需要获得日记,这可能违反了其他法律(冒犯、商业秘密或可能是隐私权)。

l. 法院很可能会判决,对于她作为事实提交的虚构事件,淳克不享有版权。按照版权禁反言原则,公众有资格信赖她对其所谓虚构材料的外部呈

---

① 参见罗莉·格雷厄姆、斯蒂芬·麦克约翰:《土著人民与知识产权》(Lorie Graham and Stephen McJohn, *Indigenous Peoples and Intellectual Property*),19 WASH. U. J. L. &. Pol'y. 313 (2005)。

② 参见罗杰·辛恩:《版权之神:圣经与宗教作品的版权实施》(Rroger Syn,© *Copyright God: Enforcement of Copyright in the Bible and Religious Works*),14 Regent U. L. Rev. 1,2-3 (2001-2002),"所有主要的英文《圣经》译本都受版权保护,除了权威版本。版权也存在于某些标准版的古代圣经稿本上,各种翻译都依据它们而作"。

③ 参见马尔科姆·格拉德维尔:《借来之物》(Malcolm Gladwell, *Something Borrowed*),New Yorker,November 22,2004),讲述了一个精神病专家的故事,他的有关系列杀手的作品,连同有关它的杂志文章被用在一部戏中,但都没有指明来源。

现。否则,对于轻信者而言,任何作品都可能是一个圈套。人们因善意而使用被称为事实(因而也不受保护)的材料,不应承担侵权责任。

m.每一项主张都不能获胜。关于选择,"选择的主要原则是,西尔弗斯坦收集的诗歌不是由帕克女士在她有生之年所收集。因而,该选择是由帕克女士所做,而留待西尔弗斯坦所做的,只是将她选择排除的诗歌收集在一起。"[1]原稿编辑如果采取了创造性的方式而不只具有功能性,就可能具有充分的独创性,从而有资格获得保护。[2] 可能会有人通过修改标点符号与大写字母来改变一部文学作品的意义。但在西尔弗斯坦案中,原稿编辑没有显示任何这样的创造性。并且,即使它们有着充分的创造性,版权也可能因为禁反言原则而受到否认。[3] 西尔弗斯坦将其作为多若茜·帕克的作品提交了这些诗歌。一旦他人信赖了他的声称,他就不得再为此主张版权。最后,尽管西尔弗斯坦花费了大量资源来汇编这些材料,却也不能产生版权保护。

如果事实稍微变化,结果可能大为不同。如果书稿中没有包含所有未曾收编的诗歌,西尔弗斯坦对于编入什么、排除什么做出了创造性选择,这可能会使他的选择具有必要的独创性。或者说,如果企鹅复制了西尔弗斯坦所编诗集的创造性编排,就可能构成侵权。但企鹅的编辑却是按照时间顺序进行了重新编排。

n.五个零配件的选择有可能被认为难以满足创造性要求。[4] 版权局条例建议,四个或更少构件的选择不足以受到版权保护。法院可能会认定,选择五个构件同样也不足以满足独创性要求。

o.DNA序列属于不具有独创性、不受保护的事实,而无论生物实验室

---

[1]　西尔弗斯坦诉企鹅·普特南公司(*Silverstein v. Penguin Putnam, Inc.*),368 F. 3d 77,84-85 (2d Cir. 2004)。

[2]　见前注,at 83。

[3]　见前注。

[4]　参见灯具加公司诉西雅图照明器具公司(*Lamps Plus, Inc. v. Seattle Lighting Fixture co.*),345 F. 3d 1140,1147 (9th Cir. ,2003)(依据曾讨论过的版权局条例)。

赋予它们何种特征。[①] 这一主张所依赖的是对版权禁反言规则的反转。如果独立创作被呈现为事实,他们就要被视为非独创的,因而不受保护的事实。而相反的认定却不能成立。赋予事实以创造性表达的特征,并不能将事实转变为创造性表达。生物实验室可以使用四个字母 C、A、T 和 G 编排出通常的序列,并可能对其享有版权保护(假定它们在某种意义上具有创造性,而非任意而为或依据计算机)。但该版权完全没有价值,因为没有谁愿意复制它们。毋宁说,他人感兴趣的是复制实际的 DNA 序列,原因正在于它们代表了事实。

p. 这里提出一个将一再出现的问题。随着监控摄像机、个人相机、通讯技术以及虚拟与在线行为的全面扩散,问题出现了:被记录的信息是否享有版权。Madisonian.net 上的作者们常常对这种近期新问题做尖锐的讨论。最后一章讨论的观点是:这种信息通常不会构成"创作性作品"。与之相关的论点是,版权所必要的独创性是缺乏的。在收银台后安装监控摄像机是一种具有实用功能的标准行业惯例,其创造性不会超过电话簿按照字母顺序对人名进行的罗列。比较而言,如果艺术家在同样的路径上安装了同样的摄影机,以抓拍一年内发生的所有事件,这将会超出"最少的创造性火星"这条线。所以,在涉及创造性的问题时,心理状态(state of mind)可能有着重要意义。即使就监控摄像机而言,如果在决定安装地点、拍摄对象时进行了一些创造性选择,那么它就有可能满足创造性的最低要求。

人们可以将寻常的监控摄像机与扎普如德案区分开来,在后者,家庭摄影人碰巧摄取了历史性事件。摄影人做出了多种创造性选择:"扎普如德选择了相机的类型(摄影,而不是快照)、胶片的类型(彩色)、镜头的类型(远摄)、被摄图片的区域、拍摄的时间以及(在测试多个地点之后)操作相机的地点。"他的目的是拍摄肯尼迪的车队。以标准方式安装监控摄像机则被认为缺乏独创性。

---

① 参见斯提芬·威尔森:《DNA 序列的版权保护:生物技术产业可否协调科学与歌曲》(Stephen R. Wilson, *Copyright Protection for DNA Sequence; Can the Biotech Industry Harmonize Science with Song?*),44 Jurimetrics J. 409-463 (2004)。

版权还不是故事的终结。监控摄像机（或者是移动电话、或永久性个人录像机、或日托护理摄像机）的主人可能不享有版权。但他们拥有连续的镜头。这样，除非他们同意公开，他们还可以控制对它的传播。一个人对她的生活故事不享有排他性权利，但她可以控制所要披露的东西；并且，希望制作有关她的影像或图书的人，可以购买这一信息。

额外的（预告性）问题：如果监控录像享有版权，该版权归谁？安装摄像机的不是商场或其雇员，而是一个独立的受托人。如果这一过程中含有足够的创造性，作者和版权持有人应该是这个受托人（除非商场在合同中约定了版权的转移）。第七章将讨论有关规则。

q. 第十巡回法院裁定，这些数字模型没有版权，因为它们缺乏独创性。[1] 数字模型是汽车复制品（很好的复制品），没有显示出独立创作。尽管制造模型包含有技艺，甚至是必要的创造性，它们也不包含任何独立于其复制品（以不同的媒介）地位的创造性因素。与照片不同——作者为其进行了姿势、位置、用光方面的选择，这些模型仅仅要精确地复制汽车外形构造的事实性数据。

r. 仅仅给原有地图增加普通成分，如色彩、阴影以及新的字体，不能显示版权所必要的最低创造性。[2]

给黑白影片着色、重灌录音，对于诸如此类的版权属性，达登案提出了令人疑惑的问题。这些工作当然需要技术技能，但其中如不包含创造性选择，也就没有资格获得单独的版权（须记：复制此类新版本仍然可能侵犯原作之版权）。这取决于它能否表明，增色或重灌不是单单增加了标准性成分，而且还要求创造性选择。法院也可能敏感到这样一种危险：一方当事人可能攫取公共领域的材料（如通过为尚未广泛发行的公共领域的影片增加色彩），进而对他人的使用造成妨碍。

---

[1]　梅什沃克斯公司诉丰田汽车销售公司（*Meshwerks, Inc. v. Toyota Motor Sales U. S. A., Inc., et al.*），528 F. 3d 1258 (10th Cir. 2008)。

[2]　达登诉彼得斯（*Darden v. Peters*），488 F. 3d 277 (4th Cir., 2007)（美国版权局否定版权登记的决定得到了支持）。

s. 停止侵权通知函的作者如果运用了明显的创造性,而不只是使用表格信或普通的规范语言,该通知就享有版权。但是,该博主的在线上传当然可以被归入合理使用(这是版权法的关键题目)。博主只是为了让公众了解来自律师所的通知,而并非企图对一件版权作品的市场瓜分一份利益。合理使用是对第一修正案的重要保障。如果被告为了一本法律表格书籍而复制通知函,案件就有可能大为不同。

该案例表明,合理使用可允许当事人使用版权作品,特别是当使用目的不是为了利用创造性表达,而是传播其不受保护的层面(如获取数据库中的事实,或使用作品的功能性层面,或传递思想)。受到司法诉讼之威胁的一方必须能够有效地向公众告知此事。

# 第四章　固定

一个诗人写了一首田园诗,她便拥有其版权:

> "依据本编,版权保护赋予独创性作品,它们被固定于现在已知或将来开发的**任何实体性表达媒介**,由此可以直接地或借助于机器或设备被感知、复制或以其他方式传播"。①

固定即作品具体化于实体性形式,在版权法上发挥着多方面的作用。首先,联邦版权保护开始于作品由作者或其授权的代理人以实体性形式予以"固定"②。固定在州版权法(它可能保护未固定的作品)与联邦版权(它负责已固定的作品)之间划定了界限。③ 大多数作品被以实体性形式固定,因而版权法几乎专属于联邦法。其次,一部版权作品,当其未经版权人授权就被固定于复制品或录制品时,版权侵权可能就发生了。侵权还可能发生于未经授权的改编、表演、发行或展示(如下文所述),但未经授权而复制可能是最经常发生的侵权类型。第三,侵权分析常常要求比较被指侵权的作品和版权作品,以考察版权性表达是否受到复制。作品必须固定于实体性形式——这一事实使比较更为容易。最后,版权登记通常要求交存作品的复制件。

作品一旦"固定于任何实体性表达媒介",就获得版权保护。④ 例如,一部小说,作者一旦将其置于某种实体性形式中,就可以得到版权保护:写在纸上、键入电脑甚至口述录音。对于版权保护的获得,到版权局进行作品登

81

---

① 《美国法典》第 17 编第 102 条(a),强调系作者所加。

② 《美国法典》第 17 编第 102 条。

③ 参见国会报告(House Report No. 94-1476)。

④ 《美国法典》第 17 编第 102 条。

记、或在作品上加注小小的符号、或发表作品、或将作品制作多个复件、甚或让任何他人知道该作品的存在等，均非必要。

不过，离开实体形式上的固定，联邦版权就不会产生。假设，一个爵士乐小提琴家在音乐会上即兴演奏了一首复杂的新曲子。该曲子很容易就被认为属于独创作品，远远超出版权保护的最低创造性要求。但是，如果它没有以实体性形式得到固定，该作者就不享有版权。即使音乐会上的听众人数成千上万，仅公开表演不足以导致版权的产生。如果其他音乐家获悉该曲子并予以表演，他们也没有侵权，因为该曲子没有版权。如果该音乐家填写了登记表并寄往版权局，也不会有版权产生。相反，她应该将作品固定于实体性表达媒介，以获得版权。在这方面，美国不同于其他一些法域，在那里，版权产生于作品的创作，而无论是否被固定于实体性形式。

该音乐家幸运的是，固定总是很容易做到的。事实上，对于写作者、雕塑家、摄影师以及其他多数作者来说，固定当然就是其创作过程的一部分。即使对于即兴表演的艺术家，例如爵士音乐家、喜剧演员或舞蹈家——他们在创作过程中通常不会以实体性形式固定作品，固定也很容易做到。任何实体性形式都是可以的。我们的音乐家固定作品，可以把作品写在乐谱上、对表演进行录音、找人录像或采取其他方式。数字录音将作品转化为一系列的 0 和 1，也足够了。为获得建筑作品的版权，建筑师不必建造房子，以草图的方式加以固定就可以了。

比之于专利保护，版权保护的取得是很容易的。一个发明家如果仅仅发明了一个新的捕鼠器，她还不能对该发明享有排他性权利。要制造或使用同样的捕鼠器，人们不必取得该发明人的许可，即使他们从她那里直接复制。即使她销售了很多捕鼠器，她也不能拥有专利权。要取得专利，发明人必须这样做：完成该发明、撰写专利申请（一件复杂的工作，最好由拥有专利法知识和相关领域经验的人承担）、向美国专利商标局提交申请、让审查员相信该发明可获得专利且该申请有效，然后为颁发专利支付可观的费用。这一过程可能需要两三年时间。比较而言，作者要获得版权保护，只需要创作作品，并将其固定为实体性的形式。作者甚至不需要考虑版权问题。

版权在固定时产生——这一规则表明了版权法的重大变革。1978 年以前,(一般来说)当作品发表并在其复制件上附加版权声明时,联邦版权就产生了(有限种类的未发表作品因登记被赋予版权)。要取得联邦版权保护,作者必须满足两个条件:发表并使用版权声明。截止 1978 年,未发表作品(只有很少的例外)不享有联邦版权,但可以得到州版权法的保护。因此,作者要撰写并发表其小说,才能获得版权保护。甚至直到 1989 年,出版时未附加版权声明的作品可能会丧失版权,进入公共领域。如今,作者只需要把小说写出来就可以获得并维持其版权。不过,后面的章节将讨论,在版权实施过程中,形式要件仍然发挥着重要的作用。

联邦版权法得到了相当大的扩张:除了主要适用于已发表作品,如今它也适用于未发表的作品。未发表作品数量巨大——除了没有签订出版合同的小说,也包括私人信件、艺术等级方案、电子邮件,等等。可获版权的作品数量大大增加,版权的作用同样也大为扩展。以前,通常只有在有人复制了已发表的作品时,人们才会想起版权侵权。如今,版权侵权之诉常常因未发表的作品而提起,如信件、电子邮件、作品草稿、计算机程序的源代码以及内部备忘录等。其中有着相当明显的差异。在 1978 年以前,如果已发表作品未附加版权声明,它可能得不到版权保护。而现在,无论作品是否已经发表、是否附加了版权声明,它们都可能获得版权保护。

# 一、固定的目的

一部作品如果没有被具体化为某种实体性形式,就不能适用联邦版权法——对这一规则,通常有多种理由提供支持。

一个理由是,固定要求系美国《宪法》的规定。美国《宪法》授权国会为作者的"著作(Writings)"提供版权。"著作"一词意味着作品被记录为某种形式。而对未固定的作品赋予版权则超出了国会的权力范围。注意,"著作"一词不局限于其通常的字面义,否则版权就会被局限于书写作品如小说

和课本。被宽泛解释的"著作"包括体现作者之作品的任何形式,如书籍、录
音、音符、照片、图画、计算机芯片、雕塑以及其他任何实体性的稳固形式。

　　固定要求的另一个理由是,它可确定边界。通过将作品置于实体性形
式,作者明确了作品的内容。通过设定这样的边界,作者让他人知道作者可
主张权利的范围。就像篱笆能够表明不动产的边界一样,固定这一条件也
标明了作者智力财产的地盘。相应地,这也推动了有关版权的交易活动。
一旦权利得到清晰界定,交易活动由此更加容易,市场就能更好地发挥其
作用。

　　固定要件发挥着相关的证据作用。在很多法律领域,法律规则要求各
方以书面形式记载各个事项。例如,口头协议可能得不到执行。而书面合
同可以更好地证明当事人之间有过协议、协议有什么条款。同样,在缺乏记
录之便利的情况下,对未固定作品(如即兴表演的歌曲或舞蹈)行使版权,就
需要认定作者曾经的所作所为。在一部作品没有实体性复制件可表明其具
体表达要素的情况下,要认定某些表达成分是否复制于该作品,是非常困
难的。

# 二、实体性表达媒介

　　作品只需被"固定"于某种实体性形式,就可以受到版权保护。而有关
固定的界定是很宽泛的:

　　　　作品"被固定"于实体性表达媒介是指,由作者或经其授权,体现在
　　复制件或录制品上,足够耐久或稳定,可在不短的期间内被感知、复制
　　或以其他方式传播。①

---

① 《美国法典》第 17 编第 101 条。

作品必须通过复制件或录制品得到固定。大多数作品被固定的形式是"复制件",其范围之宽泛几乎包括了能够容纳作品的任何媒介:

> "复制件"属于实物品,作品以现在已知或将来开发的方法被固定在其中,由此可直接地或借助机器或设备被感知、复制或以其他方式传播。[①]

小说的复制件可以是印刷的书籍、电脑硬盘上的文件、手写稿或某人诵读小说的胶片。

作为固定声音(视听作品中的除外)的形式,"录制件"有着类似的解释。[②] 录音被固定为录制件,而其他作品则被固定于复制件。录音可以是磁带、MP3 文件或其他任何形式。

84

这些界定之宽泛足以表明,作品不必固定为人类可以阅读的形式。早期曾有判例认为,钢琴卷(嵌入自动钢琴的纸卷)没有被版权所覆盖,因为与乐谱、绘画和图书不同,它们不可被人类阅读。按照这一观点,版权就不能适用于被录制于磁带、光盘或其他电子或磁性媒介上的作品。在当今数字时代,很多作品也就不能适于版权。但这种狭隘的观点显然已被现行法所抛弃。如今的立法将钢琴卷包含在内,也包括了很多现代录制形式,如 CD 和 DVD 等。作品一旦"固定于任何现在已知或将来开发的实体性表达媒介,由此可以直接或借助于机器或设备被感知、复制或以其他方式传达",版权就产生了。注意,法律规定如此宽泛,从而能保证任何物理性体现都能适合版权的要求。

○**实例**

a. 哪个时刻产生版权? 2006 年,康科德创作了一部中篇小说《小巷和游戏》。她先用几天时间在脑子中构思大多数细节,然后再花几天时间把它

---

① 《美国法典》第 17 编第 101 条。
② 同上。

写出来。她将小说录入电脑后,通过电子邮件发给她的出版商。出版商不久就将该书印刷了 1000 册(每册书上都带有版权声明"© 2006 康科德"),并发售给各个书店。这些图书被展示出来,大多数在随后的几个月里被售出。此间,就在图书出版之后,康科德在版权局进行了登记。她下载表格并把它连同手续费一起邮寄过去。不久,她收到登记证书。

请问,康科德在哪个时间点取得该小说的版权? 如果所有事件都发生在 1966 年呢?

b. 制作录音。康科德有创作另一部中篇小说的创意。经过好几天时间,她设计出错综复杂的情节,并为故事安排了复杂的人物角色。她没有时间坐下来完成小说的写作。相应地,她仅仅把小说的标题《蠕虫隧道》写在一张明信片上,并把它邮寄给自己。她对该小说享有联邦版权吗? 如果她携带录音机,并在她构思完成时对故事进行口述录音呢?

c. 即兴演出。尼克和托尼是从事即兴表演的喜剧演员。在节目过程中,他们按照观众的提示要求来表演即兴小品。他们得知,当地一些脱口秀喜剧演员复制了他们的一些节目。如果不采用脚本节目单,他们能够得到版权保护吗?

d. 丢失的交响曲。谢尔盖在他的阿拉斯加灌木小屋里独自创作了一部交响曲。作品一完成,他就把手稿捆绑起来,投入他的浮筒水上飞机,再也没有见过。几年之后,手稿漂浮到了西雅图海岸。当地音乐家得知这一发现,并决定表演该作品。只是为了证实一下,他们查询了版权局的档案,以确认谢尔盖在他最后消失之前没有登记版权。该交响曲不享有版权吗?

e. 没有固定吗? 作者撰写了一个故事,并当众进行了朗读。然后,她因疏忽导致该故事的唯一稿本被损坏。电影制作人现场听到了她的朗读,喜欢上这个故事,心里留下深刻的印象。在未获作者许可的情况下,他想把这个故事写入一部电影剧本。由于作者的故事再也无法固定,她是不是失去了对它的版权?

f. 瓶中闪电。乔治亚设计了一段芭蕾舞,讲述乌龟和兔子的寓言故事。乔治亚没有考虑把舞蹈写下来,或者以口头形式录下来。相反,她一点一点地指导演员们排演。在着装彩排的时候,经乔治亚允许,摄影师拍摄了大量演出照片。乔治亚拥有舞蹈的版权吗?

g. 不断变化。凯利种植并护理着一个"永久性野生花卉展览"苗圃。苗圃颇具审美的魅力,这部分来自于花卉因季节而变化。该作品可享有版权吗?

h. 虚拟而实在的。火剑公司对虚拟世界"第二生"的岛屿进行开发移民。虽然是在虚拟世界,火剑公司的作品是不是被固定在了实体性媒介上?按照《版权法》,"被固定"所要求的只是作品可"足够耐久或稳定,可在不短的期间内被感知、复制或以其他方式传播"。只要火剑的作品具有一点点创造性,它就能够成为版权保护的作品。[①]

⊙ **解析**

a. 当小说被固定为实体性表达媒介时,康科德取得其版权。这样,当她把该小说写出来时,就取得了版权。按照现行立法,随后的行为(将小说录入电脑、印刷和发表,以及加注版权声明)对于取得版权都不是必要的。

如果所有这些都发生于 1966 年,答案就完全不同了。截止 1978 年,联邦版权法主要适用于已经发表的作品。作品在发表之后,并附加版权声明的情况下,版权才会产生(对于有些作品,版权可以通过登记得到确保)。如果没有附加版权声明就被发表,康科德将失去版权,该作品将进入公共领域,其他任何人均可自由复制。

86

b. 当康科德将故事固定在实体性表达媒介时,她便可以拥有其版权。她没有这样做,所以她不享有版权。而仅仅写下一个标题不是对整个作品的固定。然而,如果她口述故事,用录音机记录下来,就是将它固定在实体形式上,她就可以享有版权。

c. 尼克和托尼不必使用脚本节目单就可以拥有版权。事实上,他们可以在即兴表演时进行录制,从而把节目固定在实体形式上,然后就可以享有

---

① 火剑咨询公司诉希伊(*Firesabre Consulting LLC v. Sheehy*),2013 U. S. Dist. LEXIS139550(S. D. N. Y. Sept. 26,2013)。

其版权。虽说如此,据说演员很少依赖版权,而更多借助非正式规则来减少搭便车。[①]

d. 当谢尔盖写出音乐作品的手稿时,就把它固定为实体性形式,并对该作品享有版权。手稿可能会丢失,但这不会对版权中的无形权利产生影响。他没有进行版权登记,但这对于版权保护并不是必要的。当地音乐家公开演出该交响曲,可能会侵犯该版权。对他们的最好建议是,寻求谢尔盖继承人的许可。

e. 一旦固定,作品就能受到版权保护。立法不要求作品维持其固定。[②] 作者拥有其版权,但要证明侵权可能是很困难的。为了证明侵权,作者必须证明其独创性表达受到复制。如果没有复制件,很难说明故事的什么成分曾被复制。并且,如后面章节所述,作者要提起侵权之诉就必须登记作品(假定作者是美国公民)。要登记作品,作者必须交存作品的复制件。本书下文将要述及,法院曾经裁定,根据记忆的重建不足以满足交存复制件的要求。

f. 这些照片足以将舞蹈作品固定于实体性形式。问题应该是,舞蹈作品、舞蹈动作与花样的构思和编排能否通过静态的系列照片得到"感知、复制或以其他方式传播"。一个法院恰当地描述说,静态图像足可表现舞蹈:

> 舞蹈序列中的单一动作的快照可能具有很大的表现力。比如,它可以抓取一个姿势、演员身体的构形或演员在舞台上的位置。在斯威策的书中,这种对舞蹈动作的凝固被展现在一系列的照片中,如在第30、38、42、66—67、68、69、74、75、78、80 和 81 页。一幅照片还可以将拍摄瞬间前后的动作诉诸观众的想象力。例如,在斯威策书籍的第

---

① 参见杜坦·欧力耳、克里斯·史普利曼:《单口喜剧知识产权规则的出现》(Dotan Oliar and Chris Sprigman, *The Emergence of Intellectual Property Norms in Stand-Up Comedy*),Va L. Rev.(2008)。

② 参见彼德·潘织物公司诉罗斯泰克斯织物公司(*Peter Pan Fabrics v. Rosstex Fabrics*),733 F. Supp. 174(S. D. N. Y. 1990)(甚至连提出该主张的可能性都受到了否决)。

76—77 页,有一张关于"甘蔗"的占据两个页面大小的照片,"甘蔗"是 87
演出《胡桃夹子》剧团之一。在这幅照片中,甘蔗离地面一英尺或更高,
举过他们头顶的是大大的圈。剧团的一员正跳起穿过一个圈,这个圈
被高举在舞蹈演员的前面。这个演员的双腿向前抬举与舞台平行,离
地面几英尺。仅仅基于万有引力定律,观众就能本能性地明白,甘蔗在
一瞬间前跳离地面,并将在摄影瞬间之后回到地面。[①]

g. 隐约是要呼应昌西-加德纳(Chauncey Gardiner)[②],法院认为该作
品既非人类创作、也没有被固定于实体形式:"花园的构成要素是活的,且本
身可以改变,而没有被固定。我们在园中所看与所体验的大多数——花朵、
形状、结构和植物的气味——源于大自然,而非园丁的头脑。在任何既定的
时间点上,花园的大多数形式和外观都归于自然力,尽管从事种植与护理的
园丁显然促成了这些。"[③]

h. 依据《版权法》,"被固定"仅仅要求作品"足够耐久或稳定,可在不短
的期间内被感知、复制或以其他方式传播"。该作品被固定在计算机存储器
的某个地方,虽然它描写的是虚拟世界的事物。只要火剑公司的作品具有
一点点创造性,它就能够成为享有版权的作品。[④]

# 三、同一复制件可固定多个作品

　　一件作品被固定于一个复制件或录制品上。而同一个复制件也可用来

---

[①] 霍根诉麦克米兰公司(*Horgan v. Macmillan Inc.*),789 F2d 157,163 (2d Cir. 1986)。该案讨论了一个近似的问题,艾伦·斯威策的图书《〈胡桃夹子〉:一个故事、一段芭蕾》中的系列照片可能侵犯了舞蹈作品——即乔治·巴兰钦为芭蕾舞《胡桃夹子》所做的舞蹈编排的版权。

[②] 昌西-加德纳(Chauncey Gardiner)系 1979 年美国影片《富贵逼人来》(*Being There*)的主角。——译者

[③] 凯莱诉芝加哥公园区(*Kelley v. Chicago Park District*),635 F. 3d 290 (7th Cir. 2011)。

[④] 火剑咨询公司诉希伊(*Firesabre Consulting LLC v. Sheehy*),2013 U. S. Dist. LEXIS139550 (S. D. N. Y. Sept. 26,2013)。

固定其他作品。这对于诸如诗歌图书之类是相当明显的：人们会希望它包含多件作品，而作品也能被融合在同一复制件上。一个作者写作了一个短篇小说，剧作家将它改编成剧本，或导演将之改编成电影。电影的复制件（在卷盘、光盘或其它形式上）可以是故事、剧作、插曲以及该电影的复制件，是由多种成分构成的混合性作品，各部分都有其自己的版权。比之于侵权分析，这种多元固定对于版权产生时间的判断可能不太重要（因为故事、剧作和电影的版权产生于其各自最初固定的时候）。未经授权对电影进行的复制或表演，可能侵犯了所有部分的版权。

　　○ 实例

　　a. 哲学性差异。两个民间歌手塞尔玛和路易丝，一边弹奏吉他、一边即兴创作了歌曲《鼓丘农场》的词和曲。当他们感到满意的时候，就对其表演制作了一份录音带。在愉快地听过之后，他们决定研究一下版权法，以便明确他们的权利。后来他们感到有点儿茫然：他们拥有音乐作品吗？录音呢？磁带是复制件还是录制品？

　　⊙ 解析

　　a. 作者享有两个版权：音乐作品《鼓丘农场》的版权和他们演唱录音的版权。磁带同时属于音乐作品和录制件。

# 四、足够稳定的形式：固定与数字作品

　　固定必须"足够耐久或稳定，可在不短的期间内被感知、复制或以其他方式被传播"。[①] 作品不必刻在花岗岩石上，但必须呈现于稳定的形式。纹身足以将"绘画、图形和雕塑"作品固定下来。冰雕或雪人足够稳定，若有足够的独创性，可享有版权。当复制品融化，版权会消失吗？作品只需固定，无需永恒，版权因而就能存在下去。不过，如果没有存留的复制件或记忆力

_____

　　① 《美国法典》第 17 编第 101 条。

强的证人,任何被控侵权都难以被证明。指控侵权还要求作品已得到登记, 89 包括交存复制件——如今这也许是不可能的。

只不过,如何方为稳定,却是不清楚的。固定必须是"一段不短暂的时期"。一个重要的问题(这常常发生于侵权,而不是初始保护的背景下)是,当计算机在内存中制作一个临时复制件,作品是不是被固定了。计算机常常对作品做临时复制。例如,假定用户想看 CD 盘里数字格式的照片。如果用户为观看照片将 CD 装载到光驱里,计算机就把 CD 里的图片文件复制到计算机的临时存储,以便获取它。如果用户想看网络上的图片,情况是相同的。图片将被临时存储在计算机里以得到展示。其他作品亦然。每当计算机运行一个程序、打开一个文件,等等,就要制作一个临时复制件。临时复制件可以是作品的全部或部分,并在计算机关闭时被消除。如果计算机储存了一个图片,它就被永久性地保存在了计算机的硬盘驱动器里。看上去,图片好像以稳定的形式得到固定。但是,临时复制件延续的时间只是计算机开机的时间(且会因为存储其他内容而被删除),这算是足够稳定的复制件吗?并且,这能用来固定一个新作品吗?更重要的是,这属于对现有作品的侵权复制吗?

一个很好的观点是,这种临时复制不应属于版权法上的复制。计算机里的临时复制件每秒钟都会被更新多次,并在计算机关闭或以其他任务指挥其内存时完全消失。并且,临时复制件不可能被转送给其他人,因为它保留在计算机里。某些观点认为,它们是过渡性的,不能满足版权立法有关"固定"的界定。并且,该观点进而提出,这种临时复制件不应该被视为复制件,因为这样会赋予版权人太多的控制力,结果就把制作复制件的排他性权利扩大至使用作品的排他性权利。

相反的主张是,计算机里的临时复制件可以存留到用户所希望的时间,并可以很容易地被转发给其他人。无论是就立法上的字面意义(因为它存留到了"不短的期间")来看,还是基于政策上的理由(因为任何其他阅读都会允许复制件可能的增加和传播),它都应该算是一种复制件。问题没有得到确定性的解决。但是,版权立法的最近几个修正案似乎假定,这种临时复制件属于复制件。如今,在启动计算机导致复制自动发生的情况下,第117条授权计算机所有人制作计算机程序的复制件。启动含有计算机程序的机器如果需要制作该程序的复制件,程序的合法拥有者就可以这样做。对于通过计算机网络发送的数字内容,第501条对网络服务提供者的临时存储之责规定了限制。如果临时复制件不属于侵权复制的话,两条规定就几乎是不必要的。版权局(对于《版权法》的解释即使不具约束力,但也具有说服力的权威机构)也一再申明其立场,即这种临时复制件足以满足固定的要求。所以,计算机上的临时复制属于版权法上的复制,这显然是一个法律规则——无论是作者对作品的初始固定,还是他人可能实施的版权侵犯,都是这样。

○**实例**

a.《鼠》。音乐剧《鼠》获得巨大成功。该音乐剧包含了许多知名角色,它们取自一本有关饭店老鼠的儿童图书。音乐剧中有几首流行的歌曲,以及大量有趣的玩笑。百老汇的制作在演员的面部进行了创造性的化妆设计。引人注意的是,制作人禁止发表化妆演员的照片——而只有那些参加了现场演出的人才看到过这些化妆设计。在未受许可的情况下,某小报摄影师偷偷摸摸地进行了秘密拍摄。当制作人申请禁止发表这些照片时,摄影师认为,这些化妆设计未经固定,因而不受保护。那么,演员面部的化妆设计是否成功地受到固定,并可取得版权保护?

b. 双鼠。假定《鼠》中的歌曲和对话无一被录制或被记下来。相反,它们都属于现场即兴创作。音乐剧的另一个制作开始了。制作人认为,其音乐剧得到了固定,因为角色的化妆设计已经画在了演员的脸上。是这样吗?

c. 屏幕展示。昂尼创作了一部精彩的名为《攀登》的视频游戏,并以游戏卡的方式进行销售。当游戏卡被放进游戏主机,在播放器的控制下,屏幕上可见卡通形象表演各种动作。有竞争者创作了一件同样的游戏。受到侵犯版权的指控后,竞争者称,《攀登》不受版权保护,因为它没有被固定,而只是屏幕上转瞬即逝的图像。是这样吗?

d. 她自己的空间。维吉尼亚若有所思地听完她的支付系统课,决定写一首诗，描述新环境带来的挑战。她用了一个小时的时间把诗歌键入笔记本电脑。该诗的俏皮和生动比喻很容易满足版权保护所要求的最低程度的创造性。那么，她的诗能否拥有联邦法上的版权？她如何确保她能？

91

⊙ **解析**

a. 版权保护不要求演员将化妆永久地保留下去。相反，固定必须是"足够耐久或稳定，可在不短的期间内被感知、复制或以其他方式被传播"[①]。演员面部的化妆足够稳定，可满足固定的要求。[②]

b. 演员面部绘画固定了化妆设计。但它没有固定整部音乐剧，即一部音乐作品（既是文字作品，也是戏剧作品）。固定必须将作品体现于实体性的表达媒介，如此才可以"被感知、复制，或以其他方式被传播"。仅将化妆设计显示在演员脸上，不能传播整个音乐剧。相反，制作人可以将它写下来、录像或以其他方式固定整部作品。而制作人一旦这样做了，他就能够行使其排他性权利，禁止他人公开表演其作品。即使其他制作首次固定该作品，其他制作者也不能拥有版权，因为该音乐剧并非其独创。

c.《攀登》被固定在游戏卡里，显然足够稳定。即使游戏是在屏幕上被观看，而固定可以采取任何形式。同样，音乐作品可以被固定在 CD 上，即使播放器上的声音转瞬即逝。即使玩家能够影响游戏的具体表现，游戏也得到了固定。[③] 很多作品都因受众选择而受影响。

如果作品仅仅显示在屏幕上，就可能没资格被视为固定，这样的副本不是耐久或稳定的。如今权威的观点似乎是，计算机内存中的临时复制件即使在不断更新，也是足够稳定的。屏幕显示也在瞬间之内多次更新（虽然不像内存那样频繁），但整个期间远比临时存储复制件更加地转瞬即逝。屏幕显示在不足一秒内发生改变，而内存复件在那里留存的时间更长。

d. 当维吉尼亚将她的诗键入笔记本电脑时，诗就被保存在了计算机的

---

① 《美国法典》第 17 编第 101 条。

② 参见卡雷尔诉舒伯特（*Carell v. Shubert*），104 F. Supp. 2d 236（S. D. N. Y. 2000）。

③ 参见斯特恩电子公司诉考夫曼（*Stern Electronics Inc. v. Kaufman*），669 F. 2d 852（2d Cir. 1982）。

临时内存中。虽然问题尚不确定,而主流的观点是,其耐久性可能足以使该诗的副本得到固定,从而使其享有版权。如果她还想更有把握,她只需以更加耐久的格式(如保存在硬盘驱动器、网络驱动器或外设存储设备中)将该诗保存在一个文件中。如果她想为了以后的用途而存储该文本,她总是能够做到的(事实上,由于各种原因,如制作备份,她的计算机会自动存储的)。

# 五、由作者固定或经其授权

为获得版权保护,作品的作者不必亲自将作品固定于实体格式。事实上,作品可以"由作者或经其授权"得到固定。如果作者向速记员口述其小说,也足够了。与之相反,未经授权的固定则不能产生版权。当发言人进行即兴演讲时,有人偷偷摸摸进行录制,版权法不予保护。但是,如果发言人将其发言写下来,而偷录者如大量复制或公开表演作品,可构成侵权。

一个悬而未决的问题是,授权是否必须在固定之前做出?如果偷录者是唯一记录音乐家新歌的人,音乐家事后予以认可、并作出授权,这是否能够满足固定的要求?立法用语似乎要求固定应该在授权时做出。并且,法院通常所考虑的是固定之时的可版权性问题。这样,后来的授权可能就不行了。

○实例

a. 舞蹈。经过几个星期的努力,某舞蹈编导创作出一部错综复杂的舞蹈。然后,她与剧团花费几个小时进行排练。她没有将舞蹈写下来,但她记在心里、并向舞者进行面对面的传授。他们向大批观众表演该舞蹈,并大获赞誉。舞蹈编导后来得知,另有一个剧团偷偷记录了他们的表演,并计划自己进行演出。她能否就该舞蹈的编舞享有版权?

b. 固定?某作家发表了一场关于文学理论的演讲,就诙谐和犀利之风格提出了自己的观点,但她没有把她的评论写下来。她的演讲听众有两个人。该作家用磁带录音机记录了演讲。她是否固定了她的独创性作品？如果录音再也没有发表或播放，情况会有何不同？

c. 作者授权了吗？某诗人在心里创作了一首诗。她私下里向几位朋友吟诵了该诗，却没有想到会有一个朋友现场做了录像。后来，当她得知录像时，诗人说，"很好啊。你把它固定下来，给我帮了大忙。现在我拥有这首诗的版权了。"他说的对吗？

d. 促销录音。为了促销一本最新的短篇小说集，小作家斯克莱出席了一场签名售书活动。落座签名之前，他向集会人群大声朗读了书中的一个故事。书店提议为朗读录音，他拒绝了。有观众未经许可用磁带进行了录音，向公众销售录音复制件，还在各类文学杂志上发布广告。针对侵犯版权的指责，这位录音者认为，她录制的是未经固定的作品（朗读），不构成侵权。这一观点能成立吗？

⊙ **解析**

a. 该编导不能就其舞蹈享有联邦法上的版权。在经其授权进行固定之前，编舞不受联邦版权法保护。演说家发表演讲、词作家创作歌曲或舞蹈家设计舞蹈如果都没有将其作品置于任何实体性形式，该作品就不受版权保护。其他任何人出售演讲复制件、在音乐会上演唱该歌曲或公开表演该舞蹈，都不侵犯版权。固定要件不难达到：演说家可以将其演讲写或录下来；词作家可以通过乐谱或磁带录音机将其音乐记录下来；舞蹈编导可以制作舞蹈符号，也可以进行录像或拍照。作品一旦固定，版权保护就产生了。此后，任何人制作复制件（或者实施版权人之排他性权利范围内的其他行为），都可能构成侵权。

她的编舞属于独创性作品，但它没有由她、或经她授权被固定下来。即使她和她的剧团将舞蹈记在心里并公开演出，在没有固定的情况下，版权不会产生。其他剧团对舞蹈进行了录像，但是，只有在其经过授权的情况下，才能满足固定要件之要求。

该编舞并非运气不佳。她还可以固定该作品（以符号、录像或其他任何实体形式），从而获得版权保护。正如下文章节所述，其他剧团如果随后制

93

作了复制件或进行了公开表演,就要承担责任(虽然它可以在版权保护发生之前保留其制作的录像)。

b. 是的。用磁带记录演讲,该作家固定了一篇文字作品。固定不需要采取特定的方式,因而她不必抄写演讲,或以其他方式将其记录在纸上。听众规模无关紧要,如果她在没有任何他人在场的情况下用磁带记录其演讲,它也得到了固定。

版权不再需要发表,因而,一部作品已经发表,或是以其他方式得到使用,并不影响它是否能获得版权保护。这样,如果作者永不发表其录音,不再播放它,或者永久地丢弃它,她依然有资格享有版权保护(虽然任何做法都将导致侵权难以证明,这要求提供被告复制被保护作品的证据,就此见下文所述)。

94

c. 录像最初未经许可,因而该诗就没有得到固定。诗人后来试图认可该固定,从而属于追溯式授权。这一观点似乎缺乏成文法的支持。对该诗人最好的建议是,他自己亲自把它写下来,或以其他方式固定下来(或者,授权他人这样做)。

d. 短篇小说自斯克莱写作时就已固定为实体形式(它正在以图书的固定形式被销售)。一经固定,斯克莱拥有短篇小说的版权。听众制作复制件(并公开发行,这也属于版权所有人排他性权利的范围),因而构成侵权。

# 六、固定与传输

有关"被固定"的定义也解决了一项潜在的漏洞。一部作品如果必须充分固定才能获得版权保护,那么正在广播过程中的作品就不受版权保护。某人制作了同期复制件或公开表演该作品,不构成侵权。定义堵住了这一漏洞:

由正在传输的声音、图像或二者构成的作品,如果在传输的同时得以固定,构成本法上的"被固定"。①

# 七、反盗录条款

另一个有关盗录(bootleggers)的漏洞因为有一类未固定作品的保护而得到弥补。现场音乐表演受到特殊保护,即使其表演未经作者授权被固定。对于未经授权录制或传输现场表演,或者是此后发行录制品的任何人,成文法都要求其承担责任。② 这一规定是否合宪,尚待确定。有些观点认为,它可能超越了《宪法》"版权条款"赋予国会的权力。回想一下,国会有权"通过保障作者和发明者对各自的著作和发明享有一定期限的排他性权利,以促进知识和实用技术之进步"。③ 反盗录条款为未固定于实体形式的作品提供了保护,这可能保护了不具备"著作"资格的工作成果。其次,反盗录条款中没有明确规定保护期限,而版权是有具体期限的,比如个人作品是终生再加 70 年。反盗录条款也可能没有赋予"一定期限"的排他性权利。最后,它没有被限于独创性作品的保护;而毋宁说,按照条文,它适用于一切的现场音乐表演。国会认识到这些问题的存在,便依据其在《宪法》"商业条款"上的权力通过该规定,而没有依赖于"版权条款"。有些人主张,这不足以支持立法,因为"版权条款"上的限制将会失去其有效性。然而,第二巡回法院支持该立法,以反对针对合宪性的挑战。④

○**实例**

a. 截获。独角喜剧演员布特库斯每周在各种喜剧俱乐部进行多次表演。时下他的节目是有关西藏之行的漫谈,其中充满了大量趣闻和笑话。

---

① 《美国法典》第 17 篇第 101 条。
② 《美国法典》第 17 篇第 1101 条。
③ 美国《宪法》第 1 条第 8 款。
④ 合众国诉马蒂尼翁(*United States v. Martignon*),492 F. 3d 140 (2d Cir. 2007)。

经过过去几个月不断的重复和完善,这个节目深深地刻在了他的记忆中。表演空隙,在打发无聊时光时,他在网上搜索他的名字,令他大吃一惊的发现是,ebay 网上正标价拍卖他最近在某地茶室的表演录像。按照《版权法》上的反盗录条款,他能保护自己的利益吗?

b. 不受保护? 音乐界流行的报纸《演奏会周刊》报道,一家联邦地区法院否定了《版权法》反盗录条款,理由是它违反宪法。首先,它超越了保护"著作"的规定,因为它保护未固定的作品。其次,它超越了权利的"有期限"性,因为它没有明确的保护期。版权人震惊了。如果其他法院追随这一判决,音乐会常客将可以自由录制表演并销售录制品吗?

⊙解析

a. 不幸的是,反盗录条款仅仅适用于现场音乐表演,而布特库斯的喜剧节目没有资格。如他想获得保护,他应该以某种方式固定他的节目(例如,写下来或录下来)。

b. 即使反盗录条款被判定违宪,也并非音乐人的大不幸。音乐作品依然可受版权保护,有关歌曲如非处于公有领域,音乐会的录制者照样可构成侵权。

# 第五章　思想不享有版权

版权法不保护思想。这可能是说起来最容易,实行起来却最难的规则。将不享有版权的思想与其可享有版权的创造性表达区分开来,往往是一件困难的事。这还是版权法中最重要的规则之一。因为版权法不保护思想,版权就不会限制思想的自由流动。的确,思想的非版权性(noncopyright-ability)至关重要,它让对言论构成限制的版权与第一修正案保障的言论自由相处融洽。

如果某作者拥有某一短篇小说的思想念头,该思想不受版权法保护——无论该思想多么具有独创性。如果有人复制了不受保护的思想,并不会发生对版权的侵犯。如果该作者通过信件向朋友吐露了其思想,而该朋友用这一思想写作一篇小说,不会侵犯版权。如果作者写出一篇短篇小说,被某知名作家读过,并将这一思想写入一篇短篇小说,不会侵犯版权。如果某制片人窃取该思想,将其用于一部大片,不会发生对版权的侵犯。思想是不会享有版权的,复制不受保护的成分不属于侵犯版权。

版权只保护作品中属于创造性表达的成分,如作者表达思想的特有方式。这一重要的排除被规定于《美国法典》第 17 篇第 102 条(b): 97

> 无论如何,对作者独创性作品的版权保护决不及于思想、程序、方法、体系、操作方法、概念、原则或发现,无论它在作品中以何种方式得到描述、说明、图示或体现。

一切种类的思想都被排除在版权保护之外。生物学杂志上的一篇论文可能对一些化石提出新的解释,作者的理论不会受到保护;一篇司法摘要可能支持某成文法对具体案例的适用,这同样是不受保护的思想;一部电影的素材(premise),就像芝加哥小熊队赢得世界系列赛,从而开启新的时期,是不受保护的思想;有关新产品的创意(野餐桌的设计令黄蜂混乱)、让笑话变得有趣的念头、让一首歌难以忘怀的想法、创作一部绑架女继承人帕蒂·哈斯特的戏剧创意,这些都不受版权保护。

一部版权作品可能包含了很多思想。电影的整体构思可能是"小熊队最终赢得冠军时所发生的事",但该电影的构思可能包含更多的思想,如艾尔·卡彭(Al Capone)归来和密西根湖结冰凝固的结果。一本科学类书籍有可能充满了思想。这些思想无一能够受到版权保护。

复制思想不侵犯版权,即使该复制是欺骗性的、或违反诚实信用、或具有其他方面的诡诈。窃取思想不侵犯版权。即使名不见经传的短篇小说作者能够证明某著名作家从她的小说中窃用了一个想法,她也没有权利提起版权侵权。剽窃(将他人的作品据为己有)未必就是侵犯版权。

因此,版权不保护创造性作品中最有价值的部分。大法官布兰迪斯曾说过著名的话:"法律的一般规则是,最高贵的人类成果——知识、真理发现、观念和思想,在自愿向他人传播之后,就如空气一般为公众所自由使用。"①乍一听,思想不受保护似乎有违版权法的宗旨。版权法的目标是激励创作者。通过赋予作者对其作品的排他性权利,版权给予作者创作与发表的理由。作者不需要担心肆无忌惮的复制者坐收渔利,而创作作品的所有成本全由她来承担。如果他人能够自由地复制作者的思想,这会减少思想的激励吗?

可能会。如果思想受到版权保护,可能是对思想产生的极大鼓舞。但也可能不会,因为还有很多其他激励推动着思想的产生。并且,版权保护在带来利益的同时也需要付出代价。如果思想享有版权,思想的流动将大大受到限制。任何人,如要使用故事、科学论文、绘画或计算机程序中的思想,就可能需要获得版权持有人的许可。拒绝保护思想、但对作者表达思想的特定方式授权保护,这一规则反映了版权利益(激励作者,让作者有权控制

---

①　国际新闻社诉美联社(*International News Service v. Associated Press*),248 U. S. 215,250 (U. S. 1918)。

他们的创作)与版权成本(希望使用版权作品的人支付的增加成本,版权使用协议的谈判交易成本,以及潜在使用因版权之忧而无法实现的无谓损失)之间的平衡。因此,版权的作用并非为作者提供最大可能的激励。毋宁说,为了在作者利益与版权保护之成本之间取得平衡,版权保护要受到限制。通过让作者对她的创造性表达享有权利,版权为创造性成果提供了充分的保护。如果作者能够就销售其小说复制件、并据以制作电影拥有排他性权利,这可能就为她花费一两年时间的写作提供了充分的激励。即使他人可以复制电影中的思想,制作人也可以阻止他人复制该电影。显然,这对于电影公司花费百万巨资于其作品,可以说是充分的保护。

　　思想不受版权保护的理由,并非因为思想不如表达更有价值、或国会不希望为思想的产生提供激励。恰恰相反,思想无价,以至于不能被赋予版权。思想的自由流动太过重要,因而不允许以版权的排他性来控制思想。通过让作者仅对作品的表达拥有排他性权利,便是对作品创作的充分激励。该规则一定不会伤害作者,即使这为他们提供的是较少的版权保护。作者也都是使用者。在某种意义上,每一部作品都使用了他人创造的思想。

　　复制思想的自由决定着版权法的宪法地位。如果版权法禁止思想的复制,它将很难符合第一修正案上的表达自由。联邦最高法院承认了这一点。阿什克罗夫一案(*Eldred v. Ashcroft*)曾否决了依据第一修正案提出的针对版权延期法案的挑战。原告认为,对已有版权的保护期延长 20 年,对言论自由造成了令人难以容忍的限制。但法院判定,版权立法通常不因第一修正案受到审查。毋宁说,版权法已有"内置的第一修正案调节"。版权不禁止思想复制,版权作品因为教育、批评、新闻报道或研究等原因受到合理使用规则的限制。最高法院推论称,版权和第一修正案实际上是在服务于同一个目标。通过为作品的产生提供激励,版权促进着表达自由;同时,通 99 过把版权保护限于作者的表达而不及于作品的思想,版权也保障了表达自由。

# 一、区分受保护之表达与不受保护之思想

　　思想不受版权保护,但作者表达其思想的独创性方式则受到保护。区分不受保护的思想与受到保护的表达,是确定版权保护范围的关键。如果某作者写了一部小说,她的独创性表达受到版权保护,而小说的思想则不受保护。该规则说起来容易、执行起来则很难。字面复制(如逐字复制一篇小说、或录制受保护的版权歌曲)是对受保护表达的复制,可能构成侵权。仅仅复制作品背后的基本思想(电影的素材或小说中的妙主意)是对不受保护的思想的复制,不属于侵权。比较难办的情形是当复制发生在这两个极端之间。

　　某些建议意见与诉讼常常涉及这一区分。假设有关小熊队取胜的喜剧成为一个热门电影。其他制片人将考虑紧随其后进行模仿。他们如何复制才不会侵权呢? 一部电影如果复制了整体性结构,同时代之以取自其他城市的构成要素,是否构成侵权? 换一种背景,为了与一部已经成功的作品相竞争,某出版人想创作一部新的生物学课本。新书不做逐字复制就不会构成侵权。但是,它可以复制其整体性组织结构吗? 对内容材料进行章节划分的特定方式呢? 覆盖与排除的题目选择呢?

　　无论是制定法还是案例法,它们都没有对"思想"和"表达"做出界定。事实上,思想与表达之间并不存在真正的分界线。可以说,版权法上的思想/表达两分法实际上是一个基于政策的区分:即哪些作品成分应该归于版权持有人的排他性权利范围,而哪些成分由他人(其他作者以及该作品的其他使用者)自由复制。如果某贩卖人销售了含有某绘画的海报、某小说的原样复制件或者是某计算机程序的完整复制品,这显然构成了对作者思想之表达的复制。但是,版权法的作用不只是防止这种原样的复制。不然的话,其他作者便可以仅对字词进行改动,从而照样对首位作者的作品做搭便车使用。另一方面,版权必须允许某些复制。如果作品任何成分的复制都是

侵权,而不顾其多么抽象,其结果就是,版权将同时对思想及其表达均给予 100
保护。但是,如果对非原样复制给予的保护过强,其结果就会妨碍思想的
传播。

有代表性论述对此进行了有益的分析指导。[①] 思想可以是概念、解决
方案或基础材料。版权不适用于诸如此类的思想:花车游行、游戏表演或比
赛、物品可涂上彩虹颜色的想法等。[②] 可以说,这些一般性的概念应该由他
人自由复制,只要它们没有复制特定的游行设计或游戏表演成果中的具体
表达。思想可以是解决方案,就像实行会计体系所必要的表格设计,或者是
一种游戏的规则。[③] 思想也可以是"基础材料",如小说的情节和主题,视觉
作品的颜色与形状,或音乐作品的节奏和音符。[④] 这些一般性成分是其他
作品的创作所必要的。将它们视为不受保护的思想,法律就可禁止某一作
者控制整个的艺术表达类型。[⑤] 否则,最早的说唱歌曲或情景喜剧的作者
就可以对这个领域的作品创作主张排他性权利。要理解思想/表达区分如
何在作者权利与其他作者和消费者承担的版权成本之间发挥维持平衡的作
用,将概念、解决方案和基础材料视为思想是一个有用的方式。

在判定某一被告是否复制了受保护的表达时,法院使用了林尼德·汉
德法官提出的"抽象测试法"。与其说这一方法是一个测试标准或规则,不
如说它是处理思想/表达问题的一条路径。复制可以发生在大多数的层面
上。对于一部文字作品,如书籍,最低的层次可能是逐字复制;更高一层可
能是逐句复制,但它改变了用词;稍做上移,复制者可能非常接近地复制了
事件和描述,但他使用了不同的词语和句子。在更为抽象的层面上,后一个
作者可能以更加抽象的方式进行了复制,如以不同的特点、不同的时间重述
该故事;再往上移,作者可能仅仅复制了故事中单纯的轮廓。而在最抽象的

① 参见保罗·高德斯坦:《版权》(Paul Goldstein, *Copyright*), §2.3.1。
② 同上。
③ 同上。
④ 同上。
⑤ 同上。

层面上,在后作者可能仅仅复制了背后的观念,如一个爱情故事,它因一个失灵的时间机器而展开。

运用抽象测试法,法院首先要确认被告如何具体实行了复制,然后再试图判定该复制是否非常具体。在判断所复制成分是否应被视为受保护的表达时,法院要依赖一系列因素,受到基本平衡的指导:既要保护作者又要防止作者过分限制他人的表达。简言之,法院要求,"被告如何近似地实施了复制?"然后,"这是版权法应当允许的复制类型吗?"在决定其他作者可以如何近似地实施复制时,法院有很多问题要考虑,包括被复制作品的独创性程度;被复制作品享有强保护(如高度创造性小说)还是弱保护(如数据库之类主要是事实性的作品、或计算机程序等主要是功能性作品);允许复制是不是思想、信息和其他非保护要素自由流动所必要的;复制者是否表现出了对原告成果的免费搭车等等。事实上,由于分析有着相当大的灵活性,法官可能受到完全不需考虑事项的影响,如双方作品的艺术性或社会性价值等。

关键性因素可能是,保护被复制成分是否会降低他人创作的能力,或他人是否还拥有足够的选择。而这主要取决于涉案作品的属性,下文将就此加以讨论。有些作品受到高程度的保护,因为它们包含更为独创、创造性的表达。其他作品主要由非保护材料(例如,事实等非独创性材料,或从已有作品复制而来的材料)构成,拥有较低程度的保护,以致他人拥有使用这些非保护材料的更高能力。

一个很好的例子是教育考试服务中心(ETS)诉卡茨曼一案。[①] ETS称,《普林斯顿评论》对多项选择问题的复制侵犯了其版权。《普林斯顿评论》对这些问题进行了轻微的改动;例如,在一个有关反义词的题目中,它做了这样的改动:

SAT 的试题:

---

① 教育考试服务中心诉卡茨曼(*Educational Testing Services v. Katzman*),793 F. 2d 533 (3d Cir. 1986)。

9. Reprobate：(A)predecessor；(B)antagonist；(C)virtuous person；
(D)temporary ruler；(E)strict supervisor

《普林斯顿评论》的试题：

9. Reprobate：(B)antagonist；(A)predecessor；(C)virtuous person；
(D)temporary ruler；(E)strict supervisor

ETS 对于诸如此类的思想不享有版权保护：词语"Reprobate"的涵义；Reprobate 的反义词是 virtuous person 还是 evildoer；或者写出有关单词 Reprobate 的多项选择这一构想。但是，《普林斯顿评论》进行了较此更加具体的复制。同样，《普林斯顿评论》复制了 ETS 的数学考题，其中只对数字做了轻微的改动，以致并没有产生真正的差异。ETS 不能拥有数学法则及其应用的版权，但它能够就其所设计的数学知识测试题获得版权。二者的关键是，ETS 没有就数学法则或单词的涵义获得排他性权利；并且，《普林斯顿评论》及其他人还有很多种方式以多项选择题测试同样的思想。

102

○**实例**

a. 主张所有权。南希有一个精彩的关于儿童图书《心灵弯道》的构想（涉及双胞胎、火蜥蜴以及抽空地下室）。她首先担心有人会复制她的构想，还担心有人会提出同样的构思。她能够通过版权来保护她的智力成果吗？

b. 建议。《纽约客》杂志有一幅漫画，展示的是一个盒子，配有两个沟槽，被固定在办公室墙壁上。盒子上的指示牌文字是："意见。或烤面包"。瓦基产品公司的设计师艾斯看到了这个卡通后，将其用作为一件新奇产品的设计基础：一个烤面包机，侧面写上"意见箱"。这个烤面包机成为该年度备受欢迎的假日礼品。卡通作者指控版权侵权。瓦基产品公司侵犯了该卡通的版权吗？

c. 一家人。《学徒》是一个真人秀电视节目。一组胸怀抱负的商人，每周尝试完成一项被指定的商业任务，如推销一家新的航空公司。这些工作的目标是测试作为企业家取得成功的重要技能。精明富商唐纳德·特朗普对小组成员做出评价。每周都有一些小组成员被解雇，留到最后的竞赛者成为获胜者。该节目获得高度成功。

模仿是最真诚的奉承，于是有另一家广播公司不久开始播放《叛逆的百万富翁》。在这个节目中，小组成员尝试完成被指定的任务，如漫步在两个热气球之间的钢索上。这些任务的目标是测试企业家所具备的冒险和冷静等品质。精明富商理查德·布兰森对小组成员做出评价。每周都有成员遭到淘汰，直到最后，留下的竞赛者获胜。《叛逆的百万富翁》是否侵犯了《学徒》的版权？

d. 布拉茨玩具。芭比娃娃制造商美泰公司提出一种设想，制造一系列特色鲜明的玩具——年轻而时髦，有着夸张的容貌和姿态，大脑袋。一家竞争公司得知这一构思，推出了布拉茨娃娃，并取得巨大的商业成功。后者侵犯版权吗？

e. 取自版权局的实例。"某玩具制造商提出了一个有关玩具的新奇设想：它包括多颜色的、大小不等的几何球体、立体和圆柱。所有部分都被磁化，摆放在一起时相互吸引。借助各种磁化的部件，能够建构无限多样的模型和状态。制造商希望这个玩具的三维形态在公布之前获得保护。他向版权局申请，就未发表的雕刻艺术作品设计进行登记。他的 VA 类①申请表附带了一套完整的磁化球体、立体和圆柱，它们依大小和颜色被摆放在一个普通的箱子里"。这个玩具可以获得版权吗？

### ☉解析

a. 不能。版权保护不及于思想。② 即使她写出这本书，登记了版权，并在版权页上标明"© 2006 南希"（并声明"一切权利保留"，"不许窃取我的思想"），版权也不能适用于该思想。

她可以通过合同法获得有限保护。她可以预约一个出版商，签订一份保密协议（他们很少能达成协议）。她可以与读者签订保密协议（虽然如此，此种情况下她很难售出很多图书）。但是，这些协议并不能以版权赋予排他

---

① 按照美国版权局规定的版权登记程序，VA 类表格专门适用于视觉艺术（visual arts）。——译者

② 《美国版权法》第 102 条（b）。

性权利的方式约束其他人。这是不是意味着,构想一个好的写作创意简直就是浪费时间? 非也。她依然可以撰写这本书,就她对思想的特定表达拥有版权。并且,商业成功(更不必说艺术上的满足、成就和认可)并不依赖法律保护,获得商业成功的作品有很多方面不受保护。任何人都可以写作关于魔法学校的图书,而《哈利·波特》依然表现良好。

b. 没有侵犯该卡通漫画的版权。瓦基公司复制的是该卡通的基础理念:一个意见箱可以兼做烤面包机,这暗示建议会被烧烤。但瓦基公司没有复制该理念的表达。可以说,瓦基公司以相当不同的方式表达了这一理念。

c. 《叛逆的百万富翁》没有侵犯《学徒》的版权。毋宁说,它借用了一场写实节目中不受保护的思想,该节目中,参赛者履行了精明富商指定的任务。《叛逆的百万富翁》还复制了某些更加具体的成分,如每周淘汰参赛者,但这些成分可能也不受保护,因为它们是实行不受保护思想所必要的。如果第二个节目复制的不仅是思想,而且还复制了更加具体的成分,如脚本化的场景(scripted scenes)或被实施的具体任务,结果可能就不一样了。

d. 不侵犯版权。一种系列玩具的构思不受版权保护。[1]

e. 该玩具不能获得版权:"我们将拒绝仅仅基于未组装的玩具给予 VA 类的登记,即使其组成部件可能是以可版权的模型和形式得到编排。玩具的一般性构思是不能获得版权的,无论其具有何种新颖性或独特性。"[2]

## 二、不受保护之思想的必然衍生成分不受保护

不受保护的思想所必然产生的成分也不受保护。一部戏如果是以 1900 年代纽约移民为背景,该背景就极大地决定了服装、说话方式以及舞台布景等成分。同样,如果一部侦探小说的背景是修道院,可能就会有一些

---

[1] 参见美泰公司诉 MGA 娱乐公司(*Mattel Inc. v. MGA Entertainment Inc.*),616 F. 3d 904 (9th Cir. 2010)。

[2] 《版权局业务指南》(第二版)(Compendium II: Copyright Office Practices),503.02(b)。

嫌疑犯是僧侣。这些成分如果受到保护,实际上就是在保护其背景思想——1900年代的纽约或修道院里的侦探故事,其他作家因而就很难再创作具有同样背景的作品。因而,如果有必要使用不受保护的思想,即使是具体的复制也应被允许。

思想愈是具有独创性,这一规则就愈加能够发挥作用。例如,科幻小说《沙丘》独创了这样一个世界背景:其中,水变得稀有,必须以英雄的方式加以保护。该创意不能得到版权保护。另一个作者可以自由地创作以缺水星球为背景的科幻小说。该作品的具体成分很可能与《沙丘》相似。水需要争夺,人们为了最大限度地减少水的应用和浪费而携带着设备,场面景物是大漠沙丘而非葱绿的热带雨林。但是,对这些具体成分的复制即使呈现为相对较低水平的抽象,也不会构成侵权。否则,《沙丘》背后的思想也可能受到有效保护而禁止使用。

一个相关的原则在于,较少的独创获得较少的保护。按照必要情境原则(scènes à faire doctrine),一部作品的构成要素如果是此类作品中所普通常见的,就不受保护。一部侦探小说如果有一些相当普通的暴徒形象(虽然有些缺乏想象力,但他们仍然是由作者创造的),其他作者可以在其创作中使用这些形象,而不会造成侵权。否则将会产生某些困难的事实判断:相似的普通形象(stock characters)是否出现在了另一部作品中。可能会发生的争议是,它们究竟是来自旧的公共领域作品,还是复制于受版权保护的新作品。并且,此种普通成分的独创性程度是最低的,即使作者使他们具有了版权保护所要求的足够的独创性。

## 三、区分创造性作品中的思想与表达

汉德法官率先就虚构文学作品提出了抽象法。[①] 假定原告作品是一部

---

① 参见尼科尔斯诉环球影业有限公司(*Nichols v. Universal Pictures Co.*),45 F. 2d 119 (2nd Cir. 1930)。

流行戏剧,背景是 1900 年代早期的纽约。一对年轻人(一个是爱尔兰天主教徒、一个是犹太教徒)秘密结婚,双方父亲之间发生了一系列喜剧性行为和争吵。等到秘密结婚的佳偶生下孩子,两个父亲化解了他们的分歧。上述这些内容都是不受保护的思想。若非如此,第一个剧作者实质上就会被赋予对这一作品类型的垄断。一个人可以以无数不同的方式表达同样的基本成分。正如林德·汉德法官所言,"一部以爱尔兰人和犹太人冲突为基础、包含其子女婚姻的喜剧,并不比《罗密欧与朱丽叶》情节线索更受版权保护"[1]。所以,第二个作者如果复制了所有这些一般性成分,同时却以不同的方式进行表达,就没有发生侵权。围绕一般情节线索,在后作者可以撰写新的对话,创作新的具体情节,塑造不同的人物形象以设置各自的家庭成员,改变故事展开的邻里关系,设计出解决各种冲突的新场景。鉴于在后作者仅仅从在先作品中复制了不受保护的一般性思想,她没有侵权。

比较而言,更为具体层面上的复制是对受保护表达的借用。其他作者所复制的可能不只是一般性故事,也包含了故事在原告作品中得以展开的具体方式:场景顺序、向人物揭示信息的情节结构、导致矛盾解决的戏剧性系列行为和交流。这些因素的复制就构成侵权,因为其所复制的不只是一般性思想,也包含了其表达。版权不保护一出戏的框架线索:一个女人毒死她的情人,却因为一个朋友作伪证而被宣布无罪。但是,针对人物形象的主要特征、大多数对话以及故事的一系列详细事件和行为,直至举止姿势层面,复制行为则构成侵权。[2] 在判定某些成分是思想还是表达时,人们实际上是在考察有关复制是否与尼科尔斯案或谢尔登案中的复制相同。

同样的原则也适用于其他类型的创造性作品。例如,《纽约客》杂志的一个著名封面展示了一个典型的纽约人近视的世界观。[3] 图画表现的内容

---

[1]　P114,at 122。

[2]　参见谢尔登诉米高电影公司(*Sheldon v. Metro-Goldwyn Pictures Corp.*),81 F. 2d 49 (2nd Cir. 1936)。

[3]　参见斯坦伯格诉哥伦比亚电影公司(*Steinberg v. Columbia Pictures Industries,Inc.*),663 F. Supp. 706 (S. D. N. Y. 1987)。

包括,详细描绘的曼哈顿,褐色条形带被模糊地标注了"泽西"字样,然后是一块无名的大广场,只在遥远的地平线上有几个地点被标注了"拉斯维加斯"、"洛杉矶"和"亚洲"。该图画所表现的是纽约人心目中的世界——它包括纽约和地平线上其他一些模糊的地方。其他艺术家可以通过描绘一种景观来复制这一思想——即曼哈顿在世界上的优先地位。这可能与尼克尔斯案有些类似,只是在以相对较高层次的抽象复制不受保护的思想。但是,在后艺术家如果描绘了同样的观察地点、同样颜色的天空、复制在先艺术家独创的建筑细节以及其他具体的表达性成分,便是对表达的复制。这种在较低抽象层次上的具体复制将构成对受保护表达的复制。

保护的范围也在两个方面受到作品独创性程度的影响。首先,并非所有针对具体成分的复制都被认为是对表达的复制。非独创成分不受保护。如果版权作品含有来自其他作品的材料(如来自其他作品的引文、或复制其他作品的故事要素),即使是对这些因素的原样复制也不构成侵权。

其次,作品所包含的独创性越高,它所拥有的保护程度就越高。某小说可能以高度创造性的方式进行创作,具有独特的人物形象、别出心裁的情节主线、富有想象力的行文。另一部小说可能具有足够的独创性,可以满足保护所需要的最低要求,但它包含了陈词滥调、情节转换的再利用以及演绎性的人物形象。二者都能受到禁止逐字复制的保护,但前者更能够受到禁止非原样复制的保护。这就意味着,前一部作品的版权可能会因为相对高层次的复制而受到侵犯。即使其他作者没有对该作品进行逐字复制,或逐个场面的复制,她还是有可能复制其独创性的情节主线和独特的人物形象。但是,对于后面那部较少创造性的作品,相同层面的复制可能不侵犯其版权。对其中重新利用的情节转换或演绎性人物形象进行复制的作者可能很少复制其独创性成分。思想与表达的区分依赖于一部作品具有何种创造性。

有一个常常受到讨论的特别话题是人物形象的版权保护。如果某作者将超人或哈利·波特放置在她的小说中,她是否侵犯版权? 林德·汉德法官的表述常常得到引用:

　　如果《第十二夜》享有版权，很有可能的是，后来者对托比·培尔契爵士或马伏里奥进行的逼真模仿造成侵权，但就其中一个形象而言，将其塑造成一个放荡的武士，滋事不断以致家庭不和，或者是一个自负而造作的管家，陷入对其女主人的爱情，则是不够的。这些只是莎士比亚剧中的"思想"，正像爱因斯坦的相对论或达尔文的物种起源论一样不能被垄断。由此而言，人物形象越是不够展开，他们就越难获得版权保护；这是作者因其个性模糊所必须承担的惩罚。[①]

107

　　在这段表述中，汉德法官涉及到两点：第一，就其可版权性而言，作品中表现形象的成分必须构成创造性表达。如果作者使用了普通形象（就像尼科尔斯案中的族群类型），就可能因其缺乏独创性而不能受到保护。第二，即使作者表现出足够的创造性，从而满足了版权保护的要求，如果在后作者所复制的不是具体表达而只是人物形象的思想，也不会发生侵权。在起诉侵权的时候，作者应该尽量具体地证明被告复制了其创造性成分。

　○实例

　　a. 名声。哈维的照片"护腿套"表现的是芭蕾舞女演员膝盖以下的双腿，呈经典的第五位姿势："双脚并拢，一脚在前，足跟对脚尖、脚尖对足跟"。舞者穿戴着破损的护腿套、长袜和芭蕾舞鞋。哈维授权他人对其令人回味的照片做各种使用，包括一张畅销的画廊艺术海报。正当哈维与一家主要的贺卡出版商谈判授权时，另一家出版商推出了一张贺卡，上面是一张非常相似的图片。新图片标题为"芭蕾舞鞋"，展示的是芭蕾舞女演员的第五位姿势，膝盖以下，穿戴着完好的护腿套、长袜和芭蕾舞鞋。照片拍摄角度略显差异，衣服和鞋的颜色不同，光线稍微有点儿亮——而观者的感受却是相同的。该图片显示，两脚突出，每个足跟对着另一个脚趾，两腿交叉而略有弯曲，给人以期待的感受。后一个出版商开始完全否认其复制哈维的图片，

---

　　① 参见尼科尔斯诉环球影业有限公司（*Nichols v. Universal Pictures Co.*），45 F. 2d 119, 121 (2nd Cir. 1930)。

但在哈维调查之后终于承认了其复制行为。后一个出版商要承担侵权责任吗?

b. 偷窃的思想。皮克茜电影公司正在制作一部动画片《南瓜》。主人公形象由一个小男孩收养,后者在万圣节的晚上发现这只橙色小猫睡在温暖的杰克灯上。电影准备公映前一个月,另一家公司推出了动画故事片《探戈》,讲述的是一个男孩在感恩节发现一个流浪小猫,它睡在这个男孩的毛皮靴子里。与电影《南瓜》一样,该电影表现了很多户外猫适应室内生活的场面,第一次面对各种家庭用具,了解盛放食物与水的奇怪的盘子。后被发现的实际情况是,该竞争公司通过业界传闻知道了《南瓜》的基本故事线索。皮克茜公司管理层对于这种公然盗窃其智力成果的做法感到愤怒。他们可以侵犯版权起诉吗?

c. 《祖泊曼》(Zooperman)。某漫画家开始创作一个新的漫画图书系列,名为《祖泊曼》(Zooperman),从流行卡通《超人》(Superman)中复制了一些成分。像超人(Superman)一样,祖泊曼(Zooperman)[①]是一个新闻工作者,本身被隐藏在日常服饰之下,并定期换上衣服,与犯罪作斗争。他们的衣服都是紧身的杂技服装,带有飘动的斗篷。两种漫画显示他们的英雄行为:有力的手中把枪压弯,以身体阻挡子弹,猛力拉开钢门,跳跃于城市的建筑物上下。他们都被描绘成了世上最强壮的人,用他们的力量战胜"邪恶和不公"。他们都对某种罕见物质敏感(Superman 之于氪,Zooperman 之于砷)。他们都会偶尔撤退到北极的休息地,凝神沉思。而很多细节方面的具体描写是不一样的。他们的斗篷和服装颜色不同。一个英雄抓住子弹,另一个英雄则让它们反弹。一个英雄跳过建筑物;另一个则从一个建筑物跳至另一个。超人(Superman)的北极休息地是一个堡垒;祖泊曼(Zooperman)的则是一个鲸骨帐篷。该漫画家认为她仅仅复制了思路(世上最强壮的人,当他不是与犯罪做斗争时隐藏身份)。她仅仅复制了不受保护的思

---

① Superman 与 Zooperman 谐音,本书作者以此显示后者是对前者的模仿,以增加案情的复杂性。故此处保留原文。——译者

路,还是复制了受到保护的表达?

d.《我要飞去》。自由撰稿作家莱特花费几个星期写出一个短篇小说《我要飞去》,表现一个囚犯在音乐中寻求慰藉。因为青少年犯罪而受罚,这个年轻人写出描写其生活、表达其失意和梦想的歌曲。他与其他犯人一起合作开发他的音乐。随着时间流失,他们相互帮助,学到了更多的生活课程。小说的结尾,他重新回到外面的世界,面对着各种无法预卜的可能性。

莱特将小说交给一家杂志,却遭遇婉拒。几个月之后,这家杂志发表了一篇由该杂志某编辑署名的小说,其基本故事线索与莱特小说相同:一个充满迷惘的年轻犯人进入监狱,花费大量时间创作音乐和歌曲,最终成长为一个男子汉。除了基本故事线索,其他所有内容都不一样。杂志社承认,该署名编辑从这个自由作家的故事中获得了灵感。那么,该杂志是否复制了莱特作品中受保护的表达?

e.《翅翼翻过边缘》。某摄影家创作了一幅照片《翅翼翻过边缘》,拍摄角度是一个商人站在屋顶的边缘,俯视城市的街道。该照片刊载于面向当地广告代理商发行的一本书里。某广告代理商在为一家财经新闻服务机构做广告时,心里所想的就是这幅照片。两者之间的相似处表现在角度上:一个准备跳越者的视角,回头看过他的鞋子、跳越者的商务服装,下面是城市的街道。街道和建筑很不相同,其他细节也都不一样,如背景、远景、用光、阴影以及照片色彩。该广告代理商是否复制了受保护的表达?

f. 我的角落。在一个爵士音乐吧里,摄影师让一个慵懒的女人靠在一台风琴旁,使用屋顶和墙的视角,创造出暗示性的几何形状。摄影师摆好相机,并具体安排光线,创作出一个独特的形象,其中予以特别关注的,是建筑内景、装饰所形成的各种形状与光线之间的相互作用。基于各种原因,这些要素的结合产生了一幅令人喜悦的画面——基本要素比例匀称、灯光效果以及从细微视角观看酒吧所产生的暗示性气氛。某广告代理商看到这幅照片,认定它所具有的气氛正是自己为销售一种伏特加品牌所寻求的。在同样的酒吧里,代理商将一个时尚明星与一个伏特加酒瓶安排在一起,显示出同样的轻松自如。代理商拍摄了一幅照片,框架是酒吧中同样的区域,使用

109

相同的光线和角度,并细心确保前一幅照片的每个细节都出现在其中(例外是,用明星和伏特加酒瓶替换了模特儿)。广告代理商认为,它仅仅复制了不受保护的思想:爵士酒吧间里慵懒的气氛,引人联想的暧昧的环境。你认为呢?

g. 美好的土拨鼠。小说《美好的一天》表现的是,一个人被困于一再重复的日子里。小说的开始叙述了典型的一天:"醒来吧,你这个懒鸟",在依照惯例设置的闹钟的叫声中,他醒来;他乘电梯下楼,身边有一个红发女郎;在上班的路上,他遇到很多人和事,那里有很多引发争议的冲突;他听着音乐度过傍晚时分,全然不顾时而打来的电话。在睡觉前,他把闹钟改成一个友好的信息。但是,第二天早晨,他再次听到,"醒来吧,你这个懒鸟"。在他去工作的时候,电梯里看到了同一个红发女人,并在同样的地方遇到相同的人们,一天之内发生过同样的事件,并几乎以同样的方式。又一天,一切都在继续重复,除了他自己做出的改变。日子无数次地重复着,直至它因魔法和神的干预而被固定。

未经许可,该小说被用作了电影《土拨鼠的一天》的蓝本。在土拨鼠日,一个自我中心的天气预报员被困在宾州的庞克瑟托尼。每天,他在闹钟收音机相同的歌声中醒来,上班(土拨鼠洞穴)的途中遇见同样的角色,并经历同样的事件,例外是他做出的某些改变。电影里重复的形象和事件与小说有很大的差异。当这个人认识到日子在永无休止地重复时,他就利用时间、以各种方式来改善自己——听音乐、更加善解人意,最终还坠入了爱情。最后的改变打破了魔咒,他迎来了新的一天。电影脚本所使用的,是不受保护的思想,还是受到保护的表达?

h. 贺卡。S销售一种广受欢迎的贺卡。封面上写着"我想念你",页内写有"而你甚至还没有离开"。卡片上有一副配图,孤单的男孩坐在马路边缘哭泣,只有他的狗相伴。另一家卡片发行商R复制了这张卡片,使用了同样的文字,配有相当不同的图画:伤心的男孩坐在马路边缘,他的狗与之相伴。R认为,他只是复制了不受保护的思想;如判其侵权,会导致S垄断一种相当平常的感情——男孩悲伤地预感到他的所爱将要离去。R复制了受保护的表达,还是不受保护的思想?

i. 我想念你。S在旧金山向游客销售T恤衫,上面写有文字"有人去过旧金山,送我这件T恤,因为他们很爱我"。T恤上印有简单的湾区主题图画:金门大桥、唐人街以及渔人码头。看到该T恤如此流行,另一个商人也推出了他的T恤,上写"爱我的人去了旧金山,送我这件T恤"。这件T恤还有几个简单的设计:金门大桥、中国城、电缆车、海狮以及诺布山。这些要素在两种T恤上的整体安排完全不同。第二个商家从前者复制了受保护的表达吗?

j. 海蜇。有一天,在当地一家水族馆,加州艺术家萨塔瓦因海蜇获得灵感,开始制作海蜇玻璃雕塑。随后,他每年销售达几百件。另一个艺术家也开始制作海蜇玻璃雕塑,萨塔瓦为此寻求禁令。他承认,其海蜇雕塑的思想不能受到保护,但他要求保护有关这一思想的特定表达:"垂直的、色彩鲜艳的、富含幻想的海蜇,带有卷须状的触角,以一个圆的钟形,装在透明的圆形玻璃外罩中,顶部是一个蒜头形,靠底部变成尖型,大致形成子弹头型,雕塑的海蜇部分几乎装满了整个透明的玻璃外罩"。法院能够禁止他人制作带有这些要素特征的海蜇雕塑吗?

k. 盗版? 埃里克森的作品《圆周率交响曲》为圆周率中的从0—9每个数字分配一个音符。布莱克也创作了乐曲《圆周率听起来像什么》,具有不同的节奏与和声。这里有侵权行为发生吗?

⊙解析

a. 后一家出版商可能不负责任。它所复制的是芭蕾舞者第五位姿势的照片构思。很多具体要素可能一样,但这是使用不受保护的思想所必不可缺的。[1]

b. 皮克茜公司可能无权就侵犯版权获得救济,因为对手公司仅仅复制了一种思路——假日里发现了一只流浪猫,以及该思路必然产生的某些要素,如户外猫适应室内生活的各种场面。无论竞争公司如何得知这一思路, 111

---

[1] 爱德华兹诉拉夫纳(*Edwards v. Ruffner*),623 F. Supp. 511 (S. D. N. Y. 1985)。

是通过传闻还是间谍(不过,后者可能因其他理由而产生责任,例如,如果该项目得到安全措施保护,则要禁止商业秘密窃取;如果皮克茜公司的雇员牵涉在内,则可能违反合同),结果都将如此。

c. 该漫画家既复制了不受保护的思路,也复制了受到保护的表达。她可以自由复制超强人物隐匿本身与秘密能力、抗击罪恶的思路;也必定有一些成分产生于这种不受保护的思想:他要对付罪犯发射的枪弹,可能要为找到他们而打开各种门户。但这种思路具有多种表达方式。英雄不必围着城市建筑跳上跳下,特别是与"罪恶和不公"作战、对某种特殊物质敏感或者拥有北极庇护所。所有这些细节表达的思想都可以得到不同方式的表达。[①]例如,超强人物可以有某种致命弱点,但不必是某种稀有物质。

d. 该杂志仅仅复制了不受保护的思想。被复制的成分非常一般,仅仅构成了单纯的小说骨架:在音乐创作中,一个罪犯年及弱冠。小说被直接投稿给杂志——这一事实并不影响它能否受到版权法的保护。提供不受保护的思想,并不会向思想赋予版权保护。

e. 第二张照片可能没有复制受保护的表达。第一张照片的构思是,一个商人在俯视街道,并在考虑着跳跃,这一思想不受版权保护。其他一些相当具体的相似也是存在的。在其他案例中,复制这些具体成分可能涉及版权保护。但在这里,法院可能会坚持,相似性来自于思想——视角、商务服装、下面的城市街道。所以,第二张照片没有复制受保护的表达。[②]有一种抗辩意见认为,该构思比较一般——即商人在考虑自杀的构思。从建筑物边缘上看到的城市街景,包括商人的脚,只是对不受保护的思想进行表达的一种方式。按照这种观点,照片中的很多具体成分属于受保护的表达。

f. 第二幅张照片的作者可能复制了前者受保护的表达。前一幅照片的气氛是不受保护的;慵懒的音乐家坐在爵士音乐吧里这种思想也不受保

---

[①] 参见侦探戏剧诉布伦斯出版公司(*Detective Comics v. Bruns Publications*),111 F. 2d 432 (2d Cir. 1940)。

[②] 参见卡普兰诉股票市场图片社(*Kaplan v. Stock Market Photo Agency*),133 F. Supp. 2d 317(S. D. N. Y. 2001)。

护。所以,如果第二幅照片抓取了同样没精打采的气氛,或者被置于其他某个爵士音乐吧的角落里,不可能有侵权发生。但第二张照片的复制超越了这些不受保护的思想。按照前一张照片,复制者挑选了相同的独特场所、做出了同样的构图、使用了相同的灯光和角度,并包含了装饰等其他视觉成分。[1] 该照片自然从第一幅照片中抓取了很多受保护的表达性要素。

g. 电影作者虽然复制了大量的具体成分,但他可能仅仅复制了不受保护要素——思想以及因该思想而自然发生的要素。一般性的思想是人被困于一再重复的日子,而被复制的成分紧随这一思想。一再重复的日子可以以多种方式展开,但基本线索可能会涉及醒来、上班、遇见很多人、经历各种事。对于那些并非产生于该思想的成分,该电影并未复制,如特定人物形象和一天里发生的事件。[2] 相反的观点认为,该复制超过了必要的程度,涉及更多具体因素。每天,主角形象都被闹钟叫醒,上班路上遇见人、发生戏剧性事件,重复行为只因人的干预而发生改变。一再重复的日子可以通过多种方式加以表现,例如,失去其一再重复的形象。但是,将这些成分视为应受保护,可能会给予首部作品太过宽泛的保护,因为这可能会涵盖很多基于基本构思的变化。

h. 该案可能涉及受保护的表达。对于这样一种思想——在某人实际离开之前预感他的不在,甚至是一种更加具体的感受——在某人离开之前把你的思念告诉他,版权法不予保护。但是,R复制的内容则更为具体。它准确复制了文字"我想念你……而你甚至还没有离开",同时还有这样一幅图画——与狗相伴的男孩沮丧地坐在马路边上。而要表达同样的思想,卡片制作者另有很多方式可以使用。[3]

---

[1]　参见基希诉阿米拉蒂与普锐斯公司(*Kisch v. Ammirati & Puris Inc.*),657 F. Supp. 380 (S. D. N. Y. 1987)。

[2]　参见阿尔顿诉哥伦比亚影业公司(*Arden v. Columbia Pictures Industries, Inc.*),908 F. Supp. 1248 (S. D. N. Y. 1995)。

[3]　参见若斯贺卡诉联合卡片公司(*Roth Greeting Cards v. United Card Co.*),429 F. 2d 1106 (9th Cir. 1970)。

i. 这里所复制的仅仅是不受保护的思想。就像在前一个例子中，第二个作者复制了相对平常的情感，以及恰当的形象。但第二个作者没有逐字复制其中的词语，也没有使用相同的系列形象。并且，各类形象很可能被视为必要情境（scènes à faire）。当某些成分以特定类型的方式得到普通性使用时，对它的复制不被视为取自受保护的表达。旅游纪念衫上的旧金山形象可能属于此类。<sup>①</sup> 这一实例所体现的是，独创性有限的作品享有低程度的保护。

j. 法院正确地指出，萨塔瓦的玻璃海蜇雕塑尽管漂亮，却是对各种不受保护的思想和标准性要素的组合。这些要素属于公共领域的构成部分，是所有人的共有财产，萨塔瓦不能依据版权法占有它们，对其做排他性使用。<sup>②</sup> "对于其雕塑中来自海蜇体型或以玻璃媒介所描述的部分，萨塔瓦不能阻止他人的复制。萨塔瓦不能禁止他人以卷须状触角或以圆钟形塑造海蜇，因为很多海蜇都拥有这些身体部分。他不能禁止他人以鲜艳的颜色描述海蜇，因为海蜇都是色彩鲜亮的。他不能禁止他人描述海蜇垂直向地游泳，因为垂直游泳是海蜇的本性，且有关描绘常常是垂直向游泳。萨塔瓦不能禁止他人表现透明的玻璃外层中的海蜇，因为透明玻璃是最适合于水生动物的装置。他不能禁止他人表现海蜇'几乎装满整个'玻璃外罩，因为这一比例是玻璃雕塑的标准。并且，他不能禁止他人使他们的外罩形状逐渐变为尖形，因为该形状是玻璃雕塑的标准。"<sup>③</sup>

k. 以法院的说法，"圆周率是无版权的事实，将圆周率转成音乐是一种无版权的思想。由此产生的音符模式是一种表达，它与无版权的思想相重叠；为每个数字分配音符，并按照圆周率的顺序演奏这些音符，是一种思想，它只能以有限的方式得到表达。"<sup>④</sup>

---

① 参见马修斯诉弗里德曼（*Matthews v. Freedman*），157 F. 3d 25（1st Cir. 1998）。

② 萨塔瓦诉劳瑞（*Satava v. Lowry*），323 F. 3d 805，811（9th Cir. 2003）。

③ 见前注，810—811。

④ 埃里克森诉布莱克（*Erickson v. Blake*），839 F. Supp. 2d 1132（D. Or. 2012）。

# 四、区分事实性作品中的思想与表达

思想/表达分析与独创性问题常常密切相关。与主要是创造性表达的作品相比,主要包含不受保护之材料(如事实或理论)的作品受到更为有限的保护。基于这一原则,保护的范围受到独创性程度的影响。事实非独创。历史书籍比虚构作品可以受到更为近似的复制。

有关这一命题的典型案例是霍灵诉环球影业公司案。[①] 涉案作品《谁毁灭了兴登堡?》详细描述了著名的齐柏林式飞艇的历史故事,并提出一个观点,即某位员工对它实施了破坏活动。该书包含了很多不受保护的成分(事实或基于这些事实的观点)。一部灾难影片(没有得到版权所有人的许可)从该书中复制了很多具体要素,如破坏实施者的年龄与出生地,有关飞艇及其员工的各种具体细节,来自德国使节劳克女士的警告信——其中提到了破坏之威胁,甚至还有舰队中另一只飞艇的猴子走私事件。这种具体复制如针对主要是虚构的小说,极有可能构成侵权。这里的复制类似于谢尔登案(Sheldon)中被视为侵权的复制,但在该案中,细节并非原告创造性的结果,而是来自其学术研究的事实与观点。就事实作品(以及主要由不受保护之客体组成的其他作品)而言,复制受保护的表达只能在低层次抽象的层面上发生,这接近于逐字复制(verbatim copying)。

该规则再一次显示,它对较少社会价值的成分赋予了更多的版权保护。与具有深刻研究性、经过深思熟虑的圣雄甘地传记相比,一部单纯的喜剧小说可能会获得更强的版权保护。并且,其理由乃基于思想表达两分法的平衡性作用。为小说家提供强保护仅对他人构成较少的限制。其他作者其实还可以不受限制地创作他们自己的喜剧小说,只要他们没有从其他小说家

---

① 霍灵诉环球影业公司(*Hoehling v. Universal City Studios, Inc.*),618 F. 2d 972 (2d Cir. 1980)。

那里获取创造性表达。但是，其他作者对于利用林肯传记有着更大的需求——为了利用其学术性、批评或宣传其中的观点，而作品的创造性方面依然受到保护，其他作者也不需要复制该作者用于叙述历史事实的表述。

○实例

a. 历史奥秘。拉凯·基姆撰写了一篇学术论文，这是他在佛特·韦恩档案馆里几个月的研究成果。该论文详细描述了他的研究成果，叙述了他从阅读中获取的大量有趣的事件，并认为这些事件驳斥了公认的有关印第安纳州历史的说法。《历史杂志》编辑金斯利·阿米斯审阅了论文手稿并答应发表。几个月过去了，文章未见发表。最终，该论文还是发表了——但它被逐字逐句地发表在《历史月刊》上，署名阿米斯。面对侵权指控，阿米斯认为，他只是窃用了有关历史的思想，这固然应受指责，却不是侵犯版权。阿米斯是不是复制了受版权保护的表达？假如阿米斯以他自己夸夸其谈的文风写作此文，仅仅复制了基姆的理论和某些支持性的事实，而仍然欺骗性地将作品归于他自己名下，结果又将如何呢？

b. 考题复制。每一年，未来的大学生们都要参加 SAT 考试。其中，多项选择题的目的是要反映参考者在表达和数学方面的能力。沙迪预备服务公司安排它的一名年轻雇员报名参考，并用偷拍相机对每一页试卷进行拍照。然后，沙迪公司制作了考题复本，并使用于它向年轻人销售的 SAT 考试预备课程中。SAT 考题制作者为此提起诉讼，沙迪公司认为，它仅仅复制了不受保护的思想。它主张，考题只是一系列的思想。沙迪公司应该承担责任吗？如果沙迪公司只是将这些照片用于设计它自己的多项选择题，并大致采用了 SAT 考题的考试方法，结果又如何呢？

⊙解析

a. 阿米斯复制了受保护的表达，以及不受保护的思想和事实。该作品包含了不受保护的思想，但这些思想的表达可以有多种方式。逐字逐句的复制同时使用了原作的思想与表达。如果阿米斯仅仅复制其理论与事实，则不构成侵权。取用不受保护的材料不侵犯版权，无论这一行为是怎样的无耻。

b. 沙迪公司复制了受保护的表达和不受保护的思想。[1] SAT 考题当然含有思想,但也包含了相当的创造性表达。当然,错误答案可能比其他答案拥有更多的保护,因为它们不是不受保护的事实,而是源自考题的出题者。

## 五、重合原则

有时候,一种思想可能只有一种或少量的表达方式。在思想限定其表达的意义上,该表达不受保护。法院曾将这一原则称为"重合原则"。例如,产品标签上的图解常常是具有创造性的制图,有资格获得版权保护,但产品性质常常限制着其图解的性质。一个肉桂茶盒上可能带有肉桂枝叶或肉桂吐司的图画。这样的描绘是不受版权保护的。[2] 重合原则只将保护限制在相关思想的范围内。它不允许复制行为超出使用思想所必要的范围。除了肉桂枝叶,其他销售商如果详尽无遗地复制了盒上的表达性要素如阴影、准确形状以及各要素之编排,将会构成侵权。

第五巡回法院曾判定,当一部示范准则被作为法律实施,它就因重合原则而不享有版权保护。[3] 在威科案(Veeck)中,非营利机构制订了一部示范建筑准则,并销售该准则的复制件。德克萨斯州的两个城市将该示范准则用作它们的城市建设准则。当地一个居民由于没能从城市办公室顺利获得准则复制件,便从非营利机构购买了一份,然后将它上传至网络。这一行为可能因其复制并公开发行复制件而构成侵犯版权。该案提出的问题是:被采纳为法律的私人制订准则的版权保护。法院认为,准则一旦被采纳成为

116

---

① 参见教育考试服务中心诉卡茨曼(*Educational testing services v. Katzman*),793 F. 2d 533 (3d Cir. 1986)。

② 参见洋基蜡烛公司诉布里奇沃特蜡烛公司(*Yankee Candle v. Bridgewater Candle*),259 F. 3d 25 (1st Cir. 2001)。

③ 参见威科诉南方建筑规范有限公司(*Veeck v. Southern Building Code Congress*),293 F. 3d 791 (5th Cir. 2002)。

法律,就因"重合原则"而不能享有版权保护。当其刚刚创作时,准则属于独创的、创造性的表达(通常可受版权保护)。但法院推理说,一旦被采纳为法律,这些准则就成为"思想"或"事实",(基于思想表达两分法)就不能受到保护。"它们构成当地的法律,是对'思想'的唯一性、不可代替性的表达。法院一再强调供解释之法律的确切措辞的重要性。"在准则由表达构成的意义上,表达无法与不受保护的思想与事实相分离,并因重合原则而不能受到保护。

有人提出,重合原则的适用太过宽泛,而更窄的路径如诉诸合理使用应该是合适的。重合原则的适用是一个比较生硬的办法,因为它要求判决,示范准则一旦被采用就要失去一切的版权保护。重合原则所允许的,不只是在采用示范准则的区域进行的非营利性使用,而是自由的复制与使用——甚至是在未将准则作为法律的管辖区用于严格的商业目的。合理使用允许更具有细微差别的路径。

针对重合原则的适用,更为强烈的反对来自案例法体系的性质。除了示范准则,版权作品在某些情况下也可能成为法律的一部分。例如,不少典型的版权案例含有针对作品的分析,如小说《飘》、歌曲《漂亮的女人》以及福特总统的自传。这些作品在某种意义上已成为了版权法的一部分。要判定合理使用原则是否适用于某个案例,各方必须决定那些案例的事实(包括那些版权作品)是否能够类比适用于当前的案例。机械地适用威科案将导致荒唐的结论:版权作品如果成为先例之事实的一部分,将要失去其版权法的地位。

　　○**实例**

　　a. **新词语**。林格编造了一个新词"flugonym",用来指称一种特别类型的同音异义词(homograph),即拼写相同而意义不同的词(就像"bear",意为携带,也意指毛茸茸的大型哺乳动物)。由此人们可以将该类词与另一类同音异义词区分开来,即拼写不同但发音相同(如 bear 与 bare)的词。由于某些原因,林格的新词语 flugonym 流行开来,比 homograph 一词更加受人欢迎。当林格看到越来越多的人使用"她的"词语时,她心想,作为创造者,她是不是该对它享有一定的排他性权利？她希望能以各种温和的方式控制该词的使用，以此确保使用的准确性。林格对该词语享有版权吗？

b. 蓝调线索。潘珂画了一幅四点五英尺的绘画《蓝调》，全部是基础的蓝色。该画受到评论家与公众的好评。不久，万格画了一幅《水生物》，与前者几乎相同的颜色，是其 25％的大小。万格坦率承认他复制了潘珂的作品，但又认为他所复制的只是一种思想，即用基础的蓝色做一幅画。万格是否复制了受保护的表达？

c. 我的准则。伊利诺伊州的普兰格小城几乎无钱向当地官员支付。该城决定，它急需一项城市法令来管理这样一些事务，如乱扔杂物、垃圾收集与回收利用。好心的当地居民奥古斯塔斯自愿承担起这项工作。他花费了一年内大多数的业余时间，与城内的工人和居民谈话，并写出一部准则。该准则不仅为管理大量的城市事务提出了一套详尽规定，而且还采用了有趣的方式，包含有俏皮话、打油诗以及令人愉快的故事。市管会对奥古斯塔斯表示衷心感谢，并全体同意将其整部准则采纳为法律。一年之后，奥古斯塔斯读到一部后现代派小说，并发现小说从他的准则中逐字抄录了好几页。当他写信抗议时，出版者回应说，该法律已经属于公共领域。出版人是否复制了受到保护的表达？

⊙ 解析

a. 这个例子再次涉及这样一个问题："单词或短语可享有版权保护吗？"人们普遍接受的规则是，它们不能受到保护。在前面章节中，我们曾看到支持这一规则的两个不错的理由：缺乏创造性、没有资格成为作品。本章给出的另一个可能的理由是：重合原则。单词和短语如此简短，使之不可能与其所表达的思想相分离。按照重合原则，它不能受到保护。"flugonym"将无法受到保护，它所表达的思想可以被复制。很多创造性的短语也应如此。

b. 艺术常常为版权法提出一些令人困惑的问题。就像这个例子，有的时候，一部作品背后的思想很难界定并与其表达相区分。你可以说，一部作品的思想是使用基础蓝色的绘画，因此万格所复制的只是不受保护的思想。

118 或者说其思想是一幅单一颜色的画,万格复制了该思想的特定表达。基于政策的考虑,法院可能会判决,一个画家不能就创作蓝色绘画享有排他性权利,因而万格只是复制了不受保护的表达。

　　c. 按照威科案(*Veeck*),城市准则一旦被接收为法律,就会失去版权保护,理论基础在于它是法律的表述,因而属于不受保护的思想(或者说,该表达与其所表达的不受保护的思想发生了重合)。基于前述理由,其他法院可能有不同意见。毋宁说,该准则依然享有版权,但受制于适当的合理使用原则。依据该原则,后现代小说的出版人可能构成侵权。该出版人还可能主张,它的行为是不侵权的合理使用。合理使用将在下文讨论。

# 六、如何保护思想?

　　思想不受版权法保护。抱负远大的斯皮尔伯格、爱迪生或盖茨拥有伟大的创意,她如何对此加以保护以防止他人复制——尤其是,如果她需要他人的帮助以实现其创意(制作电影、销售发明、创办企业)?

　　一个办法是通过合同。在公开其创意之前,她可以要求他人签订不披露协议(nondisclosure agreement,NDA)。该合同将是可以执行的。但她可能发现别人不愿意签约。电影公司、风险投资商以及其他人常常有其不签订的NDA政策。他们有其合理的顾虑,即签订NDA,然后获知他们本已了解的创意(或者是显而易见的,或者无论如何已经处处皆知的),或者随后受制于比实际披露的创意更为宽泛的要求。有些要求签订NDA的人在披露之前会发现,没有人愿意以签约的代价听取一项说教。

　　对于某些创意,保密也是有效的。某些创意无需向他人披露就可以得到开发利用。软件、制造工序、客户名单和其他商业秘密可以得到保护。而其他创意——电影或产品创意——则为了向公众销售而必须在某个时间点予以披露。但保密可能有助于赢得针对竞争对手的时间优势。

　　规范(norms/习惯行为之规则,与法律规则不同)也可以减少抄袭。喜

剧演员的笑话不能受版权保护，但喜剧演员可以通过非正式的社会制约来
减少抄袭。[①] 很多行业和社交网络具有防止抄袭的规范。

　　身份归属对于某些作者有所助益。创意不受保护，但创意的发出者常
常取得公众和职业界的尊敬。艺术家、学者、科学家以及商人们常常从其作
为创始者的名声中受益。

　　○ 实例

　　a. 又是布拉茨。在美泰公司工作的布莱恩负责为高端的芭比娃娃设
计服饰和发型。布莱恩的合同规定，"我同意，在我就职该公司（美泰）期间
的任何时间，对于由我（单独或与他人合作）构思或实施的所有发明（界定如
下），我会尽可能及时而充分地传达给公司（美泰）。特此我向公司转让……
我对该发明的所有权利、资格和利益，以及我在此基础上获得的专利、版权、
专利申请或版权申请上一切权利、资格和利益"（着重字体系作者所加）。该
合同还规定，"'发明'一词包括但不限于所有的发现、改进、工序、开发、设
计、诀窍、数据库计算机程序和配方，无论是否可享受专利保护。"布莱恩有
一个布拉茨（Bratz）娃娃系列的创意，并做出了一些草图和模型。布莱恩后
来离开了美泰，到了后者的竞争公司那里。该公司制作并销售了布拉茨娃
娃，收益达千百万美元。布莱恩违约了吗？

　　⊙ 解析

　　a. 布莱恩没有违约。如合同所规定的，他同意沟通信息并转让他对于
"发明"的权利。系列娃娃的创意不属于该合同所定义的发明。[②] 美泰公司
无权享有千百万美元的生意。这一案例说明，你可以使用合同来控制无版
权的创意——但这些合同的制订必须认真仔细。

---

　　① 参见克里斯托弗·史普利曼、杜坦·欧力耳：《（再也）没有免费的笑：知识产权规则的出现
和单口喜剧的转变》(Christopher Sprigman and Dotan Oliar, *There's No Free Laugh*（*Anymore*）：
*The Emergence of Intellectual Property Norms and the Transformation of Stand-Up Comedy*），
94 Va L. Rev. 1787 (2008)。

　　② 参见美泰公司诉 MGA 娱乐公司(*Mattel, Inc. v. MGA Entertainment, Inc.*)，616 F. 3d
904,（9th Cir. 2010)。

# 第六章 其他除外客体:功能层面、 侵权材料、政府作品

本章继续关注被排除在版权保护之外的某些客体,如思想之类的。版权不适用于克隆鼠的方法、游戏规则、电影《机器人总动员》的未经授权的续集(除非构成合理使用)以及《版权法》本身。版权不适用于功能性物质、侵权性内容以及政府作品。首先是功能性物质,正是思想不受版权保护这一原则的延续。其次是侵权内容,阻止侵权人就其包含侵权材料的作品要素获得版权。第三是排除政府作品,体现了各种版权政策之间达成的平衡。

## 一、作品的功能层面

版权适用于独创性作品。如前一章所述,版权只保护作品中属于创造性表达的要素,如作者表达一种思想的具体方式。版权不保护思想,也不保护作品的功能性层面,它们不是表达性成分。功能性的排除与思想的排除121 紧密相关。二者都体现在:

> 在任何情况下,对作者独创作品的版权保护决不及于思想、程序、工序、系统、操作方法、概念、原则或发现,无论它在作品中是以何种方式被描述、说明、图示或体现的。[①]

第 102 条(b)通过具体的几项功能性要素的列举,将"程序、工艺、体系、操作方法"排除在保护之外,从而对功能层面排除原则进行了强调。独创性的洞

---

① 《美国法典》第 102 条(b)。

穴潜水安全程序、野生浆果本地化的独创工艺、独创的牙科诊所经营体系制度以及火箭船驾驶操作方法等，都不能享有版权保护。

很多功能性要素如程序、体系或操作方法，只能被视为不可受版权保护的思想。但是，与小说或数学法则的观念之类的思想排除相比，功能性问题有着重要的区别。一部小说的情节或抽象绘画背后的理念属于不可受版权保护的思想，其结果可能是，该思想被留在公共领域，供他人自由使用。一般而言，思想表达区分所涉及的问题是，这些要素是应受到版权保护，还是留在公共领域。

就功能性要素而言，区分的界线稍有不同。如生产方法或机器设计之类的功能性成分不可受版权保护——但它们却可以获得专利。与版权法不同，专利法保护功能性要素。事实是，发明专利只能适用于新的、实用的产品或方法。功能性的基本问题通常是，某要素具有创造性，因而属于版权法领域，抑或具有功能性，因而属于专利领域。某些实用性思想太过抽象，因而不能获得专利保护。像版权一样，专利也不保护思想。毋宁说，专利只适用于实用性发明思想的实践应用。

同一成果的不同成分可以受到版权与专利两方面的保护。计算机程序的创造性因素可受版权法保护；该程序可能体现了可专利性的发明（如完成特定工作的方法）。一个公司常常对同一件成果拥有版权与专利保护（不考虑商标），它们适于该成果的不同要素。

在这个世界上，日常的事件和活动在被监控录像、个人录像机以及游戏与虚拟空间软件等设施所拍摄，版权不保护功能成分这一规则可能发挥着日益重要的作用。在某些情况下，此类信息汇集可能不被视为可版权的独创性作品，而只是功能性与事实性数据。

122

## （一）区分不受保护的功能性成分

版权不保护功能性，但作品可能既具有功能性，又包含受保护的创造性表达。灯座的功能是支撑灯,而由舞蹈造型构成的灯座可能受版权保护。[①]
地图的功能是帮助航海,但也可受保护。计算机程序执行着很多功能,却也
作为文字作品受保护。对于每种情形,关键是要区分受保护的表达与不受
保护的功能性这两个层面。

　　贝克诉塞尔登案为功能性分析确立了标准。[②] 原告拥有版权的图书是
对一种会计制度的讲解,其中的一篇论文解释了该制度如何运作。该书还
提供了实施该会计制度的表格。会计制度显然是不受版权保护的[按照现
行立法的术语,它属于"工序(process)"或"系统(system)"]。这篇解释系
统的论文属于受保护的表达,因为该论文只是作者用于解释系统的方式,另
一个作者可以以完全不同的方式解释它。问题是,用于实施该系统的表格
是否受到版权保护。这些表格被认定不受保护,因为使用表格是使用该系
统所必须的。禁止使用表格将导致保护该系统的结果。版权不保护那些不
受保护之思想所必然产生的要素。贝克案所支持的观点是,即使是表达性
要素,当它们具有功能性时,也不受保护。

　　甚至连系统的解释也可能不受保护。在贝克案中,冗长的文章可以写
得很不一样。但是,有些文字描述主要取决于他们所描述的系统。例如,抽
奖比赛规则对抽奖如何开展做出了规定。事实上,对抽奖之解释给予版权
保护,有可能会向一个竞赛者赋予控制该竞赛的排他性权利。只有少量的
方法可以解说清楚,"参加者应该在箱顶上或空白纸上登载其姓名、地址和
社会安全号码"。[③] 同样,用于执行保险公司重组的文件罕能获得保护(即
使能够)。他人要复制一个重组方案,就必须使用同样的表述。[④] 很多法律
文件享有很少或不享有版权保护,因为要符合应用性的法律要求,特定词语
和短语的使用是必须的。

---

　　① 　梅泽诉斯坦因(*Mazer v. Stein*),347 U. S. 201 (1954)。

　　② 　贝克诉塞尔登(*Baker v. Selden*),101 U. S. 99 (1879)。

　　③ 　参见莫里西诉宝洁公司(*Morrissey v. Procter & Gamble Co.*),379 F. 2d 675 (1st Cir.
1967)。

　　④ 　参见克鲁姆诉太平洋共同人寿保险公司(*Crume v. Pacific Mut. Life Ins. Co.*),140 F. 2d
182 (7th Cir. 1944)。

虽然法院经常表示,版权不保护作品的功能性层面,而更准确的用语可能是具有实用性功能(*utilitarian* function)的成分。在一种宽泛的意义上,作品的每一个创造性成分几乎都发挥着某种功能。诙谐台词令人发笑、戏剧情节制造悬念、音乐激发情感反应、美的形式启发灵感,但这些成分正是受到保护的创造性表达的类型。

为判定某些成分是否具有功能性,法院指望能有一些指导性原则。法院考虑的是,对于实行某种不受保护的思想,复制某成分是否必要。保护的范围极大地取决于不受保护的思想能得到如何宽泛的界定。法院也可能考虑那些适应竞争者复制有关成分之需要的情形,例如,有关成分是否提高了工序的效率、外部因素是否支持对相关成分的采用、该成分是否已成为相关产业的标准或是否与其他作品之兼容所必要。法院还要依靠成文法所列举的具体的排他性类型:这些成分是否构成不受保护的程序、工序、系统或操作方法。这些词语本身需要得到或宽或窄的解释。

就所有这些路径而言,其潜在的政策是要判定有关成分是不是他人应该有资格使用的解决方案或基础材料。功能性分析常常伴随着抽象测试原则。下面几节将要说明,在具体的客体领域,法院如何看待功能性问题。

○**实例**

a. 福斯贝里式跳高(Fosbury flop)。1968 年,迪克·福斯贝里对跳高运动进行了改革,提出了一项巨大的革新技巧:面向天空,向前起跳。无论是从物理学还是从生理学上,福斯贝里式跳高都被证明是人类最有效的跳高方式,如今已成为标准技巧。福斯贝里能够对这一运动享有版权吗?

b. 主题歌。《福林普森》是一个电视周刊节目,每周以脍炙人口的主题歌《相遇福林普森》开始播出。这首歌对节目的特点和框架进行了机智的介绍,也被用作该节目的标识。未经版权人许可,当地一家酒吧经常性地播放这首歌,声称该歌曲是功能性的,因而不受保护。那么,这首歌属于不受保护的功能性作品吗?

c. 再谈科瑞格斯例。回想一下,科瑞格斯销售一种"投球表格",罗列了九个棒球统计项目,供棒球迷们使用。该表格的目的是提供信息,棒球迷借此可以使用其知识来预测投手可能的表现。我们曾讨论过这样一个事实：该表格具有的独创性使其足可获得版权保护，但它会不会因为另一个理由——即功能性被排除版权保护？

d. 分类系统。美国牙科协会制作了一个《牙科操作与命名准则》。该准则将牙科所有的操作程序进行分类，给每一程序分配一个编号，一段短的和一段长的描述。例如 04267 号，属于牙周手术服务类，短描述是"引导组织再生术——不可吸收的屏障，每个位置，每个牙齿（包括膜移除）"，长的描述则更详细地描述了该操作程序的各个步骤。某保险公司在自己的牙科操作手册中复制了该编号体系与短语描述。面对起诉，该保险公司认为，它所复制的只是不受保护的牙科操作分类制度体系。

e. 盗窃表演。魔术师韦德设计出一些奇妙的招数，可令鸽子出现在他的衣袖上，箱子里的老鼠消失，扑克牌突然出现。看过韦德表演的罗曼识破了这些把戏，并将其结合进了自己的表演。罗曼侵犯版权了吗？

⊙解析

a. 福斯贝里不能对该运动享有版权，因为它是功能性的：最有效果的跳高方式。

b. 该主题歌不具有版权法意义上的功能性。该主题歌在一般戏剧性意义上发挥着多种作用。它介绍节目的特点和框架；它可以将观众置于欣赏节目的恰当氛围；它作为一个提示有助于市场推销。但是，创造性作品的这些层面并不是限制版权保护的功能性。歌曲不是"思想、程序、工序、系统、操作方法"；它也不是一种已成产业标准或兼容其他产品所必须的成分（某些法院可能要考虑的要素）。保护主题歌不会以任何实质性方式限制竞争者：竞争性电视制作人可以使用它的歌曲做自己喜欢的事，而不用担心侵犯《福林普森》主题歌的权利。使用该歌曲并非遵循产业标准或有效创作电视节目所必需。因此，支持功能性的任何因素在此均不适用。

c. 该表格不因功能性原则被排除版权保护。如果它体现的是一种预测棒球游戏结果的系统，就不享有版权。根据贝克诉塞尔登案，如果科瑞格斯设计了一种方案，以便使用具体的统计数据来预测结果，该表格的版权保护可能就要被否定,因为它是实施该系统所必要的。但是,科瑞格斯的表格提出的是比较适中的要求,只是表明哪九项统计数据可能有助于球迷的预测。

d. 分类系统可能包含了分类体系,但被告的复制超过了该分类体系,还复制了具体的编号以及单个条目的文本。对于短语描述为什么需要在描述中做创造性选择,法院进行了恰当说明:"编号 04267 是'引导组织再生术——不可吸收的屏障,每个位置,每个牙齿',但可以写成'组织再生,经由不可吸收的屏障引导,每个项目下是一个位置和牙齿',或者说,'使用屏障来引导组织再生,无需考虑每个牙齿的位置数,该屏障是否可再生'。编号甚至可能是独创性的表达:'三个描述中的任何一项被分配的编号可以是四位或六位,而不是五位;引导组织再生术可以被置于第 2500 序列而非第 4200 序列;再者,任何选择都是分类系统编制者的独创,其他编制者可以有所不同。牙科协会准则中的每个编号都以 0 开始,从而可以确保,将来设计或重新分类的操作程序还能有大量未使用的编号;制作者原本可以挑选,而不是将很多的空白放在序列中。随着时间的变化,最初将数字 04266、04267 和 04268 分配给三个操作程序的目录将会实质性地远离最初将 42660、42670 和 42680 分配给同样三个操作程序的目录'"。[①]

e. 如果罗曼复制的只是韦德的方法,则无侵权发生。[②] 魔术把戏是功能性的,因为它执行了特定的任务。只要罗曼没有复制韦德的行话或创造性成分(它们不是戏法的一部分),就不会侵权。

## (二) 操作指南与规则

词语、图画和其他符号可能是功能性的。组装自行车的操作指南是实用性的,因为它们的目的是被用来产生某种结果:组装好的自行车。在此意义上,很多文字作品是功能性的:烹饪菜谱、电器操作手册、家庭维修指南等

---

[①]　参见美国牙科协会诉德尔塔牙科规划协会(*American Dental Association v. Delta Dental Plans Association*),126 F. 3d 977 (7th Cir. 1997)。——译者

[②]　参见莱斯诉福克斯广播公司(*Rice v. Fox Broad. Co.*),330 F. 3d 1170 (9th Cir. 2003)。

等。规则的属性可能也是功能性的。扑克牌游戏规则、比赛规则、建筑场地工人安全规则都属于功能性的，其目的都是要实现各种目标。

　　这类作品的功能性成分不受保护，但是它们的纯粹表达性成分则受到保护。在判定一个成分是否可以被复制时，法院可能非常倚重贝克诉塞尔登案。假定，被告复制了原告的数字相机操作说明书。法院首先可能会试图确认显然不受保护的功能性成分（相机的操作系统）。然后，法院实际上会考虑，被复制的成分与贝克诉塞尔登案中的表格是否相像（其为使用会计系统所必须，因而不受保护），或者是否与解释系统的文章相像（因为可有很多种方式用来撰写一篇解释会计系统的论文，所以它受保护）。简单来说，问题在于是否有多种可选择的方式来实现该作品的功能性目的。如果相机操作指南有很多不同的写作方式，原告这套操作指南就被视为可受保护的表达。但是，如果只有一种或少量方式用来有效获得一套操作指南，该操作指南很可能就被视为不受保护。

　　作品的创造性水平有可能影响功能性问题。如果操作指南是以简单而直接的方式得到规定，比较可能的是，它们将被视为功能性的，因而不受保护。如果某操作指南明确包含操作指南所不必要、但被用作其他目的（如创造性用语、笑话或历史信息）的成分，该操作指南就很有可能被认为受到版权保护。但在这种情况下，受到保护的只是创造性层面。仅对功能性层面（如所复制信息系操作相机所必要，但没有复制笑话和历史信息）进行的复制不会造成侵权。所以，操作指南与规则可以受到保护，但只能获得弱保护。

　　○ **实例**

　　a. 充分摇和。经过很多次实验，贝克·杜瓦尔对一种果酱南瓜的菜谱进行了完善。这种美味调合了甘薯、南瓜和软糖。她对制作原料做出记录，写出了一份简单的烹饪指南。在写出来的时候，她使用了菜谱作者普遍采用的术语和风格。她通过电子邮件将该菜谱发给了一个厨师同人小组。不久，就像常常发生的版权事件那样，她的菜谱被盗用，并被逐字逐句地包括在一本畅销的菜谱书中。她有资格获得一份版税吗？

b. **严格管理**。卡尼佛游轮是最盈利的游轮公司,因为与其竞争对手相比,它经营着效率极高的轮船,且在职工薪金和其他方面花费偏低。它把自己的生产力归功于其创立者——能干的爱芙。爱芙曾花费数年时光构想出了一套更好的方法,以供应鸡尾酒、清洁客舱、娱乐游客。她的所有工作指南都被详细写进了公司员工手册——一部供每个员工使用的严格的指导用书。

竞争对手凯撒航运选派几名职工,作为游客化名来到卡尼佛游轮。经过两周时间,几名间谍认真观察游轮的运营,并做出尽可能详细的记录。通过反向工程,他们最终获得其员工手册的大部分内容。历经几个月的时间,凯撒公司的员工采用了通过间谍活动获得的可大量节约时间和金钱的操作指南。卡尼佛公司能够就其员工手册提起侵权之诉吗?

c. **巫普游戏**。两个孩子发明了一种卡片游戏巫普。他们把卡片游戏的各种因素聪明地组合在一起,像桥牌、红心、黑桃和扑克。这种结合产生了一种易学而有趣的新游戏。孩子们把规则写了下来。然而,孩子们对这些规则的描述使用了很多双关语、猜谜和戏法,而非直截了当的说明,同时还揉进了不少故事和图画——它们来自各种巫普游戏过程中的事件。该材料被完整地包含在他们的笔记本中,名为《巫普规则》。它能享有版权保护吗? 假设,优伊尔阅读了《巫普规则》,识别出巫普的基本规则,并对这些规则进行了准确叙述。优伊尔侵犯了孩子们的版权吗?

d. **滚球**。推销员 P 发明了一项新的体育项目滚球,其中结合了冰球、速滑和曲棍球的各种要素,并加入 P 自己设计的一些新规则。P 举行了几场比赛,场面壮观,成为一种激动人心的体育赛事,爱好者数量快速增加。认识到他不能对游戏规则享有版权,P 就撰写了详尽的比赛说明。另外一个推销员在阅读了 P 的比赛说明后,也举办了一场滚球比赛。但她只是使用了相同的规则,并没有举办与之相同的赛事活动。推销员 P 提起侵权之诉,称对方的比赛侵犯了其书面说明的版权,因为这属于受保护的文字作品。请问,另一个推销员复制了受保护的成分吗?

e. **法规示范**。法律协会起草了一份《形象权示范成文法》。该协会关心的是,形象权作为一项诉由,各州之间互不相同,有些州以制定法为依据,另一些州则以普通法来管辖(或二者兼有),且在司法适用上差异巨大。为促进各种之间的统一,该协会起草这份示范成文法,并将其视为有关这一诉由之构成、抗辩和救济的最佳角度的准确表述。起草人首先就这套管辖形象权的规则体系达成了共识。然后,经过数份草案之后,他们就这些规则的表达方式达成一致意见。他们还以一种综合性方式编排这些规则。最后,他们草拟了评论和实例,以引导这些规则的理解。与某些示范法的起草人不同,该协会没有敦促各州原样采纳该示范法,而只是将其用作各自起草成文法的指导。没有任何司法机构将该示范成文法作为法律实施。该示范成文法(包括起草人制订的规则、规则之间的编排、评论以及所有的实例)可受
128 版权保护吗?

⊙ **解析**

a. 贝克·杜瓦尔可能无权主张版权侵权。一套烹饪操作指南是功能性的,因而不受版权保护。如果菜谱在功能性成分之外还具有创造性、表达性成分,可以获得版权。杜瓦尔写作菜谱的方式显然是循着果酱南瓜的制作步骤进行了简单的记录,而没有增加实施不受保护之功能所不必要的任何创造性成分。

b. 凯撒公司并没有侵犯该员工手册的版权。凯撒仅仅使用了手册中不受保护的制度性成分(事实上,凯撒很可能完全没有复制手册本身)。这一实例再次说明,复制不受保护的成分不属于版权侵权,而无论该复制是如何完成的。

c. 孩子们写出来的《巫普规则》受版权保护。不过,在规则支配游戏活动的范围内,它们属于不受版权保护的功能性成分。即使游戏是为了娱乐、玩儿游戏本身并无目的,游戏规则也属于功能性的,代表着不受保护的思想、方法或系统。孩子们如果用一种直截了当的方式撰写这些规则,他们的叙述可能就不受保护,因为卡片游戏的叙述是一种标准术语,规则只有一种(或只有少数)简单的表述方式。相应地,这种表述就因重合原则而不受保护。否则,若保护规则的描述,结果就是保护游戏本身。而在这里,孩子们

选择以创造性方式来表达其游戏规则，让他们就其特定的描述享有排他性权利，不会妨碍他人复制其中的功能性层面。正因该表述受到保护这一理由，优伊尔就没有侵犯其版权。优伊尔没有复制叙述中具有创造性、受保护的层面。可以说，优伊尔复制的只是不受保护的功能性层面。

　　d. 与 P 竞争的推销员没有复制其受保护的表达。推销员 P 对其详尽的滚球游戏说明不享有版权保护。滚球规则是不受保护的（就像思想、系统或工序）。但他的表述不只包含规则，其中描述了具体的滚球赛事，还有其他一些细节如有关运动员与观众的叙述。而竞争者没有复制受保护的表达。可以说，通过举办滚球比赛，她只是复制了不受保护的游戏规则。

　　e. 游戏的规则被认为不受保护，因为复制这些规则是实施该游戏——一种不受保护的程序所必要的。于是有人会认为，该示范成文法规定了管理形象权的规则，也不能受到保护。然而，尽管这一领域的权威论述罕见，示范成文法的版权普遍得到承认。示范法规定了被建议的规则，其本身如同思想、制度或程序一样不受保护。但示范法也包含了创造性成分，如规则的编排、描述具体规则的用语选择、评论，以及为说明规则而挑选的实例。如果规则的表达方式只有一种（或少数）时，示范法草案的保护才可能被否定。在这里，事实并非如此。起草人发现每一种规则的表达有多种可能。他们基于创造性理由对规则做出编排，而未受功能性考虑的限制。实例也属于创造性表达。无限多的实例可被设计，以说明内容广泛的规则的适用。

## （三）软　件

　　按其属性，计算机程序（也被称为软件）是功能性的。版权成文法将"计算机程序"定义为"为产生某种结果而直接或间接使用于计算机的一组说明或指令"。[①] 计算机程序完全适于版权法，还是属于不受保护的功能性作品？对此曾有过相当激烈的争议。而现行成文法明确表示，计算机程序有资格作为文字作品受到保护。问题进而已转向计算机程序保护程度的判定

---

　　① 《美国法典》第 17 编第 101 条。

上。在软件侵权案件中,基本问题是确认哪些成分被复制、判断这些成分能否受到保护。

计算机程序执行的是智力性活动,它可以操纵视频游戏、预报天气、记录信用卡交易以发现可能的欺诈、制作建筑设计图或完成其他任务。它得到信息输入(信息来自用户数据库、与之兼容的其他程序、自动传感器、使用键盘与鼠标或操纵杆的用户);它产生输出信息(视频游戏展示、天气预报、欺诈警示、制图——更不必说,还有继续输入或错误信息等提示符)。软件工程师将对程序如何接受信息输入、产生输出信息做出设计。他可能做出一个总体设计(这将是一个梗概、作业图、草拟的符号或头脑中的创意);他会写出源代码程序以执行该设计。然后,编译器会把源代码翻译成机器码,换言之,编译器将源代码作为它的信息输入,并产生机器码以作为其输出信息。机器码是由计算机执行的程序形式。一旦被编译,程序就可以运行。一开始它不会完美地工作。它将得到多次测试与修订,以消除缺陷(bugs)、做出用户建议的其他改变、并增加其他特征。概括而言,计算机程序可能开始于一个设计,然后以源代码写出来,其中的片段看上去可能是这样的:

```
# include <time. h>
# include <limits. h>
# ifndef ACOS4
# include <sys. types. h>
# endif
```

然后它被编译成机器码,看上去可能是这样的(除非以更多行继续排列):

```
F0F0F3F5 F0F0F0F0 F0F0F0F0 7B899583 93A48485
F0F0F3F6 F0F0F0F0 F0F0F0F0 7B859584 89864040
F0F0F3F7 F0F0F0F0 F0F0F0F0 40404040 40404040
F0F0F3F8 F0F0F0F0 F0F0F0F0 A3A89785 84858640
F0F0F3F9 F0F0F0F0 F0F0F0F0 A3A89785 84858640
F0F0F4F0 F0F0F0F0 F0F0F0F0 A3A89785 84858640
F0F0F4F1 F0F0F0F0 F0F0F0F0 40404040 40404040
F0F0F4F2 F0F0F0F0 F0F0F0F0 615C40E2 E8D4C1D7
```

这种模式(设计、源代码、机器码)是常见的,但程序的创作可以采取其他方式。小说创作的模式通常是草拟、写作、编辑,但有些作家可能完全不需要草拟大纲。同样,某些软件工程师可能只写源代码而无需太多的整体设计。并且,在今天,自动开发工具通常做了很多的编码工作。在某些情况下,一个工程师可能用机器码写程序。

计算机程序与小说之类完全不同,因为它们首先是功能性的。程序是做事的,"循规行事"的文本。① 程序在很多方面像机器而不是诗歌。但程序员在很多方面也与诗人相像。就像其他文字作品,程序可能是优雅的、创造性的、臃肿的、冗长或简练的。程序是功能性的,但达到目标并非只有一种方法。对于如何完成其目标,程序员可能有多种选择,且有些选择可能纯粹是创造性的。将版权法适用于软件的困难,一直是将其功能层面(不可享有版权)与审美层面(可享有版权)相区分。版权法必须按照有关软件的特殊考虑得到调整:功能性(软件具有创造性但主要是功能性的)、互用性(软件要与其他软件或设备一起工作就必须经常调整)以及网络效应(某程序的用户越多、其用途就越大)。② <sub></sub>

非常有助于理解该问题的是,曾备受批评的蕙兰一案。③ 在该案中,原告对一款被用来管理牙科诊疗的程序拥有版权。被告没有逐行复制该程序的代码,却复制了该程序的结构(structure)。法院承认计算机程序属于文字作品,其对该案的分析很像是有关小说复制的案件。法院的推理是,计算机程序中不受保护的思想是有效管理牙科诊疗,而执行这一思想可采取很多不同的方法。因此,法院认为,原告所选用的具体程序结构属于受保护的表达。

在页边标注 131

---

① 萨缪尔森、戴维斯、卡普尔、瑞克曼:《计算机程序法律保护宣言》(Pamela Samuelson,Randall Davis,Mitchell D. Kapor & J. H. Reichman,*A Manifesto Concerning the Legal Protection of Computer Programs*),94 Colum. L. Rev. 2308,2316-2317(1994)。建议新的法律体制要更适应于软件。

② 参见斯泰西·多根、约瑟夫·刘:《版权法与客体特殊性:以计算机软件为例》(Stacey L. Dogan and Joseph P. Liu,*Copyright Law and Subject Matter Specificity*:*The Case of Computer Software*),61 N. Y. U. Ann. Surv. Am. L. 203(2005)。

③ 蕙兰诉贾斯罗(*Whelan Assoc. v. Jaslow Dental Lab*,*Inc.*),797 F. 2d 1222,230 USPQ 481(3d Cir. 1986)。

众多法院和评论者压倒性地否定了这一建立在错误类比基础上蕙兰原则。计算机程序不同于《白鲸》。[①] 计算机程序的确都是文字作品,但并非所有的文字作品都受到同样水平的保护。正如第五章所述,与创造性虚构作品相比,事实作品受到的是低水平保护。同样,计算机程序主要是功能性的,应该得到弱保护。特别是,蕙兰案审理法院错误地认定,一件程序有着单一的不受保护的思想。相反,计算机程序具有一个总体功能(就像管理牙科诊疗室),但它通过很多低度抽象的功能(例如执行会计任务、整理病人记录以及跟踪预约)来完成这一功能。所有这些成分构成了程序的结构,而蕙兰案认为其可受保护。简言之,蕙兰案判决让原告就其运营牙科诊疗室的系统拥有排他性权利。而这正是贝克诉塞尔登案所反对的——用版权为系统提供类专利的保护。

蕙兰案之后,各法院对计算机程序赋予了更弱水平的保护。值得一提的是,众多案例相当多地借助了文字作品中的思想表达两分法分析,以此维持了蕙兰案所采取的第一步骤。但在适用于计算机程序时,它们却使用这些分析工具大大缩减了保护的范围。

有关计算机程序非字面复制侵权分析的代表性判例是计算机国际诉阿尔泰一案。[②] 该案确立了一种抽象—过滤分析,其焦点是辨识程序中不受保护的各种要素。在此种分析中,法院首先借用了抽象测试:在最高层辨识程序的结构(程序的根本功能,如运行商务会计系统),通过中间层(如对财产清单进行更新或按字母顺序进行顾客分类的模块),抵达抽象的最低层(程序的字面代码)。

下一步是对不受保护的材料进行过滤。这种材料首先应包括"受效率决定的成分"。如果有效区分信息或更新财务记录的方式只有有限的数量,这种方法就不能受到保护。法院还指出,"受外部因素决定的成分"是功能性的,因而不受保护。它以必要情境原则作类比,以此拒绝对文字作品中的

---

① 《白鲸》(Moby Dick)系美国著名作家梅尔维尔的小说。——译者

② 计算机联合公司诉阿尔泰公司(*Computer Associates Int'l, Inc. v. Altai, Inc.*),982 F. 2d 693 (2d Cir. 1992)。

老套形象给予保护。同样，计算环境中的很多因素都是标准性的，就像视窗操作系统或个人电脑的使用。所以，程序中用来适应这些标准的成分不受保护。这里要注意，排除保护的程度是不确定的。可以说，对于成为产业标准的程序特征，即使这种特征本身正好是装饰性或审美性的，保护也会被取消。最后一步是把那些非程序作者所独创的成分过滤掉，如从他人那里复制而来的代码或算法。

计算机联合公司案判决所强调的是，过滤一切不受保护的功能性或非独创性成分，以明确是否有任何独创的、创造性的表达成分保留了下来。实际上，这导致了非常低弱程度的保护。通常，因为要执行程序中各种不受保护的功能性特征，写作代码可有很多不同的方式，程序代码的字面因而就可能被认为可受版权保护。较此更加普通的成分则可能被认定为功能性的，因为它们服务于效率或外部因素，或者是从他人作品中借用而来。

计算机联合公司案对于软件的分析，采用了各法院分析小说和戏剧的方式——即使用了抽象法。在美国甚至在国外，计算机联合公司案得到了广泛的采纳，在计算机程序版权问题上成为具有启发性的指导案例。其他人将软件与文学类比视为"毁灭版权的灾难，就像黑死病"。[①]

索芙泰案[②]所示范的，是一种可能导向高强保护的适法方法。该案所重视的正是计算机联合公司案所错过的。像计算机联合公司案依其过滤原则所做的那样，单一考察一部作品的各个要素，并探究每个要素是不是受保护的表达，是不够的。相反，单独不受保护的成分可以通过一种受保护的方式被组合在一起。数据库中的单一事实不受保护，而独创性的事实选择或编排可以受到保护。一首诗中单独的词语不受保护，但这些词语在诗歌中的编排则受到保护。法院还应该考虑，计算机程序中不受保护的功能性成

---

① 参见帕特里的版权博客《比尔盖茨与软件版权》（*Bill Gates and Software Copyright*，Patry Copyright Blog），August 3，2005，http://williampatry.blogspot.com/2005/08/bill-gates-and-software-copyright.html。

② 索芙泰公司诉龙医学与科学通讯公司（*Softel，Inc. v. Dragon Medical and Scientific Communications，Inc.*），118 F. 3d 955（2d Cir. 1997）。

133　分是不是以独创的、非功能性的方式被组合在了一起。作为不受保护的成分的汇编，计算机程序可能有资格受到保护。

计算机联合公司案代表的原则是，审视软件并过滤一切不受保护的成分，以考察是否有可受保护的模块存留下来。另一方面，索芙泰案显示，审视软件开发者的所作所为，以考察他们对不受保护成分的汇编是否显现出了独创性。法院不必在两种路径之间做出选择。相反，二者都可以指导法院努力判断某程序是否显示为独创的、创造性的表达。

软件案例中有一种情形是，被告是否进行了字面复制。计算机联合公司案和索芙泰案处理的是非字面复制。被告都没有从字面上复制程序代码，但他们自己写出的程序做了同样的事情。代码的字面复制总会构成侵权，因为表达各种程序功能的代码总能有很多种写作方式。然而，问题可能会更加困难：当字面复制不是针对代码而是针对程序的其他成分——如用户看到的表述或图片时，问题可能会变得更加困难。

代表性案例是莲花诉博兰案。[①] 莲花 1-1-3 是一个非常流行的电子表格程序，用户可以通过它在电脑上完成会计功能以及其他财务任务。该程序非常流行，推动了早期个人电脑的普及。博兰公司试图吸引莲花软件的用户来关注它不太流行的程序，复制了莲花公司的"菜单指令层"。换言之，博兰公司复制的正是莲花 1-2-3 使用的指令（如复制、打印或停止），还有它的菜单指令层系统。莲花公司"拥有 469 个指令，被编排在 50 多个菜单和子菜单中"。莲花案判决在功能（与）表达问题上表现出了犹疑不定。每个指令本身是功能性的。莲花公司不能要求保护这些功能性（更不必说是非独创性）指令，如复制或打印。但博兰公司还复制了这些指令在各个菜单与子菜单中的复杂编排。这个菜单层系统似乎是创造性的。有无数的方式可以把众多指令编排于菜单中，而很多方式会像莲花的编排那样发挥作用。博兰公司复制的缘由是让莲花用户能够启动博兰公司的软件，而无需学习

---

①　莲花公司诉博兰公司(*Lotus Development Corp. v. Borland Int'l, Inc.*)，49 F. 3d 807 (1st Cir. 1995)。

一套新菜单（并让用户通过他们的"宏"来复制，而这是他们为执行系列指令可以自己编写的）。

法院就莲花案展开了争议。初审法院认为，该菜单指令层属于可受保护的表达，理由是莲花公司选择的是能够执行菜单指令层理念的众多方式之一种。上诉审中，第一巡回法院首先承认计算机联合公司案的分析法并不恰当，因为它所针对的是非字面复制。然后该法院对问题采取了一种狭窄的分析路径。法院没有笼统地对待问题，而是认定该菜单指令层是一个"操作方法"，是被《版权法》第 102 条排除版权保护的材料类型之一。按照 <sup>134</sup> 这种观点，该菜单指令层就属于用户用以控制并操作莲花程序的方法。在联邦最高法院决定听审该案时，计算机行业和版权法律师们热切期待就功能性原则在软件领域的适用获得指导。但是，法院意见 4∶4，从而简单地维持了上诉法院的判决，且没有提出书面意见。由此，莲花案将软件保护的范围置于一种开放待定的状态。

○ **实例**

a. 审查生活。巴歌很忙。她的工作是独立软件开发，晚上上法学课，家里还有四个孩子。她利用宝贵的时间写出一款计算机程序，可让她有更多的时间。该程序上运行着一个日程表，维持最新的通联目录（朋友、孩子的朋友、医生、教师和教练），安排拼车，发出感谢与提醒的邮件，还完成其他日常但重要的任务。巴歌自己使用这款程序，然后将复制件销售给城里的一些人。后来她得知，有个名叫阿贝尔的购买者复制了几件并销售。另一个购买者巴贝尔，多次观察阿贝尔使用该程序并写出另外一款执行所有相同任务的程序。程序的总体结构是相同的，而实施该结构的代码却有着相当大的差异。阿贝尔或巴贝尔侵犯了巴歌的版权吗？

b. 简洁的解决方案。有一天，在工作时，巴歌承担了一项写作一款程序的任务：利用可获取的来自气象卫星的公开数据，计算某具体地区获取的太阳能的能量总数。巴歌尝试了解决该问题的各种方法。最终，她想出一个精彩的方案并写出一款完成该任务的极短的程序——仅使用了大约 6 行代码。对这款虽短却强大的程序，巴歌拥有版权吗？

c. 让繁花盛开。绽放软件公司销售一款流行的图片加工程序维波,供用户处理数字化图片。维波向用户提供的指令有拉伸、复制、打印以及色彩均衡。用户使用这些相当简单的指令,可以对图片做出复杂的改变。这些指令被编排于各种菜单,因不同的任务弹出来。有竞争者开发了一款新的电子表格程序。为吸引绽放公司的用户,该竞争者复制了后者的指令和弹出菜单的结构。如此,绽放的用户不必学习一套新的指令和菜单,就可以启用这款新程序。通过复制这些成分,新程序还可以兼容绽放公司的其他软件产品,从而更能吸引绽放公司的用户。该竞争者所复制的,是不受保护的功能性成分、还是受到保护的创造性表达?

135　　d. 反射视窗。评论人员曾经提出如下难题:版权法保护微软的视窗操作系统,但版权法只保护作品的表达层面,而非其功能性层面。另一个软件公司可以复制视窗中不受保护的功能层面,并向广大的市场销售功能等同的程序,不会违反版权法。其他强大的软件公司为什么没有这样做?

e. Java 语言。谷歌公司想让安卓手机兼容应用广泛的 Java 语言,让开发者用 Java 语言写出在安卓手机上运行的应用程序。由于未能与 Java 语言的所有人甲骨文公司达成许可协议,谷歌就决定独自开发与 Java 兼容的软件。谷歌没有复制运行 Java 语言的代码,但它复制了该种代码的"结构、顺序和组织"。为此,谷歌还复制了 Java 的应用编程接口(APIs)。为了让安卓开发者能使用 Java 的功能,安卓复制了 Java 组件的名称和标头(headers)。例如,谷歌复制了数字比较方法的标头,"java. lang. Math. max",然后写出进行比较并返回结果的代码。谷歌所复制的,是受版权保护的创造性表达,还是不享有版权的功能性材料?

f. 俄罗斯方块。俄罗斯方块于 1980 年代在苏联开发。其中,玩家必须把"下落的几何方块(所谓四格拼板)"做整齐排列,把水平线填满。米诺写出并销售再现俄罗斯方块的代码。如法院所描述的,"无论是外表,还是其移动、旋转、跌落以及运行的方式,这些方块的风格几乎都难以识别。光亮相同的颜色被用于每个程序中,整个方块包括单独勾画的块状,每个块状被给出内部边界以表明结构,色彩的阴影和渐变以实质相同的方式被使用,以表明光线正被投射在方块上"。① 这是侵权,还是可被允许的对功能性游戏的复制?

⊙**解析**

a. 巴贝尔不负侵权责任,他仅复制了功能性成分。巴贝尔观察了该程序的运行并写出一款执行同样功能的程序,这不属于侵权。

阿贝尔制作了复制件若干并用于销售,可能负有侵权之责。阿贝尔复制的应该不只是不受保护的成分,而是还有这些成分在目标码文字行中的表达,而这是受到保护的。

该例没有问及更有难度的情形:某人详细考查程序的源代码,并在写作自己的代码时对它进行了相当接近的复制。该问题的处理需要更多有关程序本身的事实以及被复制的具体成分。该例只是表明,一般来说,对软件进行大量的字面复制可构成侵权,而仅仅复制程序的功能则不侵权。

b. 巴歌可能无法拥有版权。通常,计算机程序受版权法保护,但该程序如此之短、写作如此精巧,以致可能因重合原则而被否定版权保护。"短程序可能显示出高度的创造性,可能对处理困境提出了简单而独一的解决方案。正像数学家搞出一项简洁的证明,或是作家以少量、简单却具有创造性的方式表达出思想,一个计算机程序员开发了一款简单而有资格获得保护的程序。但是,除非显现出创造性的天资,一款非常简洁的程序很少有可能享有版权,因为它为独创性表达提供了很少的机会"②。巴歌程序的功能层与其短文本之关系如此密切,以致不可能被赋予版权。不然的话,巴歌可能就要对该程序的功能性享有排他性权利。不过,如果一个完成同样任务的程序能够以不同方式写出来,答案就可能不一样。

c. 该例取自莲花公司诉博兰公司案。③ 软件的这些成分是不是受版权

---

① 俄罗斯方块控股公司诉肖互动公司(*Tetris Holding,LLC v. Xio Interactive,Inc.*),863 F. Supp. 2d 394 (D. N. J. 2012)。

② 利盟国际诉 SCC 公司(*Lexmark International v. Static Control Components*),387 F. 3d 522,542-543 (6th Cir. 2004)。

③ 莲花发展公司诉博兰公司(*Lotus Development Corp. v. Borland Int'l,Inc.*),49 F. 3d 807 (1st Cir. 1995)。

法保护,各法院意见不一。比较狭窄的功能性视角可能认为,菜单指令层属于受保护的表达。不受保护的思想是把层级式指令系列用于执行图片编辑程序。被选用的特定指令与菜单系列只是该思想的一种可能的表达。另一个软件开发人可以用完全不同的指令系列来实现同样的功能。

另一种观点集中于对《美国法典》第 17 编第 102 条(b)中的具体类型进行解释,将指令系列视为不受保护的"操作方式"。用户通过回应程序呈现的菜单来使用程序。同样地,指令系列可被视为不受保护的"系统":指令系列一起发挥作用,执行该程序的功能。

还有一种观点认为指令系列是功能性的,原因只在于它是实现与绽放公司其他产品兼容所必要的。用户已经习惯于使用绽放公司的指令系列。复制这些成分也让新程序与绽放公司的其他软件产品交互使用。法院可能判定,这种兼容性特点使指令系列成为功能性的。单独来看,这可能是支持功能性的最弱的理由。

d. 有多个理由妨碍了这样一种策略。[①] 尽管版权法不保护程序的功能性层面,但对于哪些层面是功能性的,具有不确定性。并且,其他知识产权(如专利与商标)可能为程序的这些层面提供保护。比法律不确定性更为重要的可能是,市场风险是商业竞争者面对的重要掣肘。对程序进行反向工程是一件浪费时间且不确定的事,而微软周期性地更新程序,这意味着竞争者在销售最新产品方面是有难度的。用户也可能对某程序是不是真正的功能性替代品保持警惕。最后且最能弱化诱惑力的是,据说微软有能力降低其程序的价格,以与任何新的市场进入者展开竞争,从而大大降低潜在收益。总之,对于一个商业竞争者来说,当其他投资收入可能更加丰厚时,为需要竞争的开发与销售进行巨额投资,没有太大的意义。这可以解释,为什么没有哪个大规模商业软件开发商承担这样的项目。

其他具有不同动机的人至少进行了部分尝试。某些开源软件开发者

---

① 参见马可·莱姆利、大卫·麦高恩:《网络经济效应的法律意义》(Mark A. Lemley and David McGowan, *Legal Implications of Network Economic Effects*),86 Cal. L. Rev. 479,528-530 (1998)。

（他们放弃他们的软件）进行此种努力的目的在于磨炼他们的编程与反向工程技能，增进自由软件运动。WINE 程序使运行其他操作系统（如 LINUX）的计算机也能运行视窗程序。

e. 按照莲花公司案，这似乎属于针对功能材料的可允许的复制。方法和标头措辞这个层次听起来像是菜单与菜单措辞层，它们在莲花案中被判定不受保护，但联邦巡回法院采取了不同的路径。[①] 就像莲花案中的初审法院，它所聚焦的问题是：是否有其他方法来完成同样的功能。事实上是有的：谷歌本可使用不同的方法分类系统，并使用不同的标头以便使它自己的程序执行编程语言（尽管它与 Java 语言不兼容）。不过，这种判决相当狭隘。法院将案件发回初审法院，要求认定谷歌公司是否能因合理使用受到保护。只有未来的发展才能说明甲骨文案与莲花案到底相距有多远。[②]

f. 构成侵权：米诺复制的不只是游戏如何运行的功能性要素，还有其审美性成分。"除了避免就已知的思想开发自己的生意这一艰巨的任务，米诺没必要模仿俄罗斯方块的表达"。[③]

138

### （四）实用性物品

有一类作品有着特殊的功能性测试标准。如果"绘画、图形和雕塑作品"是"实用性物品"，只有当其审美特征与其实用性层面可以分离时，才可能受到保护。按照成文法的规定：

实用物品的设计，如本节所界定的，只有当此设计包含了可与该物品的实用层面分别辨认，并可独立存在的绘画、图形或雕塑特征，且只

---

① 甲骨文公司诉谷歌公司（*Oracle Am. , Inc. v. Google , Inc.*），750 F. 3d 1339（Fed. Cir. 2014）。

② 经发回重审后，2016 年 5 月，地方法院陪审团一致同意，谷歌复制 Java 的应用编程接口属于合理使用。甲骨文公司则再度提起上诉。2018 年 3 月 27 日，上诉法院第二次推翻了地区法院判决，并就损害赔偿问题发回重审。见甲骨文公司诉谷歌公司（*Oracle Am. , Inc. v. Google Inc.*），Case No. 1017-1118（Fed. Cir. March 27, 2018）。——译者

③ 俄罗斯方块控股公司诉肖互动公司（*Tetris Holding , LLC v. Xio Interactive , Inc.*），863 F. Supp. 2d 394（D. N. J. 2012）。

在此范围内,才应该被视为绘画、图形或雕塑作品。[①]

"可分性"规则只适用于"实用性物品"——一个狭窄的类型:"具有内在实用性功能的物品,它不只表现物品的外表或传递信息"。锤子、椅子或门属于实用性物品。每一种物都"表现"其自身的外表,且都提供信息(例如,门告知人们有一个方式可以走出房间),但各自都服务于其他实用功能(敲打钉子、就座、穿过围墙)。比较而言,地图、计算机程序和钟表都是有用的东西(useful things),但不属于"实用性物品",各物的应用目的是提供信息。绘画不是"实用性物品",因为它的目的是表现其自身外表。

判断某物是不是"实用性物品",有时并不难。版权局的规章给出了几个明确的实例:"汽车、船舶、家用电器、家具、工作工具、服装等"。[②] 有一些情形则是不明确的。有案例判决,飞机玩具不是实用性物品,因为它在孩子游戏中发挥飞机的作用,本质上与其外表相连。[③] 反对意见认为,玩具扮演的是纯粹功能性的角色:用于游玩的物。

衣服(clothing)通常是实用性物品,即使它用于表现其自身的外表,却也服务于衣服的纯实用性功能(覆盖穿着者,为他们保持温度)。但有些衣服可能只是在表现它的外观。穿在其他衣服上的戏服(costume)可能就只是表现其外观。

这样,对于服装设计,只有当其审美成分与其功能可以分离时,才可享有版权。这通常妨碍了服装设计的版权保护。设计中基于审美理由(改变底边、缩窄肩部、放宽裤腿)的改变将会影响作品作为服装发挥作用的方式。功能与形式常常纠缠在一起,以致版权保护无足轻重。其结果,版权很少能让时装设计师禁止他人复制(只要复制者不侵犯相关的商标,而这与版权不同)。仿冒名牌服装设计被任意销售。有人建议修改版权成文法,为时装设

---

① 《美国法典》第 17 编第 101 条。

② 《版权局执法纲要(二)》(Copyright Office Practices Compendium 2),503.03(a)。

③ 参见盖伊玩具公司诉巴迪公司(*Gay Toy v. Buddy L Corp.*),703 F. 2d 970 (6th Cir. 1983)。

计提供特殊保护。其他人主张，法律保护的缺乏使这一领域更加充满活力，因为设计师必须依赖不断的改变并确立声誉作为其市场优势。作品是不是实用性物品可能很重要，因为有关可分性规则的解释一直不同于版权法对功能性的一般性排除。例如，计算机程序就不是"实用性物品"。在判断计算机程序的成分是不是受保护时，法院将遵循上述一般性功能分析。程序有可能因字面性的、逐行的复制遭到侵权。相对接近的非字面复制也可能构成侵权。然而，如果计算机程序是"实用性物品"，结果可能就不一样了。依据法院采用哪种可分性测试法（见下文），法院可能判决程序完全不受版权保护，因为其审美特征与功能性特征包含于同样的代码中，不可分离。

对于实用性物品，只有当它具有与实用层面"可分"的审美特征时，才受到保护，但可分性可以得到多种不同方式的理解。法院使用多种路径来界定可分性。

有些法院要求物理可分性（physical separability）。根据这一路径，创造性灯具设计不可受到保护，因为灯具外形在物理上不能与其功能层面相分离。① 对于作者，物理可分性是最难满足的，因为它要求作品要包括可以分离的物理性成分。举一个经典的例子，引擎盖标志可能受到保护，因为它与小汽车能够相脱离。而小汽车设计的其他部分则可能不受保护，无论其看上去如何具有装饰性和非实用性。这样，按照物理可分性分析原则，最实用性的物品将被认定为不可受版权保护。物理可分性这一要求来自对成文法貌似有理的解读，它对版权保护的条件是审美特征"可分"。而一些法院则试图寻求不太苛刻的分析路径，理由有两个。第一，前一标准显得太苛刻，妨碍了很多兼具功能性与创造性之作品的版权保护。第二，它可能与具有标志性的联邦最高法院梅泽案判决相抵触——该案判决，由天使雕像构成的一个灯座是可受保护的。该灯座在物理上可能是不可分的，因为该灯具离开灯座就会倒落，但作为一个天使雕像，它显然具有应受版权法保护的创造性层面。

---

① 参见绅士有限公司诉林格（*Esquire*, *Inc.* v. *Ringer*），591 F. 2d 796, 807 (D. C. Cir. 1978)。

为避免物理性可分提出的高要求,如今绝大多数法院要求"观念性(conceptual)"可分,这可从几个方面来理解。如果某物品具有实用性功能,但也因其显示出的审美魅力而受到人们的欣赏,就具有观念的可分性。140 在腰带扣中,如果扣子的制作既要扣紧腰带,还能作为艺术品在博物馆中展览、销售给艺术收藏家或受到设计杂志的重视,该腰带扣的设计就具有可分性。[①] 再一个分析方法是要考察,人们认为作品的审美层面与其功能层面是不是分开的。另有一个分析路径则考虑设计过程:只有当设计人能够做出不受功能性因素影响的审美选择时,才有可分性存在。弯曲的自行车行李架设计是不受保护的,因为基于审美目的而做出的每一种形式变化都影响到自行车行李架的功能。[②]

现在对实用性物品分析做一下概括:第一个问题是,按照成文法规定,作品是不是实用性物品。如果是,下一个问题就要考虑它是否具有"可与实用层面分别辨认,并可独立存在的绘画、图形或雕塑特征"。如果具有这些可分的审美特征,它就有可能受到保护。否则就不能。如果该物没有落入实用物品的界定范围,它就必须具有独创性、创造性成分,以此获得保护,其功能性层面就不会受到保护。例如,地图不是实用性物品。但具体软件是否受保护就取决于通过成分分析来判断它是否具有有资格受到保护的必要的独创的、创造性表达。

版权局有关服装设计可版权性的法规很好地说明了这一分析,就该主题的主要变化给出了例证:

有关面具(mask)的审查实践不会把面具视为实用性物品,但会基于最低的图画和/或雕塑独创性之存在来判断其可否登记。服装设计(garment designs)(排除被加于服装的可分别辨认的图画性呈现)不会

---

① 参见凯瑟斯坦-科德诉珍珠饰品公司(*Kieselstein-Cord v. Accessories by Pearl*),632 F. 2d 989(2d Cir. 1980)。

② 参见布兰迪尔国际公司诉卡斯凯德公司(*Brandir International v. Cascade Pacific Lumber*),834 F. 2d 1142(2d Cir. 1987)。

获得登记，即使它包含了装饰性特征，或者被有意用作历史性或时代性服饰。奇装异服（fanciful costumes）只有根据有关可分别辨认的图画和/或雕塑的独创性认定，才会被视为实用性物品，并获得登记。[①]

按照这一观点，面具不属于实用性物品，因为它们仅仅表现其自身的外表。服装（garments）属于实用性物品（穿着以覆盖人身），因而它们要遵循可分性规则——且通常不会具有可分的成分，因为服装各部分通常发挥着功能性作用。奇装异服（就像武奇［Wookie］[②]的服装）也是实用性物品，它们适用于可分性分析，但由于它们可能具有可分的图画性或雕塑性成分，有时会通过可分性测试。

141

　○ **实例**

a. 是实用性物品吗？只有"实用性物品"才适用可分性要件，以判断其是否有资格获得版权保护。下列哪些项属于实用性物品？其中，哪些能满足可分性要求？

（a）瑞士军刀

（b）小汽车安装工序手册

（c）解剖学课堂使用的仿真人体

（d）装饰华丽的散热器罩

（e）小汽车引擎

（f）汽车车身设计

b. 人体模特。派得设计了一件人体外形，用于展示衣服。在进行形式设计时，派得希望它外表逼真，同时又很适合悬挂衣服。结果是一切良好，很多商场和服装设计师都想来买。另一个设计师赛得准确复制派得的人体外形并以较低的价格提供同样的外形。赛得复制的是受保护的表达吗？

c. 还是关于人体。泰得创作了一件人体躯干雕塑。该雕塑相当逼真，

---

① 国会图书馆版权局，《服装设计的可注册性》（Copyright Office，Library of Congress，*Registrability of Costume Designs*），56 FR 56530（1991）。

② 电影《星球大战》中多毛的人形物种。——译者

既栩栩如生,又具有审美魅力。该雕塑是受到保护的表达吗?

⊙解析

a. 实用性物品是"具有内在实用性功能的物品,它不只表现物品的外观或传递信息"。

(a)瑞士军刀是实用性物品,它具有多种实用性功能(切割、开瓶、拧开螺丝、打开罐头),且不仅表现其自身外观或传递信息。

(b)小汽车安装工序手册是实用的,但它不是"实用性物品"。它具有实用性目的,但这就是传递信息。

(c)专供解剖学课堂使用的仿真人体不是实用性物品。它的作用既表现自身外观,也传递信息。

(d)散热器罩是实用性物品。它具有装饰性,但非"单纯地"用于表现其自身的外观。相反地,它还有其他的实用性功能,遮盖散热器并防止燃烧。

(e)小汽车引擎是实用性物品。它符合成文法上的界定。

(f)汽车车身是实用性物品。就像散热器罩,它同时具备审美与实用两种功能。

在实用性物品中,瑞士军刀设计和小汽车引擎很可能不受保护,因为它们缺乏与其审美特征相分离的实用层面。汽车车身和散热器罩的设计是不是受到保护,取决于法院对可分性采取了哪种测试。两种设计缺乏物理的可分性。按照设计工序测试,汽车车身可能还缺乏观念上的可分性,因为设计上的任何变化都会影响到功能层面——例如,改变形状将产生空气动力学上的影响。但是,如果采用更宽泛的分析路径,审美层面就可能在博物馆展览和杂志上得到展现。散热器罩可能通过所有的观念可分性的测试。设计的变化不影响其功能。它还具有可让人作为工艺品单独欣赏的审美特征。

b. 人体外形属于实用性物品。它具有实用性功能(悬挂衣服),且不用于传递信息。相应地,只有当其审美特征可与其实用层面相分离时,它才受到保护。由于该设计缺乏物理可分性,采取此种测试法的法院会判定它不受保护。由于其设计目的只在于实用性作用，它可能也不具有观念上的可分性。按照设计工序测试法，没有任何设计选择不具有功能性考虑。即使从更加宽泛的分析路径来看，可分性都是缺乏的。审美特征还与实用性层面连在一起。没有任何因素显示它可以仅仅作为雕塑作品被欣赏。[1] 如果该人体模特还具有不受功能性作用影响的纯粹表达性特征，如赋予它"饥饿外表"的雕塑性成分，其结果可能就大为不同了。[2]

c. 泰得的人体雕塑可能受到保护。它不是"实用性物品"。作为一件雕塑，它不具有实用功能。因而，它不适用于可分性测试。相反，它是否具有功能性应决定于一般的功能性分析（各法院并不相同，如上文所述）。不过，无论依据哪种分析路径，纯粹的雕塑可能都不具有功能性。

# 二、侵权作品

通过侵犯他人版权而创作的内容不受版权法保护。依据法律，"一部作品使用享有版权的已有材料，其保护不及于非法使用该材料的作品之任何部分。"[3]某种程度上，该规则强调了独创性要件。如果某作者的小说所包含的一章逐字取自另一部小说，该作者不享有该章的版权保护，因为这不是她的独创。

143

比之于单纯拒绝对被复制材料赋予版权，上述规则的范围更为宽泛：它拒绝的是对使用侵权材料的作品的"任何部分"赋予版权。对于通过非法使用他人作品所创作的独创性表达，该规则否认其版权。假定某作者将他人的短篇小说扩展成为一部长篇小说。如果该作家只是复制了不受保护的思

---

① 比较卡罗尔·巴恩哈特公司诉伊科诺米公司（*Carol Barnhart Inc. v. Economy Cover Corp.*），773 F. 2d 411 (2d Cir. 1985)。

② 参见皮沃特国际公司诉查伦产品（*Pivot Point International, Inc. v. Charlene Products*），372 F. 3d 913,931 (7th Cir. 2004)。

③ 《美国法典》第 17 编第 103 条(a)。

想,的确没有发生侵权;但如果该作者复制了受保护的表达,使用该短篇小说的作品的任何部分就都不受到保护。

版权持有人有效地控制着作品的复制与演绎(例如续集、翻译、改编成电影)市场。例如,在帕拉迪姆音乐公司案中,[①]卡拉 OK 音乐录音制作者没有获得使用有关音乐作品的许可。因为卡拉 OK 录音的各部分都使用了音乐作品,卡拉 OK 制作者对其录音就不享有任何版权。

这一点不同于专利法——其中,人们可以就其对一项专利性发明的改进寻求获得专利。第二个发明人不侵权就不可能实施其改进,同样,第一个发明人不侵犯改进专利也不能实施该发明。在版权法上,基于已有作品而创作的人对使用侵权材料的部分不享有版权,这意味着第一个作者可以使用那些部分而不构成侵权。

什么可构成一部作品的一"部分",这是一个悬而未决的问题。例如,某书的各章未经授权使用了来自另一部享有版权的书籍的内容。一个法院可以推论称,由于各章违法使用材料,各章都不受保护,令整个作品不受保护,即使该作者增加了很多独创的表达性材料。同样,如果某作者基于某故事制作一部电影,法院可能会否定整部电影的版权。另一个分析路径是,由法院分离出未使用受保护材料的各部分,判定这些部分可受版权保护。

○实例

a. 吉他。偶尔以王子为名的某音乐家常常称自己精心设计了一个不能发音、受版权保护的符号。他授权多个实体将该符号用于 T 恤和其他产品上。未经王子的允许,某乐器制造商以该符号之形状制作了一把吉他,并向王子展示。不久,王子带着同样一把吉他出现在音乐会上。王子负有侵犯版权之责吗?

b. 偿还日吗? 电影《土拨鼠日》的制作者未经许可使用了小说《美好一天》的立意。因为思想不受版权保护,该使用不构成侵权。《美好一天》的作

---

① 帕拉迪姆音乐公司诉吃睡音乐公司(*Palladium Music v. Eat Sleep Music Corp.*),398 F. 3d 1193,1197 (10th Cir. 2005)。

者获得《土拨鼠日》的复制件,实施复制并向公众销售。该作者称,《土拨鼠 144
日》本身不受版权保护,因为整部电影未经许可使用了另一部作品的思想。
《土拨鼠日》不受版权保护吗?

c. 全部免费吗? 安德烈写了一部小说,《我的生日》。布特尔在创作小
说《恶霸的日子》时,无所顾忌地大量复制《我的生日》。《恶霸的日子》的每
一部分都充分使用了《我的生日》中的独创性表达。后来,克里夫未经安德
烈和布特尔的许可,制作并销售《恶霸的日子》的复制件。克里夫认为,她的
行为未侵犯版权。《恶霸的日子》不受版权保护,因为它大量复制了《我的生
日》。因而,克里夫主张,复制或销售《恶霸的日子》的复制件不构成侵权。
那么,克里夫是否复制了受保护的表达? 如果是,复制了谁的表达?

d. 部分保护。德瑞发表的《雅皮士》是一部有关 1960 年代的社会史著
作。批评家随即指出,该书的每一章都包含逐字抄自《嬉皮士》的段落,后者
出版于几年前,受版权保护。该书的其他部分则显然是德瑞的独创。德瑞
的出版商撤回了此书,在删除所有复制材料之后出版了一个修订本。紫皮
出版社对该书进行扫描,并开始印制、销售其复制件。它声称,《雅皮士》没
有版权,因为它是侵权作品。紫皮说的对吗?

⊙解析

a. 王子不承担版权责任。该吉他设计以享有版权的符号为基础。假
定复制符号属于侵权,使用该符号的吉他设计的任何部分都没有版权。假
定整个设计以该符号为基础,因为这确定了吉他的形状,那么吉他的整个设
计就不可享有版权。对它的复制不构成侵权。[1] 另需注意,吉他设计的某
些成分可能是功能性的,因此不受版权保护。

b.《土拨鼠日》受版权保护。未经许可使用已有材料的作品不享有版
权,这一规则仅适用于对这些材料的"非法"使用。复制思想不是非法行为。
相反,不保护思想旨在鼓励传播思想。版权为作品创作提供足够的保护,是
要鼓励思想的自由流动,而不是以这种保护阻碍思想的自由使用。

---

[1]　参见皮克特诉王子(*Pickett v. Prince*),207 F. 3d 402,406 (7th Cir. 2000)。

c. 克里夫复制了受保护的表达——来自《我的生日》的表达。《恶霸的日子》的每一部分都非法使用了来自《我的生日》的侵权材料,所以《恶霸的日子》的版权可被完全否定。复制《恶霸的日子》不侵犯其版权,但对《恶霸的日子》进行字面复制也是在复制《我的生日》中受保护的表达(因为该表达已被《恶霸的日子》复制)。因而,该复制者就侵犯了《我的生日》的版权。《恶霸的日子》不受版权保护这一事实并不能造成《我的生日》被置于公共领域。

d.《雅皮士》侵犯了《嬉皮士》的版权。因此,《雅皮士》中使用侵权材料的"任何部分"不享有版权。该例子提出了这样一个问题:一部作品的"部分"是什么?每一章都包含从《嬉皮士》复制的段落,但也包含很多分离的、独创的段落。如果一本书的一章就是一"部分",那么人们可以得出结论说,每一章都不受保护。如果每段是单独的"部分",就只有该侵权段落被否认版权保护。

这一问题几乎没有判例法。人们似乎可以看看材料被使用的方式,从而对"部分"做出最妥当的界定。使用侵权材料的所有成分可能都应该被否认版权保护。在这里,这可能导致这样的结论:独创性段落受到版权保护。

# 三、政府作品

版权保护"不可赋予美国政府的任何作品"。[①] 成文法将"美国政府作品"定义为"美国政府官员或雇员作为其正式职责而创作的作品"。[②] 该规则拒绝为联邦雇员创作的成千上万的作品赋予版权:法院判决意见、联邦法律法规、行政报告、官方照片,等等。例如,NASA(美国国家航空和宇宙航行局)制作了很多精彩的无版权照片和视频。

---

① 《美国法典》第 17 编第 105 条。
② 《美国法典》第 17 编第 101 条。

如果某作者是一个独立承包人，而不是联邦雇员，该规则就不能适用。所以，因特定事件而被聘用的摄影人所拍摄的照片就享有版权。对于联邦雇员在官方职责之外的作品，这一规则也不适用。因此，参议员的日记或士兵拍摄的个人照片就受到版权保护。另外，该规定授权联邦政府获得版权所有权——即使政府资助、指导了作品创作，并要求版权让与（作为合同的一部分）。①

有几项政策支持这一规则，美国政府作品不享有版权保护。版权法赋予版权持有人进行复制、发行、改编、表演以及展示作品的排他性权利。人们需要获得政府作品的理由有很多：遵守法律、参与政府项目，等等。允许政府限制某些官方作品的获得，与正当程序原则背道而驰。并且，政府作品的版权产生了舆论审查的可能。最后，版权的目的是为作品创作提供激励。不过，如果是政府资助、指导了创作，激励原则就不再有多大的力量。

成文法条款只适用于联邦政府的作品。美国共有三套治权系统：联邦政府、州和印第安部落。依赖于正当程序的原则，法院已将上述规则延伸至其他法律文件，如各州或部落成文法以及司法意见，从而创设了法定义务。不太确定的是，该规则是否适用于政府制作的其他文件，如各州或部落行政机构的报告和政府地图。在判断版权是否适用时，法院可能考虑拒绝保护规则背后的主要目的：法律正当程序所要求的公示（notice）、版权提供的创作激励和言论自由问题。

版权局曾经采取这种观点：

> 由于公共政策的理由，政府法令如司法意见、行政裁定、立法规定、公共条例以及同类的法律文件，都不可获得版权。无论它们属于联邦、各州或地方，乃至外国政府，这一点都予适用。②

---

① 参见施纳珀诉福利（*Schnapper v. Foley*），667 F. 2d 102（D. C. Cir. 1981）。

② 《版权局执法纲要（二）》（Copyright Office Practices Compendium 2），305. 08（d）。

当私人党派的作品演变为法律的组成部分时,另一个问题就产生了。例如,一个私人党派起草的一份条令被市政当局采用。如果公民复制该条令,她也是在复制该私人党派的规范草案。政府对该规范的采纳是不是将该文本置于公共领域?权威观点对此存有分歧。如前文所述,第五巡回法院认为,当某示范准则被采纳为法律,依照重合原则,它就不再受版权保护。[①] 有人可能通过适用政府官方作品不受版权保护的规则来达到同样的结果。另外,私人作品仍然可以继续享有版权,但要因思想表达两分法和合理使用原则而允许他人复制。

○**实例**

a. 我的意见,我的权利。在索达诉珀普一案中,联邦法官汉迪撰写了一篇措辞严厉的反对意见稿,针对等同原则详细阐释了其非正统性的观点,其中夹杂着对其他陪审法官的人身攻击。经再三考虑,汉迪决定不提交该意见稿,而只是加入多数意见。她以为她销毁了每一份草稿。而让她大为惊愕的是,她得知,《国家法律杂志》获得一份复制件并准备将它发表。她就该意见稿提出版权主张,试图阻止其发表。她认为,一份意见草案向来没有被提交,就没有法律效力,因而不应该被视为政府作品。该意见草案享有版权吗?

b. 助手之作。另一个联邦法官丹迪撰写了一篇关于陶器的文章。该文章与丹迪的职责无关,完全是为个人目的而写作。该文认为,陶器在历史发展中发挥的作用至今未受重视。文章所依据的更多是丹迪的想象,而不是历史研究。该文章属于不受版权保护的美国政府作品吗?如果该文章实际上是由丹迪的法律助手按照其指令、利用正常办公时间、在其办公室撰写的,情况会不一样吗?

c. 法庭意见。在索达诉珀普一案中,阿德提交了一份法庭之友意见书。阿德是一个律师,对该案提出的问题深感兴趣,遂建议对各种竞争策略

---

① 参见维克诉南方建筑规则国际组织(*Veeck v. S. Bldg. Code Cong. Int'l, Inc.*),293 F. 3d 791 (5th Cir. 2002),全体法官出庭。

做出平衡。几个月后，阿德惊讶地发现，他的意见书被印刷在《自动贩卖机法律期刊》上。期刊的编辑告诉阿德，他们之所以没有征求其许可就予以发表，是因为在联邦诉讼中提交的意见书属于美国政府作品，不受版权保护。阿德提交的是不享有版权的作品吗？

d. 动物农场。美国农业部决定制作一部有关替代性能源甲烷的娱乐性纪录片，目的是用于学校教学。为此它成立了一个影片制作部，其中员工众多，但他们都被登记在其他工作项目下。该部门向一位独立承包人支付了一次性报酬，供写作、制作该影片之用，将一切创作与制作细节都托付给了该承包人。合同规定，影片的版权属于美国政府。影片完成后，复制件在众多教师中发行。一位名叫加德福莱的人获得该影片拷贝后，从事制作并销售。加德福莱认为，该影片不受版权保护，因为它属于联邦政府的作品。如若不然，加德福莱辩称，美国政府可能会对公共财政资助之作的发行实施某种限制。该影片是美国政府作品吗？

e. 斯路珀克信息图。斯路珀克郡制作了一套提供本郡大量信息的"信息地图"。地图制作的方式是，让众多雇员从本郡公共不动产和其他档案记录、当地公共图书馆和各类在线数据资源中筛选各类信息。地图提供了有关该郡经济与社会构成的大量信息。浏览该地图可让读者获得该郡商务、<sup>148</sup>学校、住宅、农田和其他社区组织方面的整体画面。斯路珀克郡制作该地图是要借此来宣传该郡。斯路珀克以比较适中的价格向不动产代理人、投资人、旅客、历史学者和其他各类有兴趣的人销售地图，其从地图所获收入与其花费几乎持平。事实上，如果没有这些收入，斯路珀克郡委会也不可能批准这一活动。当地理发师佛洛伊德复制了地图中的某一份，并向该郡常客以半价销售复制件。佛洛伊德认为，斯路珀克郡不能对政府制作的作品主张版权。该地图享有版权吗？

f. 给专利证书以版权吗？克里斯托弗发明了一个通心粉和奶酪自动制造机。为此他提交了一份专利申请，其中包括两个主要部分：书面说明书就该设备及其如何制造的说明；权利要求书对他的权利主张设定范围。美国专利商标局批准该请求并颁发了专利证书。专利证书包含有书面说明书和权利要求书,它们共同界定了克里斯托弗的权利范围。

安迪在撰写一本有关专利法的书,考虑将克里斯托弗的专利证书纳入其中。专利局的法规允许对整个专利证书进行复制,[①]但这将占据安迪著作的大量篇幅。安迪需要取得克里斯托弗的许可吗? 如果安迪正在撰写的是一部有关食品技术的书籍,情况会有不同吗?

g. 纪念碑。美国政府举行了一场比赛,为航天飞机纪念碑寻求设计方案。弗兰克提交了获奖设计。在谈判中,弗兰克拒绝向政府转移版权。他签署了合同,纪念碑得以建造。它享有版权吗?

⊙ 解析

a. 该意见草案不享有版权。汉迪是联邦雇员,因而由她写作,作为其官方职责一部分的任何作品都属于不可享有版权的联邦政府作品。成文法并不区分作品的类型,而是适用于所有作品。无论草案是否提交并具有法律效力,或者是否见过天日,都无关紧要。唯一的疑问是,汉迪是否作为其官方职责的一部分而准备该作品。如果她以个人日记的方式泄露了她的感受,结果就不一样,但意见草案的创作却正好处于法官官方职责的范围内。

b. 该文章不是美国政府作品,即联邦官员或雇员在其官方职责范围内创作的作品。联邦法官的官方职责包括主持案件、起草司法意见以及参与法院管理。这篇有关制陶业的文章完全是为了个人目的,属于个人事务,故没有资格成为政府作品。

如果文章是由法律助手撰写,就属于不受保护的美国政府作品。法律助手属于联邦雇员,其职责可能包括遵从上司的指令,如撰写文章。从她的角度(与丹迪不同)来看,该写作并非个人作品,而是她工作的一部分。

c. 阿德不是联邦雇员,因而其意见不属于美国政府作品。拒绝保护官方法律文件的司法原则也不能否定对该意见的保护。该意见可能是阿德之法律观点的阐明,但它不能自动成为法律,这与司法意见或立法令不同。按

---

① 《联邦法规汇编》第 37 编第 1.71 条(e)[原著文内注为 371.71 (e),应更正为 37 CFR1.71 (e)]。——译者

照习惯，律师很少行使已经成为公共档案之一部分的法律意见或其他文件的版权——而合理使用原则（将于第五章讨论）允许对此类作品进行某些方式的使用。

d. 该影片不属于美国政府作品。它是享有版权的作品，版权由美国政府享有。依据规定，成文法只适用于美国官员或雇员创作的作品，而创作了该影片的独立承包人既非官员也非雇员。成文法还特别允许美国联邦获取版权所有权。成文法的考虑是，美国联邦的确可以对某些作品享有排他性权利，并有能力限制他人的复制、发行与表演。并且，有关作品并不会产生舆论审查或正当程序问题，而美国联邦如果委托承包人制作司法意见，然后又限制其发行，这些问题就会产生。

e. 尽管它们属于政府作品，这些地图可能不会被否认版权保护。在判定官方法律文件是否应该享有版权时，法院要考察个人是否需要获取该作品以知悉法律知识，并要考察版权背后的激励原则。这些地图包含很多信息，但没有人需要获取这些地图以遵守法律。这些信息可在公共资源里获取。并且，激励原则也可适用于该案情形。如果不是因为可从地图中获得收益，斯路珀克郡很可能就不会制作这些地图。制作这些地图不是该郡政府履行基本职责所必须的，因而这不是一项有或无版权才可能发生的行为。法院还可能要考虑，授予版权是否会造成政府审查的危险。如果这些信息可在其他地方自由获取（若以不太方便的方式），审查的危险似乎就不会产生。

150

f. 专利证书属于美国政府作品，因而不受版权保护，但它所含材料来自已有的作品——克里斯托弗的专利申请书。可能成问题的是：安迪是否有可能侵犯克里斯托弗专利申请书的版权（如果有版权的话）。按说，专利申请书可以作为独创性作品享有版权。它虽然会包含很多功能性成分，但也可以很容易地满足低标准的创造性水平。问题是：如果申请书被美国政府颁发的专利证书（一份具有界定法定权利之法律效果的文件）大量复制，结果将会怎样。法院可能采取的路径有多种：

重合。按照威克（*Veeck*）案，法院可能会认为，就像私人撰写并被采纳入法的准则,文本与法律(属于思想)不可区分,因而不受保护。但这似乎让威克案遵循的路径走得太远,以致每一件具有法律效果的文件都可能被剥夺版权保护。

政府官方作品。法院可能会考虑到多项政策:正当法律程序所要求的公示、版权法为作品创作提供的激励、言论自由原则。法院可能主张,公众需要接触专利文件(以避免侵权等),专利权足以激励专利文件的写作,专利权之自由讨论要求它们不被授予版权。

合理使用。最佳效果是利益平衡的取舍。法院可能会判定克里斯托弗不失去其版权,但专利文件受制于宽泛的合理使用制度(下文将予讨论),如收入专利法律文本。有人可能会认为,将说明书用于技术类图书不属于合理使用,因为它并非依赖于专利的法律属性,而只是在使用克里斯托弗的说明书。而合理使用判断中有个考量因素(超前一下)是作品的属性。克里斯托弗撰写申请书时希望其文本能在获得美国专利时发挥作用,这样他可能预料到他的文本会被他人使用。可能与这一情形不同的是,一篇小说在先前的一个案例(诽谤、侵犯版权)中成为证据。其中,使用小说的相关部分对于法律讨论就属于合理使用,但作者不会因此失去其整个版权。

禁反言。再增加一些评论:就像有人因称其创造性表达为事实而丧失版权保护一样,也有人因为提交某物、期待它被计入官方法律文件而丧失其版权保护。一个人可能因为向美国专利商标局提交申请而默示性地对此表示赞同。

g. 纪念碑享有版权。创作纪念碑的是独立签约人而不是联邦雇员。由于同样的理由(弗兰科不是雇员),雇佣作品的规则在此不适用。弗兰克拥有版权。[①]

151

---

① 参见盖乐德诉合众国(*Gaylord v. U. S.*),595 F. 3d 1364 (Fed. Cir. 2010)。

# 第二部分　所有权与交易

# 第七章　版权的初始所有权

广告撰稿人可能得不到版权。如果广告代理商的雇员为广告主撰写了稿件或设计了图片,该作品的版权属于作为雇主的代理商,而不是该雇员——除非代理商书面同意版权属于该雇员(不可能),或属于为其付费的委托人(很有可能)。当有多个当事人参与作品创作的时候(无论是为其支付费用、亲身创作,还是为其提供材料),我们可能会问:谁拥有其版权? 如果各方就谁拥有版权达成了书面协议,那它就得到移转,而不管他们是如何同意的。当事人总是得到这样的建议,但在很多时候,创造性作品是在缺乏律师提示的情况下完成的。在未曾达成协议的情况下,版权法提供了有关所有权分配的默认规则(default rules)。

版权自始产生于作品被固定为实体性的形式。[①] 版权最初由作者拥有。她可以转让其任何或全部权利,或者许可他人行使这些权利。要确定版权(或该版权的某些排他性权利)的拥有者,人们需要对两件事情做出判断:谁是作者(因而也就是版权的初始拥有者);版权的所有权(或版权持有人的某些权利)是否被有效地转让给了他人(而如果是,该转让后来是否依据合同或法定权利被终止)? 本章讨论这些问题中的第一个:谁最先拥有版权?

假定:某撰稿人 W 撰写了一篇故事。版权最初归作品的作者。[②] 一般性的规则是,作品的实际创作者是作者。不过,如果撰稿人是创作"雇佣作品"的雇员,她的雇主就被视为作者并拥有版权。例如,如果撰稿人 W 是报业公司雇用的记者,该报业公司就是 W 所撰写的故事的作者。同样,对于一些特别定做或委托的作品,当事人可能会达成协议,作品属于雇佣作品,

155

---

① 《美国法典》第 17 编第 302 条(a)。
② 《美国法典》第 17 编第 201 条(a)。

雇佣方被视为作者。比较而言,如果撰稿人是一个独立承揽人(independent contractor)①,未以有效协议将作品规定为雇佣作品,撰稿人就是作者,并最初享有版权。如果报社雇用撰稿人,将其视为自由作者,该撰稿人就拥有该故事的版权。

如果她是一个合作作者,她就是版权的共同所有人。如果作品是集体作品,各类版权持有者对其各自创作的部分保留版权,而集体作品之作者拥有的版权限于复制整体作品及其修订本。如果自由记者的故事被用在一期报纸中,报社拥有集体作品(该期报纸)的版权,而撰稿人保留其对故事的版权。

版权所有权具有重大的意义。假定某公司雇用某软件开发商撰写一份程序,为该公司执行会计、存货清查以及其他功能。对于版权所有权,各方当事人在合同中未置一词。版权所有人拥有复制、改编、发行、公开表演以及公开展示作品的排他性权利。如果它是雇佣作品,该公司就拥有其版权;如果它不是雇佣作品,该软件开发商就拥有版权。基于合同之目的,该公司按理可以就该程序的复制或改编获得默示性许可。但是,软件开发商、而不是该公司拥有向任何同类公司销售复制件、或改编程序以作他用等排他性权利。如果它属于合作作品,他们就是版权的共同所有人,且都可以行使其排他性权利。

分配所有权的规则只是漏洞填补规则(gap-filling rules)。关于谁将拥有版权,当事人相互间可以、应该达成一致意见。雇用独立承揽人的一方可以在合同中确保版权的转让。雇主可同意雇员对她创作的作品拥有版权。合作作者可同意作品中的版权属于某一个作者、或者属于第三方(如由合作作者组建的公司)。只有在各当事人没有就这一问题做出有效处理时,所有权分配规则才发挥作用。

156

---

① 《元照英美法词典》(薛波主编,北京大学出版社 2017 年版,第 682 页)将 independent contractor 译作"独立承揽人;独立合同当事人;独立承包人",并解释称:"指虽受雇承担特定工作任务,但却可以自由从事该特定工作并自由选择完成任务的方法。与雇员(employee)不同的是,如果独立承揽人等在执行工作任务的过程中从事了不法行为,其雇佣人并不对此承担责任"。——译者

# 一、谁是作者？

《美国法典》第 17 编第 201 条"版权所有权"规定：

（a）初始所有权。依本法受保护的作品的版权最初属于该作品的作者。合作作品的所有作者是该作品之版权的共同所有人。

（b）雇佣作品。对于雇佣作品，雇主或作品为其创作的其他人被视为本法意义上的作者，并拥有版权所包含的所有权利——除非各方在他们签署的书面文件中明确达成不同的协议。

（c）集体作品的各部分。集体作品中各单独部分的版权不同于集体作品作为一个整体的版权，且最初属于该部分之作者。在没有明确转让版权或其中任何权利的情况下，集体作品的版权所有人被推定仅仅取得复制和发行作为该特定集体作品、该集体作品之修订版以及同系列后续集体作品之部分的贡献份额的权利。

版权最初属于作品的作者。当作品创作完成，便可适用下列情形之一：

- 作者是个人：如果作者是个人，她就初始地享有其版权。
- 作品是雇佣作品：此时，雇方拥有版权。雇佣作品有两类：
  1. 雇员在其职务范围内创作的作品；
  2. 某些特殊的定做或委托作品，各当事人以书面形式明确达成协议，称该作品为雇佣作品。
- 合作作者创作的作品：合作作者是共同所有人，享有平等的、不可分割的版权利益。
- 作品是集体作品：集体作品的作者对该作品整体享有弱版权，而单个部分的作者可以保留他们各自的版权。

针对所有权的典型争议包括，雇佣方与被雇创作者之间的争议、作品是不是雇佣作品的争议、作品主要作者与对作品做出贡献的他人之间有关作品是不是合作作品的争议。

前述所有权转让规则的适用受版权转让的限制。例如,如果某无名作家签署了一份协议,将其小说的版权转让给某出版商,出版商就将拥有该版权,即使无名作家是这些小说的作者。版权最初归于该作家,然后被转让给了出版商。

## (一) 个人作品

成文法没有界定"作者"。谁可以主张作者身份,通常是不存在疑问的。创作作品的人通常就是作者。如果某诗人 P 拿出一首颂诗、滑稽演员 M 设计了一出哑剧、歌手 C 随便写了一首歌谣,他们每人享有各自的版权(假定都不是作为雇员在工作)。创作者超过一人时,某个人仍然可以被视为作品的作者,即使他实际上并没有亲手实施任何固定作品的工作。如果有多人声称自己是作者,法院要考虑这样一些因素:谁发起了创作、谁为独创性表达做出了贡献、谁控制了作品的生产、谁被各方视为作者。例如,水下拍摄泰坦尼克沉船残骸需要很多人的参与,以操控水面船只和海底拍摄装置。但是,如果有一个人做了下面的工作,他也可以是作者:指导拍摄、指定相机角度和拍摄顺序、每天主持全体人员会议以发布详细的拍摄指令、从水面指导全体人员的工作、每天观看镜头以了解是否令他满意。[①]

作者不必身份确定,因为成文法考虑到了假名和匿名作品。一个很不错的例子是"匿名"作者撰写的小说《三原色》。无论人们认为它是一部匿名作品(因为作者未具名)或假名作品(作品被署以"匿名"),依然存在着有效版权,最初属于其作者。

### ○实例

a. 注重形象。帕帕拉兹是自由职业的狗仔队摄影师,他徘徊在某明星

---

① 林赛诉沉船泰坦尼克号(*Lindsay v. The Wrecked and Abandoned Vessel Titanic*),52 U. S. P. Q. 2d 1609 (S. D. N. Y. 1999)。

公寓楼的入口处。该明星一出现,帕帕拉兹就拍摄到了该明星走在垃圾桶旁的照片。当帕帕拉兹向众多小报授权使用该照片时,明星主张该照片的版权。明星认为,该照片之所以有价值,正是由于其艰辛工作建立起的声誉,因而使用该声誉的权利应属于明星本人。谁拥有该照片的版权?

158

⊙ **解析**

a. 帕帕拉兹拥有该照片的版权。明星所做过的一切为该明星赢得公众兴趣,但是,涉案的版权作品只是这幅照片——带有明星形象的照片。帕帕拉兹显然是该照片的作者。在对作者身份做出判断时,法院考虑的因素包括:谁发起了创作、谁为创造性表达做出了贡献、谁控制着作品的创作、谁做出了创造性的决定、第三人认为谁是作者。所有这些因素都支持帕帕拉兹是作者。该照片也不是合作作品(见下述),此类作品要求(1)每个作者为可版权的表达做出了贡献,(2)在作品创作时,每个作者都有意成为合作作者之一。该明星不符合这些要求中的任何一项。记住:帕帕拉兹的版权并不能给予他使用该照片的无限权利;它授予的只是一个版权所有人的排他性权利。有关该照片的某些商业性使用将使帕帕拉兹承担商标法或形象权利意义上的责任。

## (二)雇佣作品

对于粗心大意的人,雇佣作品(work-made-for-hire)原则可能会是一个真正的圈套,原因只是,一方为作品付费、却不意味着她拥有版权(此时,作者属于独立承揽人,而不是雇员);同样,受雇人可能没有意识到,对于自己创作的作品,她并不拥有版权。关于谁拥有版权,理想的状态是,有关各方相互间达成共识。如果没有协议,法律对权利作出分配。

对于一部雇佣作品,雇佣方被视为作者并拥有版权,除非双方另有约定。按照《美国法典》第17编第101条,有两类作品可以被视为雇佣作品:

(1)由受雇人在其职务范围内创作的作品。

(2)作品系经专门定做或委托,属于特定的作品类别,且各方以书面形式明确约定它属于雇佣作品。

### 1. 受雇人在职务范围内创作的作品

第一类作品有很多,雇主享有版权:受雇于软件公司的技术材料撰稿人
159　写作的手册;广告公司雇员创作的广告(文稿、图像和编辑);律所助理撰写
的案件要点。第二类作品的范围较窄,因为它需要专门的协议,只适用于特
别类型的作品。比如,报社与某自由记者达成协议,一新闻故事构成一件雇
佣作品;电影制片人雇佣一个自由剧作者,双方同意其剧本属于雇佣作品。

就像在税法和雇佣法中,某人是雇员还是独立承揽人并非总是很清楚
的。法院对此曾适用了多个不同的测试标准,如实际控制标准或控制权标
准。最高法院曾在 CCNV 案中提出可适用的标准。[①] 该案中,一个非营利
机构雇用一个雕塑家创作一件无家可归之家庭的雕塑。雕塑完成后,双方
就其版权分配发生纠纷。最高法院认为,受雇方的归类要遵行普通代理法,
视下列情形而定:

- 雇佣方控制完成产品所用方式与方法的权利;
- 手段与工具之来源;
- 作品所在场所(如雇佣方的营业地或受雇方的住址);
- 双方关系的持续期间;
- 雇佣方是否有权向受雇方分派额外项目;
- 对于何时工作、持续多久,受雇方拥有多大的自由度;
- 支付方式;
- 在聘请助理以及向其付费方面,受雇方所居地位;
- 该作品是不是雇佣方正常业务的构成部分;
- 雇佣方是否正常营业;
- 有关雇员利益的规定;
- 受雇方的税收待遇。

该案审理法院认为,该作品不属于雇佣作品。CCNV 在一定程度上确

---

① 即创意非暴力团体诉里德(*Community for Creative Non-Violence v. Reid*),490 U. S. 730
(1989)。

实指导了作品创作,建议塑像中的家庭斜靠着蒸汽炉,并在其他方面确保雕塑符合他们的规范要求,但其他因素则大大地有利于判决该雕塑家是一个独立承揽人而非雇员。作为一个雕塑家的工作是一种"技艺性工作"。他使用自己的工具,在他自己的工作室工作,而无需 CCNV 做日常监管。合同只有两个月。CCNV 无权向他分派其他任务。他对"何时工作、持续多久"拥有完全的自由。合同价钱在工作完成时支付,这是向独立承揽人支付报酬的典型方式,完全不同于典型的雇员薪金。CCNV 不曾"支付薪资税或社会保障税,提供任何雇员福利,或为失业保险或工人补偿基金缴款"。

作品是由雇员创作,还是由独立缔约人创作? CCNV 案对此问题的解决提供了一个检验标准。需要注意,这些相关因素是比较具体的(例如,要询问工作在哪里进行、受雇方是否因为纳税或其他薪金之目的而被列为雇员)。分析未被转向其他更加困难的问题:对于作品的创造性贡献。

并不是说雇员创作的一切都属于雇佣作品。对于警察在其业务时间创作的风景画,版权就不属于警察局。可以说,要成为一部雇佣作品,作品就必须是在职务范围内创作的。在这里,法院还遵循代理法,考虑了下列几个因素:

第一,作品是不是该雇员受雇而完成的那类作品;

第二,作品是不是主要在被允许的工作时间内进行的;

第三,其目的——至少部分地——属于为雇佣方服务

一个在家里、在办公时间之外写作的作者,也可能创作雇佣作品,如果他针对职位说明之范围内的题目写作,与同事合作并讨论过文章,获得补偿以在讨论会上宣读论文。[①] 同样,即使是化学师写出来的软件,如果它所实现的功能属于他的一般工作职责,也可能构成雇佣作品。[②]

对于 1978 年以前获得版权的作品,所适用的标准略有不同。依据

---

[①]　参见马歇尔诉迈尔斯实验室(*Marshall v. Miles Laboratories, Inc.*),647 F. Supp. 1326, 1331 (N. D. Ind. 1986)。

[②]　参见米勒诉 CP 化学公司(*Miller v. CP Chemicals, Inc.*),808 F. Supp. 1238 (D. S. C. 1992)。

1909 年《版权法》，所应适用标准的是，作品的创作是否基于雇佣方的"要求和费用"——主要考虑雇佣方是否发起并资助了作品的创作。20 世纪福克斯电影公司诉娱乐发行公司一案所争议的问题是，①后来的总统艾森豪威尔将军描述第二次世界大战的作品《远征欧洲》是否属于雇佣作品。出版商曾说服艾森豪威尔写作该书，对其写作实施了重要监控，且向他支付了一次性报酬（因而承担了该计划的经济风险）。这些因素促使法院做出这样的结论：这一作品的写作乃基于该出版商的"要求与费用"，因而属于雇佣作品。

○实例

a. 得力干将。斯纳普是泰布罗伊画报社多年的全职雇员。斯纳普的职位是为名流拍照，泰布罗伊向斯纳普支付定期薪水（需要扣发所有相关的员工税，如社会保障金与收入税），并提供参加公司员工退休计划。泰布罗伊安排斯纳普为特定的名人拍照，有机会时也偶尔指派他为其他名人拍照。泰布罗伊还为斯纳普的工作提供相当大的支持，包括设备、费用报销以及后勤资助。斯纳普常就各种一般性问题与编辑们讨论，但对其职责的履行有着很大的自主权。斯纳普的工作时间主要由泰布罗伊来确定，虽然他在指定时间的前后有时也适于工作。斯纳普签订了一份多年雇佣合同，其中未包含有关照片版权的条款。有一张照片拍的是名人 C。斯纳普以相当高的创造性完成了一幅很棒的照片：名人 C 将一个无名小辈推向一边，去乘出租车。谁拥有该照片的版权？

b. 一心多用的能手。泰布罗伊要求斯纳普星期一早上待在他在报社的办公室里，以便随时与编辑们一起参加会议。坐在他的办公桌前，从秘书那里借来一张便签，斯纳普写了一个短篇小说，内容是一个胆大冒险的明星摄影师。斯纳普的写作纯粹出于个人目的，隐约希望将来有一天用在一本书中。小说刚一完成，斯纳普得知，著名辩护人劳拉律师正在附近公园里吃午饭。斯纳普匆匆离开，手拿相机，把他的手稿留在了办公桌上。一个编辑

---

① 20 世纪福克斯电影公司诉娱乐发行公司（*Twentieth Century Fox Film Corp. v. Entmt. Distrib.*），429 F. 3d 869 (9th Cir. 2005)。

捡起它,并决定发表在《泰布罗伊周末》上。斯纳普得知之后,要求获得一笔额外奖金。谁对该短篇小说拥有版权?

c. 机不可失。某个星期一,斯纳普外出闲逛时把相机放在了办公室里。他突然发现,离群索居的电影导演艾伦正慢慢向他走来,带着一副大大的太阳镜和一顶宽边帽。斯纳普从游客特里手里抢过相机,迅速朝艾伦抢拍了六幅照片。然后,游客特里夺回相机,消失不见了。斯纳普后来得知,游客特里将这些照片卖给了其他画报社。游客特里主张,因为相片是用他的相机拍摄的,版权属于他自己。谁拥有这些照片的版权?

d. 神秘新人。食品店福德客雇了两个热心的雇员,在其肉类包装区工作。他俩签订了详尽的雇佣合同、被列入工资名单并服从各个上司的监管。而这两个员工实际上是电视制作人、新闻网的全职员工,正在对食品工业的现状进行秘密调查。两个制作人暗地里悄悄地对其工作场所进行录像,拍摄到肮脏而不安全的肉类加工食品,而这正是要向消费者供应的。为阻止这些录像的制作和传播,福德客认为它拥有录像的版权,因为这是由福德客的员工在其工作中完成的。谁拥有这些录像的版权?

e. 临时工。两个摄影师受制片人聘请,每月用几天时间零零星星地到电视脱口秀节目"哈普恩"现场工作,为生动活泼的节目拍摄静态图片。当他们不在该节目工作的时候,两个摄影师也承担其他自由职业工作。哈普恩的制作人向他们支付现金,但不把他们视为雇员——即不列入工资单,不考虑其税负、福利或其他。制片人安排节目现场、选择来宾,并对整个进程做一般性控制。制片人不对摄影师做任何关注,在表演安排上做各种选择时也不考虑摄影师。两个摄影师决定何时并如何拍照,无需制片人的监控(并非为了不让其插手)。谁拥有所摄照片的版权?

f. 无正常手续。某软件开发人员承担了一家创业公司的各种项目。他在该公司的监管与指导下工作,承担各种额外任务的分派,并在与该公司打交道时自视为其雇员。但他相对独立。他工作在家而非办公室,自行安排工作时间与环境。其收入不是领工资,而是获取股份。公司没有在纳税或员工福利方面将其列入雇员名单。他所开发的软件属于雇佣作品么?

g. 任职条款。斯托曼业余在索福特公司从事临时性顾问工作。他们的合同条款规定，对于斯托曼就每个项目写出来的所有代码，索福特公司拥有版权。但到后来，斯托曼主张版权归他自己拥有。他是偶尔工作的独立承揽人；他因特定项目受雇并获取报酬；他完全控制着他的工作方式、时间与地点；他没有因纳税或任何其他目的而被列为雇员。其合同甚至将他称为"签约的斯托曼"。谁拥有版权？

⊙ **解析**

a. 照片版权属于泰布罗伊画报社。作品如果是由雇员在其职务范围内创作，就属于雇佣作品。受聘方是雇员还是独立承揽人，决定于上文所列各项因素。在本例中，几乎所有因素都支持职务关系的认定。斯纳普得到的是固定薪水；泰布罗伊画报社依据职务关系扣发了税费；泰布罗伊向斯纳普提供员工福利；泰布罗伊为斯纳普分派工作并确定其工作时间；泰布罗伊还提供其他支持，如花费报销、后勤资助等。可能支持斯纳普是独立承揽人的唯一因素是，斯纳普在执行任务时拥有相当大的自主权，在拍摄具体照片时可积极主动。但是，其他因素所占权重表明，斯纳普是一个雇员，虽然是一个具有一定自主性的雇员。

作为雇佣作品，一幅照片还必须属于雇员职务范围内的作品。这一点在此也显然得到了满足；斯纳普的工作是为名人拍照，而这幅照片正是如此。

b. 斯纳普拥有短篇小说的版权。他是受雇人，但也只有在职务范围内创作的作品才属于雇佣作品——此例中就是为名人拍照。如上文所述，相关的因素是：

（a）该作品是否属于该雇员受雇而需要完成的那类；

（b）该作品是否主要产生于确定的工作时间内；

（c）其目的是否（至少是部分地）服务于雇主。

在这里，上述只有第二项支持其被认定为职务范围内的创作——且其非常微弱，因为斯纳普只是在消磨时间。斯纳普创作小说完全是其拍照业务之外的事，目的纯属个人性的，因而该作品不在其职务范围之内，不属于雇佣作品。

c. 版权属于泰布罗伊画报社。斯纳普创作了该作品：他做出了所有相关的创造性决定，控制着照片的产生。他未经授权使用了游客特里的相机，但这无关紧要。斯纳普是泰布罗伊的雇员，正在履行职务，因而版权属于泰布罗伊画报社。

上述只适用于版权问题。如果泰布罗伊希望利用其版权，它就需要获得该相机（或至少是图片存储卡）。个人财产法决定着相机与储存卡的所有权——而它们应该归游客特里所有。所以说，泰布罗伊拥有版权，但游客特里拥有图片的物理载体。离开对方的允许，他们谁也不能利用其各自的财产，这将鼓励一个双方协议的达成。

d. 新闻网拥有版权。制片人的确是食品公司的雇员——但该录像拍摄并不属其职务范围。录像制作于食品店福德客的店址，且是在其业务时间内，但制作者职务之性质远非拍摄录像。该录像是由新闻网职工、在其职务范围内制作的。[1]

164

e. 摄影师拥有照片版权。摄影师不是雇员。尽管他们从制片人获得报酬，而其他所有因素均支持他们是独立承揽人，而非雇员。他们只是偶尔参加这些工作，没有通过工资单获酬，没有在福利或其他职务安排方面被视为雇员。制片人控制着节目对现场与进程，但没有对照片的拍摄实施控制。

制片人也可能会主张，这些照片是合作作品。按理说，制片人满足了第一个条件，即对可版权性表达做出了贡献。制片人控制了现场与进程的筹划，因而其创造性决定对照片内容做出了贡献。但要成为合作作者，各方还必须具有此种意图，而这在本例中并无显示。[2]

f. 如果公司没有在纳税以及其他档案方面将某人视为员工，然后又称其为员工以主张拥有版权，法院是非常表示质疑的。真善美公司诉拜斯一

---

[1]　参见食狮公司诉卡皮托城/美国广播公司（*Food Lion v. Capital Cities/ABC*），946 F. Supp. 420（M. D. N. C. 1996）。

[2]　比较那特金诉温弗里（*Natkin v. Winfrey*），111 F. Supp. 2d 1003（N. D. Ill. 2000）。

案采取了一种比较务实的做法。① 法院强调，涉案纠纷发生于小型创业公司，其对手续问题的关注常有不足。双方关系的实质是一种职务性关系，因而有关软件属于雇佣作品。真善美公司案表明，法院对这一问题采取了灵活的处理方法。它也强调了一种实用性的观点：公司应该已经有一个经签字的书面同意，即它将拥有软件的版权。如此就不再有必要面对雇佣作品原则的不确定性了。

g. 这一实例提醒我们，双方可能（且通常是应该）已通过协议转让了版权所有权。这不是雇佣作品的版权归属问题。版权一开始归斯托曼所有——而根据协议，随即被转让给了索福特公司。只有当双方还没有对问题做出安排时，版权的归属才以雇佣作品原则为依据。

**2. 特别创作或委托的作品**

即使是非雇员创作的作品，也可以成为雇佣作品。通常情况下，独立承揽人创作的作品不属于雇佣作品。但是，成文法允许双方达成有效协议，将某些此类作品视为雇佣作品。如果某作品符合下列情况，就是雇佣作品：

a. 经特别定做或委托；以及

b. 属于 9 种特别类型之一：集体作品的一部分、电影或其他视听作品的一部分、译文、补充性作品、汇编、说明性文本、测验、测验的答题材料、地图册；

c. 双方签订协议，确定其为雇佣作品。

如果某出版商 P 委托某学者 S 翻译一本书籍，双方可以有效同意该译文是雇佣作品。出版商 P 因此将成为作者并拥有其版权。

单纯的所有权分配不是这一规则的理由。协议双方总是能够就一项版权所有权的转让达成协议，由此，出版商 P 和学者 S 可能只是同意出版商 P 将拥有版权。同样，对于不属于上述特别类型的作品，双方依然可以同意，雇佣方将拥有其版权。而事实上，如果他们同意那是一部雇佣作品，法院则可能简单地将其视为所有权的分配。

---

① 真善美公司诉拜斯（*Just Med，Inc. v. Byce*），600 F. 3d 1118（9th Cir. 2010）。

但是,雇佣作品的地位则具有其他效果(本书下文讨论):版权保护期不同;对于视觉艺术作品,不能享有《美国法典》第17编第106A条上的精神权利;对转让不享有终止权。后者具有特别重要的意义,因为终止权不因双方协议而发生改变。当学者S同意其译文是雇佣作品时,他就有效地放弃了终止转让的权利。同样,如果电影剧作家、配乐作曲家和电影导演都同意其贡献属于雇佣作品,他们就不再有权终止该转让。

○**实例**

a. 协议条款。夏德巴格长期从事业余时尚摄影师的工作。泰布罗伊画报社与她联系,希望雇她为设计师D拍照,作为一篇访谈的配图发表在泰布罗伊画报上。双方同意,夏德巴格将在她自己的工作室花费一个早晨的时间为D拍照,并为此获得3000美元的报酬。他们还书面约定照片是雇佣作品。此前,夏德巴格向来没有为泰布罗伊工作过。看着这些拍得很精彩的照片,夏德巴格想把自己作为作者。夏德巴格认为,照片不能被视为雇佣作品,因为她不是雇员。那么,这些照片属于雇佣作品吗? 如果基于同样的协议即照片属于雇佣作品,D委托拍摄这些照片只是为了悬挂在D的起居室里,情况会有何不同?

166

⊙**解析**

a. 照片属于雇佣作品。它们不属于雇佣作品的第一类(雇员在其职务范围的作品),但当事人可有效约定某一作品属于雇佣作品。该作品必须是经特别委托或定做,属于特别类型之一,且有书面协议约定它们是雇佣作品。所有这三个条件在此都得到了满足。泰布罗伊特别委托了该作品的创作。该作品属于上述类型之一:集体作品之一部分(包含在某期泰布罗伊画报中的照片)。双方签订了必要的协议。

如果是经D委托创作以悬挂在墙上,照片就不是雇佣作品。即使上述第一和第三个条件能够得到满足(特别委托并经签约确定),该照片也不属于9个具体类型,不是雇佣作品。然而法院可能解释认为,该协议将版权转让给了D。

### (三) 默示许可：当合同未涉及版权

某家族企业聘请软件顾问撰写软件，以处理账目和库存跟踪。双方合同没有涉及谁将拥有软件版权的问题。该顾问完成其工作，安装软件并获得约定报酬。顾问不是雇员（该企业未向其支付工资、监管其工作或在纳税与福利方面将其视为雇员），该软件不属于雇佣作品。该软件顾问是软件作者并拥有版权——包括复制与发行作品的排他性权利。这是不是意味着，该企业需要获得许可才能使用软件（可能要制作复制件）或修改它（可能涉及作品的演绎）？

法院认为，当一方受雇创作作品时，如果双方未在合同中涉及版权问题，就会有一种默示的(implied)、非排他性的许可，允许雇方使用双方交易所针对的作品。[①] 在双方当事人预期家族企业使用该作品的范围内，该家族企业应获得一项默示许可，复制并修改该作品。

但是，软件顾问依旧拥有版权，且默示许可是非排他性的，因而超出原定计划的用途将不被允许。软件顾问可与其他企业从事该软件的交易，或将其版权销售给一家大软件公司，或为其他用途修改该软件。

无论如何，当一方受雇创作作品时，双方应该在合同中处理好版权问题。否则，雇方最终获得的，将是其付费创作作品的有限权利。

○实例

a. "好莱坞是使人在爬梯子的时候被刺伤后背的地方"。某电影厂委托福克纳创作一部剧本《遭遇无耻政客》，为此达成了一个非正式的口头协议。不多久，福克纳交付文稿，电影厂则交付了支票。正当电影开始拍摄的时候，福克纳的律师联系电影厂，称福克纳不是雇员，电影剧本不属于雇佣作品。作为作者，福克纳拥有版权，并提议授权电影厂拍摄并发行电影——为此收取费用。电影厂没有得到版权，而只是购得一张纸吗？

---

① 参见如资产营销系统公司诉加农（*Asset Marketing Systems, Inc. v. Gagnon*），No. 07-55217（9th Cir. 2008）。

⊙ **解析**

a. 福克纳拥有版权，但电影厂获得默示许可，可使用双方计议的剧本。双方未能以书面协议的方式处理版权归属问题，雇方将获得使用该作品的非排他性的默示许可。无需福克纳的许可，电影厂可以拍摄并发行电影。

不过，基于双方曾有的意图表示，超出双方默示协议的任何使用都将侵犯版权。福克纳可以主张，电影厂如果制作续集、改编小说或百老汇音乐剧，将构成侵权。并且，福克纳也有权向他人发放许可。电影厂应该在合同中明确版权归属。默示许可规则固然有所助益，而通过合同得到明确的版权移转才是最佳选择。

## （四）合作作者

作者可以超过一人。合作作品的作者是该作品之版权的共同所有人。[1] 合作作者对其版权享有平等的、不可分割的利益。其中每个作者都有权使用作品或就其发放许可，而不需要其他人的许可。相应的义务是分享由此取得的利益。如果鲍、道二人是一部小说的合作作者，任何一方都可以授权出版商印刷、发行，或授权拍摄电影。然后，若有收益，她有责任与其合作作者分享。

任一合作作者都可许可他人使用其作品，但该许可必须在作品使用前达成。如果有人对合作作品实施侵权，任何一个合作作者都可以起诉，且一方的和解或许可也都把义务赋予另一方。[2]

一部作品并不能仅仅因为多人参与而成为合作作品。合作作品被界定为"两名或多名作者为了把他们的贡献融合为一个整体之不可分割或相互依存的部分而创作的作品。"[3] 在解读这一定义时，法院为合作创作设立了一个高标准，要求(1)每一个作者都贡献出可版权性的表达；(2)每个作者都

---

① 《美国法典》第 17 编第 201 条（a）。
② 参见戴维斯诉布莱吉（*Davis v. Blige*），（2d Cir. 2007）。
③ 《美国法典》第 17 编第 101 条。

有意作为合作作者而创作。① 一个人可能为一个作品贡献甚巨,却没有资格成为合作作者。例如,在汤姆森诉拉森案中,音乐剧《吉屋出租》的作者与剧作家合作修改该音乐剧。两人一起激情满怀地为修改作品而工作,后来获得商业上的成功。拉森具有唯一的决策权威,一直被称为作者(将编剧之功归于汤姆森),并借助其他行为和表述显示他自视为唯一作者。另外,与第三方的所有协议都显示了拉森作为作者的地位。相应地,没有迹象显示他具有作为合作作者的必要意图。

○**实例**

a. 当我点头,请按快门。明星 C 决定亲自参与她自己的照片市场。她精心装扮自己,安排家具和艺术品作为背景。她将相机设定于三脚架上,选好滤光器,设置光亮,架设镜头并对相机聚焦。她向邻居 N 寻求帮助。C 摆好姿势,给 N 一个信号,后者便按钮拍照。后来,N 改变想法,主张照片版权归他所有,或者其二人属于合作作者。谁拥有版权?

b. 缪斯。诗人 P 在写作关于春天的组诗。P 将诗的版权转给出版商,获得约定数额的稿酬。出版商委托音乐家 M 将这些诗歌与音乐相配。音乐家 M 如约完成,推出系列流行歌曲。当诗人听说这些歌曲获利颇丰时,便要求分享。她认为,这些歌曲属于合作作品,而她属于合作作者,有资格享有一定份额。这些歌曲是合作作品吗?

c. 三心二意。阿伦因股票欺诈而长期服刑,现决定把他的故事公之于世。为此他联系到友好的记者罗斯威尔,决定就这些故事做一次畅所欲言的访谈。他们讨论了他们希望突出的重点,可能对公众产生的影响,也讨论了各自能发挥的作用,包括规划与执行。阿伦想以一种同情的风格展示其故事,罗斯威尔设计出长长的问题,既作为背景,也以明亮的色调描绘阿伦。他们见面讨论并修改各自的部分,然后他们实施访谈,通过罗斯威尔设置的录像机来录制。一切均按计划进行,他们如愿以偿地完成了访谈。但阿伦后来又重新考虑了他原初的计划,并决定他最好保持沉默。阿伦主张他对

---

① 参见如汤姆森诉拉森(*Thomson v. Larson*),147 F. 3d 195 (2d Cir. 1998)。

作品享有作者身份,并禁止罗斯威尔对访谈制作复制件、广播,或从事版权人排他性权利范围内的其他任何事情。阿伦拥有该作品的排他性权利吗?

d. 分道扬镳。扎克与考第一起写了一部音乐剧,希望在百老汇演出。后来他们的关系变僵了。扎克得知考第已经免费允许许多剧团演出该作品,但他还在寻求投资。对于一部不再新鲜的作品,商业机会渐渐消失。没有扎克的允许,那些剧团要为其演出作品承担责任吗? 考第应向扎克承担侵权责任吗?

⊙解析

a. 版权属于明星 C。在对作者身份做出判定时,法院考虑的因素包括:谁贡献了创造性表达、谁控制着作品的创作、谁做出了创造性决定、第三人会认为谁是作者。在照片产生的过程中,明星 C 做出了所有的艺术性与技术性决定。邻居 N 只是发挥了机械性的作用,即在 C 的提示下按动快门。

同理,N 没有资格成为合作作者。按照大多数法院遵循的标准,合作作者身份要求(1)每个作者必须贡献出可版权性的表达;(2)各参与作者都有成为合作作者的意图。而 N 不符合任何一个条件,因为他只是按照提示按动按钮,没有贡献出任何原发的创造性表达。明星 C 也没有表示让邻居 N 成为合作作者。所以,C 单独享有版权。

b. 这些歌曲不是合作作品,即使他们使用了诗人 P 的创造性表达。正如法院目前适用的规则,合作作品的地位要求,在他们做出各自的贡献时,所有作者都具有创作合作作品的意图。当诗人 P 写作时,她的意图是创作诗歌。这些歌曲是音乐作品,融合了已有的诗人 P 的诗。如果 P 当初没有销售版权,歌曲的创作、销售或公开表演定会侵犯她的版权。但她已将版权售给了出版商,后者当然就拥有复制、改编或公开表演这些诗歌的排他性权利。

c. 阿伦是作者,但不是唯一作者,而是与罗斯威尔一起属于合作作者。他们每人都具有成为合作作者的必要意图,并贡献了各自可版权的表达,因而是版权的共同拥有者。未经另一方的同意,任何一方都可以行使版权所有人的排他性权利。相应地,罗斯威尔可以制作复制件、从事广播以及其他任何事情,都不会侵犯阿伦的版权。

并非所有的访谈都属于合作作品,其中存在着多种可能。基于各方所发挥的作用,一方或另一方可能是作者。一个访谈甚至可能是若干单独作品的汇编。

d. 对于合作作品,任何合作作者都可以授权他人使用。合作作者只需就利润的一部分向另一方结算。所以,考第可以单独授权各剧团表演作品,而扎克的授权并不必要,剧团或考第都不需承担侵权责任。考第必须就利润的一部分向扎克结算,但可能无利可分。未能保障合作作者开发利用作品的能力,不属于侵犯版权。① 对合作作者的建议是,他们最好达成一个处理其关系的协议,否则,各方都可能任由对方行事。

## (五)集体作品

集体作品与合作作品不同。集体作品是"期刊、选集或百科全书之类的作品,其中,本身可以构成个别、独立之作品的多种创作被汇集为一个集体性的整体。"② 报纸、杂志、百科全书和文学作品集通常属于集体作品。一张含有多首歌曲的 CD 可能是一个集体作品,各独立部分的作者保留其各自作品的版权。集体作品的作者仅仅获得"复制和发行作为该特定集体作品、该集体作品修订版以及同系列任何后续集体作品之部分的贡献份额的特权。"③

试设想,编辑经多个版权人的允许,为孩子们汇集了一册诗集。各方可以安排他们之间的所有权利益。例如,编辑可以获得一切版权,或取得出版所有诗歌的排他性权利。如果各方没有详细说明,各版权持有人就保留其各自诗歌的版权,而编辑则拥有该集体作品的版权。编辑有权制作并发行(销售、放弃、出借等)该集体作品的复制件。

---

① 参见严肃录音公司诉瑞奇(*Severe Records*,*LLC*,*v. Rich*),No. 09-6175 (6th Cir. 2011)。

② 《美国法典》第 17 编第 101 条。

③ 《美国法典》第 17 编第 201 条(c)。

编辑还有权就该作品之修订版或"同系列之后续集体作品"制作与发行复制件。在纽约时报公司诉塔西尼案中，[①]联邦最高法院驳回了这样一种主张：报社以报纸"修订版（revision）"方式使用（自由撰稿人所撰）来稿的权利可扩大至在线期刊数据库 Lexis 的刊登。在对一件作品是不是集体作品之修订版做出判定时，该法院关注的焦点是，该作品是如何被呈现给用户并被其感知的。在线数据库"向用户提供文章，脱离了原版期刊或其任何修订版所提供的语境"。[②] 用户从成千上万的文件中搜寻源自成千上万集体作品的文章，然后其搜寻结果是收到孤立的条目。看上去，文章"没有最初发表时伴随的图形、格式或其他文章"，也没有原作品中的其他页面。[③] 这种呈现与报纸中的呈现完全不同，因而在线数据库没有资格成为报纸的修订版。

○实例

a. 集体作品还是演绎作品？贾维斯向 K2 提供了一组照片，让后者用在广告中。双方闹翻之后，K2 继续将这些照片用作拼贴画。拼贴画以创造性的方式对照片进行压缩、扩展和覆盖。K2 认为，作为该集体作品，即这组照片的版权持有人，它有权这样做（即使贾维斯拥有各单幅照片的版权）。K2 到底有无这一权利？

b. 一组短问题。如下是有关所有规则的一个总结。其中，谁拥有版权？

（a）为撰写高恩城史，自由撰稿人杰达在高恩城图书馆使用了其中的计算机和历史档案。

（b）如上，如果杰达是受雇于高恩城的史学者，被派遣撰写该史书呢？

（c）如上，杰达若是一个业余历史学者，受高恩城委托撰写城史，总报酬被一次付清，自由决定其工作方式、时间和地点（且无健康或退休福利）。而令人吃惊的是，伊都电影公司为该作品的电影权利支付了上百万报酬。

---

① 纽约时报公司诉塔西尼（*New York Times Co. v. Tasini*），533 U. S. 483 （2001）。

② 同前注，at 516。

③ 同前注，at 500。

172

（d）如上，杰达和高恩城签订合同，规定版权属于高恩城。

（e）在夏威夷工作的业余作曲家戴维恩为电影撰写了乐谱。他与伊都电影公司的合同规定，该音乐属于雇佣作品，但戴维恩是他自己的老板，而非伊都电影公司的雇员。

（f）艾迪汇编了《2006最佳短篇小说》，取得了各篇小说版权人的许可。

（g）毕姆和巴姆系独立研究员，他们以平等身份密切合作，撰写了有关美国国家公园制度研究的作品。

（h）如上，如果毕姆与巴姆是高普公司的雇员呢？

（i）如上，如果毕姆和巴姆作为美国联邦机构——国家公园服务局的雇员创作该作品呢？

⊙ **解析**

a. 拼贴画属于演绎作品而非集体作品，就集体作品创作修订版的权利不能适用。[①] 某一作品中的各单个作品如果"未融合而相区分"，它就只是集体作品，其中它们被结合成为一件新作品。集体作品的作者不享有根据单个作品创作演绎作品的权利。

b.（a）杰达作为作者，拥有版权。其创作是否使用了他人的设备，无关紧要。

（b）高恩城可能被视为作者并拥有版权，此时，杰达是作为雇员、在其职务范围内从事创作。注意，如果该创作非在职务范围内，比如杰达是该城聘用的法官，以其个人意愿和时间完成该创作，她就自己拥有其版权。

（c）杰达是作者。她不是高恩城的雇员，因而所作非雇佣作品，即使高恩城委托了她，并向她支付了报酬。按理说，高恩城应该就作品的预期用途取得默示许可，如为在本地发行而付诸印刷，但杰达拥有其版权，包括销售其电影权利的资格。

（d）版权最初属于作者杰达，但它依协议被让与高恩城。这正说明一个实用的观点：建议缔约双方在合同中明确说明版权的归属。

---

① 参见贾维斯诉 K2 公司（*Jarvis v. K2,Inc.*），486 F. 3d 526,534（9th Cir. 2007）。

（e）它应属于雇佣作品，因而伊都电影公司是作者并拥有版权。这表明了第二类雇佣作品的情况：专门委托之作属于特别类型（其中的"电影或其他视听作品之部分"可在此适用），其中双方签订合同，指定其为雇佣作品，此处正是如此。此类作品不需要适用雇员关系。

（f）艾迪拥有《2006 最佳短篇小说》的版权，即使艾迪不是其中任何小说的创作者。这是一部集体作品："期刊、选集或百科全书之类的作品，其中，本身可以构成个别、独立之作品的很多创作被汇集为一个集体性的整体。"[①]但这并不能让艾迪获得各篇小说的版权。可以说，艾迪对于集体作品的版权包括"复制和发行作为该特定集体作品、该集体作品修订版，以及同系列任何后续集体作品之部分的贡献份额的特权"。[②]

（g）毕姆和巴姆是合作作者。每个人都可以独自对该作品发放许可，但必须就其获利与对方结算。毕姆可以授权该作品的销售。毕姆必须与巴姆分享其收益（如果有的话）。

（h）如果他们作为雇员，在其职务范围内创作了该作品，作者和版权主体都应该是其雇主，即高普公司。

（i）提出供评论：无人能够获得其版权。美国政府雇员在其职务范围内创作的作品不享有版权。

# 二、区分版权所有权与物体所有权

收藏家购买了一幅画。一年后，当看到本地某礼品店出售这幅画的招贴画时，她感到烦心。她拥有这幅画——礼品店主制作复制件的行为不需要获得她的许可吗？若不需要，她至少能够参与竞争并出售她自己的招贴画吗？绝对不行：

---

① 《美国法典》第 17 编第 101 条。
② 《美国法典》第 17 编第 201 条（c）。

　　　　版权或版权中任何排他性权利的所有权不同于体现该作品的任何
　　物体的所有权。转让任何物体——包括该作品被首次固定于其中的复
　　制品或录制品的所有权,本身并不移转该物体所体现的该版权作品的
　　任何权利;在没有协议的情况下,转让版权或者版权中任何排他性权利
　　的所有权,也不移转物体上的财产权。[①]

画家创作了绘画,该画家因此就拥有该画件(依据财产法)及其版权(依据版
权法)。收藏家购买绘画,而画件之销售并不能默示性地包含其版权。同
样,如果画家向收藏家销售其版权,这笔交易也不会自动包括该画件。事实
上,如果收藏家购买了版权而没有购买该作品的画件,她将拥有制作复制品
的专有权,却无法对其加以实施,因为她没有供其复制的画件。

　　画家可以拥有一幅绘画的版权,而收藏家同时拥有画件。这些权利可
以相互排斥。如果画家想制作招贴画,她需要得到收藏家许可才能接触该
画件。未取得画家允许,收藏家就不能制作招贴画。如果他们没有达成协
议,则难免面对僵局。

　　两种权利的分立乃是当今成文法上的规则。1978 年以前创作的作品
则适用于略有差异的规则。在当时,联邦成文法没有涉及对实物所有权的
区分。相反,对于未发表作品,其规制留给了州法。有些州似乎采取了这样
一种观点:未规定条件的作品销售包括了版权的销售。[②] 按照蒲世曼一案,
版权是否转移只是一个双方的意图问题。若作者售出作品而未保留任何权
利,法院就判定双方意图为包含版权的销售。

　　○ **实例**

　　a. 斯嘉丽的信件。斯嘉丽给瑞德写了一封信,对哲学进行了长篇大论
并涉及一系列有趣的事件,表现出相当的机智和聪慧。后来,瑞德提出将信
件卖给阿希。阿希意识到,物品的销售并不转移一件作品中的版权。阿希

---

　　① 《美国法典》第 17 编第 202 条。
　　② 参见蒲世曼诉纽约图片协会(*Pushman v. New York Graphic Society*),287 N. Y. 302
(1942)。

决心要确保该合同明确移转有关的版权。阿希和瑞德签署了一份销售合同,同意瑞德同时转让信件所有权以及其中的版权。阿希支付了双方议定的价格。谁拥有该信件的版权? 如果该买卖发生于 1966 年呢?

　　b. 劳务提供。某雕塑家是一个自由执业的艺术家,同意为莫高的公园创作一件雕塑。莫高为此提供了一大块石头。经过几天的时间,雕塑家使用各种工具,在石头上塑造出各种抽象的几何形式。莫高对结果极其满意,并支付了约定的价款。然后,雕塑家将雕塑品装入搬运车,这让莫高感到相当郁闷。雕塑家认为其享有雕塑的所有权,因为该雕塑不属于雇佣作品,而他们也并未约定版权归莫高所有。谁拥有该雕塑?

　　c. 我的音乐。时装店主购买了一张歌曲 CD,是由丹瑟尔乐团创作并表演的。店主非常喜欢,每天都在其店内多次播放。后来该店主收到歌曲版权人的来信,指控她侵犯了这些歌曲的排他性公开表演权。时装店主目瞪口呆。她要播放她所拥有的 CD,需要获得许可吗?

　　d. 你的磁带,我的音乐。某音乐爱好者佛沃德在一家蓝调酒吧听到"驱逐者"乐团的表演。感动之余,他邀请他们在某录音棚录制了歌曲的样带,并支付所有费用。该样带帮助"驱逐者"拥有了一份专辑,双方同意由佛沃德为自己欣赏保留该磁带。几年以后,"驱逐者"已经成名,佛沃德决定复制该磁带,并公开销售复制品。他能这样吗?

　　e. 模棱两可。假如平克偷窃了该样带并出售,平克是否要对佛沃德或"驱逐者"乐团承担责任?

　　⊙ 解析

　　a. 斯嘉丽拥有该信件的版权。斯嘉丽将信件给了瑞德,但没有转移其中的版权。作品物件所有权的移转(即使该物件是该作品最初的形式)并未转让其中的版权。斯嘉丽没有向瑞德转让版权,因而斯嘉丽保留了该版权。瑞德同意向阿希转让版权这一事实帮不了阿希;瑞德不能转让他并不拥有的东西,或者说,他没有转让的能力。斯嘉丽拥有版权,而阿希则因瑞德不能转让他所承诺转让的版权而拥有针对瑞德违约的诉由。

　　如果该交易发生于 1966 年,则结果会有所不同。在 1978 年之前,未发表作品的版权问题归州法规制。有些州法院会判定,作品物件转让包含了一项默示的版权转让(取决于双方的意图和行为)。有的法院可能会裁定,在发出信件时,作者默示转让其版权。其他法院可能会认为,作者有意保留版权,因为谁也不会考虑到收信人会发表信件。

　　b. 雕塑归莫高。该作品不是雇佣作品,双方没有达成转让版权的协议,所以版权归雕塑家所有。但实物雕塑的所有权则与之完全不同。因为雕塑家同意为莫高的公园制作雕塑,使用了莫高提供的材料,财产与合同法都可能认为该实物雕塑归莫高所有,故雕塑家无权运走该雕塑物。

　　c. 这一问题包含了对本书下文的预习。时装店主需要获得版权持有人的授权(或者是《版权法》某些条款的授权,如下文所述)才能公开播放该 176 CD。时装店主购买了CD,但她并未购买版权或取得任何排他性权利的许可。音乐作品的版权人拥有公开表演作品的专有权,其中包括通过 CD 播放机播放歌曲。然而,未经许可,时装店主可以不公开地播放这些歌曲。作品复制件所有权没有使所有者获得无限使用复制件的权利(本书其他部分对此有详细论述),特别是依据首次销售与合理使用原则。

　　d. 佛沃德拥有磁带,但"驱逐者"拥有其音乐以及录音的版权——假定他们曾控制录音过程。如果佛沃德制作复制品并发行,他将同时侵犯两项版权。[1]

　　e. 是的。平克要对佛沃德承担偷窃物品财产权并售出(财产转换)的责任,要因其向公众发行版权作品复制件(他并不拥有该复制件,因而首次销售 177 原则不适用,见本书下文论述)的行为向"驱逐者"承担责任(侵犯版权)。

---

　　[1]　参见佛沃德诉索罗古德(*Forward v. Thorogood*),985 F. 2d 604 (1st Cir. 1993)。

# 第八章　形式要件:版权声明、登记和交存

　　1989 年以前,作者、特别是外国作者和出版者很少了解美国版权法,经常失去他们在美国的版权,因为他们发表作品时未能附加版权声明,或未能对第二个 28 年保护期提交续展申请。这曾经是乔治·奥威尔、伊戈尔·斯特拉文斯基、J. R. R. 托尔金以及弗吉尼亚·伍尔夫等人之作品的命运。

　　曾经一度,形式要件让作者面对巨大风险。1989 年前的最大危险是要求在已发表复制件上附加版权声明。一件作品发表时如果未附版权声明,该作品在美国就要失去版权保护(1978 年前实行狭窄的例外,1989 年前实行较宽泛的例外)。假定,作者阿莉·阿瑟于 1966 年发表了她的小说,并忽略了版权声明。版权页上附加一个简单的"© 1966 阿莉·阿瑟"便已足够,但阿莉完全不知道版权声明这个法律要求。因为她发表作品而未附声明,阿莉的图书将进入公有领域。她将不能按照联邦版权成文法或州普通法享有其作品的版权,无法拥有一系列的排他性权利(复制、改编作品,向公众发行复制品,公开表演作品,公开展示作品)。任何人都可以自由复制和销售其小说的复制品,或将其部分要素用于他们的作品,或根据其小说拍摄电影。

　　1992 年前的另一个风险是,要为保护期的延续提出申请。版权局的版权登记不是获得版权的条件,但在 1978 年前,只有当版权人提出延期申请,版权持续 28 年后才能再续加 28 年。对于 1976 年前的作品,1992 年之前要享有全部版权保护期也必须提出续期申请。未提出续期申请也导致很多作品进入公有领域,包括很多毕加索的绘画、《指环王》三部曲。

　　这些手续如今不再是获得版权的条件。但旧规则依然重要,因为它们常常决定着 1923—1989 年间发表作品能否享有版权。尤其是,从 1909 到 1989 年,无版权声明发表作品可能意味着版权的丧失。1992 年前,续期登

记对于全期版权保护也是必要的。由于未遵守这些形式要件,很多作品进入公有领域,特别是外国作者以及没有获得及时法律建议的作者。

今天,作者不再冒因未附具版权声明或未登记作品而失去版权的风险。不过,声明、登记和交存仍然具有很多的实际利益。

# 一、版 权 声 明

版权声明很简单:© 1926 菲茨杰拉德。但对于 1989 年 3 月 1 日前发表的作品,这一声明是版权保护所必要的。在考虑版权声明时,三个时间段很关键:

1909 年—1977 年 12 月 31 日。根据 1909 年《版权法》,联邦版权一般始于作品发表并附加合适的声明(或者,对于某些作品是基于登记)。州普通法通常赋予未发表作品以版权。版权(联邦和州法上)通常因作品首次发表但未附合适声明而丧失,尽管另有狭窄的保留性规定(savings provisions)。

1978 年 1 月 1 日—1989 年 2 月 28 日。按照 1976 年《版权法》,联邦版权产生于作品在实体形式上的固定,因而,联邦版权法适用于已发表和未发表的作品。版权可能因首次发表未附有效声明而丧失,但仍有宽泛的保留性规定。

1989 年 3 月 1 日之后。1976 年《版权法》依然在实施,但通过修改以符合国际条约。形式手续不再是获得版权的条件。

## (一) 1909 年—1977 年 12 月 31 日发表的作品

1978 年以前,当 1909 年《版权法》仍然有效时,联邦版权主要适用于已发表的作品。州版权法则潜在地适用于未发表的作品。当作品首次发表时,将适当的版权声明置于作品复制件上,联邦版权保护通常可得确保(一些未发表作品也可以通过登记获得版权)。只需通过将"© 1966 阿莉·阿瑟"置于其图书首次发表时的版权页上（标题页的背面），阿莉·阿瑟就可以获得联邦版权。然而，她发表时如果缺乏这个简单的声明，或者包括了有缺陷的声明，它就属于失权性发表（divestive publication）——这意味着其图书不享有版权，她失去了主张版权的资格。

　　一个悬而未决的问题是，在美国域外发表而未附适当声明是否就失去了美国版权。法院对此问题存有争议，因而，1909—1978 年间在美国域外发表而未附声明，但未在美国发表的很多作品是否就失去了美国版权，并不确定。鉴于恢复（下文将有论述）和外国旧作几乎没有商业价值这一事实，这种不确定性的实际意义已经弱化。

　　对于版权声明这一要求，人们提出了多种理由。[①] 如果版权持有人没有为保留权利而采取相对容易的措施，该规则将作品置于公有领域。版权将不适用于未主张权利的作品，这意味着，他人可以在版权人未保留其权利的情况下使用其作品。主张权利的声明可以让他人注意到，一部作品享有版权，就像标志牌"严禁擅入"。版权声明也可识别版权持有人身份，当作品使用需获得许可时，潜在使用者便可由此寻求使用许可。它提供了发表日期，人们由此可以判定其版权保护期。作者如果希望主张版权，声明要件就为此提供了鼓励；但对于未能满足要求的作者，它也导致了严重的权利丧失。

　　1909 年《版权法》所要求的声明之形式通常是：一个版权符号（©，Copr. 或 Copyright）和"版权所有人"的名字。[②] 对于"印刷类文字、音乐或戏剧作品"，首次发表年份也是必要的。对于地图、插图、附图、照片以及标签之类的作品，成文法允许使用缩短的形式，由符号©与版权所有人的首字母或其他缩写构成。对于书籍、期刊和音乐作品等类型，成文法指定了必要的位置。[③] 对于这类作品，版权声明一般必须被置于标题页或其下一页。每册使用一个声明就够了，即使它包括多件作品。

---

① 参见如 House Report 94-1476，1976 年《版权法》的立法历史。
② 1909 年《版权法》第 19 条。
③ 1909 年《版权法》第 20 条。

1909 年《版权法》为某些不符合声明要件的疏忽规定了免责。[①] 如果版权人曾努力遵循规定,"偶尔不经意的疏忽,以及发生在特别的一份或多份复制件上的法定声明的错误"并不造成版权的无效。[②] 要符合这一规定,所有人必须曾经试图予以遵守;对于不知道形式要件或其严重后果的人,法律不会为其免责。它所免责的也仅仅是那些相对较小的失误("一份或多份特别复制件")。另外,面对因信赖版权声明缺失而无辜侵权的人,版权人不能获得损害赔偿。

有一个常见性的问题:作品是否已经发表。因为未具声明的发表导致相当严重的权利丧失,法院有时似乎会试图裁定发表并未发生。有些法院甚至主张适用不同的发表标准:以较低的发表标准适用版权之获得[带有版权声明的获权性发表(investive publication)];而对版权之丧失(不带版权声明的失权性发表)适用较高的发表标准。

法院裁定,权利丧失需要一种"标准性发表(general publication)",意即,作品被提供给公众之成员,而"不考虑他们的身份以及他们以该作品意欲何为"。比较而言,当为了有限目的而仅将作品提供给特选之人时——如为获得特定同仁之评论而散发学术论文,"有限发表"就不会导致权利丧失。在判定一项发表是不是标准的发表时,法院要考虑这样一些因素:受众的数量、他们如何挑选、作品受到何种限制、作品是否被进一步传播。如果作者向公众销售其短篇小说复制品而未附带版权声明,该作品便进入了公有领域。如果作者为取得批评,只向写作班的成员们发行了一些复制件,且提示不将小说披露给其他人,那就未造成发表,也没有丧失权利。她还没有取得联邦版权,但她可以通过发表并附带恰当的版权声明以取得版权。

公开展示作品也可构成发表。如果作品的展示允许普通公众进行不加限制的复制,该作品就被视为发表。如果施以限制,如禁止对作品制作图片,就没有发表。比较来看,法院曾裁定,作品的表演无论多么公开,仍不构

---

① 1909 年《版权法》第 21 条。
② 同上。

成发表。一部戏、一件音乐作品在付费观众面前的表演不构成发表。在作品展示与表演之间做出区分，意义重大。如果一部作品被展示，提供版权声明是没有什么难度的。（成文法甚至为插图规定了缩短的声明形式，因而该声明不会对展示造成干扰。）而版权声明很难被加入到表演中。向每一位观众提交版权声明是一件很麻烦的事——而当表演发生在开放的公共场所时，则是不可能的。而作为选择性手段，比如让表演者穿上带有符号©的 T 恤，难免会干扰表演活动。

依据 1909 年《版权法》做出的有关发表的代表性判例是马丁·路德·金遗产案。[①] 结果一开始好像有违直觉：金博士使用短语"我有一个梦想"的著名演讲被认定尚未发表，即使其发出面对着现场约 20 万人，以及全国电视观众和广播听众，且演讲复制件被传发给了新闻界。但案件涉及到两个存在已久的有关发表的规则。第一，为有限目的的有限传发不构成发行，向新闻记者传发文本复制件不属于发表（不同于向公众传发文本复制件）；第二，金博士发出演讲是对作品的表演，而表演（不同于发行或展示）一直被认为不构成发表。

某一作品的演绎作品后来被发表后，原作品是否也已被发表？法院对此问题的观点有所不同。假定某作者的一个短篇小说没有发表，但她允许某剧作家以该小说为基础撰写了一个剧本。该剧本大幅度使用了原小说——它的详细情节、人物形象以及大多数对话。该剧作家随后发表了剧本，但未附带版权声明。该剧本将进入公有领域。对于该剧本的发表是否也构成原作品的发表，从而导致原作被投入公有领域，法院意见存有分歧。

为作者提供的另一项保护来自这一规则：只有当发表经过本人授权时，才会导致版权的丧失。假如某出版商发表某作品时未经作者许可，该发表就不会丧失其版权。某些法院的裁定走得更远：在出版商获得许可时，如果出版商承诺附加版权声明（但事实上没有附加），失权性发表也没有发生。

---

① 　马丁·路德·金遗产公司诉 CBS（*Estate of Martin Luther King, Jr. v. CBS*），194 F. 3d 1211（11th Cir. 1999）。

如若不然,将作品置入公有领域将与作者的要求和尽力所为相矛盾。

最后,另有一个特别规则适用于录音。一个悬而未决的问题是,录音的发行是否构成作品的发表。一些人不承认其构成发表,因为录音不是复制件。其他人则认为,这里没有功能性差异,因而未附版权声明而销售歌曲录音,将导致歌曲版权被丧失。国会于 1997 年处理过这一问题,修改后的成文法规定,1976 年《版权法》生效日期前的录音发行不构成对其中所含音乐作品的发表。[①] 法院回溯性地适用了这一特别规则(否则,它将很少能适用)。

## (二) 1978 年 1 月 1 日—1989 年 2 月 28 日发表的作品

有几件事在 1978 年(1976 年《版权法》的生效日期)发生了变化。首先,联邦版权的客体得到扩展,包括了发表与未发表的材料。联邦版权不再产生于发表。作品一旦被固定为实体形式,版权保护就开始了。如果阿碧·阿瑟于 1981 年撰写了一部作品,她一旦完成就拥有了版权。

1976 年《版权法》延续了出版物上附带版权声明的形式要求,但又令其规定不再严厉。如果阿碧出版其图书时未附具版权声明("© 1981 阿碧·阿瑟"),她依然会失去版权,但该法提供了多种弥补缺陷的方式。必要的声明有三个因素:

1. 对于复制品:常见的是 ©,或 Copyright,或 Copr.;针对录音:℗。

2. 作品发表年份(汇编和演绎作品有特殊规则),某些作品可以将其忽略,如贺卡上的插图、首饰、玩偶、小饰件以及实用物品。

3. 版权人的名称(或可识别的缩写、替代性名称)。[②]

---

① 参见《美国法典》第 17 编第 303 条(b)。
② 《美国法典》第 17 编第 401 条(b)。

名称或日期的遗漏意味着作品发表而未附版权声明。[①] 如果名称不正确，该声明有效（但是，因该声明之误导而无辜侵权的人可受到保护）。如果附具日期早于实际发表日，该期间要被缩减（如果从发表日期起算）。如果附具日期晚于实际发表日，则作品仍被视为发表而未附声明。

位置要求比 1909 年《版权法》更加灵活。声明的放置必须"在方式与位置上能够对版权主张做出合理的告知"。[②] 对于集体作品，仅一条版权声明足够，如短篇小说或法律评论选集。

1976 年《版权法》还专门对"发表（publication）"做出如下界定：

> 通过出售或其他转移所有权，或通过出租、租赁或出借，向公众发行作品的复制件或录音制品。为提供进一步发行、公开表演或公开展示之目的，向一群人许诺发行复制件或录音制品，构成发行。作品的公开表演或展示本身不构成发表。[③]

最重要的是，发表时遗漏声明或声明有误的，其结果要轻很多。1976 年《版权法》的制定者选择维持版权声明要求，但遗漏声明并不导致版权失效，如果：

（1）"发行给公众的相对少量的复制件或录音制品"上的声明被遗漏；或者

（2）作品未附声明而发表后 5 年内进行登记，且"发现遗漏后，为了对已向公众发行的所有复制件或录音制品增补声明，已尽合理之努力"；或者

（3）被许可人违反许可协议中明确的书面要求，遗漏了声明。[④]

如果某作者的小说未附必要声明而发表，她将不会失去版权——如果未附声明而发表的只是少量复制件，或者她在 5 年内对作品进行了登记（同时务

184

---

①　《美国法典》第 17 编第 406 条。
②　《美国法典》第 17 编第 401 条（c）、第 402 条（c）。
③　《美国法典》第 17 编第 101 条。原著此处无注。——译者
④　参见《美国法典》第 17 编第 405 条（a）。原著此处无注。——译者

力对现存复制件增补声明），或者是出版商无视出版协议条款而遗漏声明。虽然作者不会失去版权，面对因信赖未附版权声明的复制件而无辜侵权的人，她也不能获得损害赔偿。[①]

### （三）1989 年 3 月 1 日后发表的作品

1989 年 3 月 1 日开始，国会取消版权保护之声明要件的规定生效。因为不符合《伯尔尼公约》——这部主要的国际版权条约，美国废除了形式条件。《伯尔尼公约》规定，"享有与行使"版权"不应受任何形式的限制"。[②]对于《伯尔尼公约》（无形式要求）与 1989 年前美国法律（必须发表并附声明才能维持版权）之间的区别，人们可能认为它源于两种不同的版权观念。在美国，版权常常被视为向作者提供激励。为鼓励作者创作作品，他们有资格要求其作品上的排他性权利。如果版权是一种创作激励，那么，要求作者满足形式条件就有助于将版权限于那些创作的同时就真心关注版权的作者。比较而言，《伯尔尼公约》常常被视为代表了版权系精神权利的观念。作者作为作品的创造者，对控制作品的利用具有一种自然的地位。而这种自然权利不应以符合法定形式条件为前提。

美国加入《伯尔尼公约》表现了美国知识产权政策存在的长期、逐渐的转变。在其首个百年期间，美国常常被视为版权领域的海盗国家。在 19 世纪，外国作者在美国很难获得有效的版权保护。美联邦法律要求形式条件，包括声明、登记，甚至含有制造条款——即要求作品须在美国印制。其结果，外国作品通常得不到美国联邦法律的保护。这意味着美国出版商可以自由发表外国作者的作品，而无需支付报酬。正因共同的语言，美国出版商对英国作者的利用更是如此地大行其道。这可能有利于美国出版商（通过降低其成本）以及美国消费者（通过降低其所付价格），却伤害了美国的作者。所有事情都是对等的。相比美国作者的作品，美国出版商更愿意出版

---

① 《美国法典》第 17 编第 405 条(b)。
② 《保护文学艺术作品伯尔尼公约》第 5 条(2)。

英国作者的作品,因为后者无需支付报酬。美国作者发现,因为美国不为外国作者提供保护,他们在国外也得不到版权保护。

历经 20 世纪,通过加入国际条约,减少制造条款之影响,软化版权声明要件,美国逐渐削弱了针对外国作者的制度障碍。但美国若对外国作者实行形式要求,就不符合《伯尔尼公约》。随着知识产权对于美国经济变得日益重要,遵循国际标准(且更为可信地要求其他国家尊重美国作者的知识产权)的压力也日益增加。最终,美国法律于 1989 年 5 月做出修改,规定作者不再因为不符合声明要件而丧失版权。

美国版权成文法中涉及版权声明的实际变化并不很大。1989 年前的法律规定,版权持有人*应该*(*shall*)使用版权声明(面临的风险是丧失版权);如今的成文法则规定,版权持有人*可以*(*may*)使用版权声明。《版权法》不再要求版权持有人必须使用版权声明,但它依然允许这一做法。

版权声明虽然不必要了,而版权拥有者却继续理所当然地使用着它。使用声明的成本很小,还带来相当的法律与实际利益。如果被告接触过一个附有版权声明的复制品或录制件,她通常不能提出以"无辜侵权"作为抗辩,而该抗辩是可以减少损害赔偿额的。版权声明既确认所有者之身份(或据称如此),也可明示此人主张该等权利。声明被用来警示可能的侵权者,但也有助于引导潜在被许可人:"如果你希望在版权人之权利范围内使用该作品,可联系此人。"

○**实例**

a. 第一幕。1966 年,爱森自行出版了一部恐怖小说《困惑者》。她印刷了 100 本,并通过丹佛的一家书店销售。因为爱森不了解版权法,她没有在其复制品上附带版权声明。直到 2006 年,该问题一直没有被提起。这一年,《困惑者》电影发行。爱森看到后,立即注意到剧本实际上完全取自她的图书。制片人承认他实施了复制,但认为该图书不享有版权。爱森现在有多项理由。爱森认为,她并未打算将其图书置于公有领域,且形式要件已于 1989 年被废除。最后,她至少可以通过实施恢复以重新获得其版权。这些主张有效吗?

b. 第二幕。1986 年,爱森自行出版了她的第二部恐怖小说《困惑者之子》。她依然仅出版了 100 册,没有附具版权声明,通过一家丹佛书店销售。时至 2006 年,鉴于《困惑者》的成功,出版商和制片人都对《困惑者之子》的权利表示了相当大的兴趣。爱森拥有版权吗?

c. 第三幕。1996 年,爱森自行出版了《困惑者之孙》,100 册,无版权声明,在丹佛销售。爱森拥有版权吗?

d. 他人发表。1966 年,诺亚创作了他的惊悚小说《未曾发表》。果然,诺亚未能找到出版商,其自行出版的努力也未成功,但他试图销售电影权利。制片人允诺在发行时为该作品附具合格的版权声明,后来却没有。电影非常忠实于诺亚的图书,1968 年获得广泛发行。基于多个理由,诺亚声称其图书尚未发表。首先,电影的公映属于表演,而不是发表。其次,未附版权声明的发行违反了合同。第三,已经公开的是电影,而不是图书。结果如何? 如果这是发生在 1986 年,结果又将如何? 1999 年呢?

e. 而版权则归于……。电影艺术与科学学院每年都要颁布各类学院奖(最佳影片、最佳导演等)。奖励通过公开仪式颁布,每个获奖者都获得一个奥斯卡小塑像。获奖者通常要将它们举起,以便摄影者、喝彩的观众以及艳羡的同行可一睹其风采。从 1929 年到 1941 年,奥斯卡奖像是在没有版权声明的情况下被颁发的。后来,有一项声明被置于每一个小雕像上。幸福的获得者通常都保留他们获奖的雕像。有一个获奖者的遗产管理人将他的雕像售出,最后又被学院购买。

"创意选择"公司有一个聪明的主意,即为公司制作奥斯卡雕像,发给最得力的推销员和(扮演配角的)最佳内部律师。学院为此提起诉讼,而创意选择公司辩称,因其已发表而未附声明,奥斯卡像已进入了公有领域。它出现在电视上、很多报纸照片上,并于 1929 至 1941 年间被一年又一年地颁发。结果会怎样呢?

f. 被选中者。理念教会是一家小型的、结合紧密的团体,正在努力谋求发展。1966 年,该团体的领导人撰写了一个小册子,对他们的一些信仰做出解释。教会成员花费大量时间,在洛杉矶的街巷里寻找同情者的共鸣。

在吸引了成千上万的路人之后，教会成员向大约 100 人发行了小册子复制件。这些成员试图选择一些看上去关切其信仰并愿意阅读小册子的人。

187

有些成员与教会发生分歧，并组成了一个对立团体。他们拿走了一份小册子，编辑加工以使之反映一些哲学差异。然后，分裂者团体印刷了上千份复制件，用于他们自己的工作中。他们认为，这份小册子没有版权，因为它还没有发表。是这样吗？

g. 适当的形式。1965 年，阿莉创作了一部戏《最终效应》。当时她是作为剧院的雇员而工作，因而该剧是一部雇佣作品。剧院于当年发表了该剧，附具版权声明为"ⓒ阿莉 1965"。这份版权声明正确吗？

h. 不是时候。1980 年，阿莉的工作是独立剧作家。她创作了作品《效应》，印刷了几百册。感觉自己在一两年内不会发表该作品，她便附具了版权声明"ⓒ阿莉 1982"。但有关该剧的消息传开了。在朋友的鼓动下，她将图书售给当地一家书店，后者很快将其卖给了公众。该版权声明正确吗？在那前后她还可以做些什么？

i. 检查错误。方塔录音公司的老板是个完美主义者，他亲自检查出自公司最受欢迎的歌手罗达·露纳的一张 CD。露纳创作了所有的音乐，并对录音实施监督。这套 CD 包含有一张录音 CD、带有插图的小册子、音乐中的歌词以及有关露纳的个人信息。按照露纳的合同，她所有作品的版权都转移给了方塔录音公司。CD 和小册子上的版权声明标识为"ⓒ ⓟ 2002 方塔录音公司"。首先，老板好奇：露纳的名字不应该包含在内么？其次，该声明为什么同时使用了ⓒ和ⓟ？

j. 一以贯之。2006 年，奥特想起她在 1964 年发表的一篇小说。她曾将小说交给了杂志《跟踪追击》，后者同意发表。现在她想知道的是，她是否拥有该小说的版权。她把杂志翻腾出来，却惊讶地发现该小说印刷时未附版权声明。杂志的标题页上印有版权声明，而各单篇小说上没有。她的小说自此进入了公有领域吗？

⊙ 解析

a. 爱森的图书不享有版权，因为她发表时未附版权声明，此时正是

1909 年《版权法》之苛刻规定有效的时候。而她的意图无足轻重，它对于作品进入公有领域并非必要。她仅仅复制了 100 份，这一事实并不能帮她。按照 1909 年《版权法》，如果所有人曾努力遵守，"偶尔不经意的疏忽，以及出自特殊的一份或多份复制件上法定声明的错误"并不造成版权的无效。但她未曾遵守该规定，因而该条款就不适用于她的情况。即使她有过努力，但 100 份复制件遗漏声明可能数量太多，因而没有资格成为"特别的一份或多份复制件"。

1989 年废除形式要件对她也没什么影响，因为这不能追溯适用于此前发表的作品。恢复规定也不适用于她，因为这仅仅适用于外国作者的版权。

b. 这一次，爱森未附版权声明的出版发生在 1976 年《版权法》之初始声明条款所规制的十年期间内。按照 1976 年《版权法》，声明遗漏如果出现于"向公众发行的相对少量的复制件或录音制品"，就不会产生版权的丧失。这里的问题是，100 份复制件是否相对少量。相比通常的图书出版，100 份是不太多，所以法院可能视其为"相对少"。另一方面，这却是她已经印刷的全部复制品，因而法院可能认定这并非相对少量。

其他保留性条款对她也无济于事。她没有登记并试图弥补错失的声明。被许可人也没有在违反她的授意的情况下遗漏版权声明。

c. 爱森这一次未附声明的出版时间所适用的是 1989 年 3 月 1 日后的规则。已发表复制品上附具版权声明不再是版权保护的条件，因而她拥有其版权。无辜侵权人抗辩可适用于她，但她的权利通常不受影响。

d. 诺亚没有发表他的小说，但电影的发表经过了他的允许，其中包含了他小说中的很多创造性表达。大多数法院会认为，这构成了诺亚小说的发表。因为该案发生于 1966 年，他很可能失去其版权。

有一个利好是，协议要求电影制作人附具合格的版权声明，但他们没有这样做。1976 年《版权法》之前的法律对此模糊不清。一些法院可能做出支持诺亚的裁定。发表未经授权，因而将不会失去他的版权。如果这是发生在 1986 年，规则很清楚：依据《美国法典》第 17 编第 405 条，版权不会丧失。在 1999 年，发表无论如何都不会导致版权的丧失，因而不成问题。

e. 法院裁定，这里没有发生失权性的发表。[①] 在没有附具版权声明的情况下，奥斯卡像被发行给获奖者、展示给新闻摄影人，但该发行属于有限发行，没有到达普通公众，而是被颁发给了学院奖的获得者。当有人拍卖时，学院最终会争取购买它。这种展示在某种程度上也是有限的。不同于雕塑的公开展示（其没有复制限制），三维雕像被提供给了摄影人，而后者的所作所为只是制作二维图片。法院判定，这未曾允许不加限制的复制（虽然有人不解：被告如何能够制作被指侵权的雕像）。

f. 依据 1909 年《版权法》，该例可能存在着未附声明的发表，版权因此丧失。版权拥有者可能主张，这是一项有限的发表，不会导致版权丧失。他们并没有进行无限制的公开发行，而只向经遴选的部分公众提供作品，已达到其特定的目的——即吸引他们关注小册子。然而，复制件被发送给公众中那些看上去愿意接受的任何成员，将远远超出有限发表。

g. 该声明不正确。阿莉是作者，但版权声明应该标示版权所有人的名字。她当时是剧院的雇员，因而版权归剧院所有。法院可能会认为，无效的版权声明意味着该作品之发表未附版权声明，因而不享有版权。注意：按照 1976 年《版权法》，名字错误不会造成版权无效。

h. 阿莉发表作品没有按照 1976 年《版权法》最初的规则附具版权声明。她印刷并出售了几百册，数量可能较多以致其不属于"相对"少量，但她可以使用其他补救条款，即在 5 年内登记作品，采取合理措施以更正其遗漏。

i. 该 CD 是录音制品，同时含有音乐作品与录音。小册子复制件包含了音乐作品（至少是音乐的歌词）、插图，可能还有文字作品（其他信息）。因而，同时使用两种符号是对的，ⓒ代表复制品、ⓟ则表示录音。

j. 奥特依然拥有其版权。就集体作品而言，版权页附具一个版权声明就足够了。

---

[①] 参见电影艺术与科学学院诉创意之家推广公司（*Academy of Motion Picture Arts and Sciences v. Creative House Promotions, Inc.*），944 F. 2d 1446（9th Cir. 1991）。

### （四）版权声明里的有限信息

版权声明提供了少量的信息：“© 1959 丁斯代尔·皮兰娜”。被指名者主张作品的版权，以及发表日期。作品中可能有很多不受版权保护的因素。思想、事实、现有材料、功能要素以及其他成分就不受版权保护。对于哪些具体成分可享有版权，希望复制作品的人并不能了解到直接的信息。有一项例外是，如果某作品主要由美国政府的作品（其不可享有版权）组成，版权声明必须指明受保护的部分。[①]

版权声明可能会被错误使用，从而对公共领域的作品主张保护。人们常常会发现，版权声明出现于无版权作品上，如贝多芬的交响曲或莎士比亚的戏剧。[②] 原告如果增加了新的材料，其版权诉求可能有所依据，但若原告仅仅是复制了公共领域的已有材料却就此附加了版权声明，该诉求就是虚假的。联邦版权法没有针对此种虚假主张规定民事诉由，但若一项诉求缺乏依据，可能因各类州法产生相关责任，如欺诈、不当得利、消费者保护以及违反担保责任。[③] 刑事责任也可能会产生，版权声明欺诈可以处高达 2500美元的罚金。除了假冒伪劣案件之外，被起诉者很少。然而，希望使用作品的人可提起诉讼，要求做出宣告性判决：该材料不享有版权（或有关使用属于合理使用）。[④]

### （五）外国作者丧失版权的恢复

由于失误而未能满足形式要件，很多外国版权持有人丧失了他们在美国的版权。在美国版权法有过要求的年代，版权可能因发表时未附版权声

---

[①] 《美国法典》第 17 编第 403 条。

[②] 参见保罗·希尔德：《虚假版权的支付要求：诉由四种》（Paul J. Heald, *Payment Demands for Spurious Copyrights: Four Causes of Action*），1 J. INTELL. PROP. L. 259 (1994)。

[③] 同前注。

[④] 比较：凯伦·斯隆：《詹姆斯·乔伊斯遗产管理人在合理使用纠纷中同意向原告支付费用》（Karen Sloan, *James Joyce Estate Agrees To Pay Plaintiff's Fees In Fair Use Dispute*），Nat'l L. J.，September 30, 2009。

明而丧失。即使作品发表时附具了版权声明,由于未能就版权续展提交申请,版权人可能会失去其版权的部分保护期。而美国作者在其他国家很少遭遇此种损失,因为很少有国家要求以此种形式作为版权保护的条件。的确,主要的国际版权条约《伯尔尼公约》禁止对外国作者施加此种形式要求。

当知识产权成为国际贸易谈判的一部分时,美国同意恢复因不符合美国的形式要件而丧失的某些外国版权。依据有关执行 1994 年 TRIPs 协定的美国立法,外国作者的某些版权得以恢复,生效时间是 1996 年 1 月 1日。[①] 当某些条件得到满足时,恢复即可生效:

- 作品在美国发表之前至少 30 天内,首先发表于符合条件的国家:该国加入了《伯尔尼公约》、《WIPO 版权条约》、《WIPO 表演与录制品条约》;WTO 的成员;或符合特定的总统公告。
- 作品在其来源国没有因为保护期届满而进入公有领域。
- 在美国,由于不符合形式要件(例如,发表但未附版权声明,或没有申请保护期续展),1972 年前的录音在美国不受保护,或者是因不具有国民资格,从而已处于公有领域。
- 作者是合格的国家的公民。

外国的版权持有人有资格获得剩余的版权保护期——若非因为丧失保护,这是其应该享有的。版权持有人不必提交任何表格即可恢复版权——恢复是自动的。但就一项被恢复的版权,版权持有人可以向版权局提交一份"实施意图声明"(Notice of Intent to Enforce,NIE)。另外,版权持有人可以将实施意图声明送达给"信赖方",后者曾在该作品处于公有领域时使用过它。

已恢复版权的拥有者通常有权实施其版权——正如其他版权一样,以对抗恢复日之后发生的侵权行为,但信赖方可受到有限的保护。对于原告向版权局提交声明或将声明送达信赖方之前发生的行为,他们不承担责任。信赖方由此获得提交或送达声明之后的一个宽限期(大约一年)。在宽限期

191

---

① 参见《美国法典》第 17 编第 104A 条。

内,信赖方可以销售其复制件、利用其演绎作品,但不得制作新的复制件。宽限期过后,信赖方可以继续使用其在美国境外创作的演绎作品,只要他向恢复版权之所有人支付了合理的补偿费。

戈兰诉霍尔德案否决了这一论点:[①]或因国会越权赋予版权,或因违反《第一修正案》,将作品从公有领域排除是违宪的。戈兰案裁定,《宪法》之"进步条款"(Progress Clause)赋予国会在处理版权方面享有相当大的自由度,且并不严格受限于激励创作的规定——这种规定不同于诸如恢复版权之类的条款,后者对作品传播给予了更为一般性的支持。在戈兰案中,联邦最高法院对其此前在埃尔德雷德案中的决定做出了非常狭义的解释。[②] 按照埃尔德雷德案判决,只要国会继续维持版权法的"传统格局",第一修正案的审查就是不必要的。戈兰案判决对此解释称,"传统格局"仅涉及合理使用原则和思想不受保护(而不是版权法更为一般性的模式,如通常不得索取公共领域)。只要国会没有废弃合理使用和思想不受保护的原则,就无需适用第一修正案审查。即使更大的变化——如将公共领域的材料置于版权法下,也不必依第一修正案接受审查。

○实例

a. 恢复。1965 年,晋同意在日本发表他的论文,而出版商没有附具版权声明。晋的论文在日本受版权法保护,但要恢复他在美国的版权,他需要做什么? 如果晋的论文未附必要声明而首次在美国发表呢? 或者,未附声明的发表是在 1920 年呢?

⊙解析

a. 恢复条款能够让晋重获美国版权。为了使其实施版权的能力最大化,晋可以向版权局提交一份"实施意图声明",这将限制信赖方继续实施可能侵犯其版权的行为。

如果首先在美国发表,恢复条款将不能适用。它只能适用于在符合条

---

① 戈兰诉霍尔德(Golan v. Holder),132 S. Ct. 873 (U. S. 2012)。

② 即埃尔德里德诉阿什克罗夫特(*Eldred v. Ashcroft*),537 U. S. 186 (2003)。——译者

件的国家的首次发表(即美国之外的某国,属于多个版权类条约之一的成员)。如果是发表于 1920 年,恢复条款也不能适用。恢复条款所给予作品的,只是它原本应该享有的保护期。1923 年之前发表的作品已经不受版权保护。

# 二、登　记

美国的独特性在于,它有版权局从事版权登记、作品副本交存、版权相关文件的记录以及维护记录并提供公众查询。版权所有人(或者是任何排他性权利的拥有者)可在版权期内随时登记作品。① 发表与未发表作品均可登记。登记不是版权保护的条件,但它具有多方面的实际利好,对此下文将述。登记需要填写申请表、支付适当费用、满足交存要求:美国已发表作品之最佳版本的两份副本;未发表作品、美国域外发表作品、或集体作品收录作品的一个副本。②

基于作品的类型差异,申请表包括多种。所要求的信息相对简单明了,关系到版权之所有权及其存在与否。申请人必须确认作者(除非作品是无名或匿名之作)、作者的国籍与居所、作品是否属于雇佣之作(这意味着它由雇员创作、雇主被视为作者)。③ 如果主张版权的人不是作者,她必须说明她是如何获得版权所有权的。申请人必须提供作品的标题(以及曾用标题或替代标题)、创作年份以及(若已经发表)首次发表的日期和地点。这些事实可能会决定版权保护期。对于汇编或演绎作品,申请人必须指明其所依据的原作,并对正在登记的版权主张所涵盖的其他材料做扼要陈述。如果剧作家将一部小说改编为剧本,她就必须标明该小说为原作,并简要介绍其剧本所增加的内容。她对剧本的版权只能及于新增的、创造性的表达,而不

① 《美国法典》第 17 编第 408 条。
② 同上。
③ 《美国法典》第 17 编第 409 条。

能及于所用小说的任何部分。

审查者进行有限审查。按照版权局的"怀疑规则(Rule of Doubt)",若材料明显不可受版权保护,或其他要求(包括所有权)得不到满足,登记将不得允准。如果登记被拒绝,申请人可以申诉。如果登记被允准,版权局向申请人颁发登记证书。版权局保留被登记作品的档案与索引。任何与作品状态有关系的人都可以到版权局查询。为获取1978年以来有关登记和存档文件的信息(最近的归档文件可能需要几个月时间才能出现在数据库中),可登录网站 www.loc.gov/copyright 进行在线查询。人们还可以亲自到访版权局并查询档案,或者付费申请版权局进行查询。

版权登记有多项利好。在版权持有人进行作品登记之前(或者,如果美国版权局拒绝登记,则在版权所有人提交申请、支付费用、满足交存要求之前),侵犯"美国作品"版权的诉讼不能被提起,除非是针对《美国法典》第17编第106A条之精神权利的侵犯。[①] 这一要求被限于"美国作品"——这是指首先在美国发表的作品、美国居民的未发表作品或者其来源国未与美国同入某一版权条约的作品。[②] 简而言之,版权所有人在提出侵权诉讼之前必须登记作品,除非该作品之创作与首次发表发生在外国,而该外国与美国同属某一版权条约的成员。

登记还是某些侵权救济的条件。法定损害赔偿和律师费通常仅适用于登记作品的侵权(除非该作品未发表,或于发表之后三个月内获得登记)。[③] 该限制不适用于第106A条之精神权利的侵权之诉。在此需要注意一项区别。版权登记是提起侵权之诉的条件,但他不必先于侵权,而只需先于之后讼案的提起。不过,要获得法定赔偿或律师费救济,登记则必须先于侵权(或者,登记一定不能晚于发表后三个月)。实际上,未登记作品的侵权可以得到起诉,但不能获得法定赔偿或律师费救济。这一点事关重大,因为法定赔偿常常超过实际损害赔偿。(参见第十九章,关于救济)

---

① 《美国法典》第17编第411条。
② 参见《美国法典》第17编第101条。
③ 《美国法典》第17编第412条。

　　登记证书属于版权有效的初步证据(prima facie evidence),只要作品登记不晚于首次发表后 5 年。[1] 但是,法院对于证明权重拥有裁量权,且法院会裁定登记作品不具有可版权性,如果其他证据表明其缺乏独创性或其他条件。

　　登记具有的实际好处还包括,对版权所有权作出公共记录、让查询美国版权局档案的任何人能够获得。除了版权登记,人们可以对版权所有权之转让、有关版权的其他文件进行备案。[2] 这种备案向他人提供了一种推定性告知,不过这只是在版权已获得备案的情况下。[3]

　　另外,为了申请续展,登记也是必要的。1992 年版权续展被改为自动获得之前,它是初始 28 年保护期之后获得续展期的条件。1964 年之前发表的作品如果没有登记、在第 28 年未申请延期,就要进入公有领域。对于1978 年 1 月 1 日至 1989 年 3 月 1 日间发表但未附必要版权声明的作品,登记可能还是保留其版权所必要的。在此期间,未附必要声明而发表可通过5 年内登记得以纠正。

　　版权登记的好处(侵权案件中的法定赔偿与律师费、版权效力与归属的推定、备案文件的推定告知)取决于有效的版权登记。并且,登记(对于美国作者)是提起侵权诉讼的必要要件。申请人应该谨慎,以防在登记程序中犯下错误,以致其登记无效。误将作品称为雇佣作品,未能指明改编作品所依据的原作——诸如此类的失误可导致登记无效。但是,并非每一种失误都将造成登记作废。有些法院曾经认为,疏忽之误不导致登记无效,而申请人的故意欺诈将会如此。[4] 其他法院则不那么宽容,主张实质性错误足以导致登记无效,即使其属于无意而为。

195

　　○实例

　　a. 盖住它。斯贝克创作了一部五幕幽默剧,并在当地的一些作家中间

---

[1]　《美国法典》第 17 编第 410 条(c)。

[2]　《美国法典》第 17 编第 205 条。

[3]　《美国法典》第 17 编第 205 条(c)。

[4]　乌兰提亚基金会诉马赫拉(*Urantia Found. v. Maaherra*),114 F. 3d 955,963 (9th Cir. 1997)。

传发了复制件。大家都认为该剧将获得巨大成功。有朋友建议斯贝克对该作品进行版权登记,而斯贝克回应说,他将等到该剧发表时。斯贝克认为,他在戏剧发表之前不享有版权,而在那之前的登记也不会给他带来任何好处。他还推测,在戏剧发表或搬上舞台之前,不可能有人实施侵权。斯贝克能从版权登记中获得好处吗?

⊙解析

a. 斯贝克可以从版权登记中获得好处。作品一旦固定为实体形式,它就获得了版权。无论发表与否,作品都可以登记。在发表或演出之前,他的版权当然有可能被侵犯。一些复制件已经在作家中传递,后者可能再传发给其他人。登记的好处是,如果版权被侵犯,可获得的救济将会更大。只有登记作品的侵权才能获得法定赔偿和律师费判付。并且,登记与交存可提供证据,表明他在登记日之前创作了该作品,而在他面对侵权人否认复制其作品时,这将对他有利。

# 三、续展

如果作品发表于 1964 年以前,28 年后就要进入公有领域,除非版权人提交了续展申请,增加了又一个 28 年的版权续展期。

按照 1909 年《版权法》,版权保护期被分为两部分。作品一旦发表,并附具版权声明,版权所有人就有资格享有 28 年的初始保护期。版权人只要对版权进行登记,并在初始期的第 28 年提交续展申请,她还可以享有另外一个 28 年期的保护。未提交续展申请意味着该版权于初始期结束后终止。很多版权基于这一规定进入了公有领域。

1976 年《版权法》将版权保护期改为单一制:个人作品是终生再加 50 年;雇佣作品和匿名或假名作品则是 75 年的固定保护期。对于 1978 年之前发表的作品,1976 年《版权法》还有可能为它们再添加 19 年续展期,一共 75 年(即 28 年初始期、28 年续展期再加 19 年)。但该续展的权利还要取决于在第 28 年内提交续展申请,1978 年之前发表的作品从而才能在 28 年结束后延续版权。成文法 1992 年生效的修改为 1963 年后发表的作品规定了保护期自动续展。[①] 到 1998 年,《版权延期法》(CTEA)为版权保护期再次延长 20 年,1978 年以前作品的版权续展期由此增加。

在处理 1964 年之前发表的作品时,有两件事必须检查清楚。首先,作品是否首次发表时未附具合格的版权声明,从而使之进入了公有领域。其次,版权所有人是否没有在第 28 年申请续展(如果是在 1992 年之前),这同样会导致其进入公有领域。另外,对于 1963 年到 1989 年 3 月 1 日之间发表的作品,未附声明的发表可能已经导致其版权丧失。

# 四、交存

技术上有两个相互分离的交存(deposit)。登记作品的版权人必须向美国版权局交存(一或两份复制或录制件,视作品类型而定)。已发表作品的版权人应该向国会图书馆交存两份复制或录制件。在作品发表后的 3 个月内,版权人必须向版权局交存两份复制或录制件,"供国会图书馆使用或支配"。[②] 国会图书馆的交存规定仅适用于在美国发表的作品(不适用于未发表作品和仅在国外发表的作品),但版权人也被允许运用国会图书馆交存来完成登记交存的要求。那些既未登记,也未发表作品的版权人无需交存。

所有已交存的复制品与录制件都成为美国政府的财产。[③] 被交存材料可由国会图书馆用做其收藏(某些未发表作品适用狭窄的例外)。[④] 交存的要求帮助国会图书馆拥有一个庞大的作品库藏。不过,被交存作品并非全

---

① 具体情况是,美国 1992 年通过《版权期续展法》(Copyright Renewal Act of 1992,立法编号为 Pub. L. No. 102-307,106 Stat. 264),修改《版权法》第 3 章,对 1964 年 1 月 1 日至 1977 年 12 月 31 日获得的版权自动续期。该法于 1992 年 6 月 26 日生效。——译者

② 《美国法典》第 17 编第 407 条(a)。

③ 《美国法典》第 17 编第 704 条(a)。

④ 《美国法典》第 17 编第 704 条(b)。

部都得到了保留。可以说,国会图书馆对作品的保留与舍弃做出选择。进
行版权登记的番茄酱瓶贴并非每一件都被留作创意作品国家库的一部分。
197 另外,交存要求是灵活的,很多作品类型被免除交存。就软件而言,有些人
可以排除大部分内容,尤其是那些被视为商业秘密的代码。这些规则正在
扩张以适应作品数量的激增和发生变化的作品性质。例如,版权局临时法
规限制了电子作品的登记需要——如果它们已在美国发表并可在线获取,
同时也规定电子交存不应向大众做普遍性提供。①

　　美国版权局法规或整体、或部分地免除了很多作品的交存要求。例如,
计算机程序源代码只需交存首页和最后 25 页。另外,如果程序包含商业秘
密,版权人可以删掉部分代码,从而避免向竞争对手或其他人公开该代码。
针对安全性测试(如 LSAT),版权局在审查后退还其复制件。②

　　未能交存要受到适度的处罚,且不会影响版权的有效性。如果已发表
作品在发表后 3 个月内未能交存,版权局长可以要求其交存。如果交存还
没有执行,可对其实施最高 2500 美元的罚款,只要求其支付购买复制件的
费用。③

　　与交存有关的更大风险也可能发生。交存是登记所必要的。如果交存
不合格,可能导致登记失效。并且,如果交存的复制件与声称遭遇侵权的复
制件不同,可能也会造成登记无效。这可能意味着无权获得法定赔偿。经
常修改的作品(如计算机程序)之版权人必须对作品后续版本的登记保持警
觉。另外,版权持有人要谨慎保存所登记的每个版本的复制件,用以证明任
何侵权。如果需要,她不能指望从版权局取回复制品。如前述,向版权局交
存的复制件可能不是完整的,而版权局也可能丢弃了那些复制件。

　　如果作品没有复制件用于交存呢? 在柯达德诉 MTV 一案中,④原告

---

　　① 参见《只在线提供的已发表电子作品的强制交存》(*Mandatory Deposit of Published Elec-
tronic Works Available only Online*),75 Fed. Reg. 3863 (2010)。
　　② 《版权局执法纲要(二)》(*Copyright Office Practice Compendium 2*),315。
　　③ 《美国法典》第 17 编第 407 条。
　　④ 柯达德诉 MTV 网络公司(*Kodadek v. MTV Networks*),152 F. 3d 1209,1210 (9th Cir.
1998)。

声称,他于 1991 年创作了两个虚拟形象的图画,分别名为比维斯与巴特赫德。他把其中之一交给了迈克·乔吉,此人不久成为了 MTV 动画节目"比维斯与巴特赫德"背后的创作人员。要提起侵权诉讼,柯达德必须登记其作品。而要登记作品,他不得不交存作品复制件。因为他没有足够的图画副本,它就于 1993 年制作了新版本,并在登记时办理交存。第九巡回法院认为,这些复制件没有满足交存要求,登记无效。可以说,登记人必须交存"原作品的真实复制件"。这些副本必须"确实与原作相同,且必须按照原作直接产生"。法院认为,依据几年后的记忆再创作绘画,没有资格用作符合登记目的的作品复制件。

○ **实例**

a. 代码主导。阿尔佳对她的计算机程序进行了版权登记,这是一款实用的建筑设计软件。过了几年,她继续测试并修改了该程序。有人从她的笔记本电脑窃取了这一新版本的复制件,并将它传给了建筑师斯迈特,此人则复制多件并允许多人使用该软件。阿尔佳高兴的是,她曾对该程序采取了登记措施。因为该软件是在侵权行为发生的时候登记的,她可以得到律师费和法定赔偿。另外,她不必在提起侵权诉讼之前去登记。这里有什么问题吗?

⊙ **解析**

a. 阿尔佳可能有麻烦。她对该程序的一个版本进行了登记并交存,然后她继续测试并修改了程序。情况很可能是,遭遇侵权的版本有实质性不同,从而构成一个独立的演绎作品,但阿尔佳对此并未登记。

结果有可能是,阿尔佳依然可以起诉,但遭受侵权的是未登记作品。她必须在起诉之前登记,且没有资格获得律师费和法定赔偿。

在此可扭转形势的是,该作品是计算机程序。交存规则允许交存程序的有限部分,而已交存部分有可能没有被改变。如此,问题就成为:当初的登记是否足够。

# 五、恢复形式要件吗？

近年来，重建形式要件制度的建议不绝如缕。时至 1989 年，形式手续在美国已不再是版权保护的条件。但是，人们注意到，版权法中的其他趋势实际上加强了支持形式要件的观点。1976 年《版权法》扩大了版权的范围，使之包括了未发表的作品。计算机程序已经成为日益重要的可版权材料，尽管其功能性使其被纳入版权保护多少有些尴尬。版权保护期一再被延长。除非主张版权的人为主张版权采取过积极的措施（通过使用版权声明或登记作品），声明要件具有将作品投入公有领域的优点。

一直以来有一种建议：以登记、连同定期续展作为版权保护的条件。[①]兰德斯、波斯纳提出一个折中方案：允许可无限续展的版权，以换取必要的续展。其实证分析显示，当第二个 28 年保护期要求续展时，取得续展的版权不到 11%。此外，大多数版权作品的经济寿命相对较短。另外，版权人对付费比较敏感，这意味着，即使所需费用适度，续展申请也不会太多。因此，初始保护期之后很少有作品维持其版权。只要被允许，有价值之版权的所有者会申请续展，但兰德斯、波斯纳认为这是有益的，因为保持版权的私有财产性，为其有效利用提供了激励（虽然其他人可能对此有不同意见）。兰德斯和波斯纳甚至表示，允许版权无限续展具有一个有趣的附带利益：大约 2015 年左右，当 1998 年的 20 年延期即将结束时，很少再有办法被用来试图说服国会延长保护期。

可以实行一种相比旧规不太严厉的形式要件体制。1989 年之前，一个作者会因发表作品但未附版权声明而失去版权。更友好的规则可规定，作

---

① 参见劳伦斯·莱斯格《思想的未来》(Lawrence Lessig, *The Future of Ideas*)，249 (2001)（建议版权期为 5 年，可续展 14 次）；兰德斯、波斯纳《无限可续展的版权》(William M. Landes & Richard A. Posner, *Indefinitely Renewable Copyright*)，70 U. Chi. L. Rev. 471 (2003)（建议版权期为 20 年，可无限续展）。

品在发表并声明之前不享有版权,或者说,若已申请登记,但尚未完成该形式要件者,并不导致其版权完全无效;或者说,在其最终符合规定之前,作者将不享有版权。

　　恢复版权形式要件的最大障碍应该是,它可能会违反美国的条约义务,除非该规则仅被适用于美国作者。有人建议避免这一问题。DMCA(《数字千年版权法》,下文将述)为版权作品中使用的反复制和反接触技术提供保护,但这种保护不同于版权本身,因而可要求这种保护符合一定的形式件。① 版权所有人如果希望对其反复制与反接触技术(例如干扰有线电视信号、音乐文件附具反复制代码等)提供法律保护,她可以按要求在作品上附加此种声明。

200

201

---

　　① 　参见帕梅拉·萨缪尔森、杰森·舒尔茨《版权拥有人应否就其技术保护措施的使用做出声明?》(Pamela Samuelson and Jason Schultz, *Should Copyright Owners Have to Give Notice of Their Use of Technical Protection Measures*),6 J. on Telecom. & High Tech. L. 41 (2007)。

# 第九章　版权保护期

马克·吐温曾主张,版权应该永久延续,就像大多数财产权。有些人认为,版权只需要持续几年,这足以为作者提供激励,但也能尽快使作品投入公有领域。版权法采取了接近吐温的立场。版权的保护期很长。《了不起的盖茨比》(1925 年发表)和《芬尼根守灵夜》(1939 年)还在版权期内。1923 年以前发表的作品在美国不再享有版权。不过,从 1923 年到 1977 年享有版权的作品可拥有 95 年的有效保护期。因而,1923 年的作品可在 2018 年以前享有版权。1978 年以后创作的作品拥有至少 70 年的保护期(且通常会更长),因而它们至少在 2048 年以前都保有其版权。保护期规则很少借作品保护期终止而发挥作用,但版权期规则也与影响形式要件(如版权之续展)和所有权(特别是转让终止)的重要规则相关联。理解保护期规则(按照 1909 年和 1976 年《版权法》)对于充分理解形式要件和所有权归属是必要的。版权律师必须习惯于对不同的日期增加 28 年。

1790 年的美国首部版权成文法提供了可能的 28 年保护期(发表后 14 年、14 年续展期)。[①] 到 1831 年,国会将可能保护期增加至 42 年(28 年初始期、14 年续展期)。依据这些法律享有版权的一切作品均早已进入了公有领域。

1909 年,国会将可能的保护期修改至 56 年(发表后或某些未发表作品登记后 28 年的初始期再加 28 年续展期)。按照 1978 年生效的规定,国会(为大多数作品)延长了保护期。一般的规则是,版权始于作品的创作完成并延续至作者终生加 50 年。对于匿名作品、假名作品和雇佣作品,保护期是 75 年(年数确定,与作者生年无关)。通过续展期增加 19 年,1978 年以前已经受版权保护的作品也被给予了 75 年保护期(75 年＝28 年＋28 年＋

203

---

① 　参见埃尔德里德诉阿什克罗夫特(*Eldred v. Ashcroft*),537 U. S. 186 (2003)。

又 19 年）。

1998 年，国会又增加了 20 年版权保护期。1977 年后的个人作品如今拥有的保护期是作者终生加 70 年（50＋20 年），其他类型的作品则是 95 年（75＋20 年）。1978 年以前拥有版权的作品如今拥有 95 年（28＋28＋19＋20 年）的保护期。假定某作者写了一本书，将版权（连同续展的权利）卖给了某出版商，并于 1930 年出版。出版商可以保持其版权到 2025 年，但前提是那些数字所标示的某些事件没有发生。如果作品在 1930 年出版时未附具充分的版权声明，它将不享有版权。如果出版商未于 1958（1930＋28）年申请续展，该作品将于 1959 年进入公有领域。并且，如果作者在 1958 年前去世，申请续展的权利将归属于作者的继承人，而非出版商。即使出版商保留了续展期，版权转让也将会在 1988（1930＋28＋28）年或 2007（1930＋28＋28＋19）年终止（意即，版权将回归作者或其继承人）。无论是对于版权时间长度的判定，还是在影响版权所有权之其他规则的适用方面，保护期规则都是很重要的。

# 一、1977 年后创作的作品

按照 1909 年《版权法》，版权从作品发表并附声明（或某些未发表作品之登记）时起算，共 56（28 年初始期加 28 年续展期，只要版权人能在初始期的第 28 年内申请续展）。1976 年《版权法》对版权期间做出多方面的改变：其何时开始（基于固定、而非发表）、它是否包括两段期间（对于 1977 年后的作品，适用单一期间），以及持续多久（通常更长）。

版权保护期的一般规则是：

　　创作于 1978 年 1 月 1 日及之后的作品的版权自其创作时起存在，

204　　　　而且除非以下款项另有规定,存续期限为作者生年加死后70年。①

版权开始于作品以实体性形式被固定,并在作者有生之年及此后的70年内存续。如果属于合作作品,版权持续时间为最后一个存活作者死后70年。

作者是否已逝如果不为人知呢？法条就此规定：

> 关于作者死亡的推定。自作品首次发表之年起算经过95年后,或自其创作之年起算经过100年后——以先届满者为准,任何人从版权局得到认证报告,证明(d)款规定的记录不能以任何迹象表明该作品之作者尚在人世,或在不到70年前已经死去,都有资格享受推定作者至少已死去70年的利益。对于依据本法提起的侵权诉讼,对该推定的善意信赖是一项充分的抗辩理由。②

对于某些作品,通过作者生年来测定保护期无效。雇佣作品的作者是雇主,而如果雇主是公司,其生命期可能是无限的。匿名与假名作品的作者身份可能不详。对于这些作品,国会使用了固定年限：

> 对于匿名作品、假名作品或雇佣作品,版权有效期是自首次发表之年起计95年,或自其创作之年起计120年,以先届满者为准。③

匿名或假名作品之作者的身份如果在登记记录或有关记录中被披露,版权计算就要根据其作者生年加70年。雇佣作品则总是按95年计算固定期间。

---

① 《美国法典》第17编第302条(a)。
② 《美国法典》第17编第302条(e)。
③ 《美国法典》第17编第302条(c)。

# 二、1978 年前享有版权的作品

按照 1909 年《版权法》,联邦版权期限最长为 56 年(28 年初始期,再加 28 年的续展期)。在执行 1976 年《版权法》时,国会本来可以将 1978 年前 的版权维持在原有的局面,并仅将较长期间适用于 1977 年后的作品。国会 的选择是,给予 1978 年前的版权与 1977 年后的雇佣作品以相同期限即 75 年。它并没有简单地将该期限转换成 75 年,而是通过增加 19 年续展期(28 ＋28＋19＝75 年)。当国会于 1998 年将版权期限延长 20 年时,对于 1978 年前作品的 95 年保护期限,它为之增加了 20 年的续展期(28 年初始期、依 据 1909 年法律的 28 年续展期、1976 年法律增加的 19 年和 1998 年 CTEA 增加的 20 年)。通过使用 28 年初始期和后来经延长的 67 年续展期来计算 保护期,这看起来可能只是一个技术性问题。但是,续展的作用在于它可以 提出一些关键性的问题:谁对续展期拥有权利,是否提出了适当的续展 申请。

## (一) 申请续展

根据 1909 年《版权法》,要确保获得 28 年的续展期,需要在 28 年初始 期的最后一年提交续展凭证。要提交续展凭证,就有必要进行作品登记。 如果没有提交有效的续展凭据,作品就要在 28 年初始期届满后进入公有 领域。

1976 年《版权法》没有改变这一要件。对于 1978 年前获得版权(也即 发表并附声明或登记)的作品,获得续展期依然有必要在第 28 年提出申请。 1992 年,国会令续展自动化,续展对于 1964 年至 1977 年获得版权的作品 便自动生效。申请续展依然是可以的,并能产生某些利益。其主要效果是, 对于这些作品,下文讨论的斯图尔特诉阿本德案规则只能在提交续展凭据 的情况下才能适用。

## （二）续展权的归属

将版权期限分为 28 年初始期与 28 年续展期的一个理由是,它给予作者再次获益的机会。如果作者在初始期内将版权转让,她保有获得续展期的权利。如果年轻作者将其小说售卖,而它在出版商那里产生轰动,该作者可在初始期结束并享有续展期时重获其利益。为了避免这种情形,出版商和版权的其他购买人通常会同时购买作者的版权及其续展权。

有人认为,续展权的转让应该无效,因为这削弱了对作者的保护。但是,弗雷德·费舍尔诉维马克案的判决认为,续展权利的转让具有法律效力。[①] 联邦最高法院后来对弗雷德·费舍尔案做出了一项有趣的限制。米勒音乐公司案判决认为,作者若在续展申请时间到来之前死亡,转让不应有效。[②] 可以说,续展的权利此时将转移给作者的继承人。

接下来的问题是,受让人创作的演绎作品该如何处理呢? 例如,在斯图尔特诉阿本德一案[③],短篇小说作者将电影权(连同续展期间的)转让给了制片公司。制片公司制作了电影《后窗》(阿尔弗雷德·希区柯克导演,詹姆斯·斯图尔特和格蕾丝·凯利主演)。小说作者于续展期到来前去世,按照米勒音乐公司案,续展权转让归于无效。制片公司认为,它至少应该保有对它在初始期制作的电影进行播放的权利。最高法院驳回了该主张,判定一切权利归还作者的继承人。

总的来说,该案意味着,只要作者在续展期到来时仍在世,续展权转让就有效。如果作者去世,一切权利就归还作者继承人,即使是在初始期创作的演绎作品,其发行与表演也构成侵犯版权。

○实例

a. 缺乏开始键。阿热尔于 1960 年创作并即时发表了小说《失败的开

---

① 弗雷德·费舍尔音乐公司诉维马克公司(*Fred Fisher Music Co. v. M. Witmark & Sons*),318 U. S. 643 (1943)。——译者

② 米勒音乐公司诉查尔斯·丹尼尔斯公司(*Miller Music v. Charles N. Daniels, Inc.*),362 U. S. 373 (1960)。

③ 斯图尔特诉阿本德(*Stewart v. Abend*),495 U. S. 207 (1990)。

始》，却没有在出版物上附具"Ⓒ 1960 阿热尔"。她的版权何时开始、何时终止？

b. 多点儿谨慎。阿兹拉于 1960 年创作了史诗《28 年孤独》，并小心谨慎地在所有的发表件上附加了"Ⓒ 1960 阿兹拉"。然后，他进入广告领域并忘掉了作品的事。他的版权何时开始并结束？ 如果他于 1970 年发表该作品，结果会如何？

c. 及时又稳妥。1960 年，内维娅创作了一部芭蕾《八十又十五年前》，并确保版权声明显示在必要的位置上。她登记了作品，并于 1988 年及时申请了续展。她的版权保护期始于何时并结束于何时？

d. 年轻艺术家肖像。1960 年，埃利斯发表了超级英雄漫画书《隐身人》，并加入了版权声明，从而获得该作品的联邦版权保护。然后他向奇尔顿出版商转让了版权，同时也转让了续展权。在 28 年初始期的末年，奇尔顿准备申请续展时，埃利斯表示反对。他主张，续展权转让无效，因为续展权的整个目的是让作者拿回版权——并防止辛苦奋斗的年轻艺术家本人不可挽回地处理其权利。

（a）谁拥有续展期的权利？

（b）如果奇尔顿在该书基础上创作了电影，它是否保留继续放映这部电影的权利？

e. 生命短暂，版权漫长。2000 年，米兰达写出一部舞谱《追踪者》，然后将其发表但未含版权声明。她从来没有进行版权登记或申请过续展。

（a）她的版权开始并结束于何时？ 若该作品一直没有发表，情况有何不同？ 如果作者身份不明，将其作为匿名或假名作品，又有何差异？

（b）假定该舞蹈是一部雇佣作品，因而作者身份和版权人是其雇主哈里肯舞蹈公司，版权将于何时终止？

f. 另类情形。假定版权的基本保护期不是终生加 70 年，而是作者终生。这将如何改变局面？

g. 不叫的狗。阿瑟·柯南·道尔以福尔摩斯为形象的系列小说在 1887 年至 1927 年间先后发表。最后十件作品发表于 1922 年之后，因而很晚还享有版权,而较早的已经不受保护。有人若根据福尔摩斯形象创作新作品,需要经过版权人的许可吗? 若该形象在最后十部小说中有所改变,会有什么影响吗?

⊙**解析**

a. 按照 1960 年实行的 1909 年《版权法》,当她创作作品时,她拥有州法上的版权保护。但是,在她发表而未附版权声明的情况下,该作品被置于公有领域,这意味着她也没有州法上的保护。这个例子表明,本章主题——即版权保护期常常取决于前面讨论过的形式要件规则。

b. 按照 1960 年实行的 1909 年《版权法》,通过发表加声明,阿兹拉获得了 28 年的初始版权保护期。但他没有为续展期保护提出必要的申请,因而他的版权保护期开始于 1960 年,结束于 1988 年。

如果他于 1970 年发表该作品,结果就不一样了。基于 1992 年的法律修正案,对于 1963 年以后获得版权的作品,续展申请是不必要的。因而,他将得到 95 年的版权保护期(28 年初始期加 67 年的续展期,后者包括基于 1909 年法律的 28 年、1976 年得到延长的 19 年,以及 1998 年取得的另外 20 年)。这样,1970+95=2065 年。

c. 内维娅于 1960 年因发表并附声明而获得其版权,因续展及时又获得 95 年的版权期(28 年初始期加 67 年经延长的续展期)。这样,1960+95=2055 年。

d.(a)埃利斯不能取回续展期的权利。尽管续展背后有其政策,弗雷德·费舍尔音乐公司案判定,续展权利的转让是可以执行的。

但并非一切都已失去。如本书下文将要论述的,依据第 304 条,埃利斯可以终止转让并取回其版权——进入版权期第 56 年生效。1960+56=2016 年。然后他可以获得最后 39 年的延长续展期(如果他于 2016 年错过时机,可于 2035 年终止)。

(b)如果埃利斯去世,结果就不同了。按照米勒音乐公司案,如果作者在续展期开始前去世,权利转让失效,继承人拥有续展期的权利。有关版权的一切权利归埃利斯的继承人。如果奇尔顿根据该书制作了电影,它将不可再播映该影片(这将侵犯公开表演权)或对其制作复制件(这将侵犯复制权),也不能从事其他任何侵犯版权的事。

e.(a)第302条针对1977年后作品的规则将适用于此。米兰达的版权期开始于作品固定在实体形式上,并在其生年加70年内有效。比如,如果她于2040年逝世,版权将于2130年结束。作品是否发表,并无不同。如果作品采用匿名或假名,保护期是95年,持续至2095年。

(b)如果是雇佣作品,她的雇主将拥有版权,保护期为95年。

f.依据现行规则,1922年后发表的作品仍然可能受版权保护。例如,晚于1950年的作品可能直到2045年都能享有版权。而采取终生版权规则,常常会有作品进入公有领域。与版权不同,作者有规律性地到达其期限的终点。这一规则也将产生相当戏剧性的结果。每当一位著名作家去世,她的作品将变成完全免费,一种毫无准备的版权大赦——但这也将导致相当的不确定性。比如,它将为电影制作增加风险,因为有关作品之作者可能在制作期间离世,从而将向其他制片人打开方便之门。

g.由于其早期小说不再享有版权,任何人都可以免费复制或改编,如使用福尔摩斯或他的搭档华生博士。如果有人复制了小说中仍受版权保护的创造性表达,他就可能构成侵权。在这些小说中,福尔摩斯渐渐喜欢上了狗,华生两度结婚。复制这些后加成分可能侵权,只要它们有资格成为受保护的创造性表达。但是,早期小说成分的版权保护不会长久,例如形象或情节。[①]

209

# 三、1978年1月1日前创作,但未 发表并享有版权的作品

在1976年《版权法》之前,版权保护通常始于作品发表并附合格的版权

---

[①]　参见克林格诉柯南道尔遗产公司(*Klinger v. Conan Doyle Estate*, *Ltd.*),755 F. 3d 496 (7th Cir. 2014)。

声明。一些未发表作品通过登记获得联邦版权,但通常情况下,联邦版权立法未涵盖未发表作品。1976 年《版权法》改变了这一情形,规定版权开始于作品的创作,从而使未发表作品现在也拥有了联邦版权。针对 1978 年前创作的未发表作品的版权保护期,该法规定了一个特殊规则:

> 1978 年 1 月 1 日前创作,但在此之前不属于公有领域或享有版权的作品,其版权从 1978 年 1 月 1 日开始存在,并持续于第 302 条规定的期间内。但无论如何,该作品的版权保护期不应在 2002 年 12 月 31 日前届满;并且,如果该作品发表于 2002 年 12 月 31 日或之前,其版权保护期不应在 2047 年 12 月 31 日前届满。①

国会试图在取消普通法保护及其永久性与一个合理的联邦保护期之间维持平衡。直至 1978 年尚未发表的作品至少要获得第 302 条为 1977 年后之作品规定的保护期(终生加 70 年,或雇佣作品等的 95 年)。另外,如果作品已经发表,通过规定可能更长的保护期,国会也为作品的公开提供了激励。

○实例

a. 私人通信。1970 年,巴兹给他的父母写了一封长信,讲述了他在大学第一年的故事。其父母将信件放在了课桌抽屉里。其版权保护期开始并终止于何时? 如果巴兹于 2002 年发表了这封信,情况有何不同?

⊙解析

a. 该例所包含的是一个特殊规则:有关 1978 年 1 月 1 日前创作但未发表的作品。这类作品至少获得第 302 条为 1977 年后之作品规定的保护期,因而该信件版权将至少持续到巴兹终生加 70 年。并且,这类版权至少持续到 2002 年 12 月 31 日。如果在 2002 年 12 月 31 日前发表,保护期持续到 2047 年 12 月 31 日。该案中,这些规则将给予很少的额外年限(如果有

---

① 《美国法典》第 17 编第 303 条(a)。

的话)。如果巴兹活到 1978 年,他的版权将至少持续至 2048 年(1978 年 +
70 年)。

# 四、录音的特别规则

有一个特别的保护期规则专门针对 1972 年前制作的录音。1971 年,
国会修改 1909 年《版权法》,将联邦版权保护延伸适用于录音。然而,国会
仅将联邦版权法适用于 1972 年 2 月 15 日及之后固定下来的录音。该日期
以前制作的录音依然不适用联邦版权法。[①] 可以说,它们通过州版权法受
到保护——就算真有的话(至少在 2067 年之前)。例如,如果侵权行为发生
在纽约州,纽约州法律将永久版权给予 1972 年前的录音。[②] 有关其他作品
的规则不适用于 1972 年前的录音,对此必须予以特别的关注。

# 五、版权保护可以持续多久?

1998 年,国会为现在和未来的一切版权增加了 20 年保护期。若非这
次期限延长,1920 年代至 1930 年代的作品将要进入公有领域。如今,此类
作品将保留其版权到 2018 年及以后。埃尔德里德诉阿什克罗夫特案的判
决驳回了针对版权延期之合宪性的两项质疑。

埃尔德里德案中的言论自由问题是,为现有版权保护期延长 20 年是否
违反了宪法第一修正案。依其属性,版权限制着表达。版权持有人通常拥
有复制、公开发行、改编、公开表演与展览作品的排他性权利。埃尔德里德
案原告主张,版权对于言论是一种内容中立的限制,应受中间层次的审查,

---

①　《美国法典》第 17 编第 301 条(c)。

②　参见国会唱片公司诉美国拿索斯公司(*Capitol Records, Inc. v. Naxos of Am.*),4 NY 3d
540(NY 2005)。

其合宪性的前提在于,"它促进着与压制言论自由无关的重大政府利益,且其对言论构成的实质性压迫不超过促进这些利益之所需。"①

最高法院判决认为,版权保护一般不适用于第一修正案的审查,这取决于多个理由。首先,《宪法》之版权条款(Copyright Clause)和第一修正案几乎同时被采纳。这表明,国父们视版权与第一修正案相互一致。其次,最高法院认为版权与第一修正案实质上并无冲突。版权是对言论的限制,但其目的与第一修正案相同:促进言论。通过给予作者排他性权利,版权为作品创造和传播提供了强大的激励。版权法因而也具有了"内置的第一修正案机制"。版权只保护创造性表达。从版权作品中复制思想,或者为教育、批评、新闻报道或研究等目的对版权作品做合理使用,不属于侵犯版权。基于版权法所内含的这些"传统的第一修正案保障",最高法院判决,既然"国会没有改变版权保护的传统格局",第一修正案的审查并不必要。

埃尔德里德案以后,合理使用与思想表达两分法似乎获得了合宪性地位,因为它们居于版权保护之宪法基础的核心。② 如今,合理使用原则还被更加明确地用于保护第一修正案上的价值。法院更有可能超越成文法所列举的具体情形。合理使用是一项灵活的原则,适于处理多种影响表达自由问题的情形。

埃尔德里德案反映的其他宪法问题是,版权延期是否超越了国会基于版权条款所拥有的权力。原告主张,国会为促进创造而授予有限期版权的权力,不能延伸到对几十年前创作之作品授予实际无时限的版权。最高法院不认为版权条款本身对国会选择的知识产权制度施加了限制。版权立法将不能依靠审查来判断它是否确实服务于版权条款所宣称的目的,即促进知识之进步。毋宁说,对于如何调控知识产权这一方面的问题,埃尔德里德

---

① 该引文出自特纳广播公司诉联邦通信委员会(*Turner Broadcasting System*, *Inc. v. F. C. C.*),520 U. S. 180 (1997)。此处原著未加注。——译者

② 斯蒂芬·迈克约翰:《埃尔德里德案之后:传统、版权条款与合理使用的宪法化》(Stephen M. McJohn, *Eldred's Aftermath*: *Tradition*, *the Copyright Clause*, *and the Constitutionalization of Fair Use*),10 Mich. Telecomm. & Tech. L. Rev. 95 (2003)。

案判决将其交给国会去做出选择："正如我们对国父教导的理解，版权条款授权国会来确定可促进该条款之目的的知识产权制度 ——总的来说，依照该机构的判断。"①

对于版权延期，国会只需要一个合理的前提。为了延长原有的版权保护期，人们做出了多种正当性证明。通过让所有延期能够一致地溯及既往，国会可保证作者因其作品创作之后的延期享有利益。这一保证将为创作增加初始的激励。延期还被视为在美国法律与其他法域的更长保护期之间做出协调，从而确保美国作者在外国享有均等的待遇，允许美国在塑造国际知识产权制度方面发挥巨大的作用，并为外国作品在美国的传播产生更大的激励。另外一项理由是，更长的版权期将鼓励版权持有人投资于"其作品的恢复与公开传播"。保护期延长促发了诸多貌似可取的观点主张。这些理由足以表明追溯性版权延期有其合理性基础——埃尔德里德案判决指出。

212

○实例

a. 版权之未来。假定国会于 2018 年再次为版权保护期增加 20 年。1978 年的作品将拥有 115 年的保护期，1922 年的作品将保有其版权（假设各类形式要件如发表附声明和续展等都得到了满足）。依据埃尔德里德案判决，这合乎宪法吗？假定国会不延长版权，而是扩展版权，放弃合理使用或禁止复制版权作品中的思想，按照埃尔德里德案，这合乎宪法吗？

⊙解析

a. 埃尔德里德案给出的支持 1998 年延期 20 年的理由可能将同样适用于 2018 年的另一次 20 年延期。对于版权条款，埃尔德里德案实质上是在主张，国会的理由满足了较低的合理性要求。有一个理由（与其他国家协调）可能不能适用于 115 年保护期，但其他理由还是可以成立

---

① 引文见埃尔德里德诉阿什克罗夫（*Eldred v. Ashcroft*），537 U. S. 186，222（2003）。另参见格雷厄姆诉约翰·迪尔公司（*Graham v. John Deere Co.*），383 U. S. 1，6（1966）。国会可以"通过依其判断选择那些最能达成宪法目的的政策，来实现国父们既定的目的"。——译者

的。第一修正案上的主张看起来也是相同的,国会在延长保护的同时维持着版权的传统格局。简单而言,从 1998 年到 2018 年,埃尔德里德案对国会同样都不会要求太多。

放弃合理使用,或禁止复制思想就不一样了。埃尔德里德案判定,鉴于版权法包含了内置的第一修正案保护,特别是合理使用和思想表达的区分,版权对于言论的限制符合第一修正案。如果这些安全保障被移除,依据第一修正案的严格审查将可适用。支持对言论采取如此广泛限制的任何政策都将是难以想象的。

# 六、商标法可以有效地延续版权吗?

在达斯塔公司与 20 世纪福克斯电影公司的诉讼中,①最高法院谨慎维护了版权保护与商标保护之间的差异。20 世纪福克斯电影公司曾对有关"二战"的录像享有版权,但这些版权因未能续展而已经到期。后来,达斯塔将其再版,并删掉了原制作者的署名。福克斯公司无法提起版权诉讼,但它主张,由于未能正确指明作者身份,达斯塔对这些物品的"来源"进行了错误归属,违反了商标法。但法院裁定,"货物来源""是指被提交销售的实体性货物的生产者,而不是货物所体现的思想、概念或传播的作者"。对于未注明作者身份的做法,商标法不能为其提供诉由。做出这一判决时,法院试图维持版权与商标两个不同领域的区分:"相反的判决将等同于判决第 43 条(a)创造了一种永久性版权与专利,而国会不可能这样做。"按照达斯塔案的判决,作品一旦进入公有领域,曾经的版权持有人不可通过商标法禁止他人的使用。

---

① 达斯塔公司诉 20 世纪福克斯电影公司(*Dastar Corp. v. Twentieth Century Fox Film Corp.*),123 S. Ct. 2041,2047-2049 (2003)。

# 第十章　版权交易

　　某作者写了一部精彩的小说。她拥有其版权，其中包括一揽子的排他性权利：复制并销售复制品、据此拍摄电影、发行并展示电影、将图书翻译为外文，等等。她这样做可以是为了各种理由——挣钱、向公众披露作品、博得公众和同辈的称赞。但她也不必亲自做这些事。她可以与出版商、电影公司、翻译家签订合同——或者干脆出售整个版权，从而由购买者去行使这些权利。她可以转让版权或者为各种目的就该小说做出许可。这些协议允许她做各种事：获得许可费，控制作品的发行、改编和传播。她甚至可以用版权为借贷作担保。版权交易同时有助于版权的激励目的（为获得收益提供一个途径，这首先是对创作的激励）和作者权目的（让作者拥有一个手段，控制作品的公开发表的方式——如何被发行、改编和表演）。

　　版权所有人可以通过多种机制向他人授予某些或一切权利。作者可以简单地卖掉全部版权。她可以收取现金、可以获得承兑票据或取得买方收入的百分比的收入。她可以将它连同其他资产一起销售，也可以在出售版权时向买方做出提供服务的承诺（如对作品进行促销、改编或更新修改）。作者甚至可以在作品创作完成前出售版权。例如，雇员和独立承揽人常常以合同约定，其作品版权归雇佣方所有。版权转让也可以是为了非商业性理由，如向博物馆或基金会捐献某作品的版权。

　　其他一些交易允许版权人在向他人授予某些权利的同时又保留某些权利。排他性许可允许作者将其大部分权利授予他人。例如，作者可以向出版商出售出版权。她可以向出版商出售排他性许可，以图书的形式制作并发行作品复制件；同时保留其他一切权利，如拍摄电影、撰写续集的权利。通过合同，作者可以对转让的权利做具体的界定。出版商可能获得有限年份内在美国出版英文版精装图书的排他性权利。

版权人也可以为了商业性或非商业性目的授予非排他性许可。排他性许可涉及两件事：它授予许可，并使该许可具有排他性（意即，授权人不得将同类许可给予其他人）。非排他性许可则只需第一项——即授予许可。具有代表性的是，"出售"软件的软件公司授予的是非排他性许可。购买软件的人可以使用它（因为得到了许可），但不能排斥他人的使用（因为该许可是非排他性的）。相互竞争的公司为解决版权侵权诉讼，可以相互授予非排他性许可（从而相互免除各自针对对方的侵权主张）。作者可以许可他人将其小说的大部分编入文集，或者制片人可同意他人将其镜头片段用于纪录片。这些都有可能采取非排他性的许可形式。

作者还可能希望允许他人免费使用其作品。向公众免费提供作品可通过版权许可进行。例如，软件可以根据开源许可的方式来发行。许可证可以规定，任何人可免费使用、复制、改编、改进软件或行其所好——只要他们不限制他人使用他们所设计的软件或所做出的改进。某些作家、音乐家和其他创作者正在遵行这种做法。作者可使用创造共享（Creative Commons）许可证，允许他人依据他们选定的条件（如正确署名、用于非营利性目的）使用其作品。

216

简言之，许可已经成为版权律师界的重要实务领域，本章将展示其中某些基本的规则与问题。

# 一、转让和许可：必要的形式

为了让多种授权能够有效，版权所有人必须签订书面文件：

只有当转让文书，或让与函件或备忘录采用书面形式，并经被让与权利的所有人……签名，版权所有权的转让方为有效，因法律而实行的除外。①

若没有签名的书面文件,版权转让无效。该规则听上去有点儿狭隘,仿佛签名文书是作者出售版权所必要的,而其他交易则不必。但是,"版权所有权转让"这一术语可做宽泛界定,甚至可包含所有权的部分或有条件转让:

> 版权或版权所包含的任何排他性权利的转移、按揭、排他性许可,或其他任何让与、让渡或抵押,不论其效力是否有时间或地点限制,但不包括非专有许可。②

有关版权的很多交易行为必须通过出让人签字的文件来表述。如果作者销售版权、向电影公司授予拍摄电影的专有权、将版权用作贷款担保["不转移占有的抵押(hypothecation)",这是立法上古雅的说法]、让书店拥有在波士顿销售图书的专有权或者给予另一个作者撰写续集的专有权,其效力有待签名的文书。科津斯基法官曾对其中的道理做过恰当的概述:

> 常识告诉我们,协议通常应该以书面形式写成。书面合同比口头合同更难遭遇食言,因而这一简单的做法可借白纸黑字来说明交易条件以防止误解,促使各方澄清其想法并考虑可能发生的问题,鼓励他们认真对待承诺。③

成文法未对具体格式提出要求,也没有要求任何特殊的用语。但它需要经出让人签名的"转让文书,或让与函件或备忘录"。从事"版权转让"不必硬性使用"转让"或"版权"或其他特殊的词语,但书面格式必须能充分表明,双方实际上同意转移版权中的权利。一份销售作者图书"所有权"的协 217

---

① 《美国法典》第 17 编第 204 条(a)。
② 《美国法典》第 17 编第 101 条。
③ 依法克茨公司诉科恩(*Effects Associates,Inc.v.Cohen*),908 F. 2d 555 (9th Cir. 1990)。

议,如果它没有清楚表明它涉及的是作品的版权而非其他权利——如手稿所有权或合同性特许权,则是不充分的。[1] 书面还必须足以显示,双方同意交易的是何种权利。

各方之间的实际协议不必通过出让人签名的书面文件加以详细解释。可以说,"函件或备忘录"便已足够,这意味着并非所有的协议条款都需体现为书面文件。备忘录可在事后签字。一些法院甚至认为,如果书面文件于口头协议之后一段时间签订,转让自口头协议时开始就有效。其他法院则认为,转让只有在书面文件签订后才生效。其间有着较大的差异,比如,在口头协议与书面备忘录的间隙,一方破产、或者与他人签订了另外的协议。

电子的"书写件"也是可以的。按照联邦电子签名法,"签名、合同或有关该等交易的其他纪录不能仅仅因其是电子形式而被否定法律效果、有效性或可执行性"。[2] 协议或签名采用了电子形式——仅此一个事实不妨碍其有效性。

并非所有的书写件都构成"转让文书,或让与函件或备忘录"。仅提及交易而没有明确交易之一般条款的传真就不合格。[3] 同样,书写件中提到合同,但合同尚未缔结完成的,该书写件也不合格(同前注)。毋宁说,书写件必须表明存有一个协议,同时还要明确该协议的关键条款。

法院没有接受过这样的观点:例外不应被认为包含在成文法中。在州合同法中,签名的书写件因各种理由而并非必要(若一方已经执行,或双方并不否认合同之存在,或所涉金额很小、或货物属于专门制造)。然而,基于联邦版权成文法,法院曾拒绝这种主张:若行业惯例认可使用口头协议,或一方已经支付双方同意的价款,书面形式就不必要了。可以说,法院一般按照第 204 条的条款适用其绝对性用语。

---

[1]　参见撒克逊诉布兰(*Saxon v. Blann*),968 F. 2d 676,680 (8th Cir. 1992)。

[2]　《美国法典》第 15 编第 7001 条。

[3]　参见埃斯帕诺拉广播公司诉新世界娱乐公司(*Radio Television Espanola v. New World Entertainment*),183 F. 3d 922 (9th Cir. 1999)。

# 二、非独占许可无书面要求
# （书面、口头与默示均可）

　　若无签名的书写件，"版权所有权转让"无效。这一界定很宽泛，涵盖了权利的转让和排他性许可。但是，非排他性许可则不必使用书写件。因而，人们必须区分排他性与非排他性的许可。如果作者不能再向其他人授予同一权利，许可就是排他性的。排他性许可的范围可宽（复制作者图书的排他性许可）、也可窄（在爱荷华州迪比克市销售图书复制件的排他性许可）。就效果而言，排他性许可将版权人的部分权利转移给了被许可人，因而被视为所有权的转让。比较而言，非排他性许可实际上是说，"我授权你做下列事项，但我也可以转身授权其他人。"如果作者给予第一家出版商印刷并销售图书的非排他性许可，同时还可以授权第二家出版商做同样的事。非排他性许可的一些实例是，某剧作家授权某文艺团体公开表演其剧本；某作者授权出版商在一本关于创造性写作的书中摘录其小说节选；软件开发者允许他人在遵循某些条件的情况下免费使用、复制并改编其计算机程序；软件公司允许用户使用其软件并收费。只要版权人保留了向他人授予同样许可的权利，其许可就是非排他性的。

　　非排他性许可不需要使用书面形式。授予许可可以是口头的，甚至不必是明示的。一项非排他性许可可以由双方的行动来暗示。一方如能合理推知，版权人已同意某些行为而放弃侵权诉求，其中就存在着一种默示的非排他性许可。例如，如果作者与投资人合伙出版一部关于福特 F-100 皮卡维修的图书，投资人提供资金而作者交付了稿件，作者就是已默示许可该合伙使用其手稿。[①] 若双方在签署协议时未能处理好版权问题，默示的非排他许可常常发挥着补漏的作用。

---

① 参见奥多诉里斯(*Oddo v. Ries*)，743 F. 2d 630 (9th Cir. 1984)。

　　书面要求与雇佣作品原则之间通常存在着相互影响。如果一方为创作作品雇佣了一个独立承包人，除非双方另有书面约定，承包人将拥有其版权。如果报社雇佣某自由撰稿人参与布法罗冬运会的特写报道，该撰稿人将拥有这些报道的版权（除非双方达成书面约定，这是报社与作者通常的做法），但双方行为暗示他们希望该报社发表这些特写。而这正是交易之目的，报社对于这些特写的发表应该有一个默示的、非排他性的许可。许可的范围应该是有限的，报社不能拥有以图书形式使用这些特写的权利。该许可属于非排他性许可，这意味着自由撰稿人保留了整体性的版权，可以向他人发放许可（如允许其他报社使用或在图书中使用这些特写）。注意，默示合同理论只能在双方没有涉及版权问题时才能被拿来补漏，它不能超越合同已经达成的条款。

## （一）有合同存在吗？

　　有关非排他性许可的一个关键的合同法问题是，按照合同法，要让版权许可条款协议具有约束力，需要什么？签名和经签名的书写件这些手续可以是不必要的，但在法院针对被许可人强制执行合同条款之前，某些协议（明示或默示）却是必须的。当许可人不仅转移权利，同时也对材料使用提出各种条件限制时——这很可能超出了版权本身所给予权利持有人的权利，这可能是特别重要的。版权内容正越来越多地通过点击许可（click-through licenses）实施在线提供，以此来保护版权所有人并限制信息的使用。有限的判例法已经一般性地显示对许可方有利。比如在注册公司诉维瑞奥一案中，[①]即使用户在使用材料之前未曾遇到有关许可证，法院判决也支持了许可证的拘束力。该案被告是一个数据库的重复访客。在合同性限制与针对每项信息请求的反馈一起发出之前，它是不会出现的。这种限制不可能约束一次性的访客，但因被告已多次使用该数据库，它很熟悉这种依

---

　　①　网络注册公司诉维瑞奥公司（*Register.com*，*Inc.* *v.* *Verio*，*Inc.*），356 F. 3d 393（2d Cir. 2004）。

据限制提供信息的做法。通过对数据库进行持续使用,被告被视为明确表示同意。

○**实例**

a. 不允许。Polcon大会将所有派别的政客聚集在一起参加超党派小组,讨论从竞选战略到搬家筹款等问题。在一个公开性的小组里,参议员斯廷顿谈起她最近发表的自传。该小组的电影制片人莫沃尔要求获得根据该书改编电影的排他性许可,承诺所有利润投入慈善。斯廷顿当众且明确地答应了莫沃尔的请求。莫沃尔便开始改编剧本,不久却得知,斯廷顿授权了另一部影片的制作。莫沃尔指控说,该电影将违反斯廷顿授予的排他性权利。斯廷顿则认为,排他性权利的授予是无效的,因为双方没有签订书面协议。莫沃尔回应说,书面协议无关紧要。他说,没有人否认斯廷顿的许可,因而书面文件作为协议证据这一通常要求是不必要的。结果如何呢?

b. 变卦。格瑞给天才艺术家刘纳多打电话,请求在自己的解剖学著作中使用刘纳多的人体图画。刘纳多让她只管先用。当格瑞的图书摆上每一个医学生的书架时,刘纳多索要稿酬,并威胁要提起诉讼,但他并不否认其曾经的许可。他说,口头允许是不够的。因为没有签订书面协议,该许可无效。刘纳多的做法正确吗?

c. 连纸钱都不值。帕丽兹向巴伦展示了她最新的画作,后者当即就被迷住了。两人遂口头同意,帕丽兹将画作及其版权卖给巴伦,而巴伦立即向她支付双方同意的报酬。巴伦的绘画收藏被纳入了一项全国巡回展,而帕丽兹的画作也由此闻名。巴伦决定通过复制该画以销售招贴画。帕丽兹的律师联系巴伦称,转让给巴伦的版权无效。那么,版权所有权是否发生了有效转让?

假定,巴伦购买了该画作,帕丽兹口头允许他复制该画以制作并发行招贴画。这种口头许可有效吗?

d. 版权转让吗?如成文法所称,"只有当让与文书,或转让函件或备忘录采用书面形式,并经被让与权利的所有人……签名,版权所有权的转让方为有效,因法律而实行的除外。"下列各项需要签字的书面形式吗?

（a）加特向普林特出售其新小说的版权。

（b）普林特向出版社出售加特小说的版权。

（c）出版社向麦格出售排他性权利，重印该小说之一章，并将该权利限于本年度 12 月份杂志的刊发。

（d）一位编辑致电珀特斯特并获得允许，将后者的一首十四行诗编入一部诗集。

（e）鸠特将其新小说的手稿卖给了博物馆。

（f）捷普从银行获得一笔贷款，就一个软件包中的版权设立了担保。

（g）某出版商同意，将珀特斯特的诗集印刷 1000 本，并以销售额的 10％作为交换。

（h）康迪从林哥处获得允许，在她正录制的一首歌中取样使用（sample）林哥的录音。康迪的想法是，提取林哥录音中的一个三秒钟片段，作为她作品的一部分反复出现，并希望能销售上百万份。

e. 签字完毕。纽菲博物馆向某艺术家购进一幅绘画，对后者开出一张可支付的支票，背面写道："通过签署本件，你承认该绘画之权利归纽菲。"艺术家在支票背面签名，并将它存入他的账簿。纽菲现在享有该绘画的版权（包括如在杂志上发表绘画的排他性权利）吗？

f. 抵押发生？银行同意资助休斯顿拍摄一部新的动画片。双方签订了贷款协议，其中，休斯顿准许银行就她所有的"设备、账户和一般无形资产——无论现在拥有或是以后获得的"拥有担保利益。"一般无形资产"的法律定义包括版权。休斯顿后来否认该银行对她创作的一部剧本和电影的版权享有担保利益。休斯顿认为，银行需要获得单独的版权转移，特别是要指明版权，使用诸如"我特此转移我的版权所有权，作为贷款担保"这种表述。那么，版权属于该贷款的担保吗？

g. 电子书写？希瓦读到拉斯的一部新剧，是关于狡猾债务人与无情债权人的传奇。希瓦给拉斯发了个电子邮件，明确请求获得排他性权利，在伊利诺伊上演该剧，并承诺其剧团将公正地完成这项工作（且向他支付票价收入的 25％）。拉斯电子邮件回复："同意！祝好，拉斯。"该剧在皮奥里亚开演,好评如潮,座无虚席。正当希瓦谈判芝加哥的演出时,她得知,拉斯已经授权芝加哥一家机构荒原狼的演出。当她威胁要提起诉讼时,拉斯否认他曾做出过书面形式的许诺,而这是有效协议所必需的。希瓦提出要展示电子邮件的打印件,并指出,电子邮件副本已经储存于她和拉斯的电脑里以及其他地方,而这完全可以将一件作品固定为实体性形式。她说,如果这足够满足《宪法》规定[将它们视为作者的"著作(Writing)"],也可以满足第 204条的要求。她能获胜吗?

h. **邀请撤回**。《Linux 程序的菲茨指南》的版权页上写着:"为帮助Linux 词语的传播,作者在此允许任何人对本书内容进行翻版。"菲茨曾口头指示出版商采纳这一声明,但没有形成书面文字。提尤斯相信了菲茨的话,复印该书并销售了好几千册。菲茨保有版权,令他感到愤怒的是,提尤斯因他的大度而获利,遂起诉提尤斯侵犯版权。菲茨称,那个许可是无效的,因为他没有签字。

i. **政策**。弗瑞斯特的工作是布朗大学的摄影师,拍摄照片供布朗用于其各类出版物。布朗大学实行的版权政策是:"所有权:本大学的立场是,作为一般前提,某人因履行其大学责任和活动而产生的版权性财产的所有权属于作者或提供者。该规定适用于图书、艺术作品、软件等。"弗瑞斯特辞去布朗的工作之后,他对自己拍摄的所有照片主张版权。那么,该大学的政策足以将版权转让给他吗?

j. **默示的排他性许可**。某自由艺术家弗瑞兰答应为奥特尔的故事片拍摄一些野外生命画面。弗瑞兰在阿拉斯加花费了几个星期的时间,露营并拍摄了数字视频,带回了精彩的灰熊活动画面。以十万美元为交换,弗瑞兰交付了含有最佳画面的几张存储盘,奥特尔将其融入了影片。而令奥特尔震怒的是,几个月后她看到,同样的画面镜头出现在了一部竞争性影片中,且经过了弗瑞兰的许可。奥特尔认为,慷慨的付出使她获得的是在电影中使用这些画面的默示性排他性许可。那么,这里包含默示的排他性许可吗?

k. **隐匿的杰作**。泰托在贝克特的前臂上创作了一件幻影纹身,一幅雪豹素描。贝克特很高兴,并支付了双方商定的 400 美元。泰特告诉贝克特:

"现在请记住:不要让任何人对你拍照。我拥有该纹身的版权,不希望任何人复制它。"泰特拥有该版权吗? 当相机出现时,贝克特必须掩盖起来以防止他的家人和朋友不致侵权吗?

l. 谁拥有番茄鲍勃? 大理念电影公司拥有一部卡通影片《素食者的故事》,描写的是番茄鲍勃和黄瓜拉里的故事。利瑞克电影公司和大理念电影公司就其发行事宜达成协议。双方互发传真,列举了双方同意的和待定的条件,并达成口头协议:利瑞克将获得发行该影片的排他性许可。过了一段时间,双方关系破裂,大理念电影公司授权另一家发行商承接发行。为此,利瑞克电影公司就大理念电影公司违反排他性许可协议而提起诉讼。双方之间有无可强制执行的协议? 若无,利瑞克电影公司要为其未经授权发行该影片而承担责任吗?

m. 否则别发推特。推特的服务条款授权推特对用户上传的图片获得非排他性使用许可。这是否会授权用户复制照片,例如导致其他媒体将其用于新闻报道?

⊙ 解析

a. 排他性权利转让无效,因为缺乏经签名的书面协议。法律规则相当明确:"只有当让与文书,或转让函件或备忘录采用书面形式,并经被让与权利的所有人……签名,版权所有权的转让方为有效,因法律而实行的除外。"法律文本不包括例外,法院解释也没有将任何例外加入成文法,所以莫沃尔不拥有拍摄电影的排他性权利。

b. 书面文件并不必要,因为格瑞没有主张其间发生了版权转让。如果她要求获得的是使用图片的排他性权利,从而导致版权所有权转让(就像排他性许可),就需要有一份经签名的许可。但格瑞要求刘纳多向她授予的仅仅是使用图片的许可,这应该是非排他性权利,可以是口头协议(甚至可以是默示)。因而,口头允许已经足够。法院还必须做出决定,从州合同法上来看,该协议是否有效。

c. 没有发生有效的版权转让。没有出让人签字的书面协议,就不发生有效的版权转让。在这里,双方当事人只有口头协议,而必要的书写件阙如。帕丽忒依然拥有其版权,而巴伦如果制作并销售该绘画的复制件,他就可能侵权。

如果帕丽忒口头允许巴伦制作和销售复制件,结果就不一样。如果她未授予他排他性权利,该许可就应该是非排他性的。非排他性许可不需要书写件即可生效。

d.（a）该版权的转移属于对版权所有权的转让,其有效性需要签名的书面文件。

（b）这也是一项版权转移,同样需要经签字的书面文件。该规则并不限于最初作者的转移,而是适用于任何针对版权所有权的转让。

（c）排他性许可是版权所有权的转让,需要签名的书面协议才可生效。有关"版权所有权转让"的界定明显包含排他性权利的转让,即使其含有时间与地点限制（如限于12月份杂志上的刊发）。

（d）允许在一本诗集中重印该十四行诗不属于版权所有权转让;这倒不如说是一项非排他性许可,其有效性不要求书面协议。该许可是非排他的,因为珀特斯特同样可允许其他人将该诗编入诗集。只有当珀特斯特允许使用,且不可再授权他人以同样方式使用该诗时,才属于排他性的。换言之,如果该项许可排除其他人使用有关的权利,它才具有排他性。

（e）这里涉及的是一项手稿而非版权的销售。手稿销售与版权完全无关,而只是物体销售,因而不适用版权法。可以说,合同法所规制的是,签订书面文件是否必要;并且,按照《统一商法法典》（U.C.C）,如果价钱已付,书面协议对于履行合同是不必要的。

（f）以版权设立担保作为一种"抵押",属于"版权所有权转让"定义的范围。因而,经签字的书面协议是其有效性所必要的。

（g）这只是一项非排他性许可,不需要签字的书面协议。这主要是一个印刷服务合同,但也包括允许出版商制作复制件的许可。

（h）该允许是非排他性的,因而不需要签名的文件。事实上,康迪可能也还得为林哥的同意提供证明,而签字的文件就是一个好办法。

e.纽菲可能并不享有版权,因为双方没有签署书面协议。该案实质上是一个合同法问题,且涉及双方背书文字的解释问题。版权转让的函件或备忘录没有专门的格式。如果支票上写明"通过签署本件,你承认该绘画之权利归纽菲",且作者签字,便已足够。但函件或备忘录必须表明双方具有转移版权的意愿。而"绘画之权利"未明确此意;这毋宁是指画作物本身的所有权。法院很可能不支持它属于所有权转让函件或备忘录。[①]

f. 版权属于该贷款的担保。将版权用作担保属于版权所有权转移("抵押"包含在了"版权所有权转让"的定义中)。交易需要经签字的书面协议,但成文法不要求使用专门的词语表述,而足以表明特定权利之授予的书面文件即可。如果双方所用术语("一般无形资产")通常被认为包含了版权,就应该足够了。本例中,双方书面表述并非过分模糊以致表明有关权利并未发生转让。

g. 本例涉及到所谓排他性许可,因而其有效性有赖于拉斯签署的书面文件。问题在于,电子邮件是否合格。希瓦的电子邮件明确开列出排他性许可的条款(在伊利诺伊上演该剧的排他性权利,以票价收入的 25% 作为交换)。拉斯的电子邮件明确表示了接受("同意! 祝好,拉斯。")。电子邮件属于第 204 条所规定的"书面"文件吗? 拉斯"签署"了吗? 版权成文法未对书面作出界定。1976 年法律通过该条款时,电子邮件还没有广泛使用,但联邦电子签名立法规定,"签名、合同或有关该等交易的其他纪录不能仅仅因其是电子形式而被否定法律效果、有效性或可执行性"。于是,只要电子邮件在其他方面也满足了第 204 条的要求,其属于电子形式这一事实不能否认其有效性。

h. 该许可不必经菲茨签名。菲茨"允许任何人对本书内容进行翻版"。他没有向任何人授予排他性权利,因而这属于非排他性许可,不需要签署书面协议,因而是有效的。

i. 法院判定,该版权政策不足以支持将版权转让给弗瑞斯特。它认为,该政策未能清楚而具体地表明其转让的是何种权利,因为它只提到了一

---

① 比较花花公子公司诉杜马斯(*Playboy Enters. v. Dumas*),53 F. 3d 549 (2nd Cir. 1995)。

般性政策,所提及的具体作品是图书、艺术作品和软件,与弗瑞斯特拍摄的照片迥异。[①] 它缺乏第 204 条规定所要求的具体性。

关于大学版权政策,针对雇员的另一个一般性问题可能是签名的要求。例如,如果政策被采纳系经员工投票、或包含于雇员手册,大学可能没有实际签名。可以说,雇员可能需要找到大学签署的书面文件(如雇佣合同,它以参照援引的方式包含了员工手册)。谨慎的员工可能会在雇佣合同中以书面形式予以阐明。

j. 奥特尔不能得到默示的排他性许可。[②] 版权所有权的转让(包括排他性许可)必须以书面签字为证方为有效。因而转让不能借当事人的行为来默示达成。非排他的许可不必是书面,因而法院可以从行为中推断排他性许可的存在。如果奥特尔使用了该画面镜头,法院可能判定奥特尔没有侵权,因为按其情形,奥特尔取得了默示的使用许可,但该默示许可却不是排他性的。

k. 该例有助于说明其他一些与书面要件相互作用的规则。泰特拥有该版权。该纹身不属于雇佣作品,双方没有转移所有权,因而泰特是其作者和版权所有人。当一方为他人创作作品但保留其版权时,法院很可能判决,雇佣方拥有使用该作品的默示许可。而这里可能没什么不同。贝克特无需泰特的允许就可以戴着其纹身。基于首次销售原则(本书下文将述),他可以公开展示该作品,因为他是合法复制件的所有人。他可能担心,如果他人对纹身拍照会导致侵权发生。法院会判决泰特对某些照片(如典型的家庭或新闻照片)做出了默示许可。最合适的情形是,双方能事先对纹身可能的用途进行商议,但一般而言,问题很可能会依据合理使用或微不足道的侵权原则(均在本书下文讨论)得到解决 。[③]

226

---

①　参见弗瑞斯特诉布朗大学(*Foraste v. Brown Univ.*),290 F. Supp. 2d 234 (D. R. I. 2003)。

②　比较伊法克茨公司诉科恩(*Effects Associates, Inc. v. Cohen*),908 F. 2d 555 (9th Cir. 1990)。

③　有关此类问题的讨论,参见托马斯·科特、安吉拉·米拉泊:《写在身上:纹身、化妆和其他身体艺术的知识产权》(Thomas F. Cotter & Angela M. Mirabole, *Written on the Body: Intellectual Properly Rights in Tattoos, Makeup, and Other Body Art*),10 UCLA Ent. L. Rev. 97 (2003)。

l. 如果这是一桩合同纠纷,可强制执行的合同可能是存在的,其中双方当事人拥有一份口头协议,且已执行了一段时间。但联邦版权法要求排他性许可(或版权所有权的其他转让)的生效须签订书面协议,因而,利瑞克没有可强制执行的排他性许可协议。[①]

利瑞克不可能成功地执行该协议。而就下一个问题而言,利瑞克不会因未经授权的发行而担责。根据他们的口头协议与行为,法院很可能判决双方之间有一个默示的、非排他性的影片发行许可。

m. 推特获得的许可并不能使推特的用户取得许可。如果他人使用这些图片,可能要承担侵权责任。[②]

# 三、开源许可与自由软件
# (“要言论自由,而不是免费啤酒”)[③]

撰写了软件的人可允许世人免费试用,限制条件是遵循开源许可(也称自由软件许可)。开源软件并未进入公有领域,仍然享有版权,但它依某种开源许可证而被免费许可,如通用公开许可证(简称 GPL,被用作语句中的动词、名词、形容词以及其他各部分),认证标志“OSI 认证”以及“艺术许可证”。[④]

埃瑞尔开发的一款计算机程序可将瑞典语文件翻译为芬兰语。依据开

---

① 参见利瑞克电影厂诉大理念制片公司(*Lyrick Studios*, *Inc. v. Big Idea Prod.*),420 F. 3d 388 (5th Cir. 2005)。

② 参见**法新社**诉莫雷尔(*Agence France Presse v. Morel*),769 F. Supp. 2d 295 (S. D. N. Y. 2011)。

③ 原文为“think free speech, not free beer”,源于自由软件运动创始人理查德·斯托曼有关自由软件的界定:To understand the concept, you should think of “free” as in “free speech,” not as in “free beer”。其旨在强调,自由软件的目的关乎言论与信息传播的自由,而并非仅仅为了免费。——译者

④ 参见斯蒂芬·迈克约翰:《自由软件的悖论》(McJohn, Stephen M., *The Paradoxes of Free Software*),9 Geo. Mason L. Rev. 25 (2000)。

源许可证,他可将该软件免费提供给他人。这种许可证称,任何得到软件拷贝的人都可以使用、改动它,并可复制、发行、甚至销售复制件或改编件,无需向原创作者支付报酬。开源许可几乎不要求什么条件——但它不放弃版权。它可能限制使用方式,如不允许商业应用或某些改编。它可能要求身份归属——即必须指明作者。大多数开源许可证要求确保软件处于免费状态,为此它规定,任何将其纳入软件的人都必须按照开源许可证公开提供软件。

这一理念从软件影响到了其他创作领域。创造共享(CC)许可证就被常用于各类作品(文字、音乐、电影及其他)。CC许可证允许他人使用一件作品,但要符合作者选择的限制条件:

227

⊜ 非商业性:你允许他人复制、发行、展示、表演你的作品——及其演绎作品,但仅限于非商业目的。

⊜ 禁止演绎:你允许他人对你的作品做原样的复制、发行、展示和表演,不可以此创作演绎作品。

◉ 相同方式共享:你允许他人发行演绎作品,但要实行与你的作品相同的许可协议。①

他人可以使用作品,只要他们遵守作者选定的限制条件,如不做商业性使用,不做演绎性创作,允许他人以同种方式使用用户的作品。使用还需对版权持有者做正确的身份明示——即使用人必须承认版权持有人的身份。CC曾经就是否署名提供选择——但没有人在提供作品时不要求身份说明。即使当人们放弃其作品时,他们也觉得其身份应该得到承认,这表明,身份归属常常属于知识产权的一种核心价值。

○实例

a. 弃权? 铁路模型爱好者使用雅各布森享有版权的软件以控制列车

---

① 　可参见知识共享中国大陆项目的网站 http://creativecommons.net.cn/。——译者

模型。人们可以访问雅各布森的网站、下载代码,同时同意"艺术许可证"条款—— 该许可证允许大多数的使用,但要求正确署名。某公司下载了代码并将其用于某商业性产品,但没有为雅各布森署名。该公司认为,雅各布森不能起诉其侵犯版权,因为他已经同意任何人复制并使用该软件。它们可能没有给予署名,但这仅仅构成对许可合同的违反,而非侵犯版权。雅各布森允许他人免费使用代码,是否放弃了对版权侵权提起诉讼的权利?

⊙解析

a. 雅各布森可以起诉侵犯版权,因为他允许使用代码是以遵循许可证为条件的。[1] 版权持有者可以提起版权侵权之诉(理论依据是,未经许可的使用超出许可证规定条件,使被许可人超出了非排他性许可的范围),且不必限于违反许可证之诉。开源许可证是可以强制执行的合同,而非赠与。228 它们可谓一种激励使用特定对象的工具,但控制着使用的方式。

# 四、备案

版权所有权转让和其他有关版权的文书可以(非必须)到美国版权局进行备案(recordation)。[2] 假定伊莱克对她撰写的一首歌拥有版权,她可以销售版权,或者允许他人用于电影、以版权为贷款设抵押、签署其他与版权有关的文件。这些文件都可以向版权局备案。

因备案直接获利的人不是伊莱克,而是其授权的接受者。通过文件备案,接受者可以获得保障,防止伊莱克此后再做出冲突性授权。如果伊莱克将她的吉他卖给了吉米,她要再将同一件吉他卖给艾瑞克,难度肯定不小。吉他现在归吉米拥有,伊莱克无物可供。但如果她卖的是版权,这只是移转非物质性权利的一纸协议,未与任何物体捆绑在一起。因而,虽然吉米为此

---

①　雅各布森诉凯茨尔(*Jacobsen v. Katzer*),535 F. 3d 1373 (2008)。
②　《美国法典》第 17 编第 205 条。

已经向她付款,她仍然能够让艾瑞克为此向她付款。而备案则可为当事人提供一种机制,以保护他们的权利。

只要作品已经登记,且该文件指明了相关的版权,合理的纪录查阅可获知该状况,备案就把其中事实向他人提供了一种推定性告知。[①] 当有两项相互冲突的转让时,首先被签署的若在签署后一个月内(国外签署则是两个月)取得备案,就享有优先权。否则,第一个办理备案的取得优先权,如果受让人属于善意备案、获取对价且未被告知。[②] 如果吉米购买了伊莱克的版权并随即对转让协议进行备案,他就对后一个受让人艾瑞克享有优先权。比较而言,若作者两度出卖版权,第二个买主若首先备案,就可以取得优先权。对版权授权获得者提出的最佳建议是,取得备案以防备事后遭遇权利追索。

买主还可以通过查询备案得到保护。只有通过首先备案或签署转让后一个月(国外转让签署后两个月)内取得备案,第一个受让人才能取得优先权。买主可以要求以办理和查询备案作为其付款的条件,从而确保尚无优先的转让已经备案。谨慎的买主可提出申请,然后长时间耐心等待,以确保没有竞争性受让人在其转让后一月内申请备案。

# 五、版权作为担保

有一个重要问题仍悬而未决。软件公司可能以其软件版权设定担保以获得贷款。词作者可以用歌曲的版权作为贷款抵押。如果债权人同意以版权收益作为抵押,她会希望对其担保权益做完全确立。如果债务人破产或遇其他债权人依法在先成立了完全担保,一项不完全担保权益(unperfected security interest)就可能归于无效。而很难确定的是,版权的担保权益是通

---

① 《美国法典》第 17 编第 205 条(c)。
② 《美国法典》第 17 编第 205 条(d)。

过向州统一商法办公室(U. C. C. office①，针对多种类型的个人财产)，还是向美国版权局提交办理。问题是，联邦有关版权文件的备案体系是否优先于各州的担保权益备案体系。至少，曾有法院得出结论认为，如果该版权已经登记，债权人必须向版权局申请办理；而如果该版权没有登记，则要到州统一商法办公室办理。

联邦申办效率不高。与简单的 U. C. C. 备案申请不同，债权人必须就债务人拥有的每一项版权申请办理。如果债务人拥有很多版权(如出版商和音乐公司)，这可能就意味着要办理成千上万个申请。另一方面，如果联邦成文法规定了权益备案制度和优先权规则，那就完全可以主张它优先于记录债权人权益、解决其各自优先权的各州制度。

尽管有关规则很不明确，谨慎的债权人干脆就在两处申请办理。没有任何规则不允许双重申办，而费用也不是太高。对于粗心大意的债权人，缺乏清晰规则更像是一个陷阱、而不是利用版权设立担保的障碍。

○**实例**

a. 坚持你的权利。某才华横溢的作家撰写了一部小说，并登记了版权。她与某出版商签订合同，转让版权并获酬 100 万美元。一年后，该作家与某电影厂签约，授予后者拍摄电影的排他性许可。电影公司对作者与出版商之间的合同毫不知情。电影公司到美国版权局进行了合同备案，而出版商没有备案。电影公司完成拍摄并全国放映，出版商为此指控其侵犯版权。电影公司声称，它已从作者那里购买了版权，而出版商则说作者已经将版权出售给了出版商，无权可卖。那么，谁拥有版权？

b. "欺诈索取"。企业家 E 对一款新的计算机游戏"软岩"拥有版权。E 与波利签订了一份销售合同，以 20 万美元将其版权转让。波利没有在版权局提交合同备案。一年后，游戏软岩广受欢迎，E 将一张 20 万美元的支票交给波利，并声称其版权依然属于 E，因为波利没有对该转让进行备案。

---

① U. C. C. 即 Uniform Commercial Code(《统一商法典》)的简称，U. C. C., office 即各州负责办理《统一商法典》相关事务的机构。可参考如美国德克萨斯州有关机构的介绍，at：https://www.sos.state.tx.us/ucc/index.shtml。——译者

谁拥有该项版权？

c. 安全担保。某银行要向某音乐许可公司发放贷款 100 万美元,后者为此以它已获登记的 5000 首歌曲的版权设定担保。银行为此填写了一份 UCC-1 声明,罗列担保项目为"音乐许可公司拥有的一切版权"。在州统一商法管理机构办理备案需要花费 30 美元。银行的律师建议,因为法律规则不确定,银行还应该向版权局申请备案。而听说 5000 首歌曲的版权局备案需要花费 1 万多美元,该银行表示反对。如果没有在版权局申请备案,将有何种风险？

⊙解析

a. 由于电影公司已在出版商之前进行了备案,取得优先权。即使出版商签约时间在先,也应如此。出版商应该对其协议备案,从而可推定已将版权移转事宜告知世人。出版商拥有起诉作者,但没有起诉电影公司的讼由。

b. 依照双方当事人之间的协议,版权属于波利。备案对于版权所有权转让的有效性,并非必要。毋宁说,备案所提供的保障是防止在后善意购买者的权利主张,而此例中不存在在后善意购买者。争议发生在买卖双方之间,而出让人因其有效协议受到约束。

c. 银行要确保其完全的担保权益,究竟需要到州统一商法机构,还是向联邦版权局申请备案？这是不确定的。未在联邦版权局备案的风险是,它将不能获得完全的担保权益(如果法院遵循的规则是要求对已登记版权办理联邦备案)。这意味着,如果音乐许可公司以其版权为另一项贷款设定担保(或者完全售出其版权),它可能被排在第二位。并且,如果音乐许可公司遭遇破产,银行的担保权益可能会灭失。这是值得考虑的风险。

# 六、作者终止转让与许可的权利

1938 年,《超人》的创作者以 130 美元的价格出让了其连环漫画的权利——后来这些权利被证明价值数百万。然而,到了 1997 年,某作者的后代有资格终止该转让并取回权利。1976 年《版权法》为终止版权转让与许可创设了两项法定性权利。位于该法第 304 条(c)和 203 条的两项终止权具有不同的法理依据。第 304 条(c)所涉问题是：假定在 1966 年，某作者将其版权转让给某出版商。该版权应于 1980 年到期，而到了 1976 年，国会对版权保护期延长了 19 年(到 1998 年，又增加了 20 年)。那么，出版商获得额外的 39 年，还是作者将其取回呢？第 203 条涉及一个相当不同的问题。1986 年，一位辛苦勤奋的作者把他的首部小说的稿子卖给了某出版商，获得几个月的房租与生活费。该小说产生巨大影响。35 年后，其销售额依然保持在几百万美元，且还在衍生着电影及其续集。作者应该取回其权利吗？国会在两个问题上得出的结论有利于作者。版权转让与许可的终止不能自动发生。毋宁说，在某些情况下，作者有权终止转让并重获其版权。而若没能及时采取行动，作者有可能失去终止的权利。

即使作者已经将其版权售出，第 304 条(c)也让作者有权获得额外 19 年的版权保护。在 1976 年《版权法》中，国会将现有作品的版权期延长了 19 年，结果就是将 56 年的版权期改变为 75 年。对于 1978 年前的授权，终止规则给予作者额外 19 年的延期之利，而不是让受让人得到这 19 年。版权期又于 1998 年延长了 20 年，而当前的成文法允许作者通过终止重获这段期间。很多 1978 年前的授权被终止，过去曾被转让大约 56 年的权利重回作者(或其继承人)之手。很少有作品在很长时间后仍有意义，所以，其商业影响是有限的。

另一项依据第 203 条的终止权适用于 1977 年之后的授权，它允许作者在 35 年后终止其授权。第 203 条规定限制了作者出卖其版权的能力，多少有些家长制作风。可以说，其效果是把权利转让限制于 35 年。饥馑的艺术家和苦斗的小说家把作品卖出的，35 年后将重新获得其权利。换言之，1977 年以后，作者不能出售其版权，而只能出售其版权的未来 35 年。

终极大决战向我们袭来。1977 年后的授权可以在 35 年后终止。第一批终止发生于 2013 年。对于 1978 年及此后转让的权利，各方当事人每年都有可能要面临一波终止。尤其是，音乐公司必须处理这一问题，因为很多

1978 年后的作品更加具有商业价值。

终止权不适用于雇佣作品。再者,如果是合作作者做出的授权,必须由多数授权人共同终止。很多案例中存在的问题是,作品是个人的(可适用终止)、合作的(需多数授权人共同做出)还是雇佣性的(不适用终止)。这需要根据几十年前的创作情况来解决其中的事实问题。雇佣作品是由雇员、而非自由作者创作的。例如,法院可能被要求对工作于 1970 年代的摇滚乐队的工作安排做准确判定,其中,关键证人的记忆可能会受到自恋癖、麻醉药和招魂术的影响(特别是对于鼓手,正如电影《脊椎穿刺》中所提到的)。

一般而言,第 304 条(c)和 203 条可谓在分配一种意料之外的利好。对于 1978 年前的一项授权,当事人不可能预料到版权保护期后来会发生延长。同样的,对于一项 1977 年后的版权交易,当事人几乎没理由考虑到,版权在 35 年后还会有价值——很多作品没有这种持续价值。两项终止权给予作者的,是意料之外的价值陡增。人们可能会视此种规则不符合一般意义上的美国版权法之经济基础。购买一项资产的人总常常取得意料之外的价格增长的红利。如果地产或股份价格上涨,户主和股东不必与前出售人分享其增利。不妨说,终止条款更契合了版权之自然权利观。的确,它们非常类似于被称为追续权[droite de suite(following right)]的精神权利类型。一幅画作如果已经卖出,原作者有资格分享其售价,即使几十年来她已不再拥有它。

## (一) 第 304 条(c)之终止(1978 年 1 月 1 日前的授权)

1978 年以前,版权保护期是 56 年:初始期 28 年加上续展期 28 年(28＋28)。1976 年《版权法》将续展期增加了 19 年(56＋19);国会又于 1998 年增加了 20 年(75＋20)。1978 年前享有版权的作品现在可能有共计 95 年的保护期:28 年初始期加 67 年的续展期(28＋19＋20 年)。如果延期只增加了 39 年保护期,这可以说是受让人的一笔意外之财。第 304 条(c)规定的机制是,允许作者(或其继承人)通过终止授权取得额外 39 年的利益。

根据特定的情形,作者(或续展受益人)于 1978 年前做出的授权可能被终止。雇佣作品不含在内,遗嘱授权也不适用。终止可由作者做出,而若作者已逝,则由其继承人做出。通知必须以书面形式送达受让人或其继承人,并向其指定终止的生效日期。在生效之前,通知副本必须在版权局备案。授权终止可在初始的 56 年全期结束后 5 年内做出。如果作者错过了最后截止期限,她在 75 年期间(即 1976 年《版权法》规定期限)届满后 5 年内尚有一次终止的机会。在涉及合作作者以及为已故作者指定继承人的情况下,另有专门规定处理有关的意外情形。

终止的效果是,版权回归作者(或续展受益人)。成文法允许受让人保留某些演绎作品中的权利:"终止之前根据授权创作的演绎作品,终止之后,可以继续按授权条款被利用。"[1]如果某歌曲作者终止了一首歌曲的版权,音乐公司可保留使用其演绎作品的权利,如包含该歌曲的录音,但它只能"按照授权条款"使用它们。如果授权要求支付报酬,该义务也应继续。[2]另外,终止之后,受让人可以利用已有的演绎作品,却不能创作其他演绎作品。因而,音乐公司不能再对该歌曲制作新的版本。

终止权不能被放弃:"即使有相反的协议,包括订立遗嘱或做出未来授权的协议,授权终止仍然生效"。[3]

## (二) 第 203 条之终止(1978 年 1 月 1 日后的授权)

第 203 条的终止规定具有将很多权利转让限制为 35 年的效力,而不允许完全的转移。作者对其版权的任何部分或全部权利进行的排他性或非排他性的转让或许可,均具有不可让渡的终止权利。[4] 该终止权不适用于雇佣作品。依照第 203 条,终止权在授权 35 年后 5 年内均为有效;必须在一定时限内向受让人或其继承人送达书面通知,该通知副本必须向版权局备

---

① 《美国法典》第 17 编第 304 条(c)(6)(A)。

② 比较:米尔斯音乐公司诉斯奈德(*Mills Music, Inc. v. Snyder*),469 U. S. 153 (U. S. 1985)。

③ 《美国法典》第 17 编第 304 条(c)(5)。

④ 《美国法典》第 17 编第 203 条。

案。终止的效果是,曾经授出的权利全部回归作者(或其继承人或遗产执行者)。受让人可以继续使用其按照授权创作的演绎作品,但无权再创作新的演绎作品。

终止权不可放弃:"即使有相反的协议,包括订立遗嘱或做出未来授权的协议,授权终止仍然生效。"[①]这与第 203 条终止权的保护性特征是一致的。它们阻止作者出卖版权超过 35 年。如果作者可以放弃终止权,其必然后果便是,购买者可以很简单地将一项弃权条款纳入合同。

假定某作者于 2001 年创作了儿童小说,并于 2002 年 1 月 1 日将版权让与巨无霸公司。该书获得了持久的商业成功。几十年后,巨无霸公司每年销售该小说上千万册。巨无霸公司还制作了一部成功的电影,长期热映。[234]作者(或其继承人或遗产执行人)可以终止该版权转让,2037 年 1 月 1 日(授权后,而非版权产生后满 35 年)后的 5 年内随时有效。小授权(a lesser grant)同样如此,如出版权的许可。终止生效要求作者必须提前至少两年发送通知,并在版权局备案其副本。该版权将回归作者,如今她可以销售该书或制作另一部电影。她不能取得巨无霸公司所拍摄电影的版权,后者可继续利用该电影。巨无霸公司不能制作另一部电影——这属于原作的演绎作品。如果作者没有终止其转让,那么巨无霸公司可以继续拥有其整个保护期的版权(作者终生加 70 年)。

## (三) 终止权不适用于雇佣作品

需要注意,如果前述作者曾是作为巨无霸公司的雇员从事写作,她就没有终止权。终止权(对于规制 1978 年前与 1977 年后作品的两种规则)不适用于雇佣作品。对于雇佣作品,其版权属于雇主,即巨无霸公司。无论是巨无霸公司或作者,二者都不能拥有终止权。作者无权在 35 年后"取回"版权,同样,如果巨无霸公司出卖了版权(或发放了许可),它也没有法定的终止之权。注意,要判定一部作品是否雇佣之作,1978 年前与 1977 年后的作

---

① 《美国法典》第 17 编第 203 条(a)(5)。

品适用不同的标准。对于 1978 年前的作品,按照 1909 年《版权法》,多数法院适用的标准是,作品是否依赖雇方的要求和费用;而对于 1977 年后的作品,按照最高法院对于 CCNV 案的判决,[①]其判定标准是,根据代理法(agency law)适用的各种因素,双方之间是否有雇佣关系。

○实例

a. 摇摆不定。赫尔玛娜于 1946 年创作了一首爱情歌曲《海塞》,同年发表并附具必要的版权声明。1950 年,她将版权连同续展权出售给了罗伯特录音公司,后者随后进行了担保。到了 2006 年,《海塞》仍然有着不菲的收益。罗伯特从过去的歌曲录音中获得使用费,也从包含原作的乐谱销售中获利。赫尔玛娜想知道的是,她能否以某种方式取回版权,以及获得使用费的权利?

b. 背景故事。1940 年,某自由作家撰写了一部剧本《西部无新闻》,并将它出售给了某电影公司。所拍电影于 1940 年放映,成为一部标志性影片,至今还经常播放。该自由作家得知,再次播映该电影的计划正在制定,便想知道:他的权利是什么?

c. 把它取回吧。1955 年,特拉将其戏剧《地球日》的版权售予格林制片公司,协议规定,特拉取得格林由此作品所获收入的 50%。格林以各种方式使用该作品,包括制作一部走红的电影《环球纵横》。最近,特拉要依据第304 条终止这项转让。格林的回答是,"好。你可以收回版权,但成文法允许我们继续利用演绎作品,因而我们将继续放映《环球纵横》,并制作更加赚钱的续集。因为你终止了我们的协议,我们就不必再支付收入的 50%。谢谢!"难道说是特拉在帮他们吗?

d. 遗赠。W 于 1939 年出版了第一部诗集,后于 1967 年进行了妥善的版权续展。他于 1974 年去世了。依其遗愿,其版权给予了诗歌杂志。1995年,W 的孩子们认识到,行使其终止权的时间到了,因为版权产生后已届满

---

① 即创意非暴力团体诉里德(*Community for Creative Non-Violence v. Reid*),490 U. S. 730(1989)。——译者

56 年。他们通知诗歌杂志说他们要终止版权的转让。他们能这样吗？如果 W 依然在世，并已将版权作为慈善礼物送给了诗歌杂志，结果有何不同？

e. 家乃艺术之所在。2006 年，一个贫困的艺术家将一副绘画《哥特人与双胞胎》及其版权卖给了某投资客。他们在合同中约定，该绘画所有权及其版权的转让"是永久的、不能取消的，并适用于该艺术家依据个人财产法和版权法就该作品现在拥有或将来拥有的一切权利。"投资客支付了双方合同约定的价款。

投资客将绘画张挂在一家地方博物馆里。经过几年以后，投资客通过多种用途的许可大获其利：图像出现在招贴画、咖啡杯和百叶窗帘上。投资客还聘请一名雇员画了一幅改编之作《哥特人三胞胎》。投资客计划再画几幅，首先是《哥特人四胞胎》。

大约 35 年之后，艺术家向投资客发出书面通知，称该艺术家要行使他的终止权，要求投资客实施下列行为：

- 停止实施该版权持有人的一切排他性权利；
- 将画作返还该艺术家；
- 交出出版权许可所获之一切收入；
- 停止利用《哥特人三胞胎》，并将其交出；
- 停止计划中的《哥特人四胞胎》之创作。

艺术家的诸要求中，哪一项在法律上属于他的权利？如果该艺术家最初是作为某公司之雇员而创作该绘画，绘画及其版权后来由该公司出售给该投资客，情况有何不同？

f. 莱西，回家。1938 年，埃里克·奈特向莱西电视台出售了介绍莱西的小说的影视权。1978 年（版权已经及时续展，1978 年成文法将版权保护期延长了 19 年），奈特的继承人将莱西小说的一切影视权签约让给了莱西电视台。1996 年，该继承人试图终止当初的授权。莱西电视台认为，1978年协议不允许这样做。该继承人能够重获该版权吗？

⊙解析

a. 该授权发生于 1978 年前，因而适用第 304 条（c）款。全部 56 年保护期届满后5年内,赫尔玛娜可以终止其授权。需要注意,起始日期是版权的产生时间,而非该授权的时间;1946年之后56年是2002年,5年期于2007年结束。赫尔玛娜可在2006年终止其授权。

终止将使她重获版权,但罗伯特录音公司还可以按照授权条款使用其演绎作品,继续就其录音获得使用费。不同于米尔斯音乐公司案(*Mills Music*),该协议没有要求罗伯特录音公司按百分比向赫尔玛娜支付使用费。乐谱是赫尔玛娜的原作,不属于演绎作品,因而罗伯特公司对其再无权利。

b. 这也是一项1978年前的授权,须适用第304条(c)款。自由作家拥有终止权,开始于版权产生后56年,持续5年:1940年后56年到1996年,延续5年即2001年。自由作家失去了终止的机会,但第304条(d)款给了他第二次机会,版权产生后75年开始并存续5年:1940年后75年到2015年,因此,自由作家在2020年前拥有终止权。一旦终止,该自由作家将取回版权,但电影厂还可以继续使用根据授权条款创作的演绎作品,继续放映该影片。

c. 特拉并未帮他们。授权终止以后,受让人可继续使用演绎作品,但只能是在授权条款的制约下使用。在这里,这些条款要求格林公司支付所有收入的50%。格林可以继续使用电影,但要继续履行其义务——向特拉支付使用费。并且,授权一旦终止,格林公司就不能依据该作品制作其他影片。

d. 终止权不适用于通过遗嘱进行的转让,因而W的子女不能终止向诗歌杂志的版权让与。如果这是他在世时送出的一份礼物,让与便是可以终止的。

e. 即使该艺术家同意将该版权永久性让给该投资客,该艺术家也可以在35年后终止其转让。终止权不可放弃。

接下来的问题就成为,终止有何效果?终止导致一切权利归还作者。有一项例外是,被许可人可以继续利用按照授权创作的演绎作品,但不可创作新的演绎作品。因此说,终止权仅仅支持某些要求。该投资客必须停止实施版权持有人的某些权利,因为这些权利回归作者了。而终止权之例外适用于《哥特人三胞胎》。投资客有权继续利用该演绎作品,但他无权创作新的演绎作品《哥特人四胞胎》。终止权只造成版权的归还,而不适用于物质性画作的所有权,或溯及终止前的作品利用。因而,该投资客不必向艺术家返还原画作,或交出版权许可所获得的一切收入。

f. 能够。① 即使1978年的协议对终止权予以放弃或转让,它也不能生效。终止"可以生效,即使有任何相反的协议。"②

另一作者继承人在试图重获著名作品的权利时就不太顺利。③ 约翰·斯坦贝克的遗孀在其可以行使终止权的时候,与企鹅公司签订合同,对原出版合同进行延续并扩大。法院在该案中裁定,第二份合同是对终止权的有效放弃。两案的区别是,小说莱西的继承者在他们可以终止第一份转让之前几年同意签订第二份合同,因而他们向来没有终止权。这类协议不能推翻终止权。比较而言,斯坦贝克的继承人原本可以终止当初的授权,却选择不这样做,并签署了一份扩大性的合同。而在该案中,他们现在有权选择终止并同意一份新的合同(而不是放弃将来对于终止的选择)。新合同是对权利的有效授予。④

238

# 七、版权与合同解释

《版权法》之外,版权也受到普通法上财产与合同原则的规制(只要《版权法》上的特别条款或一般政策没有优先于这种州法规则。见第二十章关

---

① 经典传媒诉米伯恩(*Classic Media Inc. v. Mewborn*),No. 06-55385 (9th Circuit 2008)。

② 《美国法典》第17编第304条(c)(5)。另参见西格尔诉华纳兄弟娱乐公司(*Siegel v. Warner Bros. Entertainment Inc.*),542 F. Supp. 2d 1098 (C. D. Cal. 2008),它支持"超人"漫画权利1938年的授权在1997年被终止,虽然1938年授权之后又有授权。

③ 企鹅集团诉斯坦贝克(*Penguin Group v. Steinbeck*),No. 06-3226 (2d Cir. 2008)。

④ 米尔恩诉斯蒂芬·斯莱辛格公司(*Milne v. Stephen Slesinger, Inc.*),430 F. 3d 1036 (9th Cir. 2005)。

于州法理论与优先权的论述）。因而,在判定版权协议的可执行性与效力时,法院必须考虑州法规则以及可适用的合同和财产法规则。举例来说,如果没有具体的成文法规则可适用,财产法就可用来规制转让的有效性。

合同法常常发挥着作用。像其他协议一样,许可协议通常必须通过解释以判定双方各自的权利与义务。例如,在没有明确许可是否受到时间限制的情况下,一个版权所有人可以授权他人使用一部作品。法院还必须对所授权利之范围做出判定。

有个常常引发诉讼的问题是,如何解释协议以适用于新技术。此类问题往往包括,1900 年前后将某作品用于戏剧作品的授权是否适用于制作电影;发行电影的许可是否适用于录像带的发行;出版作品的权利是否包括上传至网站的权利。法院会以协议用语以及其他相关证据为依据,对双方的可能意图做出判断。法院也会在某些情况适用其他解释准则,如合同解释不利于起草人。

○ **实例**

a. **另一种图书。** 1974 年,著名作家蒙纳克与出版商海德邦签订一份合同,规定海德邦将取得"以图书形式发表小说《斯卡莉》的排他性权利"。合同继而又规定,"蒙纳克保留其他一切权利,包括不受限制地通过杂志或以图书之外其他形式发表小说的权利。"到 2001 年,海德邦采取了一种新的小说发行方式——电子书。以确定的价格,消费者可以下载海德邦出售的文本文件,其中包括各种作品。1974 年,当合同签订时,电子书还没有诞生。那么,海德邦有权以电子书形式销售《斯卡莉》吗？

b. **权利包括债？** 普拉瑟签署了一份协议,让与了一项版权中的一切"权利、资格和利益"。该转让之前发生过侵权行为,该转让是否包含追偿侵权之债的权利？

⊙ **解析**

a. 海德邦没有以电子书形式销售《斯卡莉》的权利。虽然该案关乎版权,但它确实是一个合同法问题:协议是否让渡了所争议权利？法院会尝试对当事人的意图做出判断,首先要考虑合同的用语,但也要考虑其他相关因素。那么,一个基本的问题是,电子书是不是书——正如当事人对这一词语的使用。合同所涉权利被局限于"图书"形式的发表,而其他一切权利则由蒙纳克保留。法院可能会认为,使用计算机网络发行文本属于"其他一切权利"的范围。[①]

b. 法院可能会判定,该协议不包括对转让前侵权行为进行追偿的权利。[②] 这是一个在版权法中对术语"权利、资格和利益"进行合同法解释的问题。这听上去像是版权所有权本身,不同于之前由这种所有权所产生的权利。根据类推,如果某人购买了一栋房子,买主可能无法主张售房前产生的,尚未支付的租金。的确,这是对术语的一切解释。如果当事人把它全部说清楚,就不需要法院来填补漏洞了。

240

---

[①]　比较:兰登书屋诉罗塞塔图书公司(*Random House v. Rosetta LLC*),283 F. 3d 490 (2d Cir. 2002)。

[②]　普拉瑟诉涅瓦平装书(*Prather v. Neva Paperbacks*),410 F. 2d 698 (5th Cir. 1969)。

# 第三部分　法定权利

# 第十一章　排他性权利:第 106 条

"版权法"可被称为"复制改编发行表演展示权利法"。版权所有人通常享有从事或授权他人从事以下行为的排他性权利:

(1) 以复制品或者录音制品复制版权作品(通常被称为复制权或制作复制品的权)

(2) 根据版权作品创作演绎作品(改编权)

(3) 通过出售或以其他方式转让所有权,或者通过出租、租赁或出借,向公众发行版权作品的复制品或录音制品(公开发行权)

(4) 公开表演版权作品(公开表演权)

(5) 公开展示版权作品(公开展示权)[①]

本章详细介绍版权所有人的排他性权利。版权所有人对其版权作品所拥有的,不是无限的所有权,而是一系列排他性权利。人们可能会对作品做出各种令她生厌的事,但只有当这些行为触及其某种排他性权利时,才会发生侵犯版权的行为。

有多项原则可以适用于所有的排他性权利。使用非版权性要素(如复制创意)不会侵犯排他性权利。这些权利的范围会扩展至非字面性复制和部分复制。侵权行为需要具备"主观意志或因果关系(volition or causation)"。独立创作行为不是侵权。

243

每一项排他性权利也都有其特别适用的规则(如"演绎作品"、"展示"和"表演"的界定)。另外,这些排他性权利受到本章及后续章节所讨论的一系列原则的限制(如合理使用原则、首次销售原则和更多特殊的限制)。

仅仅是授权他人实施一项受保护的权利,也可能构成侵权。未经充分

---

[①] 《美国法典》第 17 编第 106 条。

讨论,波多黎各大众银行一案的判决就认为,[①]一方当事人对它并不拥有的版权发放许可,要对侵犯版权的行为负责。无论如何,这都有可能造成从属责任。(见下文论述)

# 一、复制权

　　版权之名取自就版权作品制作复制件的排他性权利。版权所有人享有"以复制品或录音制品复制版权作品"的排他性权利。[②] 复制品是指"以任何现在已知或将来开发的方法固定作品,且作品由此可以直接或借助于机器或设备被感知、复制或做其他方式传播的物体,录音制品除外。"[③]该界定范围非常广泛,包含"通过各种方法"将作品固定于其中的物体,所以也包含各种媒介(从纸张到黑胶、DVD 和冰雕,永无止境)。它包含未来技术("现在已知或将来开发的方法"),以及用于各种目的的物品("作品从中可以直接地或借助于机器或设备被感知、复制或用其他方式传播的物体"),也包含了作品的第一个载体:"'复制品'一词包括作品被首次固定于其中的物体,录音制品除外。"[④]

　　作品可以"直接或借助于机器或设备"被感知。这意味着该权利关乎到人类可以感知的形式(如绘画),以及需要使用技术手段的形式(如 DVD)。成文法特别反对钢琴纸卷案中的推理。法院曾认为,钢琴纸卷(一种插入自动钢琴的纸卷,上面的隆起状是对音乐作品的编码)不属于侵权复制,因为它不供人类直接阅读。但如今复制品可以是固定作品的任何形式,所以存储于磁盘上的诗歌文本就是诗歌的复制品,即使人不能通过观看磁盘来直

---

　　① 波多黎各大众银行诉拉美作曲家与编辑协会(*Banco Popular de Puerto Rico v. Asociacion de Compositores y Editores de Musica Latinoamericana*),678 F. 3d 102 (1st Cir. 2012)。

　　② 《美国法典》第 17 编第 106 条(1)。

　　③ 《美国法典》第 17 编第 101 条。

　　④ 同上。

接读诗。

　　假设一下,克林克在一巨大的钢梁上制作出一幅抽象的雕塑。她的版权很可能因为他人制作复制件而被侵犯。可能的例子有:另一位雕塑家将 244 她的作品复制为一个同样特大的钢铁作品;另一位雕塑家用牙签制作了一个微型版雕塑;一个艺术家对该雕塑制作了一幅明细图;一位摄影师对雕塑拍摄了一幅照片。所有这些都是复制品、都可能侵权("可能"是因为他们可能因为合理使用或克林克版权所受其他限制而得到保护)。需要注意的是,复制可以是任何形式。摄影师可以在胶片、纸张、底片、数码相机存储、个人电脑硬盘或书页上制作侵权复制品。

　　其他作品也是如此。假设迪伦写了一部短篇小说,他就获得了这部文学作品的版权,拥有以纸张、磁带、CD、个人电脑硬盘、iPod 或其他任何形式制作复制件的排他性权利。任何人制作同样的复制件,都可能侵犯迪伦的版权。"可能"意味着他们可能因为合理使用或排他性权利所受其他限制而得到保护。

　　同样,一个计算机程序的版权所有人也拥有以很多种可用形式进行复制的权利:作为源代码(开发人员编写程序的形式)或目标代码(二进制指令序列和程序在电脑上运行的数据)。侵权复制品可以被储存于某人的电脑上、植入芯片或装载于钥匙链似的存储设备中。

　　与表演权、发行权和展示权不同,复制权不限于公开行为。被告可以在她的办公室里独自实施侵权复制。被告无需发行复制品或者为商业性发行而制作,即可侵犯复制权。简单的复制行为就可能侵犯版权。因各种目的而从事复制,如研究作品、保存备份或存档副本,或者只是为练习技艺而复制(比如复制一幅画),都可能构成侵权。版权所有人有时称版权是一种法律手段,借此可找到一种对抗特定被告的法律理论。雇员复制了雇主的客户名单,可能属于对商业机密的侵犯,但也可能会面对侵犯版权的指控(因为复制了一份可能享有版权的名单)。在这些案件中,争议问题常常是合理使用是否允许此种复制行为。

## （一）复制的权利包含非字面复制与部分复制

在日常生活中,复制某物通常意味着按其字面原样制作复制件(literal copy):用复印机复制一篇报纸文章,将文字、图片复制在电脑上。复制在版权法中的意义相当宽泛。一个作品的"复制品"可指受保护的版权作品要素被复制于其中的任何物品。因此,排他性复制权并不局限于对作品进行精确的或字面的复制。可以说,它包括了对作品中受保护要素的任何复制。而作品受保护的要素远远超出了版权作品的精确形式。转述另一部小说,或者就他人照片做精准模仿,都可能承担责任。假设阿贝尔写了一篇引人入胜的短篇小说,贝克尔将其窃用并写成一部长篇小说。该长篇小说就可能是短篇小说的"复制品",侵犯了阿贝尔的版权。许多著名的版权案件都涉及这种非字面性的复制。争论问题通常是,被告借用了受版权保护的表达,还是不受保护的要素(如思想、功能层面或非独创性要素)。

制作副本的权利同样包含部分复制。假设某作者拥有一本书的版权。文选编辑未经作者许可,将其中一章选编入一本书。文选编辑可能认为她没有侵犯原作的复制权,因为她只复制了一部分。恰恰相反,只要从版权作品中复制某些最初的创作性表达,就可能构成侵权。从一本长篇自传中复制几百词,或从一首歌的录音中复制几秒钟,就都可能被判定为侵权。当然,如合理使用原则或微量使用原则等可能会保护这种使用。

## （二）DRAM 问题:计算机临时复制属于侵权复制?

如今,创造性作品经常以数字形式出现,由 0 和 1 的二进制字符串组成。文本的形成曾经是经由打字或手工排版;现在它们可能是通过 WORD 程序来创建和存储。在格式的墓园里,家用录像机系统 VHS 紧紧尾随 Betamax 之后。CD 和 MP3 格式文件已经取代了磁带和唱片。数码相机使胶片相机黯然失色。

数字技术使用的增加,扩大了复制权可能的适用范围。数码副本可以很容易复制,且可与原件酷似(不同的是其他产品复制件,其质量往往低于原件）。数字技术使作品创作和发行的各种创新变得可能,但它也加剧了人们对盗版的担忧。

使用数字作品的过程通常涉及额外副本的产生。假设某人要访问受某版权保护作品的数字版副本,如计算机程序、图像或短篇小说文本。他可以在光盘或硬盘上进行拷贝,也可以通过网站下载。为了让他的计算机运行程序(或观看图像或文本),它必须将部分程序拷贝至 DRAM(构成计算机工作记忆的临时高速存储器)。在电脑屏幕上使用软件、运行视频游戏或观看文本或图片时,常常要对作品制作一个临时副本。作品通过因特网传输时,许多临时副本可能由此产生。从版权法的角度来看,在计算机里生成临时副本,是否属于复制行为? 这个问题尚有讨论的余地。

成文法没有明确规定临时副本是不是复制品。人们反对将排他性权利适用于这种转瞬即逝的复制,并提出了很好的政策主张。但考虑这一问题的少数几个法院所形成的一种趋势是:认定 DRAM 临时复制实质上构成了版权法上的复制。[①]　此外,近期的版权成文法修正案间接表明,临时复制就是一种版权法意义上的复制行为。对于因运行计算机所导致的计算机程序复制,第 117 条(c)款免除其责任。如今,对于材料在传输过程中的"瞬间"存储,第 512 条(a)款免除网络服务提供商的责任。如果临时复件未被视为复制品(且因而可能构成侵权),这些规定就是不必要的。因此,当今权威性的观点显然是,计算机内的临时复制(如 DRAM 拷贝)是一种复制;如果未经版权所有人授权或不符合版权成文法的某些规定(如合理使用、第117 条或第 512 条及其他条款),就有可能构成侵权。一些法院判定,仅持续一秒钟或更短时间的复制件不构成侵权意义上的复制件。

如果临时复制被算作是复制,人们未经版权所有人许可而使用程序(或在计算机上观看图像或文本)就可能侵犯版权——这与书籍或绘画等作品截然不同。阅读一本书(或使用书中描述的方法)或观赏一幅画并不涉及版

---

[①]　参见,迈系统公司诉匹克电脑公司(*MAI Systems v. Peak Computer*),991F. 2d 511 (9th Cir,1993)。

权所有人的排他性权利。而对于电子类数字作品，版权更近似于赋予一种"使用"作品的排他性权利。

## （三）侵权要求"主观意志或因果关系"

版权所有人对复制作品拥有排他性权利。人们制作复制品就有可能侵权，成文法对此不要求有额外的因素，如明知有版权存在、有侵权意图或商业利益动机等。版权保护常常被视为一种严格责任，但法院也要求最低限度地证明被告的"主观意志或因果关系。"

假设某企业允许一个客户使用公司的一台复印机。在该公司不知情的情况下，客户使用这台机器擅自复制了很多诗歌作品。法院认为，尽管该企业拥有并控制着复印机，但它没有进行复制，因而不是侵权人。同样，法院判决认为，当网络服务提供商（ISP）的用户通过该网络上传享有版权的照片时，该ISP也没有实施复制。如果ISP不曾起到积极的作用，使用其网络这一事实并不意味着它实施了复制。"我们认为，如果是在用户的引导下被动地存储材料，以便按其他用户的请求向他们提供材料，ISP没有复制"这些材料并直接违反《版权法》第106条。[1] 然而，如果ISP的行为超出了单纯的提供网络使用，它可能就被认定为实施了复制（或作为从属侵权人承担责任，参见本书后面的讨论）。

## （四）独立创作不是侵权

版权所有人享有复制作品的权利。其他人如果复制了其作品，即使他们没有复制整部作品，即使他们的复制件与原作相似而非完全相同，也可能构成侵权。但独立创作不构成侵权。如果有人创作了类似的作品但没有复制他人的版权作品，无论作品多么相似，也不构成侵权。如果某作曲家创作了《欢乐颂》，她就拥有其版权。假设这个作曲家后来听到他人的作品极其相似，她可以诉其侵权。不过，只有当后者复制了该作曲家的作品时，才需

---

① 科星集团诉路普网络（*CoStar Group v. LoopNet*），373 F. 3d 544,555 (4th Cir. 2004)。

承担侵权责任（直接或间接的，比如，所复制的另一作品复制了该版权作品）。如果她只是碰巧创作一部相似之作，或者是从其他作品中复制了公共元素，就无需承担责任。这条规则通常会引起事实之争——原告指对方复制，而被告辩称其为独立创作。在判定被告是否复制过版权作品时，事实认定者将考虑以下几个因素：作品有多么相似、被告有多大的可能性接触原作品以及独立创作的证据。这种分析将在第四部分详细讨论。

### （五）录音作品：特殊规则

作为一个作品类别，录音作品具有一系列特殊的排他性权利，这种作品是"由一系列音乐、话语或其他声音固定而成的作品，但不包括电影或其他视听作品中的伴音，不论承载它的物体是何种材质，如磁盘、磁带或其他录音制品。"[1]与其他作品相比，录音作品的用语略有差异，其排他性权利的范围也稍窄一些。

大多数作品被固定为"复制品"，而声音则被固定为"录音制品"。版权所有人拥有将作品复制为复制品或录音制品的排他性权利。"录音制品"的定义遵循了复制品的定义。"录音制品"是"以任何现在已知或将来开发的方法固定声音，声音从中可以直接或借助于机器或设备被感知、复制或做其他方式传播的物体。电影或其他视听作品的伴音除外。"[2]因为（如下文所述）录音作品的排他性权利在某些方面受到限制，成文法便在录音制品与复制品之间做出了区分。

录音作品是非字面复制可构成侵权这一规则的例外。录音作品的复制权只因字面复制受到侵犯，这种复制所获取的是录音作品中固定的实际声音。[3] 假设吉尔伯特对普通办公室里的实际对话制作了创造性的录音。如果沙利文拿到该录音并将其复制进了他自己的录音作品，沙利文就可能侵犯了吉尔伯特的版权。但是，如果沙利文只是听了吉尔伯特的录音，然后制

---

① 《美国法典》第 17 编第 101 条。

② 同上。

③ 《美国法典》第 17 编第 114 条(b)款。

作了他自己的录音。即使该录音听起来与吉尔伯特的十分相似,沙利文也不构成侵权,因为他并没有抓取吉尔伯特录音作品中的实际声音。与其他类型作品相比,录音作品的复制权范围要窄得多。如果沙利文如此近似地复制了吉尔伯特的短篇小说(虽非逐字逐句,却复制了每个事件和描绘),他很可能已经侵权了。

○实例

复制一组。丹特创作了《蓝色贝尤比》,是一幅混合性风景画。下列哪一项构成对《蓝色贝尤比》的复制,可能侵犯其版权(是"可能",因为合理使用或其他条款可能允许这种复制)?

a. 斯纳普为这幅画拍了一张照片,并将其打印在 4×6 英尺的纸上。

b. 道伯斯摆好自己的画架,尽最大努力摹仿这幅画。其最终结果是酷似《蓝色贝尤比》但又能容易区分的一幅画。

c. 斯纳普对《蓝色贝尤比》的表面进行拍摄,并打印出一幅大约 1/10 的图片。

d. 斯纳普拍照,但不打印照片,而只是在他的数码相机里保存一个文件。

e. 晚上回到家里,道伯斯凭借着他对作品的记忆,再次试着复制《蓝色贝尤比》。她又画了一幅酷似的画,然后把画喂了她的鸵鸟,从此再也没见过它。

f. 斯纳普将相机连接笔记本电脑,在屏幕上观看照片。

g. 斯纳普把相机插入当地图书馆的电脑,并用该电脑上传图片至自己的主页。由于图书馆的网络被用来上传图片,并在此过程中制作了多个临时副本,那么图书馆是否制作了图片?

h. 一年后,雷哈画了一幅风景画。纯粹出于巧合,她的画和《蓝色贝尤比》几乎一模一样。

i. 有线电视系统公司(CSC)的客户可以使用该公司的"远程存储"数字录像机系统(RS-DVR)录制有线电视节目。其间,包含已录节目的计算机文件未被储存在用户计算机上(正如 Tivo 或家用录制机),而是首先录制于临时缓冲区（大约一秒钟），然后储存于由 CSC 在一个未公开地点设置并维护的中央硬盘驱动器上。CSC 是否（通过临时缓冲区制作副本，或是通过在硬盘上保存副本）复制了受版权保护的节目？

⊙ **解析**

除了最后两项外，他们的行为都属于复制，这说明侵犯复制权的方式有着很宽的范围。虽然每一个人都进行了复制，但由于合理使用和微量使用规则，他们可能没有侵权。侵权的救济方式也不一定都是最好的。

a. 与享有版权的作品相比，复制件可以表现为不同的方式或媒介。

b. 复制品并不必与原作完全相同，而只需抄袭其中的独创性表达。

c. 复制品不需要复制整个作品，而只要复制某些受保护的独创性表达。

d. 复制品不需要以人类可直接观看的方式存在，以机器可读的形式复制仍然是复制。

e. 私人复制件仍然是一个复制件。与其他一些排他性权利不同，复制权不被限于公开行为。

f. 当斯纳普观看图片时，他的计算机在其活动内存中复制了一个临时副本（屏幕上的可能是又一份）。主流观点认为，这种临时副本属于可能的侵权复制件。

g. 图书馆没有实施复制，因为它没有实施复制的主观故意，也没有因果关系。

h. 没有复制。独立的创作不是侵权行为。

i. 第二巡回法院认为，CSC 没有实施复制，因此也没有侵犯已录节目的版权。① 法院首先认为，缓存副本的复制不是以侵权为目的，因为它们没有"超过短暂的期间"。如果其他法院也遵照这一推理，很可能会限制版权在网络时代原本可能具有的巨大范围。作品的临时副本随时不断地产生于

250

---

① 卡通网诉有线电视系统公司 CSC（*The Cartoon Network LP v. CSC Holings, Inc.*），536 F.3d 121（2d Cir. 2008）。

诸多设备——从手提设备到笔记本电脑,再到各类计算机,并由因特网或其他网络相互连接。

法院还认为,CSC 没有制作永久性复制件。不是 CSC,而是用户输入了有关指令,导致了复制件的产生。CSC 仅仅向用户所用设备提供了接入服务。这可能让 CSC 作为从属侵权人承担责任(如引诱之责),但本案没有提出这一问题。

# 二、改编权

版权所有人拥有"根据版权作品创作演绎作品"的排他性权利。[①] 演绎作品是:

> 基于一部或多部已有作品产生的作品,如译文、音乐编排、戏剧改编、小说改编、拍摄电影、录音、艺术复制、节本、缩写,或对作品进行重塑、转变和改编的其他任何形式。凡由编辑修订、注释、详解或其他修改构成,整体上表现为独创性作品的,即是"演绎作品"。[②]

如果一个作者拥有一部小说的版权,其可能的演绎作品就包括:法文译本、基于小说改编的电影、续集以及面对学者的注释版本。有一个版权法教师用过的例子,《星际迷航》以原创电视剧本为基础,大胆涉入许多演绎作品:衍生电视剧、电影、小说、戏剧作品、动作形象、视频游戏,等等,无穷无尽。

有人可能会问,版权作品是否应该如此广泛。小说的作者拥有的排他性权利不仅包括销售各种形式的小说,而且还可以阻止他人撰写续集、翻译或将小说改编成电影或戏剧。其实,发表小说的权利本身可能就足以激励

---

① 《美国法典》第 17 编第 106 条(2)款。
② 《美国法典》第 17 编第 101 条。

作品的创作了。一种观点认为，演绎权避免浪费，因为若没有这种排他性权利，续作或电影创作的投入可能就没有足够的动力。当然，大量的图书在没有这些权利的情况下也被写了出来，电影通常也可以公共领域作品为基础创作（比如许多电影是基于莎士比亚和简·奥斯汀的作品）。另一种观点将这些权利与作者的精神权利联系起来：创作者应该能够对其虚构世界或艺术作品的未来命运实施控制，并做商业化利用。

演绎权经常在许可案件中占据着重要地位。作者可能会授权剧院表演她的戏。此时许可协议可能授权剧院演出该戏，却禁止演绎作品的创作。同样，作者可能授权出版商复制其图书，但又规定本协议不授权创作演绎作品。如果剧院在演出前对剧本进行了大幅度改编，出版商修改了原著，就超出了许可的范围，意味着侵犯了版权。

## （一）改编权的边界：固定性、创造性和实质相似性

有些人认为改编权是多余的。某制片人拍摄的影片如果未经授权复制了一部享有版权的小说中受保护的材料，就会侵犯其改编权（创作未经授权的演绎作品）。而鉴于对"复制件"的广义理解，这同时也会侵犯复制权。该电影属于未经授权、侵犯该小说版权的复制品。问题于是产生：改编权在哪些方面不同于制作复制件的权利？有以下几个可能的方面：

（1）人们可以改编一件作品而不固定它，如在表演过程中改动一首歌或者一出戏（无论是在排练时，还是做即兴改动）。

（2）人们可以通过改动原作来改编作品（未制作复件），如在一幅家庭照上多画一个人，或者在风景画上画一个风车——甚至可能对一本案例书做注释。

（3）人们可以超出许可范围创作演绎作品，如违反严格的许可条款，把一出严肃戏表演成一场滑稽戏。

改编权显得比复制权更为广泛的一个方面是，侵犯后一种权利（复制权）需要有固定的复制件。"演绎作品"的定义并不要求它必须是"固定的"，这与复制品不同。以口头方式将一部戏剧翻译成瑞典语可能会侵犯演绎

252

权,但这不会侵犯复制权(因为没有制作固定的副本)。一个音乐家可能会在表演过程中即兴改编一部版权作品。如果没有固定的副本,它就不会侵犯复制权,却可能侵犯改编权(通常的免责声明:"可能"侵犯是因为它也许是合理使用)。

改编权比复制权适用范围更广的另一个方面是,作品的改编可能通过改变该作品的物件来进行。假设一位雕塑家未经克林克授权就对她的雕塑做出巨大改动。这种改动不会侵犯克林克的复制权,因为第二个雕塑并非新制作的复制件。但如果她对原作进行了足够大的改变,从而产生了一部演绎作品,她就侵犯了改编权。

这就使我们面对问题的另一面:改编权的解读过于宽泛,可能会授权版权所有人控制作品的几乎所有使用方式。但版权的目的是允许思想和其他不受保护层面的自由流动。

有两项规则限制着改编权的范围。第一,更可取的观点认为,除非新增内容具有足够的创造性,从而产生了新的可版权性作品,否则不会有演绎作品产生。简单地将艺术复制品黏贴在瓷砖上,不会产生艺术品的演绎作品。[①] 只对视频游戏的播放加快速度也没有产生演绎作品。[②] 请注意,盘子上粘贴复制品,或改变视频游戏的速度若是以创造性方式来完成,以致新版本是对原作的仿讽或在其他方面属于新作品,按照"新的可版权作品"的要求,就可能构成演绎作品了。

演绎权也受到以下规则的限制:如果所谓演绎作品与原版权作品之间不具有实质性的相似,侵权就没有发生。这源于一个基本规则——即侵权需要复制作品中受保护的要素。假设《祝你生日快乐》这首歌给某剧作家带来创作喜剧的创意,但剧作家并没有复制这首歌曲中任何创造性的表达,该

---

①　相反的是幻景公司诉阿尔布开克艺术品公司(*Mirage Editions*,*Inc. v. Albuquerque A. R. T. Co.*),856 F. 2d 1341 (9th Cir. 1988)。另参见李诉 A. R. T. 公司(*Lee v. A. R. T. COMPANY*),125 F. 3d 580 (7th Cir. 1997),以更加严格的理由否定了幻景案的判决。

②　参见中途制造公司诉阿提克国际公司(*Midway Mfg. v. Artic Intl.*)704 F. 2d 1009 (7th Cir. 1983)。

剧就不是侵权复制品,即使有人可能说它是"基于"这首歌,或这首歌的"编剧"。同样的道理,一部电影与某部剧本没有构成实质性相似,也不会构成侵权,即使这部电影是在考虑剧本的情况下创作出来的。[①]

253

微星公司诉弗穆根公司提出的问题是,对于数字作品,改编权的范围能伸展多大,这个问题出现的会越来越多。[②] 原告弗穆根公司拥有电脑游戏《毁灭公爵 3D》的版权。在游戏中,玩家在科幻城里漫游,摧毁"邪恶的外星人和其他危险"。《毁灭公爵 3D》包含一个游戏引擎(运行游戏的程序)、源图库(游戏中使用的各种图像的存储库,从外星人到潜水装备)和 MAP 文本文件(生成游戏场景的指令序列)。为运行游戏,游戏引擎从源图库中获取图像,按 MAP 文件对其编排。用户可以用"构建编辑器"创建更多的 MAP 文件,并以用户自定义的版本运行游戏。被告微星公司汇编并发行了这些由用户创建的 MAP 文件。

微星公司辩称,用户创建的 MAP 文件不是演绎作品,因为它们不包含《毁灭公爵 3D》游戏中受保护的成分。MAP 文件不包含游戏的任何图像,而只是关于如何重新排列这些图像的指令。而法院认为,在长篇小说之续作集或仿讽构成其演绎作品这一意义上,MAP 文件是演绎作品:"微星公司所侵犯的作品是《毁灭公爵 3D》故事本身——一个名叫公爵的强壮的突击队员,他徘徊于世界末日后的洛杉矶,用枪射击猪头警察,发射手榴弹,寻找医疗包和类固醇,使用喷气背包跳过障碍,炸毁油箱,躲避放射性黏液。版权所有人有权创作续作,而《毁灭公爵 3D》的 MAP 文件所讲述的故事正是其续作,讲述了关于公爵传奇冒险的新故事(尽管有些重复)。"而另一个法院可能会认为,MAP 文件只是功能性作品(影响游戏的玩法),并没有复制创造性的表达。那么,法院对数字作品改编权的解释有多宽泛,很可能受到他们如何进行作品分类的影响。

---

[①]　参见利希菲德诉斯皮尔伯格(*Lichfid v. Spiedbeg*),736 F. 2d 1352 (9th Cir. 1984)。

[②]　微星公司诉弗穆根公司(*Micro Star v. FormGen Inc.*),154 F. 3d 1107 (9th Cir. 1998)。——译者

## （二）使用演绎作品可能侵犯原作品的版权

演绎作品可能拥有自己的版权。它可能也包含了从原作品中复制过来的版权表达，因此，人们在使用演绎作品时可能会同时侵犯演绎作品和原作品的版权。假设巴尔伯特用法语写了一部《纽芬兰历史》，授权瑟肯斯将该书翻译成了英文。演绎作品的版权所覆盖的是演绎作品作者所贡献的独创性表达，[①]而取自原作的材料则受原作版权的保护（如有的话）。由此，使用演绎作品可能同时侵犯这两项版权。盗版商得到了一份翻译件，并在未经授权的情况下印制了数百份的复制件。盗版商可能会同时侵犯演绎作品（英文译本）和原作（法语版《纽芬兰历史》）的版权。

演绎作品和原作的版权可能归不同的人持有。例如，一方持有电影《后窗》的版权，另一方持有原短篇小说《一定是谋杀》的版权。[②] 短篇小说的版权人已经向电影制片人授予了电影版权，并允诺授予版权续展期的权利。但是，作者在续展期开始前去世，这意味着续展期的所有权利将回归至作者继承人。公开放映一部电影是对该短篇小说和影片进行表演。在该案中，每个版权所有人在未经对方许可的情况下都不能使用该演绎作品。斯图尔特案的审理法院否定了这样一种论点：由于这部电影是经版权所有人许可而拍摄，所以在版权已经回归作者继承人之后，对它的使用不应构成侵权。斯图尔特案之后，创作演绎作品的人一定要确保，他们获得的许可不仅是创作该作品所必须，而且也覆盖对该作品的继续使用。

其他情况发生了。首先，原作已经进入公有领域。任何人因此都可以改编作品而不会侵犯其版权，因为它已无版权。一些古老的民谣没有版权，对其进行新的音乐编排不构成侵权，但在改编者做出创造性表达的前提下，新的音乐编排本身享有版权保护。有人若复制了这些新的编排，可能就要为侵犯演绎作品的版权承担责任。

---

① 《美国法典》第 17 编第 103 条（b）款。

② 参见斯图尔特诉阿本德（*Stewart v. Abend*），495 U. S. 207（1990）。

另一种情况是,原作受版权保护,但演绎作品进入公有领域。这种情况发生的概率较低,因为原作版权通常会在演绎作品的版权到期前率先到期。但演绎作品可能因未履行版权公示、期限续展等手续而丧失版权。例如,电影《美好人生》在 1974 年因为没有申请续展而失去了版权。假设这部电影已在公有领域,许多电视台在没有寻求许可或支付许可费的情况下播放了它,而(受斯图尔特案的启发)原作的版权所有人起来行使他们自己的权利。

最后,非法使用原作要素的演绎作品的任何部分都不适用于版权保护。[①] 因此,一部侵权的演绎作品可能不受版权保护。

255

○**实例**

a. 如果它没有被固定。玛莎授权 F 剧团表演其受版权保护的舞蹈作品《惊厥》。协议规定,F 剧团可以进行戏剧表演,但不得复制或创作演绎作品。F 剧团在舞台上进行演出,令包厢里观戏的玛莎感到震惊的是,F 剧团的表演有许多方面改变了她的原作。通过改变身体动作的构成和安排,F 剧团产生了一个完全不同的舞蹈。玛莎遂起诉 F 剧团未经授权进行了演绎性的创作。F 剧团回应说,他们没有责任,因为其中并没有产生新的实体作品(physical work)。他们没有写下任何东西,也没有进行录像。那么,他们创作演绎作品了吗?

b. 贴纸。龙骑士出售专为儿童设计的纹身贴纸。它从体育用品公司得到一笔大订单,并发出几百箱贴纸。后来它了解到,该体育用品公司会把纹身贴在其销售的篮球上,从而吸引孩子们。体育用品公司以高价出售篮球。把纹身贴纸贴在球上的想法并不是体育用品公司原创的;相反,它是从孩子们那里知道的。龙骑士为自己错过这个市场机会而烦恼,于是就起诉体育用品公司侵犯其版权。体育用品公司需要承担责任吗?

c. 盗窃想法。瑞克创作了短篇小说《感受》,讲述维鲁姆文明难逃厄运的故事,它在不知不觉中耗尽了所有的矿产资源。故事情节给一个电影制片人带来了一般意义上的启发:制作一部有关短视文明走向消亡的电影。

---

① 《美国法典》第 17 编第 103 条(a)款。

最终的影片没有复制小说《感受》中的任何表达性要素。瑞克以未经授权创作演绎作品为由提起诉讼,声称若没有对《感受》进行侵权使用,该影片就不能制作出来。那么,有侵权吗?

d. 原作权利。百老汇喜欢将电影改编成音乐剧,比如《制片人》、《狮子王》和《火腿骑士》。假设一位百老汇制片人决定上演一部名为《2001》的音乐剧,也将根据电影改编。所有参与其中的人都没有听说过其背后的短篇科幻小说,更不要说曾经读过了。但这个小说的许多独创性、创造性要素被用在了影片中,并将再次被用于该音乐剧中。这部音乐剧的制作人需要获得电影制片人的许可。那么,她需要获得改编成电影的科幻小说版权人的许可吗?

e. 图片加框。在对图像搜索做出结果反馈时,谷歌向用户显示,"下面是页面上原始语境中的图片。"谷歌的计算机为此向用户计算机发送了 HTML 代码,然后用户机向带有图片的页面发出请求。通过这种方式的图片"加框(framing)",谷歌是否在根据该图片创作一个演绎作品?

f. 检查单。为了让销售人员帮助潜在客户摆脱套在身上的"砖头大衣"般的忧虑,一本名为《大联盟销售》的书对有关的技巧和案例进行了介绍。山达基教派(Church of Scientology)根据该书开发并销售所谓"检查单"和"训练单",与该书一起使用。学生(如双胞胎般搭配着)可以用这些表单来跟踪阅读作业和实践练习的完成情况。《大联盟销售》的版权所有人声称,这些检查单和练习表是侵犯其权利的演绎作品。是吗?

⊙解析

a. F 剧团确实创作了一部演绎作品。更合适的观点是,对演绎作品没有固定的要求。它将原作转化为新的具有创造性的作品,从而在没有版权所有人授权的情况下创作了一部演绎作品。

b. 龙骑士的诉由是,把纹身贴纸贴在篮球上是在创作演绎作品,因为它们被"重塑、转化或改编"成了另一种形式。这在法院之间引发了分歧。一些法院认为,把图画贴在瓷砖上是对演绎作品的创作。其他人(可能更合适)不这么认为,因为演绎作品的创作需要足够的创造性以使其有资格获得版权保护。体育用品公司不能满足创造性的要求,它只是在以一种非独创性的方式对贴画进行简单粘贴。

更合适的观点认为没有侵权。

c. 没有侵权。就像一切的排他性权利一样,若被告没有使用版权作品中受保护的创造性要素,就不存在侵权行为。复制思想不侵犯任何排他性权利。

d. 她需要获得小说原作版权人的许可。复制演绎作品很可能会侵犯原作品的版权。这部电影是以这个短篇小说为基础的演绎作品。电影的版权只涉及源自电影作者的独创性要素。从小说复制而来的任何独创性成分都要受制于故事的版权保护,所以,小说的成分如果(通过电影)被复制到音乐剧中,就有可能侵犯小说原作的版权。为避免侵权,她需要获得小说版权所有人的许可。实务提醒:这需要识别版权所有人。原作者很可能已经转让了相关权利。

e. 这里没有产生演绎作品。需要注意的是,谷歌的复制没有侵权,因为复制件是从原图像页面发送到了用户的页面——谷歌只提供了地址。在用户电脑上为图片加框,如同为印刷版照片配框一样,也不构成演绎作品。比较合适的观点是,装裱(mounting)一件作品的做法不是在创作一件新的演绎作品。

f. 法院断然驳回了这一侵权诉求。[①] 这些表单没有复制书中的独创性表达,而顶多只复制了其中的功能性要素。并非所有以版权作品为基础的作品都属于演绎作品。它必须复制了受保护的表达,才可能构成侵权。

# 三、公开发行权

版权所有人享有"以销售或其他转让所有权的方式,或者以出租、租赁

---

① 　彼得·莱特里斯诉世界山达基教联合会(*Peter Letterese & Associates v. World Institute of Scientology Enterprises*),533 F. 3d 1287 (11th Cir,Fla. 2008)。

或出借的方式向公众发行版权作品复制品或录音制品"的排他性权利。[①]
如果一个书商销售了一部版权小说未经授权的复制件,该书商可能就侵犯
了发行权。即使书商没有制作这些复制件,同样如此。发行权是一项单独
的权利。

　　成文法没有定义发行,但它举例说明了"销售或其他转让所有权的方
式,或者以出租、租赁或出借的方式"。发行可以是所有权的转让(如出售或
赠与),或是临时转移(如租赁或借用)。这项权利只适用于向公众发行;私
人之间的买卖或赠与不是侵权。

　　至少曾有一个法院认为,即使没有证据证明公众之一员收到了一份复
制品,向公众提供复制品也可能属于发行:

> 　　当某公共图书馆对其馆藏增加一部作品,在其索引或目录系统中
> 列出该作品,并向借阅者或浏览者提供该作品时,它就已经完成了向公
> 众发行所需的所有步骤。届时,公众可以到访图书馆并使用该作品。
> 如果这不被视为第 106 条(3)款所指的发行,版权所有人会因图书馆没
> 有保存公共使用记录而受损,图书馆则因其自身疏忽法律责任而不当
> 获利。[②]

258　　而其他法院则可能认为,成立侵权需要有复制品的发行。与专利成文法不
同,版权成文法没有规定许诺销售构成侵权。相反,霍塔林案可能会被狭义
地解读为一个证明公开发行已实际发生的举证责任案件。

　　与其他权利一样,数字技术也引发了有关排他性权利范围的问题。如
果一个网站允许浏览者下载作品(如图片或歌曲),这是否构成了复制品的
发行?如何对待 P2P 文件共享?有人会认为它属于发行,因为作品的复制
品已经被传发给了公众。另一些人可能认为,这没有通过电子传输的方式

---

① 《美国法典》第 17 编第 106 条(3)款。
② 霍塔林诉耶稣基督末世圣徒教会(*Hotaling v. Church of Jesus Christ of Latter-Day Saints*),118 F. 3d 199,203 (4th Cir. 1997)。

"发行复制品或录音制品"。当网络用户从网站下载作品,或从文件共享网络中获得作品时,人们可以认为被告没有向她发行复制件。可以说是她的电脑接收到电子信号,从而致使它实施复制的。有人可能将发行权限定于具体复制品的发行,如书籍或CD,它们本身被交付给了公众。

成文法也将进口纳入了发行权的范围,它规定,未经版权所有人授权、进口在美国境外取得的复制品,侵犯发行权。[①] 如果某进口商在境外购买了某作者的图书500本,将其运回美国,她就可能侵犯了发行权(尽管她可能因首次销售原则而受到保护,见下章所述)。对于作为个人行李而携带入境的复制品、为个人使用和为政府或非营利机构使用而进口的单件复制品,第602条a款豁免其责任。

首次销售原则(第十二章另做细述)是对发行权和展示权的重要限制。授权复制品的所有人可以发行或展览该复制品,不侵犯其版权。

○**实例**

a. 把它传出去。一个老式出版社的一名排版员埃姆偷了一本即将出版的图书预排版副本,是某前总统的自传。在易趣网上承诺要出售此书之后,埃姆将该副本寄给了出价最高的杂志《想象》。后来该杂志节选部分予以刊发。即使没有复制,埃姆也要承担侵犯版权之责吗?

b. 提供。假设埃姆把这个副本交给了当地的一家图书馆,图书馆把它放在传记部分,并列入图书馆索引。由于这家特殊的图书馆不保存用户行为的记录,所以馆里没有该书被任何人借阅的记录。图书馆负有侵犯版权的责任吗?

259

⊙**解析**

a. 埃姆可能要承担侵犯版权之责。埃姆虽然没有复制,但她确实向公众发行了一份复制件。请注意,这不是一项私人交易,而是向公众中出价最高者的发行。埃姆可能辩称他是合理使用,但会面临不小的难题。第十四章对此将有论述。

----

① 《美国法典》第17编第602条(a)款。

b. 图书馆没有对作品做复制、改编、公开表演或公开展示（将一本书放在书架上没有展示其内容）。这里没有记录表明该图书馆实际上向公众发行了书的复件。按照霍塔林案判决，其中可能有发行行为："当公共图书馆将一部作品加入它的馆藏，列入其索引或目录系统，向借阅者或浏览的公众提供该作品时，它已经完成了向公众发行该作品所需的所有步骤。"但霍塔林案判决对发行的认定的确实勉强。而从字面上来解读的话，原告应该证明实际发行的存在。

# 四、公开表演权

版权人享有公开表演作品的排他性权利。[①] 表演权适用于"文学、音乐、戏剧和舞蹈作品、哑剧、电影和其他视听作品"。[②] 它不适用于建筑、绘画、图形或雕塑作品。难以想象，一个人怎么能够表演建筑或雕塑作品。这个概念让人想起埃尔维斯·科斯特洛的话：音乐创作就像在跳建筑的舞蹈。对于录音作品而言，表演权被局限于通过数字音频传输的公开表演。[③]

版权成文法对于"表演"的定义远比这个词的日常含义要宽泛。"表演"在版权法上意指"直接或借助任何设备或方法，朗诵、呈现、演播、舞蹈或扮演它，或者对于电影或其他视听作品，连续展示其图像，或播放其伴音。"[④] 播放一张音乐 CD、看电视或打开收音机就是"表演"音乐或节目。任何人，仅仅播放别人实际演奏的钢琴录音，就可以"表演"贝多芬钢琴协奏曲。此外，表演权不仅适用于表演性的艺术作品，而且适用于大多种类的作品。例如，公开大声朗读一封信即构成公开表演，虽然我们通常不称这种文本朗读为"表演"。

---

① 《美国法典》第 17 编第 106 条（4）款。
② 同上。
③ 《美国法典》第 17 编第 106 条（6）款。
④ 《美国法典》第 17 编第 101 条。

表演权只适用于**公开**演出。歌迷可以在家中与家人一起演唱受版权保护的歌曲,而不属于侵犯版权。那什么行为构成公开表演呢?

"公开地"表演或展示作品是指:

(1) 在向公众开放的地点,或者是超出正常家庭范围及其社交关系的大量人数汇聚的地点从事表演或展示。

(2) 通过任何设备或方法,在第(1)项规定的地点、传输或以其他方式传播作品表演或展览,无论能够接收该表演或展览的公众是在相同地点或各个地点、在相同时间或不同时间接收它。

如果现场人数多于家庭及其社交范围,或者,如果作品被传送至公共场所或传送给了公众(即使公众在不同的地点和时间收到它),表演就是公开的。[①]

录音作品的表演权仅限于"通过数字音频传输公开表演受版权保护的作品"的权利。[②] 例如,回想一下,一首歌被录制后,音乐作品和录音都可能享有版权。不涉及传输的或使用模拟格式的录音表演不构成侵权。一家公司在立体音响上播放音乐 CD、或者广播电台通过模拟无线电传输播放音乐,其对录音均不构成侵权。前者没有传输,后者没使用数字格式,但两者都在公开表演相关音乐作品。

人们在家观看广播电视节目,他们就是在"表演"作品——这虽然就是版权法上的理解,但他们没有侵权,因为这不是公开表演。公开表演定义的第二项(所谓"传输条款")被加入成文法是为了涵盖有线电视公司的重播行为(rebroadcasting)。在早期,有线电视公司通过天线捕捉广播电视节目,并通过他们的有线网络重播这些节目。法院曾认为这不是公开表演,因此有线电视公司不需要取得电视节目版权持有人的许可。这些版权持有者随即就说服国会将这种重播行为纳入他们的排他性权利。2008 年,第二巡回

---

① 《美国法典》第 17 编第 101 条。
② 《美国法典》第 17 编第 106 条(6)款。

法院对该条款做出狭义性解释。它在卡通网络有限公司诉 CSC 案中指
出,[①]有线电视系统公司的客户使用该公司提供的远程存储录制节目,并在
闲暇时观看,不存在公开表演行为。法院适用公众"在相同地点或各个地
点、在相同时间或不同时间"接收传输这一规定,注意到传输条款的广播范
围,但该条款仅适用于"能够接收到表演的公众"。法院的推理是,因为该表
演是单一复制件传输,只有单一用户能够接收它,这意味着它不是公开表
演。毋宁说,有线电视公司的很多用户可以通过该公司提供的单个远程存
储设备对同一节目进行私人表演。

　　ABC 诉阿雷奥案[②]涉及一个复杂的重播系统,该系统是专为支持有线
电视公司案的判决而设计的。阿雷奥的系统有成千上万个微型天线,每个
天线都配有一个小型存储设备。阿雷奥的用户可以控制他们的天线和存储
设备录制节目或为客户重播节目。第二巡回法院再次判定,这意味着每个
用户都在进行自己的私人表演,即使成千上万的用户在观看同一个广播节
目。联邦最高法院同时考虑到用语的宽泛性("在相同地点或各个地点,在
相同时间或不同时间")和成文法的目的,推翻了这一判决。在法院看来,阿
雷奥所实行的,正是有关定义所针对的同一类重播:

　　　　阿雷奥出售一项允许用户观看电视节目的服务(其中许多节目都
　　受到版权保护),几乎就像在对它进行广播。在提供这项服务时,阿雷
　　奥使用自己的设备,将这些设备集中放置在用户宅外的仓库中。通过
　　其技术手段(天线,转码器和服务器),阿雷奥的系统"接收已向公众发
　　布的节目,并通过私人频道将其发送给更多观众(双周公司案)。"[③]

　　① 卡通网诉有线电视系统公司 CSC(*The Cartoon Network LP v. CSC Holings, Inc.*),536
F. 3d 121 (2d Cir. 2008)。

　　② 美国广播公司诉阿雷奥公司(*American Broadcasting Companies v. Aereo, Inc.*),134 S.
Ct. 2498 (2014)。

　　③ 双周刊公司案(Fortnightly),392 U. S. , at 400,88 S. Ct. 2084,20 L. Ed. 2d 1176(这是引文
内插注)。

阿雷奥案之后的问题是，它的适用范围能有多大。最高法院为避免妨碍技术发展而谨慎行事，声明它不是在对云计算、远程存储 DVR 以及其他案件中出现的新问题作出裁决。

## （一）集体权利组织

假设利特尔音乐公司持有音乐作品《只是另一首歌》的版权。利特尔音乐公司 1995 年发行了这首歌的录音，且还常在广播电台上播放。许多乐队对这首歌进行现场表演。酒吧和其他企业经常在其音响系统上播放该录音。所有这些公开表演都受制于利特尔的音乐版权，但要利特尔音乐公司单独实施该版权则是相当困难的。找到每一个可能的使用者并与其达成许可协议，与其价值相比，麻烦更多。

几十年来，美国词曲作家和出版商协会（ASCAP）和广播音乐公司（BMI）等集体权利组织使音乐版权的执行效率变得更高。ASCAP、BMI 等这样的集体权利组织做了很多工作，而不是让每一个版权所有人试图四处搜寻用户（和侵权者）并谈判许可协议。ASCAP 和 BMI 代表着数百万音乐作品的版权所有人。他们向潜在的使用者提供一揽子的许可。一个播放音乐制品、同时主办乐队现场表演的酒吧，可以通过一纸合同让它获得各种必要的许可。这些组织也参与版权执法。ASCAP 和 BMI 的代表会定期访问公共场所、监控广播和浏览互联网以查找未经授权的使用者。软件搜索因特网（尤其是像 YouTube 这样的平台）并发出自动删除通知、停止侵权函以及付款请求。

市场上众多卖家联合行动，就会有反竞争的风险。ASCAP 和 BMI 都曾经历反垄断诉讼，其业务遵循着双方同意的判令，对其可提供的许可与条款类型做出限制。

○实例·

a. 清单。巴德拥有歌曲《农舍》的音乐和歌词版权。下列哪项是对作品的公开表演？

（a）亚历克斯在学校才艺大赛的舞台上演唱这首歌。

（b）伯莎在她的餐厅里通过音响播放这首歌的录音。

（c）作为背景音乐,有线电视台在其有线电视系统中传输了这首歌的录音。

（d）餐厅服务员向就餐者演唱了这首歌。

（e）弗兰克在他僻静的后院唱了这首歌。

（f）格特鲁德把这首歌的歌词和音乐打印出来,作为其收藏的一部分。

b. 加框并展示。谷歌在反馈图像搜索结果时,据说是向公众展示缩略图,但这可能符合合理使用原则。谷歌还通过提示"以下是页面原语境中的图像",允许用户间接查看全尺寸图像。为此,谷歌的计算机向用户机发送HTML代码,后者再向带有图像的页面发送请求。通过这样对图像进行"加框",谷歌是否向公众展示了作品复件?

c. 公开表演吗? 有线电视公司应客户要求,为他们录制有线电视节目,并按需重播。有线电视公司是否侵犯了该节目的公开表演权?

⊙解析

a. 除了 e 和 f,其他都是公开表演。"表演"的定义十分广泛:

直接或借助任何设备或方法,朗诵、呈现、演播、舞蹈或扮演它,或者对于电影或其他视听作品,连续展示其图像,或播放其伴音。[1]

公开表演作品同样很广泛,包括在任何对公众开放的地点,或者是超出正常家庭范围及其社交关系的大量人数汇聚的地点从事表演,或者是传播到这样的地方。

（a）典型的公开表演。

（b）用设备播放一个作品是表演,且这还是在一个公共的餐厅。

（c）向公众传播是公开表演。

（d）公开演唱歌曲是公开表演,即使表演者不是专业的音乐家。基于

---

[1] 《美国法典》第 17 编第 101 条。

此，餐馆经常告诫员工不要唱《祝你生日快乐》这首20世纪初的歌，其版权依然有效并得到执行。

（e）不是公开表演。

（f）不是表演。

上述从a到d都是公开表演但可能未侵犯版权。成文法第110条（第十二章做了部分讨论）特别准许某些方式的使用，如非营利性表演（学校才艺表演可能符合要求），面对面的教学和小型企业接收传输（如报摊播放收音机）。

b. 第九巡回法庭曾认为，谷歌并未向公众展示作品的复件。[①] 谷歌没有发送复件，而是发送了原始页面的地址。用户计算机可以向原始页面请求获得复件，并在发送时展示该复件。谷歌不承担侵犯公开展示权的责任。谷歌可能依据其他理论承担责任（如本书后面讨论的帮助侵权），但这需要证明其他因素的存在，如知悉侵权活动的发生。

264

c. 在上述复制权部分讨论的有线电视公司一案中，审理法院也驳回了侵犯公开表演权的观点。每个节目的表演发生在不同时间、为不同的订户、在他们私人的家里。法院认为，这些表演不是公开表演，尽管这项服务是由有线电视公司向公众提供的。

# 五、公开展示权

版权所有人拥有"公开展示版权作品"的排他性权利。[②] 展示权适用于"文学、音乐、戏剧、舞蹈作品、哑剧及绘画、图形或雕塑作品，包括电影或其他视听作品的单个图像"，而不适用于录音或者建筑作品；对于电影作品和其他视听作品，则仅适用于其单个图像。[③]

---

① 完美10有限公司诉亚马逊网络公司（*Perfect 10，Inc. v. Amazon.com，Inc.*），508 F. 3d 1146（9th Cir. 2007）。

② 《美国法典》第17编第106条（5）款。

③ 同上。

版权法还对"展示"做了一个宽泛的界定：

> 直接或借助影片、幻灯片、电视图像或任何其他装置或方法显示作品复件；对于电影或其他视听作品，则是非连续性地显示单个图像。[①]

这个宽泛的界定远远超出了对作品复件进行展出。穿着印有版权作品的 T 恤可构成公开展示。将作品图像进行投影也构成展示。

展示权只适用于公开展示，并与表演权适用相同意义上的"公开"。如果一个地点对公众开放，如果在场人数超过家人和社交圈，或者如果作品被传输到了这样一个公共场所，这种展示就是公开的。[②] 有网站允许用户浏览图片，其行为被认定为向公众"展示"这些图片。

因特网与其他网络应用的快速增加，展示权的重要性日益凸显。[③] 在图片以电子方式发行之前，展示权并不像其他权利那样具有重要的实践意义。按照首次销售原则（本书下文讨论），对于经授权的复制件，其所有人有权展示它。基于展览的定义，放映电影（而非单独的画面）不属于展示，比之于更频繁地受到侵犯的复制权、公开发行权或公开表演权，很少有哪些情形能表明展示权十分重要。但如今，因特网使得向他人显示侵权复制品相当容易（只需建立一个网站），该权利就更有可能成为诉讼的标的。[④]

# 六、排他性权利速览

因特网为各种排他性权利的应用提供了一个很好的例子，因为它可以

---

① 《美国法典》第 17 编第 101 条。
② 《美国法典》第 17 编第 101 条。
③ 参见罗伯特·戈尔曼和简·金斯伯格《版权》(Robert A. Gorman and Jane C. Ginsburg, *Copyright*)，580 (6th ed. 2002)。
④ 同前注。

被看作是一个用于制作、转变、发行、表演和展示作品复制件的全球性机器。[①] 假设沃尔特经营着一个专门为某流行歌星服务的网站。网站访问者可以查看这位歌手的照片,通过流媒体音频收听她的歌曲,并下载沃尔特自己对其歌曲的录音,沃尔特已经把这些歌曲从平淡的民谣改写成了政治讽刺。另假设沃尔特未经授权使用了受版权保护的图片和音乐。尽管法院对于在因特网环境下排他性权利的适用仍存有争议,沃尔特很可能会侵犯第106 条上的所有排他性权利(除了第 106 A 条的道德权利)。这里简要回顾一下与沃尔特的情况有关的排他性权利:

第一,复制权:通过将作品复制件上传到他的服务器上,他实施了复制。

第二,改编权:通过改写歌曲,他创作了演绎性作品。

第三,发行权:通过向下载资料的访问者发送复制件,他可以向公众发行复制品和录音制品。有些人可能不会将发行权扩展得很远,而是将其限制为发行更具实体性的复制品,如书籍或 CD。

第四,表演权:他让访客可以收听音乐的流媒体音频版本,从而对音乐作品实施公开表演。他还违反了狭窄的录音表演权,因为流媒体音频有资格成为"数字音频传输"。

第五,展示权:通过使图像可在访问者的屏幕上被观看,他向公众展示了复制件。

第六,第 106A 条的道德权利(下章预览):即使沃尔特的修订版严重歪曲了原歌曲,他也没有侵犯第 106 A 条所赋予的保护作品完整权和署名权,因为第 106 A 条只保护有限类别的视觉艺术作品。

266

○**实例**

a. 第 106 条实践。经过多年的艰苦研究,作者亚瑟写了一本历史书。这本书描述了伊利诺伊州几代农民的生活。亚瑟从他的个人研究中获取了大部分的细节材料:从乡村记录到房地产销售,再到对各类伊利诺伊人的长

---

① 参见马克·莱姆利《因特网上的版权所有权与使用者特权:处理因特网上的版权重叠问题》(Mark A. Lemley, *Copyright Owners' Rights and Users' Privileges on the Internet: Dealing with Overlapping Copyrights on the Internet*),22 Dayton L. Rev. 547 (1997)。

篇采访。但是,通过对事实的选择和整理,亚瑟为这部作品做出了大量独创性的表达,写出了优美而简洁的散文,也进行了生动的描述。这本书很畅销。这本书出版两年后,亚瑟拜访了他的律师。亚瑟了解到各种与其作品有关的行为,想知道这些行为是否落入了其排他性权利的范围。下列行为中,哪些进入了版权人排他性权利的范围?

(a) 仿冒者 K 逐字逐句地复制亚瑟书中的大部分内容,将其写入自己有关中西部生活的书中。K 自豪地把手稿拿给几个朋友看。K 尚未向出版商提交手稿,也没有对手稿做任何商业性利用。

(b) 爱好者 F 借出该书的副本,利用扫描仪将文本数字化,并将文本保存为电脑硬盘里的文件。随后,F 将该书归还,空闲时间里在电脑上阅读该书。

(c) 一位嫉妒者 N 购买了一份这本书,并迅速销毁。

(d) 评论家 C 对这本书撰写了一篇尖锐的评论。C 没有复制亚瑟的任何独创性表达。C 对他所知道的书中错误进行了事实性陈述,而这很可能会损害这本书的销量。

(e) 普拉戈出版了一部历史小说,其时间与空间背景正是该小说所覆盖的范围。普拉戈使用了亚瑟书中的许多事实和思想,但没有复制其中的任何独创性表达。

(f) 剧作家 S 购买了一本该书,并在此书基础上写了一个剧本。剧本与原著非常接近,不仅使用了其事实和想法,也从中复制了许多独创性表达。经剧作家许可,某制片人根据剧本拍摄了一部电影。这部电影就像剧本一样,使用了原作中的很多独创性表达。当地一家电影院 C 连续几周向公众放映这部电影。

(g) F 每周都会在当地一家酒吧举办"亚瑟赏析之夜",并收取少量入场费。F 和其他亚瑟爱好者轮流向参加活动的人朗读小说中的部分内容。

(h) F 在她家里举办"亚瑟赏析之夜",并向她的家人和朋友朗读这本书。

267 本书。

(i) 巴顿发布了一则广告,以巨大的折扣提供亚瑟的书。巴顿收到数百名买书人的付款,但他从未向他们发送任何复制品。事实上,巴顿甚至连一本书都没有获得过。

(j) 维布从 F 那里借来这本书的扫描件。然后,维布建立了一个网站,允许观众每次阅读该书的一页。

b. 艺术家的权利。文森特给自己画了一幅戴草帽的肖像。乔治从文森特那里购买了这幅画,然后制作了一张贴画,上面复制了这幅画。乔治向公众出售了许多贴画。当文森特表示反对时,乔治纯粹是出于对文森特的怨恨,在肖像上粗鲁地涂画出一些角状。乔治的行为是否侵犯了文森特的排他性权利?

c. 发生了什么? 桑思撰写了一首名为《埃德塞尔·麦德利》的歌,并将其歌曲版权卖给了音乐公司。桑思继续在演唱会上表演《埃德塞尔·麦德利》,还录制了一首续曲,复制了《埃德塞尔·麦德利》中的许多独创性表达。音乐公司写信给桑思,要求她停止演唱《埃德塞尔·麦德利》,并停止复制该续作。桑思感到可笑的是,自己可能被指控偷窃了自己的作品。她的所作所为属于版权持有人排他性权利范围内的事吗?

d. 纪念品。莱恩斯是一名软件开发人员,为微迷公司工作。莱恩斯多年来的工作内容一直是"震撼"——一款热销的视频图像程序。因为莱恩斯是一个很重要的开发员,所以微迷为她提供了一台笔记本电脑,上面装载着"震撼"的源代码版本。"震撼"以目标代码的形式出售给公众,而只有非常有限的人能够获得源代码版本,微迷认为这是一项关键的竞争资产。莱恩斯决定放弃软件业务,去当一名作曲家。她从微迷辞职,搬到了蒙大拿州的山区,随身带着笔记本电脑。她甚至从未打开过这个笔记本电脑。离开后带着某版权作品未发表版本的一份昂贵的副本,莱恩斯的行为是否落入了版权所有人的排他性权利范围? 如果她一到蒙大拿就把源代码打印出来,以便可在广阔的户外阅读呢?

e. 午后表演。博恩斯经营着一家二手服装店。博恩斯喜欢听乡村歌手德克萨斯的音乐。一天下午的早些时候,几位顾客正在店里逛。博恩斯正在播放德克萨斯的最新 CD。一位女士拿着记录板走了进来,听了几分钟后,要求和经理谈话。她告诉博恩斯,他侵犯了这张 CD 上的音乐作品的版权。博恩斯抗议说,他没有出售该 CD 的任何复制品,也没有向任何人收取店内入场费。女士对博恩斯说,尽管如此,他还是公开表演了这些音乐作品。是这样吗?

268

f. 脆弱的版权。斯金专注于古典音乐,并用新技术追求自己的兴趣。她获得了斯莫尔的第三交响曲。她知道这首曲子发表于 1818 年,不受版权保护。斯金录制了她用合成器演奏的交响乐。在录制过程中,斯金做了很多创造性的决定,所以她拥有录音的版权。她卖了几张 CD 唱片。买家中有博恩斯和阿基姆。斯金后来得知,博恩斯已经开始在他的旧服装店播放该录音。她还了解到,阿基姆已经对同一首交响乐进行了录音。阿基姆没有复制斯金录音中的实际声音,而是以多种方式模仿她的录音。博恩斯或阿基姆是否侵犯了斯金录音作品的排他性权利?

⊙解析

a.（a）仿冒者 K 复制亚瑟书中受版权保护的表达,有可能侵犯了其复制权。K 没有对该书进行商业性利用,但侵权并不需要商业利用。

仿冒者 K 向几个朋友展示他的手稿并不侵犯展示权,因为这种排他性权利只适用于公开展示。

（b）当 F 扫描并保存该小说的数字版时,她是在复制。这样做,她可能会侵犯小说的复制权。

当她每次在电脑上阅读这本书,一部分内容就会从电脑的永久内存(硬盘驱动)复制到它的快速、临时内存(DRAM)中。DRAM 的复制也可能构成侵权复制。正如正文中所述,DRAM 中复制是否侵犯复制权,这一问题没有得到成文法的明确回答;但少数几个相关案件中的大多数以及最近的成文法修正案都支持这种理解。

（c）由于焚烧小说,嫉妒者 N 可能会冒犯亚瑟,但不会侵犯版权。第 106 条赋予 5 项排他性权利:复制、向公众发行、创作演绎作品、公开表演、公开展示的权利。其中没有一项会因焚烧图书复件而受到侵犯,即使它是唯一的一份。版权并不向受保护作品赋予一般财产权;它只保护成文法所规定的具体权利。作者可能认为嫉妒者 N 的行为侵犯了他依据第 106A 条享有的保护作品完整和署名的权利,但是,第 106 A 条仅适用于视觉艺术作品(绘画、雕塑等),而不是小说。

269

(d)因为没有涉及任何排他性权利,仅仅写一篇尖刻的评论,即使是不真实的评论,并不侵犯版权。

评论家没有复制任何受保护的表达,因而不侵权。对亚瑟而言,一个有争议的理由可能是,评论家的虚假诽谤减少了亚瑟图书的销量,因而对亚瑟向公众发行图书的排他性权利产生冲击。但是,侵犯版权的是那些错误地实施了版权人之排他性权利的人。不存在第二层权利来保护版权所有人从事交易。

(e)普拉戈没有侵犯任何排他性权利。只要受保护的表达未被复制,使用版权作品就不构成侵权。普拉戈只是复制了一些不受保护的事实和想法。

亚瑟可能会争辩说,普拉戈将亚瑟的历史书改编成历史小说,侵犯了他的改编权(一种创作演绎作品的权利),但若没有使用受保护的表达,任何排他性权利都不会受到侵犯。

(f)剧作家 S 的剧本复制了很多受保护的表达,同时侵犯了复制权和改编权。制作电影同样复制了亚瑟许多受保护的表达,制片人同样侵犯了这些权利。通过电影公映,电影院 C 侵犯了公开表演权。注意:即使制片人和电影院不知道剧本复制了亚瑟的书这一事实,结论依然如此。原告只需证明被告所作所为属于原告排他性权利范围内的事,而不需要证明其为疏忽或知情。

(g)爱好者 F 和其他人在人群中大声朗读,可能侵犯了公开表演权。侵权并不要求证明侵权人行为是出于商业目的或从其行为中获得金钱。还需注意表演权范围的界定——按照该词的日常用法,仅仅大声朗读一本书可能不会被视为表演行为。

(h)如果爱好者 F 只是向家人和朋友大声朗读这本书,并不构成侵权。版权所有人的排他性权利只适用于公开表演的行为。

(i) 巴顿的行为没有侵权。许诺销售版权作品不属于排他性权利的范围。巴顿尚未发行或制作复制品，不承担侵犯版权的责任，尽管有其他法律原则如欺诈等可能适用于此种情形。

(j) 维布可能侵犯了公开展示权。维布不因获得 F 制作的复制件而侵犯版权。即使某复制品是通过侵权而制作的，获得和拥有它不属于版权持有人排他性权利的范围。但是，通过向网站访问者逐页显示这本书，维布就是在公开展示这本书。公开展示包括向公众传输。如果公众能够在网站上观看某作品，这就构成了一种传输，即使人们是在各自的时间、不同的地点观看。

b. 乔治侵犯了文森特的复制权（复制这幅画）和发行权（向公众发行复制品）。乔治购买的是这幅画，而不是这幅画的版权。乔治也可能因为创作一件演绎作品而侵犯了文森特的改编权。这取决于乔治的涂画是否具有必要的独创性，从而在文森特原作基础上产生了一幅新画作。一些法院不要求演绎作品可单独获得版权，而是认为任何改编都有可能侵权。在这种思路下，涂角就可能足以产生一个演绎作品。然而，更妥适的观点是，如果作品不能满足成为独创作品的标准，就没有产生演绎作品。

除了第 106 条规定的权利，乔治可能已侵犯了文森特按第 106A 条拥有的保护作品完整权，本书下文将有论述。责任成立要求证明该修改有损文森特的荣誉或声誉。对画像做令人不快的改动似乎符合这一标准。

c. 桑思可能侵犯了她自己作品的版权。版权所有人拥有第 106 条规定的排他性权利。桑思拥有这些权利，但把它们卖给了音乐公司，因而桑思侵犯了该音乐公司享有的公开表演歌曲《埃德塞尔·麦德利》的排他性权利。创作续作的行为复制了她自己的独创性表达，她可能侵犯了复制权和改编权。

d. 莱恩斯没有侵犯"震撼"的版权（虽然她可能拥有未经授权的副本）。作品特定副本的所有权在很大程度上不受版权的规制，而是受财产法的规制。莱恩斯没有做任何属于版权所有人排他性权利范围内的事。她没有对它实施复制、改编、公开发行、公开表演或公开展示。

如果莱恩斯打印出笔记本电脑中的源代码，她可能侵犯了复制权。打印代码构成复制。虽然该复制件不能在计算机上运行，但复制权可包括以任何介质进行复制。

e. 博恩斯公开表演该作品，可能侵犯了该作品的版权。博恩斯可能会合理地认为表演一首歌意味着大声唱出来。他可能也感到奇怪：当店里只有少数顾客在场，且他们的注意力集中于他们正在浏览的商品，播放音乐也算"公开"表演？而公开表演权范围广泛。"表演"包括使用设备播放作品。"公开"包括对公众开放的场所。除了表演是公开的这一要求之外，成文法并不要求它必须面对付费观众或服务于任何商业目的。因此，博恩斯公开表演了音乐作品。正如本书稍后所述，第110条确实保护一些非营利性的公开演出，却在这里不适用。

f. 博恩斯和阿基姆都没有侵犯斯金对这个录音的版权。录音的复制权和公开表演权都受到限制。录音的表演权只涉及通过"数字音频传输"进行的表演，而博恩斯没有传输录音；他只是在他的店里大声播放。只有当复制行为使用了录音中的真实声音，才是对其复制权的侵犯。阿基姆模仿斯金的录音，但没有使用该录音中的真实声音。阿基姆未以机械方式复制斯金的实际录音，只是模仿了该录音。

如果所涉作品是音乐作品，而不是录音作品，那么这两种结果将是截然不同的。博恩斯可能会因其公开表演而侵权。阿基姆则因其复制件具有实质的相似性，并复制了受保护的表达而侵权。

# 第十二章　首次销售

版权持有人拥有向公众发行版权作品复制件和公开展示作品的排他性权利。但是，二手书店出售版权书籍、录像租赁店出租有版权的电影、博物馆向公众展示受版权保护的绘画和雕塑、零售商再售版权软件复件、图书馆出借版权书籍——只要他们拥有的复制件属于合法复制，比如由版权所有人制作或经其许可而制作的复制件，这些行为就不必获得版权所有人的许可。版权所有人向公众发行和展示作品的排他性权利适用首次销售原则。版权所有人一旦出售了一份复制品，她对该复制品的权利就会受到限制。所有者可以发行或展示它，但不能复制、改编或公开表演它，除非因合理使用、许可或其他原则而受到保护。

首次销售原则对于公开发行和展示的排他性权利是一项重要限制。版权法对作品的实物复制品所有权和版权所有权进行了区分。实物的出售不包括版权的转让。如果某画家把她最新的风景画卖给收藏者，收藏者拥有该画件，而画家仍然拥有其版权。如果收藏者对这幅作品进行复制或演绎创作，就很可能会侵犯版权。但是，通常被称为"首次销售原则"的第109条确实赋予了受让人某些权利。根据该条规定，合法制作的复制品或录音制品的所有人可以出售或以其他方式处置该复制品或录音制品。[1] 合法制作的复制品的所有人可以向公众展示该复制品。[2] 收藏者可以出售、出租或捐赠这幅画（即使这是在向公众发行复制品），或将这幅画展出（即使这意味着公开展示这幅画）。

---

[1]　《美国法典》第 17 编第 109 条（a）款。

[2]　《美国法典》第 17 编第 109 条（c）款。

# 一、首次销售与发行权

法律对版权所有人的公开发行权做出了限制：

> 尽管有第 106 条（3）的规定，依据本法合法制作的特定复制品或录音制品的所有者，或者是经该所有者授权的人，无须经版权所有人的许可，有权出售或以其他方式处置该复制品或录音制品的所有权。[①]

简言之，书籍、绘画、视频游戏或雕塑的所有者可以将其出售（除非该复制品是盗版、仿冒或其他侵权复制品）。首次销售原则有其明显的限定。本书下文论述的合理使用原则可以适用于所有的五种排他性权利，而首次销售原则仅仅限制发行权和展示权。它不限制版权人对于作品复制、改编或公开表演的排他性权利。如果复制品的某一所有人制作了副本，或对作品进行演绎、公开表演，首次销售原则就不能保护她（尽管可能适用合理使用或其他限制性原则）。如果收藏者拥有绘画的复制品，她可以展示或出售它，而不会构成侵权。但首次销售原则并不授权她复制或修改此画作（如制作天鹅绒版）。

首次销售原则只保护根据版权法合法制作的特定复制品或录音制品的所有者。如果某收藏者偷盗一画作，他就不是其所有者，也不受首次销售原则的保护。收藏者可能因正当理由拥有了一个复制品，但还没有资格适用首次销售原则。如果该复制品是在不转移所有权的情况下被出借、出租或以其他方式让与给收藏者，该收藏者就不享有首次销售原则所赋予的权利（除非所有者也被授权做进一步的发行）。租用录像带的人可能无权将其出租给其他人。

---

① 《美国法典》第 17 编第 109 条（a）款。

首次销售保护仅适用于所拥有的特定复制品,而不授权其他复制品的发行。如果某收藏者制作并出售其画件的复制品,收藏者可能会同时侵犯复制权和发行权。

首次销售仅在复制件系合法复制的情况下适用。如果这幅画本身就是一个侵权的副本,它就不是合法制作,收藏者将无权利适用首次销售原则。请注意,成文法并不要求版权所有人授权了该复制品的制作,而是要求该复制品是"合法制作的"。如立法历程所记录的:

> 一个复制品或录音制品必须是"根据本法合法制作",才能适用第109条(a)款规定,虽然不必经过版权所有人的授权。例如,非法"盗版"录制品的任何再售都将属于侵权,但按照第115条的强制许可规定处置合法制作的录音制品就不是侵权。[①]

依据合理使用原则或者其他条款规定制作的复制品则可能是合格的。

○**实例**

a. 戏剧的事情。亚里克决定上演《推销员之死》。亚历克在当地的一家书店买了本这部戏剧的复制品。

- 他从书中扫描了这部戏的文本到笔记本电脑中,并打印了100份。
- 他将10份复制件送给了他的剧团成员,以便他们在排练期间使用它们。
- 然后在亚里克指导下,这个剧团在当地一家剧院举行了几场公开演出。
- 亚里克把他制作的50份复制件卖给了观众。
- 第二天,亚里克去了一家二手店,把他最初买的那本书卖给了它。

首次销售原则是否授权了这部戏的各种用法?

b. 小商店。撒切尔经营着一家二手书店。他从顾客处、从家庭车库、

---

① 众议院报告(House Report),No. 94-1476。

从财产抛售场以及任何他能找到的地方买来图书,也经常从清理家居的人那里得到捐书。漫不经心地浏览着他的书目,他读到了对于侵犯版权可能要承担的严厉救济。撒切尔怀疑,他的行为是否侵犯了各种在售图书的版权。他在向公众发行复制件——这难道不是版权所有人的排他性权利吗?难道他应该把他的服务范围限制在无版权的书籍——比如 19 世纪的稀有书籍吗?

c. 剪辑。斯奈皮经营一个剪辑服务社。斯奈皮每天读几篇文章,并剪辑一些可能让某客户感兴趣的故事。一个故事可能会提到某个客户、某个客户的竞争对手,或者是与某客户特别相关的话题。他以邮件发出这些故事。这些故事都有版权。斯奈皮的行为侵权吗?如果她在网上阅读这些故事,然后将其剪切并粘贴到发给客户的电子邮件里,会有什么不同吗?

275

d. 大为扫兴。贝基买了一张她最喜欢的歌手迪维迪的音乐 CD。贝基把这张 CD 带到她工作的大学图书馆咨询台。令访客和工作人员感到惊讶的是,贝基通过公共播音系统播放这张 CD。图书馆馆长认为,贝基公开表演受版权保护的音乐作品,不仅违反了图书馆的规定,而且也违反了版权法。贝基声称,她因首次销售原则受到保护,因为该 CD 一旦出售给她,版权所有人对该特定复制品享有的利益就被排除了。首次销售原则能否保护贝基?如果贝基买了一张经授权的曲谱并通过公共播音系统演唱,会有什么不同吗?

e. 首次销售?伊麦克出售了 700 份他的版权插画《比克罗特》。伊麦克向买家保证,该作品是限量版,因此他们购买的是相对稀缺的商品。这个插画以伊麦克独特的风格描绘出圆桌骑士仿佛地狱天使一般的形象。有几位购买者的行为似乎侵入了伊麦克作为版权所有人的排他性权利的范围。下列情形中,哪些可因首次销售原则受到保护:

(a) 为了销售,斯里皮对他拥有的副本做广告,并且以比当初购买时高三倍的价格卖给了一位收藏者。

(b) 格兰皮发现他不喜欢这幅插画,便用木炭巧妙地改变了伊麦克描绘的骑士表情,将他们从凶猛的骑士变成傲慢的游客。

（c）斯尼齐将伊麦克的复制件陈列在他的画廊里,允许公众付费观赏。

（d）道克用它的复件制作了几份复制件,在斯尼齐画廊外出售。

（e）阿尔布从道克那里买来一份副本,其在线出售,获得一个好价钱。

（f）道皮安装了一个网络摄像头,让道皮网站的访客可以观看道皮拥有的副本。

（g）作为生日礼物,伊麦克将一份插画副本送给英格瑞。英格瑞则立刻转手,将该副本卖得一个好价钱。

f. 合理使用和首次销售。老师将一首诗复制了 17 份,然后交给了她班上的学生。假设制作和分发这些复制件是合理使用,不构成侵犯版权。那么,一个学生在易趣上出售她的复制品,以 10 美元的价格邮寄给一个完全陌生的人。这是否侵犯版权?

g. 描画。普林斯买了一本摄影集。他在部分照片上进行了描画,并举办了一个名为"运河地带"的展览。如果他没有制作作品的复制件,版权也很重要吗? 他能受首次销售原则的保护吗?

h. 云存储器的首次销售? 皮杰注册成为在线音乐服务平台音芬尼的会员,每月可以购买最多 100 首歌曲,并将它们保存在音芬尼的云存储器上。此外,皮杰还可以收听音芬尼的数千首歌曲库中任何一首的流媒体音频。如果皮杰在易趣网上出售他在音芬尼云存储器中的一首歌曲,首次销售原则会保护他吗? 如果他巧妙地复制了流媒体版本的音乐后,出售整个音芬尼音乐库,首次销售原则能否保护他免于侵权指控呢?

⊙ 解析

a. 首次销售授权亚里克出售或展示他的复制品,但是他的行为已经超出了首次销售原则的适用范围。

- 通过扫描文本,他可能侵犯了复制权。
- 他打印了 100 份复制件,同样有可能侵犯了复制权。
- 他向剧团成员分发了 10 份,并向观众出售了 50 份,这可能侵犯了公开发行权。他制作的这些复制件不符合首次销售原则,因为它们不是合法制作的——假设他制作这些复制件侵犯了公开发行权。

- 这个剧团演出这部戏，可能侵犯了公开表演权。

b. 撒切尔没有侵犯版权。版权所有人确实有公开发行的权利，要受制于首次销售原则。依据这一原则，合法制作的复制件所有人可以出售或以其他方式处置它，而不会侵犯版权。

如果撒切尔不是所有者，或者说图书复制件属于非法制作，他就有可能侵权。如果他在不知情的情况下收到一份偷来的复制品（或者只是一份借出而未归还的复制品），或者是一份未经允许而制作的复制品，他可能侵权。但这些风险相当小（我们将看到，针对这种无辜侵权的补救可能会很少，以致他不会被起诉）。

c. 斯奈皮没有侵权。她拥有这些受版权保护的故事的复制件，并可随意发行。

如果她把这些故事复制下来，情况就不一样了。如果她是在线阅读这些故事，复制并通过电子邮件发给她的客户，情况也会不同。首次销售原则只适用于发行（和展示），而不允许制作复制件。通过复制，她可能会侵权。她可能会主张合理使用，但像后面几章要论述的，商业用途的复制行为可能不符合条件。她最好是只通过电子邮件把链接发给她的客户。

d. 贝基不能因首次销售原则受到保护。首次销售原则只限制发行和展示权，而贝基可能侵犯了表演权。她通过公共播音系统进行播放，是在公开表演音乐作品。如果她买了乐谱并自己表演，情况同样如此。

277

e.（a）斯里皮因首次销售原则而受保护。他拥有该复制品，并且第109条授权他可以出售该复制件。

（b）格兰皮不受首次销售原则的保护。他将原作品转化为新的创造性作品，可能侵犯了改编权。他拥有复制品，但所有权并不是针对版权侵权的抗辩理由。相反，首次销售原则保护所有人免于发行权和展示权侵权的指控。它不能限制版权所有人复制、改编和表演作品的排他性权利。

（c）斯尼齐受首次销售原则的保护。作为合法复制品的所有人，斯尼齐可以展示它。

（d）道克不受首次销售原则的保护。道克未经许可制作了该作品的副本。首次销售原则不适用于侵犯复制权的行为。它也不准许道克发行他所制作的复制件,因为它只授权发行合法制作的复制件。

(e) 阿尔布同样不受首次销售原则保护。他所拥有的副本非经合法制作,因此阿尔布完全不受首次销售原则的保护。他向公众售卖该副本,侵犯了发行权。

(f) 道皮不受首次销售原则的保护。他可能侵犯了公开展示权。首次销售原则仅授权所有者在复制品所在地点展示该复制品。该原则的适用范围远比展示权更窄,后者包含通过不同地点之间传输进行展示。

(g) 英格瑞受首次销售原则的保护。合法复制品的所有者受首次销售原则的保护,英格瑞从伊麦克那里收到作为礼物的合法复制品。所有者无需购买复制品即可获得首次销售原则的保护。

f. 根据第 109 条(a),"根据本法合法制作的……特定复制品的所有人……有权……出售或以其他方式处分其对该复制品或录音制品的所有"。该学生似乎属于该规定的范围。老师受到合理使用的保护,该复印件因而是合法的。老师把复制件给了学生,所以他拥有该复制件。根据第 109 条,该学生可以按照自己选择的任何方式处分它,包括出售。立法进程曾强调,要适用首次销售原则,复制件必须是"经合法制作",但不必获得版权所有人的授权。

g. 这个例子提醒我们,首次销售原则只限制发行和展示权。普林斯可能侵犯版权所有人改编作品的排他性权利(创作演绎作品的权利),因此版权很重要(即使他没有进行复制),而首次销售原则不保护该行为(它不适用于演绎权、表演权、复制权的侵权指控)。下一个问题是,合理使用原则是否适用,对此见本书下文所述。

h. 首次销售原则很难适用于数码形式的作品,因为这需要复制才能传输。如果皮杰是合法制作的特定复制品的所有人,他出售此复制品时,首次销售原则可保护他免于版权侵权之责。如果他从云存储器上下载一份复制件,他可能是该特定复制件的所有者,而该复制件可能是合法制作的。但若要出售它,他必须切除其电脑硬盘存储上的一小部分(或者把它下载到一些更小的 USB 存储设备上）。同时，他还在云存储器上"保有"一份副本。如果复制件不断增加，首次销售原则好像就不适用了。此外，尝试对云存储器上的实际存储副本进行识别，可能很麻烦。例如，为了节省空间，音芬尼可能会存储某流行歌曲的单一副本，并将它提供给很多用户——他们都相信自己在其个人云存储器上拥有一个副本。

首次销售原则可能不适用于流媒体音频。皮杰可能不是一个复制件的所有者，而部分音频复制件被发送到他的电脑只是为了播放。最后注意：即使适用首次销售原则，下一个问题应该是，音芬尼或版权持有人在其用户协议（也称为"使用条款"或"最终用户许可协议"）中是否有效地通过协议限制了首次销售原则。下一节将讨论这个问题。

## （一）版权持有者可能试图限制首次销售原则

由于首次销售原则只保护复制品的"所有人"（或经所有人授权的人），一些版权所有人便试图通过限定其交易来避免适用首次销售原则，具体方式就是令复制品所有人不将复制品转移给接收者。例如，计算机软件通常是根据许可"销售"的。如果用户下载了某个软件或在商店购买了软件并带走它，她常常会发现卖家将该交易规定为一项许可交易。有关条款可能会规定，用户不能拥有他所占有的复制件。相反，复制件的所有权仍属于软件公司，该公司只授予用户使用软件的许可，并遵守卖方表格中列出来的各种限制。

如果用户声称他受首次销售原则的保护，软件公司可能会争辩说首次销售原则不适用，因为用户并不拥有该复制件。若干问题可能由此而生。首先，根据合同法，用户是否同意了表格中的条款。一方不得单方规定交易的属性。只有当对方有所作为从而受制于该条款时，该限制条件方可适用。<sup>279</sup>通常的做法是对许可协议表示同意。在某些情况下，协议可从当事双方的行为中做出推断。

下一个问题是，合同条款是否具有控制力，或者法院是否会考虑交易的实质。第 109 条将首次销售原则明确限定于合法复制品的所有人；首次销售不适用于"通过出租、租赁、借用或其他方式从版权所有人处取得复制品或录音制品的占有,而未获得其所有权的人。"[1]许多判决认为,当双方同意接收者不对复制品拥有所有权时,该协议将具有控制效力。[2] 这种思路允许双方在他们之间分配权利和风险。如果用户支付约定的价格,作为交换而放弃首次销售保护,那么推翻约定条件而授予用户首次销售保护的做法就可能是不公平的。在代表性案例中,弗诺购买了一款复杂的计算机辅助设计软件 AutoCAD 的复件,后来在易趣上出售。欧特克公司提出反对,理由是这种销售侵犯了其向公众发行软件复制件的排他性权利。在判定该软件用户应被归类为受许可人,还是复件所有人时,法院考虑了三个因素:

- 版权所有人是否明定,用户被授予许可
- 版权所有人是否明确限制了该用户转让软件的资格
- 版权所有人是否实施了显著的使用限制

按照法院的观点,这三个因素都表明了一种许可而非销售。欧特克公司的许可表明,该交易属于许可,而不是软件销售,欧特克公司保留了软件的权利。这里包含了转让限制:该许可乃未经书面同意而不可转让的,不能转让到西半球以外。这里有使用限制:禁止在西半球以外的使用;禁止对软件进行修改、翻译或反向工程;禁止删除商标或复制保护设备。简言之,弗诺一案判决似乎认为,那么被定性为许可证的软件交易就只能被视为许可,如果卖方如此选择并规定了明显的限制性条款。

相比之下,有些法院会认为,用户支付价款后便拥有复制件,从而获得了复制件的让与,并有权永久保留该复制件。这与商法一致,其中一项交易被视为出售,还是租赁或担保贷款,由经济现实而非当事人的描述来控制。这一路径可从专利法中获得一些支持。联邦最高法院曾在专利背景下广泛

---

① 《美国法典》第 17 编第 109 条(d)款。

② 参见如弗诺诉欧特克公司(*Vernor v. Autodesk，Inc.*)，621 F. 3d 1102 (9th Cir. 2010);斯蒂芬·麦克约翰:《2010 年十大热门案例:版权和商业秘密法》(Stephen McJohn，*Top Tens in 2010: Copyright and Trade Secret Cases*)，9 N. W. J. Tech. & Intell. Prop. 325 (2011)。

应用首次销售原则。[①] 几个芯片组专利的持有者将该专利授权给制造商，[280] 由于专利权用尽，该专利人被禁止向被许可方的客户追究侵权责任。含有该专利的授权产品的销售终止了这些产品中的专利权，这意味着购买者可以自由地将它们纳入其他可能侵权的产品中。广达案是一个专利案件，但它对首次销售原则的宽泛适用可能会影响版权领域的首次销售分析，它们有着同样的内在政策考量。这表明，一些旨在推翻首次销售原则的合同条款将是无效的。

## （二）首次销售与数字作品

合法制作的作品复制品（图书、歌曲、绘画等）的所有人可以发行或者展示**该**复制件。然而，对于数字作品，发行（如把复制件发给朋友）或展示一个复制品（放到网上）需要制作更多的复制品。首次销售原则授权展示和发行合法拥有的复制品，但不授权复制或发行或展示额外的复制品。数字复件的所有者可以利用首次销售原则——通过人工交付特定的复制品（或邮寄，等等），但首次销售原则与数字作品通常的发行或展示方式有些不太适应。

○**实例**

a. 所有者？艾达买了一件音乐软件《月亮先生》的副本。她通过点击对标准式购买合同表示同意，其中规定，她将永久占有该软件复制件，而软件公司将保留该复制件的所有权。在使用该软件一年之后，她决定在易趣网上出售自己的复制件。该出售会侵犯版权所有人的独家发行权吗？

b. 非礼物。UMG 唱片公司寄送含有版权音乐的促销光盘。每张 CD 上都有这样的说明："此 CD 为唱片公司的财产，允许特定接收者仅做个人使用。接收本 CD 即是同意遵守许可协议之条款。不得转售或转移占有，否则将依联邦和州法律受到处罚。"其中没有供收件人做出回应的规定，例

---

[①]　参见广达电脑公司诉 LG 电子公司（*Quanta Computer, Inc. v. LG Electronics, Inc.*），128S. Ct. 2109（2008）。

如,单击即同意其使用条件等。如果某收件人出售 CD,是否侵犯其版权?

c. 不是正品。赛斯塔购买了 Mac 操作系统 Mac OS x 雪豹的一份复制件,为在非苹果电脑上运行而将其进行修改,并在赛斯塔生产和销售的电脑上装载了其复制件。赛斯塔在其每台电脑上都装有一份从苹果公司购买的尚未打开的雪豹复制件。雪豹许可证规定:

> 此许可证允许您每次在一台苹果牌计算机上安装、使用和运行苹果软件的一件副本。您同意不在任何非苹果牌的计算机上安装、使用或运行该苹果软件,或允许他人这样做。

首次销售原则能保护赛斯塔免于侵犯版权之责吗?

d. 雷迪吉或许不行。雷迪吉公司允许用户出售其经授权的音乐文件。用户可以将文件上传给雷迪吉,后者将予以出售。首次销售原则适用于此类数字式转售吗?

⊙解析

a. 根据首次销售原则,合法复制品的所有人可以出售该复制品,而不侵犯版权所有人发行复制品的排他性权利。但软件公司可能会认为艾达不受首次销售保护,因为她不是复制件的所有者。毋宁说,她占有了一份属于软件公司的复制件——曾连同使用许可交付给她。许多法院接受了这一论点,允许当事人通过协议限制首次销售保护。其他一些法院认为这是一种形式主义,并认为,艾达支付了价款并有权永久保留该复制件,她就拥有该复制件的所有权,并因此受到首次销售原则的保护。

b. 在这种情况下,限制首次销售原则的企图是不会成功的。收件人不同意该条款,因而就不受其约束。这张 CD 只是一份礼物,主人可依首次销售原则予以出售。[1]

---

① 参见 UMG 唱片公司诉奥古斯托(*UMG Recordings Inc. v. Augusto*),628 F. 3d 1175 (9th Cir. 2011)。

　　c. 首次销售原则不能保护赛斯塔。这种交易不被视为销售,而毋宁是一种许可。赛斯塔不享有不受限制地再发行它所获复制件的权利。此外,赛斯塔复制了该作品,并对其进行了改编,这都是首次销售原则所不允许的。

　　d. 法院裁定首次销售原则对此不可适用。[①] 正如成文法中所规定的,首次销售原则只适用于"依据本法被合法制作的特定复制品或录音制品"。雷迪吉公司提供的是与转售具有等同功能的服务,但客户不是在出售他们拥有的副本;相反,他们发出的是另一份复制品。法院拒绝为适应数字时代从司法上改写成文法,从而扩展首次销售原则。其推理是,"在实行首次销售原则的世界里,数据传输的便利与速度都是不可设想的。"法院也拒绝运用合理使用原则来保护这项服务。

282

# 二、录音与软件的首次销售权原则限制

　　按照首次销售原则,作品复制件的所有者可以将其出租,不会侵犯版权所有人的发行权。而对于有些作品,这可能会导致侵权。有人开设了一间音乐或电脑程序租赁店,顾客可从这里租借音乐唱片或电脑程序一两个小时,用于制作复制品,从而不必购买经授权的复制件。于是,经深受其害的版权所有人的敦促,音乐和软件版权的特殊保护的出台限制了首次销售原则的适用范围。

　　　　尽管有(a)款的规定,除非经录音版权所有人授权,或经电脑程序(包括任何磁带、磁盘或包含这种程序的其他媒介)版权所有人授权,且经录音中音乐作品版权所有人授权,具体录音制品的所有者或占有计

---

　　① 卡皮托唱片公司诉雷迪吉公司(*Capitol Records,LLC v. ReDigi Inc.*),934 F Supp. 2d 640 (S. D. N. Y. 2013)。

算机程序之特定复制品(包括任何磁带、磁盘或包含这种程序的其他媒介)的个人,都不得为了直接或间接的商业利益,通过出租、租赁或出借,或通过具有出租、租赁或出借性质的其他行为或业务,处分或授权处分该录音制品或计算机程序(包括任何磁带、磁盘或包含这种程序的其他媒介)的占有。前句规定不适用于非营利性图书馆、非营利性教育机构因非营利性目的而出租、租赁或出借录音制品。[①]

第 109 条不允许录音制品所有者或拥有计算机程序复制件的个人为商业利益出租或出借该录音制品或计算机程序。简而言之,首次销售原则不保护录音或软件的出租。这一限制只适用于为商业利益的出租或出借,因而人们仍然可以免费借出其音乐或软件。该条款还特别排除了非营利性的学校和图书馆。公共图书馆可以出借音乐和软件。

需要注意的是,首次销售仍然保护其他类型的租赁,比如视频租赁。估计国会没有考虑到,未经授权复制租赁电影也像音乐或软件一样对版权所有人构成危险。电影通常只观看一次,而与之不同的音乐或软件则会被使用很多次。尽管情况正在迅速改变,复制和发行电影复制件远比音乐和软件更多烦难。

例外中也有例外。它不适用于包含在机器中的计算机程序(其中,程序不能因普通操作被复制)和专为视频游戏设计的计算机中的程序。从汽车到微波炉,许多产品都有内嵌的计算机程序。电子游戏机也包含机器运行软件。本规定意味着,这些产品可以被出租,不会侵犯其所带软件的版权。

○实例

1. CD 出租。贝基正在寻找新工作。她决定利用一下首次销售原则。她买了几十张流行 CD,就在她的公寓做起了生意,按天出租 CD。首次销售原则准许贝基的行为吗?

2. CD 销售。贝基决定,干脆将她所有的 CD 都卖给公众。她可以这

①　《美国法典》第 17 编第 109 条(b)(1)(A)。

样做而不侵权吗？

3. 有声书：是书还是唱片？当地一书商出租电影和有声读物，比如斯蒂芬·弗莱朗读《哈利·波特》的录音。首次销售原则准许电影出租，但不授权录音或计算机程序的出租。然而，对于该有声读物，该书商是否受首次销售原则的保护？

⊙解析

1. 首次销售原则并不意味着贝基有权出租 CD。首次销售原则通常授权合法复制件的所有者通过出售或其他方式处分它，包括租用。但录音、电脑程序和音乐作品有一个例外：不允许出租。否则，顾客就只需租用作品，把它们带回家并复制，而不用再购买作者的作品。

2. 录音制品、计算机程序和音乐作品首次销售原则对于例外的只适用于出租，而并不会取消该原则对录音、计算机程序和音乐作品的适用。如果贝基出售 CD 而非出租 CD，她就可以受到首次销售原则的保护。人们可以出售、出借（免费，因而不是出租）和赠送录音、电脑程序和音乐作品，尽管这些作品上有着受限的首次销售保护。

3. 第六巡回法院认为，录音制品租赁例外不适用于有声读物。[①] 按照该法院的观点，该问题事关首次销售例外"适用于一切录音制品，还是只适用于音乐作品的录音"。从政策的角度来看，有人可能会争辩说，同一例外也应该适用，因为有声书与音乐录音一样，同样面对着擅自复制的风险。另一方面，有人可能认为，与音乐相比，消费者不太可能去收集和买卖故事，因为故事更可能只听一次（尽管儿童读物有所不同）。此外，将这一例外适用于所有录音，将使其超出商业领域。法院没有试图解决这些政策问题，而是适用了成文法的表述，即"其中所包含的音乐作品"。法院判决此案适用首次销售原则，而不涉及录音作品的例外，企业因而可以出租有声读物而不构成侵权。

284

---

① 参见华晨音频有限公司诉海茨十字传播公司（*Brilliance Audio, Inc. v. Haights Cross Communications, Inc.*），474F. 3d 365(6th Cir. 2007)。

# 三、首次销售与进口

回想一下,第 602 条规定未经授权进口复制品或录音制品侵犯了公开发行权。如果首次销售原则允许复制品所有者发行该复制品,那是否意味着她可以将其进口? 联邦最高法院曾裁定,由于首次销售原则限制了发行复制品的权利,它就允许合法复制品的所有者进口该复制品。[①] 但因首次销售原则仅适用于"合法制作的"复制品或录音制品,该判决被限于在美国合法制作的复制品的转进口。首次销售原则是否保护境外制作的授权复制品的进口,仍然是一个悬而未决的问题,这是柯察恩诉约翰·威利案给出的回答。[②] 柯察恩案判决认为,"根据本编合法制作"仅仅意味着这本书的制作不违犯美国版权法。出版商认为,首次销售原则不应适用于进口图书,这将让出版商可以在其他国家安全地出版价格低廉的版本,以为所有的人谋利益。但柯察恩案判决非常倚重这样一个事实:"在诸如出版商、图书馆、博物馆和零售商等机构的实践中,对'首次销售'原则的信赖已经根深蒂固。"如果首次销售原则仅限于在美国销售的作品,转售一本进口书、图书馆出借进口书或博物馆展览毕加索绘画,就可能构成侵权。

## ○实例

a. 制作非合法也非违法? 默奇·格鲁奇的英雄冒险故事逗笑了每一个孩子。默奇·格鲁奇出现在畅销书、电影 DVD 和音乐 CD 上。孩子们喜欢,所以父母们就购买。如果有人试图发行任何格鲁奇产品的二手货(在易趣网、克雷格网、二手书店出售,甚至在音像店出租),格鲁奇产品的版权所有人就会指控其侵权。如果被告以合理使用抗辩:"我买了这个复制品,所

---

[①] 参见品质王分销公司诉兰泽国际公司(*Quality King Distributors v. L'Anza Research International*),523U. S. 135(1998)。

[②] 柯察恩诉约翰·威利有限公司(*Kirtsaeng v. John Wiley & Sons, Inc.*),133S. Ct. 1351(U. S. 2013)。

以首次销售原则允许我出售、出租或赠送这本书"），原告就会回应说：首次销售原则并不适用，因为所有的默克·格鲁奇产品都是在海外制造并运送到美国的。默克·格鲁奇产品可以排除首次销售原则吗？

⊙解析

a. 有些法院认为，首次销售原则不适用于海外制作的复制品，因为它们不是"根据本编合法制作的"，也就是说，它们不是依据美国版权法合法制作的，该法并不适用于海外。这些法院认为，根据美国版权法，这些复制品的制作既非合法也非违法，而是在美国版权法范围之外制作的。这也会让版权所有人在不同的市场上控制其作品。但最高法院对柯察恩案的判决否决了这一论点，它认为，首次销售原则适用于版权所有人授权在海外印刷并进口到美国的作品。

# 四、首次销售与展示权

第 109 条(c)款还向复制品所有人赋予了展示作品的权利：

> 尽管有第 106 条(5)的规定，依据本法合法制成的特定复制品的所有者，或者经该所有者授权的任何人，无须经版权所有人的许可，有权直接地或通过一次一幅图像的投影，公开向复制品所在地的现场观众展示该复制品。[①]

如果没有这一规定，画件所有人公开展示该画件可能会侵犯版权所有人公开展示作品的权利。

这一授权是有限的。它只适用于合法复制品的所有人（就像首次销售和发行权）。此外，它不适用于所有的展示。回想一下，版权所有人展示作

---

① 《美国法典》第 17 编第 109 条(C)款。

品的权利及于任何公共场所的展示,也及于通过传输的展示。第109条在

286　此所允许的只是其中的第一类行为:"直接地或通过一次一幅图像的投影,
公开向复制品所在地的现场观众展示该复制品"。[①]　例如,互联网上的展示
就不被第109条所允许。

　　该规定仅适用于展示权,而不会对公开表演进行授权。这一规定与电
影和其他视听作品有着特别的关系。电影放映被视为作品的表演,[②]而第

287　109条并没有授权电影复制品所有者向公众播放该影片。

---

[①]　《美国法典》第17编第109条(C)款。
[②]　《美国法典》第17编第101条。

# 第十三章　专有权的其他限制

一位刑法教师想在她的课堂上放映电影《未来报告》。此时她想起法学院的版权法课程:播映电影是一种公开表演,可能构成侵权。她拥有该电影的 DVD 拷贝,因而她就因首次销售原则而拥有了权利,但这只赋予她发行或展示,而非表演(或复制、改编)该作品的权利。合理使用原则可能正好可以适用——她的目的是教育性的、不收入场费,该使用好像不会损害作品的市场交易。另一方面,学生们支付了学费,而她想放映的是整部作品,该两项都不利于合理使用认定。不过,第 110 条(1)款规定了专门的方案,准许"教师或学生在非营利性教育机构的面对面教学活动中表演或展示作品"。她肯定可以放映该电影,而不会造成侵权,甚至不必担心依赖事实、完全不具确定性的合理使用原则。

除了相对一般性的合理使用、首次销售原则,还有很多非常具体的限制。对于任何案件,在判断其是否有侵权发生时,人们常常应该考察是否可以适用具体的限制规则。这并非总是易事。它们没有被集中到一起,而是分散于整个版权成文法中。

本章所讨论的内容是版权人排他性权利的某些具体限制。对于每一种限制,范围都是很重要的。一种限制常常只适用于一种或两种排他性权利。依据《版权法》第 106 条,版权所有人通常拥有五类排他性权利,重申如下:复制权(制作复制或录制件的权利);创作演绎作品的权利(改编权);公开发行权;公开表演权;公开展示权。下述限制制度的目的是,只就各个限制规则所涉及的权利来保护作品使用者。例如,面授条款适用于在教学中对某些作品进行"表演与展示",仅限制公开表演和展示权。对于教师复制作品(如此以便在课堂上展示),或者在课堂上发行作品复制件的行为,它不能提供保护,因为这些行为可能属于对复制权和发行权的侵犯。不过,这些行为当然有可能依据合理使用原则获得保护(本书下文将予讨论)。这些限制还可能只适用于特定的作品和特定的使用方式。

# 一、教学过程中的表演与展示

## （一）面授

"在专门从事教学的课堂或类似场所，在非营利教育机构的面授过程中，教师或学生对作品的表演或展出"不构成侵权。[①] 教师在课堂上展示一部享有版权的电影，不侵犯其表演权；学生展示一件受版权保护的艺术品，不侵犯其展示权。

这一规则并不适用于所有面授活动，而仅适用于教师或学生实施的表演或展示，因而，其他人不够资格。它必须是"在面授活动中"，而在筹款活动或系列电影活动上的电影放映就可能不符合要求。它适用于"非营利教育机构"的内部活动，而面对公司职工或政府雇员的讲授就不能受到免责，即使是非营利机构的教授活动——如慈善团体或人权组织。

要表演或展示作品，教师需要复制件。第110条没有授权她制作复制件，因此，如果她制作复制件以做课堂上的表演或展示，就可能构成侵权（虽然她可能得到合理使用的保护）。另外，第110条还专门规定，如果电影或其他视听作品的复制件系非法制作，且教师明知如此，表演或展示不能适用该条的免责保护。只要有关活动是"在专门从事教学的课堂或类似场所"，它才可以适用，设若教师将其课堂带到影剧院，她就不属于该条款所规定条件的范围。

## （二）远程教学

第110条（2）款为远程教学提供了同样的保护。面对某一课程的注册

---

[①] 《美国法典》第17编第110条（1）款。

学生(或者是履行职责的政府雇员),通过传输来表演或展示一件作品,不构成侵权。这一免责保护受限于多个前提条件,且不能适用于所有的作品,"在通过数字网络传输的辅助性教学活动中,作为其组成部分、主要为表演或展示而创作或销售的作品",决不能适用这一免责。简言之,该免责不适用于专为在线远程教学而销售的作品;但可适用于将其他作品用于在线远程教学。如果复制件或录制品系非法制作与获取,它也不能适用。

该条款所允许的行为,只能是"表演一件非戏剧性文学或音乐作品,或者是其他任何作品中合理且有限的部分,或者是以与典型的实际课堂教学中的展示相当的数量展示一件作品"。非戏剧性的文学或音乐作品可以被全部表演。而对于其他作品,表演必须是合理且有限的,而展示则必须与通常的课堂使用相当。

使用必须作为惯常的课堂教学的一部分,由教师控制。它只能适用于与规定课程相配合的远程教学。那些只是向学生发布材料、以供他们根据自身时间安排来观看的网络课程,不受此规定保护。

表演或展示与教学内容传输必须直接相关、并构成其决定性的帮助,这意味着,远程教学条款不能被用作为其他目的传输作品的借口。

学校还必须"向教员、学生和有关职工(提供)信息资料,准确介绍、督促遵守美国有关版权的法律,并提醒学生,课程所用资料可能涉及版权保护"。就数字传输而言,它还得采取合理措施,避免擅自存留或发行该作品的复制件,包括不得干扰版权所有人为防止复制和发行所采用的技术措施。

○实例

下列使用方式中,哪些可能受到第110条(1)或(2)款的免责保护?

a. 在一所公立大学,某教师在她的课堂上阅读一部小说中的几页。

b. 学生们咏唱"祝你生日快乐",祝福老师的生日。

c. 学生们咏唱"祝你生日快乐",作为音乐课上的练习。

d. 某教师将一首诗歌复制了30份,并在课堂上散发。

e. 作为历史课堂的一部分,某教师播映电影《格斗士》。

f. 某教师借用电影《指环王》DVD,制作一份复制件,在她的文学课堂上播映。

g. 某教师做兼职教学,在某大企业讲授英语课程。在年轻经理们的课堂上,她播映了电影《恺撒大帝》。

h. 在一所大学的远程教学课程中,学生们对戏剧《推销员之死》进行了完整表演。

⊙解析

a. 作为"在专门从事教学的课堂或类似场所,在非营利教育机构的面授活动中,教师或学生对作品的表演或展出",并符合其他条件,本例将可受到第 110 条(1)的保护。

b. 这有可能落在第 110 条(1)款之外,因为它不是在"面授活动过程中"。但是,庆祝生日属于师生关系的一部分——且在很大程度上属于教育性的。

c. 本例显然属于"面授活动过程"中,教师和学生的表演都受到保护。

d. 不受第 110 条(1)款的保护,该条款仅适用于表演或展示(不适用于制作、发行复制件,或制作演绎作品)。不过,这有可能受到合理使用的保护(见下章讨论)。

e. 播映电影是在表演电影,受第 110 条(1)款的保护。

f. 第 110 条(1)款不准许制作复制件的行为,尽管它还有可能属于合理使用。

g. 不受保护。该行为是面授活动过程中的教师表演,但它不是在非营利的教育机构。营利机构不合格。

h. 可能不够资格。非戏剧性文学或音乐作品可以得到完整表演,但其他作品则只能是"合理且有限的部分"。

# 二、非营利性表演

在符合一定条件的情况下,非营利性表演可以使用版权作品,无需经过

许可,无需付酬。对于下列情形,成文法不支持侵权诉求:

292

> 表演非戏剧性文学或音乐作品,不向公众传输,不以直接或间接的商业利益为目的,未因表演向表演者、承办者或组织者中的任何人支付费用或其他补偿,如果——
>
> (A) 没有直接或间接收取入场费;且
>
> (B) 在减除实施表演的合理成本之后,收入被全部用于教育、宗教或慈善目的,并没有用作私人经济收益。[1]

对于所有的限制,范围是关键。该规定仅仅适用于使用"非戏剧性的文学或音乐作品"。使用戏剧性的文学或音乐作品就不被允许,因而一部戏或歌剧的表演就不在此规定范围内。如果收取了入场费,如果表演者、承办者或组织者因表演而获付款项,或者如果表演被传输,就不属于合格的免责情形。若有商业利益(直接或间接的),表演就不合格。在活动成本之外,一切收入必须用于非营利目的,而且还需要专为"教育、宗教或慈善目的"。注意,该规定并不要求活动本身是为了教育、宗教或慈善目的,而是说收入(如果有的话)要投向这些目的。活动本身只需要满足较一般性的要求,即它"不以直接或间接的商业利益为目的"。

最后,版权所有人有权禁止已被计划的利用行为。如果版权人早于表演日至少 7 天发出经其签名的书面通知,说明反对理由,这一免责就不再适用。[2]有评论者认为,该程序有点儿令人困惑。[3] 要行使这一否决权,版权人必须了解计划中的表演,但成文法并未要求使用者发出在先通知。版权人可能会发现(如果有的话),但为时已晚。不过,当作品被重复使用时——就像在政治竞选中那样,成文法就可以被援用了。成文法还要求版权人说明

---

[1] 《美国法典》第 17 编第 110 条(4)款。

[2] 《美国法典》第 17 编第 110 条(4)款(B)。

[3] 参见马歇尔·拉弗《理解版权法》(Marshall Leaffer, *Understanding Copyright Law*),328 (3d ed. 1999)。

理由。任何被说明的理由大概都是足够的,因而该条件似乎并无意义。

○**实例**

a. 理由正当。某剧组举办了一场内容为音乐剧《猫》的义演,目的是为关爱流浪宠物筹款。表演者全都拿市场最低报酬,这只是某些人正常收费的一小部分。组织者、导演、舞台布景以及其他人全都拿最低工资额。入场费是每人 20 美元,收入(除掉成本之后)被存入宠物救助善款。另有 5000 美元来自向当地一家宠物商店的销售冠名权,该商店字号由此大获宣传。表演没有寻求《猫》剧版权人的许可,因为剧组认为这场非营利性演出为第 110 条(4)款所允许。

b. 反对! 卜如思·斯普林斯廷得知,有一个政治候选人最近一直在其集会上表演斯普林斯廷的一首歌曲《生在美利坚》。竞选工作人员特别小心翼翼地研究了第 110 条(4)款的所有要求。再过三天,该竞选人将举行一场计划好的大型集会。斯普林斯廷能否叫停她的竞选活动?

c. 清算是必要的吗? 在一次竞选集会上,某人演唱了《上帝保佑美利坚》。我们可以假定,该表演非为营利,可依据第 110 条(2)款被允许。如果某电影制片人正在制作一部有关该竞选活动的纪录片,他能否依据第 110 条(4)获得免责?

⊙**解析**

a. 第 110 条(4)基于多种因素而不允许表演。不能向表演者、举办者或组织者付酬,而在本例中,表演者和组织者都获得了报酬。不能收取入场费,但该演出向每人收取 20 美元。不能有直接或间接的商业利益,而宠物店的广告可能违反了这一要求。

b. 版权所有人有权取消第 110 条(4)款做出的授权,但他必须在活动前至少 7 天发出书面通知,说明其反对的理由。该案中,活动的举办还有三天,因而为时已晚。按说,他可以发出一般性通知,以禁止 7 天以后的表演,其余的竞选活动就得使用其他不同的歌曲。然而,除了第 110 条(4)款,竞选活动可以主张合理使用(困难在于,版权人取得了联系并已提出反对,但可能存在着令人信服的理由,如为了批评、评论或其他表达而使用一首具体的歌曲）——或者，如果竞选活动已经从 ASCAP 或 BMI 处获得一揽子的授权，就已经拥有了许可。[①]

法定权利不是一切。如果音乐人表示反对，作为礼貌或策略，竞选活动就要停止使用歌曲。2008 年，按照歌手约翰·梅伦坎普的要求，麦凯恩竞选活动便停止使用《我们的国家》。

c. 第 110 条(4)款只允许作品的表演。电影制作人可能要制作并发行复制件，这超出了第 110 条规定的范围。并且，在播映电影（即表演该歌曲 294 时，电影制作者有可能不符合第 110 条(4)规定的所有条件，如不得收取入场费或寻求任何商业好处。制片者可能属于合理使用，但难以预先确定其能否以此为依据。在实际案例中，曾有制片人取得了版权人的许可并被免除了责任，没有被拒绝或索取高昂的许可费。

# 三、非戏剧音乐作品的强制许可

有一个特别条款规定，无需版权所有人许可，音乐作品可以被录制、发行，只要遵循法定程序并支付法定使用费。这就是第 115 条的强制许可，它适用于非戏剧音乐作品。作品已经过授权的录音制品一旦在美国发行，其他任何人都可以获得强制许可，制作、发行该作品的录音制品。使用者必须迅速将其获得许可证的意愿通知版权所有人。版权所有人有权获得成文法规定的使用费。强制许可的制度理由是，向公众提供音乐作品，同时保证版权所有人获得许可费。

强制许可受到多方面的限制：它只能适用于为了私人使用而制作和发行复制件；它准许制作新的录音制品，而并非简单复制已经公开发行的录音；它允许对作品做出编排，以便使其适于另一次表演；但编排不能改变"作

---

① 参见尤金·沃洛克："歌手与作曲家可以阻止竞选活动使用他们的歌曲"(Eugene Volokh, May Singers and Composers Stop Campaigns from Using Their Songs)，The Volokh Conspiracy，February 15，2008，http://www.volokh.com/posts/1203103695.shtml。

品的基础旋律或基本特征",新的编排"不应作为本法上的演绎作品受到保护"。因而,音乐家可以录制或销售一首版权歌曲的翻唱版本,但如果他对该歌曲进行了根本性改变,就可能构成侵权。他也不能对其新的编排拥有版权(虽然他可以就其新录音拥有版权)。

该许可授权制作和发行录音制品而不是其他方式的使用,如公开表演该作品。一个音乐家可以使用强制许可来制作一首歌的翻唱版本,但必须获得许可才能在音乐会上表演该歌曲。

每年都有很多翻唱歌曲被录音。尽管制作者可以使用第115条的强制
295 许可,但他们通常是从版权所有人处获得许可(常常通过"哈里·福克斯"许可,这一名称取自一个实体单位,它办理了这种许可中的大多数)。其原因并非第115条不具效力,而是因为面对强制许可,版权所有人更愿意通过协议提供其作品,这样更有效率,且可调整授权条件。

○ **实例**

旧瓶装新酒。洛夫蒂创作了"我的新小步舞曲",并以弦乐五重奏进行了录音,在评论界和爱好者中间获得成功,成为同类作品中的畅销之作。后来,洛夫蒂收到不少人的通知,都表示希望通过第115条的强制许可来使用该作品。下述哪些可以依据强制许可条款(符合通知与付费条件):

a. 制作者希望编排她自己的弦乐五重奏,然后录音并销售新版本的"我的新小步舞曲"。

b. 巴基特希望直接翻录洛夫蒂的录音,并在超市销售低价位的复制品。

c. 斯皮列希望录制另一个版本的弦乐五重奏,然后将该音乐用作一部新电影的背景音乐。

d. 斯麦玲阿尔希望录制并销售一个仿讽版本,其使用空罐头瓶而不是小提琴,以达到巨大的戏剧效果。

e. 维亚拉希望在卡内基音乐厅表演该作品。

⊙ **解析**

a. 该制作者可以使用强制许可。这是一个典型的例子——对此前已

经录制、受版权保护的音乐作品制作新的版本。如果该制作者遵循法定程序，即使没有洛夫蒂的授权（即使洛夫蒂明确反对），制作合法录音制品不构成侵权。

b. 巴基特不能使用强制许可。强制许可不允许复制别人的录音制品本身，就像巴基特希望的那样。录音公司不能使用强制许可来相互复制、销售他人的录音。毋宁说，强制许可授权的是对新录音的制作。

c. 斯皮列不能使用强制许可。强制许可准许的仅仅是以私人使用为目的制作录音并公开发行——如制作 CD 唱片，在音乐商店里销售。它不允许其他方式的使用，如用作电影歌曲、用于广告等。

d. 阿尔不能使用强制许可。强制许可不允许改变作品基本特征的编排。阿尔使用空罐头的仿讽版本可能会超越该限制。

e. 维亚拉不能使用强制许可。强制许可不允许公开表演，而只允许制作和销售录音制品。

# 四、计算机程序专有权的限制

假设莱特购买了一张 CD，其中包含了经授权的文字处理程序副本。要使用该程序，她必须将 CD 装入电脑，电脑要把整个或部分程序复制到临时存储器以使之运行。莱特还可能希望把程序复制到她的电脑硬盘上，或制作副本以作为备份。她也可能要对该程序做出一些改动，使它能运行于特殊的系统中。

常常被称为"计算机合理使用"的第 117 条授权她制作复制件或修改程序，如果"在计算机应用中，新的复制件或改动的产生是作为必要的步骤"，或者"新的复制件或改动仅仅是为了存档"。[①] 若没有第 117 条之授权，莱特大概要为其制作复制件或演绎作品（修改程序）承担侵权责任。但是，莱

---

① 《美国法典》第 17 编第 117 条（a）款。

特还必须停留在第 117 条规定的狭窄的范围之内。如果复制件的制作是为了使用该程序,就一定不能用于其他方式。如果莱特拥有复制件的权利结束,所有存档复制件或修改件都必须被销毁。

上述两种权利仅适用于经授权的计算机程序副本的拥有者。软件版权人经常试图避免适用第 117 条,办法是将该交易视为程序复制件的占有交付,而版权人仍保留该复制件的所有权。依此观点,接收者拥有的是许可证所规定的权利,却不能拥有第 117 条规定的任何权利。

如同首次销售原则,法院可能会依据经济状况来考察某一方是不是某复制件的所有者。正如第二巡回法院所说:

> 我们的结论是,在第 117 条(a)款所规定的范围内,Titleserv 公司拥有争议程序的副本。我们得出这一结论是基于对下列因素的考虑:为开发有助于其自身利益的程序,Titleserv 向克劳斯支付了相当的对价。克劳斯按规格制作该软件是为了满足 Titleserv 的操作。这些副本被储存在 Titleserv 拥有的服务器上。克劳斯没有保留重新拥有 Titleserv 所用副本的权利,并同意 Titleserv 有权继续拥有,并永久使用这些程序,而不论它与克劳斯之关系是否终止。[1]

另一规定有助于计算机的维护与修理。按照第 117 条(c)款,计算机的所有者或承租人可以对该计算机合法装载的程序制作或授权制作一个复制件——如果该复制件通过激活计算机来制作,以此维护和修理计算机。简单而言,计算机的拥有者可以授权某技术人员打开并检修其电脑,即使这样会导致计算机对其中合法装载的版权程序制作一份副本。该副本只能用于维护和修理,且此后必须被销毁。联邦巡回法院曾对这一规定做出了宽泛的解读,即将"维护"解释为包含广泛的行为,以支持软件的使用。[2]

---

① 克劳斯诉 Titleserv 公司(*Krause v. Titleserv, Inc.*),402 F. 3d 119,124 (2d Cir. 2005)。

② 参见存储技术公司诉定制硬件工程咨询公司(*Storage Tech. Corp. v. Custom Hardware Engineering & Consulting, Inc.*),421 F. 3d 1307 (Fed. Cir. 2005)。

○**实例**

a. 好的？ 查理拥有一份 PlumbCAD 复制件，这是一款水利工程师辅助设计软件。下列各项哪些为第 117 条所允许？

（a）该程序含有一些漏洞。通过改变其代码，查理对其进行了修复。

（b）查理修改该程序，以便在他的苹果品牌电脑 iMac 上运行。

（c）查理对程序进行改写并做出相当多的补充，以使它同时被用于水利工程和其他各类工程设计。

（d）查理在磁带上制作了一个副本，存储在他的库存里，以防首个副本丢失或损坏。

（e）查理制作一个副本，将其捐献给当地工程学会的软件汇集。

如果合同规定，查理为该程序付费，并享有永久保留和使用其复制件的权利，但供应商依然是该程序的所有者，情况会有什么不同吗？

b. 第 109 条加第 117 条。乔普从本德那里购买了一份程序复制件。本德直接从其版权人艾宝那里购得该复制件。该程序用于小型企业的会计服务管理，而乔普试图将其用于他的饭店业务。乔普得知，该程序需要得到某种程度的修改，以便运行于他的电脑。幸运的是，该复制件同时提供了必要的文档。乔普聘请一个研究生来进行必要的修改。艾宝认为，本德向乔普出售复制件，侵犯了艾宝的版权，因为这侵犯了艾宝专有的公开发行复制件的权利。艾宝还声称，修改作品也侵犯了其版权，因为这构成未经授权的演绎行为。另外，艾宝主张，该程序的使用违反了版权法，因为将其装载至电脑并运行，必然要复制大部分享有版权的代码。乔普拥有的是一份他不能使用的程序复制件吗？

c. 长期的临时。定制硬件公司为使用版权软件的企业提供支持服务。为了监测软件操作并诊断问题，定制硬件公司定期启动设备，从而对软件之部分制作复制件。在支持服务期间，定制硬件公司将复制件留置在用户的计算机内存里。版权所有人认为，按照第 117 条规定，这些使用方式超出了"维护与修理"的范围，复制件在维护与修理之后没有销毁。定制硬件公司能否享受第 117 条（c）款的保护？

## ⊙解析

a.（a）对于"使用过程中的必要步骤"，第117条授权允许。修复漏洞符合该规定。

（b）查理可以主张，修改程序是使其运行于苹果牌电脑所必要的，因而这就是"计算机程序在一部机器上的使用所必要的步骤"。供应商可能采取相反的观点：该修改不是必要的，因为查理已经将该程序运行在他的其他设备上。第117条所保护的修改，是为了将一个程序运行于该程序所有者所获得的新计算机。如艾姆斯诉博内利案[①]（其中裁定，第117条允许修改程序，以使其运行于连续多代的IBM电脑）。将程序运行于不同操作系统的电脑，同样的推理似乎也应可适用，因而查理不会造成侵权。

（c）这似乎超出了程序运行所必要的修改，因而第117条不能保护查理。但他仍然有可能获胜，因为所作修改可能不侵犯计算机程序版权。可以说，版权拥有者仍需证明其中包含对作品的复制或演绎，并否决查理的合理使用抗辩。这是对这样一个事实的例证：特定限制的可适用性分析不能终止全部案例分析。

（d）查理应受到第117条的保护，因为备份属于"存档"副本。

（e）查理可以主张，用于图书馆的副本属于受保护的"存档"副本。第117条未对"存档"做出界定，但法院很可能依据第117条之目的，裁定存档副本属于备份，或者是使用所必要的副本（如该程序所涉及的软件图书馆）。而该副本远远超出第117条之目的。

即使合同规定查理不是所有者，有些法院依然会把他视为所有者，但其他法院会承认当事人的定性具有效力，如上所述。

b. 本德是合法复制件的所有者，首次销售原则允许他将其出售。乔普现在是合法制作的计算机程序复制件的拥有者，这让乔普有权依据第117条修改或制作复制件，只要这些行为是在计算机上使用该程序所必要的。如此，这些行为是乔普在其计算机上使用该程序所必要的，因而他没有

---

① 艾姆斯诉博内利案（*Aymes v. Bonelli*），47 F. 3d 23，26（2d Cir. 1995）。

侵权。

c. 依据第一印象,联邦巡回法院对第 117 条(c)款中的维护与修理例外做了相对宽泛的解释。[1] 该法院裁定,相对长期的副本属于第 117 条所允许的基于计算机"维护"之目的的复制。如此,该法院不支持对维护做狭义解读,即将其限于机器零件的置换或保养。可以说,"维护"也包括为维持软件运行而为其提供服务。无论对于维护和修理,法院都找到了成文法上的支持,表明其不仅包含基本零件修理之意。这一解读符合该规定的目的,即防止软件版权人用版权来控制附属性的服务市场。[2]

# 五、建筑作品

"建筑作品"是指"体现于实体性表达媒介——包括建筑物、建筑平面图或草图中的建筑设计。该作品包括设计的总体形式以及其中之空间与要素的排列和布局,但不包括单个的标准性特征"。[3]

国会修改《版权法》以明确纳入建筑作品时,还对其版权增加了相当具体的限制。有一个问题是,建筑作品是公共景观的一部分。如果其版权保护太过宽泛,描绘公共场所就可能侵犯版权。为此就要有一种限制:建筑作品被建造之后,其版权"不能妨碍制作、发行或公开展示该作品的图片、绘画、照片或其他图像呈现,如果体现该作品的建筑物位于或通常可见于公共场所。"[4]如果某建筑物可在公共场所被看到,其他人就可以拍摄或描画该建筑物,而不会侵犯其设计之版权,且他们也可以发行、展览其图画。

需要注意,建筑作品属于建筑物(building)的设计。立法的历史表明,

---

① 存储技术公司诉定制硬件工程咨询公司(*Storage Tech. Corp. v. Custom Hardware Engineering & Consulting, Inc.*),421 F. 3d 1307 (Fed. Cir. 2005)。

② 参见史蒂芬·麦克约翰:《正版软件的合理使用》(Stephen McJohn, *Fair Use of Copyrighted Software*),28 Rutgers L. J. Vol. 593 (1997)。

③ 《美国法典》第 17 编第 101 条。

④ 《美国法典》第 17 编第 120 条(a)。

"建筑物"包括人们可以进入的场所(如房子、庙宇或学校),但不包括构筑物(structures)如桥梁和公路。这些构筑物不受第 120 条规定的限制。

另一个问题是,建筑作品体现于建筑物。如果建筑物的主人改变或损坏该建筑物,可能会产生侵权性的演绎作品。这实际上为建筑作品版权赋予了一项权利,即否决未来对房子的改变,从而将作为非物质财产权的版权转变为一种不动产,就像是一项契约(covenant)或地役权。第二项限制涉及到这样的考虑:"尽管有第 106 条(2)款的规定,未经建筑作品之作者或版权所有人的同意,包含建筑作品的建筑物所有人可以改动或授权他人改动该建筑物,并毁坏或授权他人毁坏该建筑物。"①房屋所有人可以在其背后建造家庭房,对原建筑之版权不构成侵犯。

○实例

a. 蒙面侵权人。电影《蝙蝠侠》拍摄了洛杉矶城中心的一栋建筑物,并将其指为片中的哥谭第二银行。建筑师为此提起版权诉讼。制片人对此应承担责任吗? 如果该建筑物不仅是一部建筑作品,而另具其他审美特征,从而还属于一件雕塑作品,结果有何不同?

b. 隐蔽处。杰夫设计并建造了一套独特的宅邸,坐落在大片土地上的树林中。他对图样、蓝本以及所有照片进行了保密处置,只有很少数的人看过他的设计。所以,当《建筑周刊》发表该建筑的照片时,他倍感惊愕。摄影师使用了小型飞机。尽管树丛环绕该建筑,飞行员还是能够飞至恰当的角度,让摄影师拍得该建筑物的照片。《建筑周刊》能够受到第 120 条的保护吗?

c. 建筑物? 弗兰克设计并建造了一件雕塑:一对士兵,展放在公园里。该雕塑是建筑物(这意味着任何人都可以制作和发行该雕塑之形象)吗?

⊙解析

a. 未发生侵权。该建筑物设计是建筑作品,且可在公共场合看到。依据《版权法》第 120 条,"制作、发行或公开展示该作品的图片、绘画、照片或其他图像呈现",不构成侵权。一部电影有资格被视为图像呈现,因而就不

---

① 《美国法典》第 17 编第 120 条(b)。

发生侵权。即使该建筑物有资格成为雕塑作品,情况并无不同。很多建筑作品也都属于雕塑作品。阻止公众对具有雕塑特征的建筑物制作图片的规则,将会导致第 120 条失效。[①] 法院引述了高度相关的立法历史:

> 建筑是一种公共艺术形式,并如此被欣赏。每年有成千上万的人们参观我们的城市,将著名建筑作品的照片、海报以及其他图像呈现带回家,以作为其旅行经历的纪念。另外,大量有关建筑的学术著作以其能够使用建筑作品的图画为基础。[②]

b. 如果建筑物"位于或者通常可见于公共场所",制作和发行图片的特权就可以适用。该建筑物不是位于公共场所;它可从公共场所看到——建筑物上空的某些点位。法院可能会认为,此非"通常可见",而是只有经非常努力才可看见(虽然在这个可以在线进行卫星拍摄的时代,这种情况正在改变)。如果是这样,第 120 条的限制将不能适用,侵权判决很可能得到肯定。对于未发表作品的此种商业性使用,合理使用也将不能提供保护。

c. 立法的历史显示,"建筑物"包括人们可以进入的场所(如房屋、庙宇或学校),但不包括构筑物,如桥梁和公路。人们不能像进入房屋一样进入构筑物。拍摄雕塑的照片很可能依据合理使用受到保护(下章讨论),而该雕塑形象的商业性使用则可能构成侵权。建筑物是一般规则之例外:公开展示的作品保留了完全的版权保护。[③]

# 六、图书馆与档案馆

基于多种目的,在符合复杂条件的情况下,第 108 条允许图书馆和档案

---

① 参见莱斯特诉华纳兄弟公司(*Leicester v. Warner Bros.*),232 F. 3d 1212 (9th Cir. 2000)。

② 《国会报告》(H. R. Report),101-735,at 22。

③ 参见盖洛德诉美国联邦(*Gaylord v. United States*),595 F. 3d 1364 (Fed. Cir. 2010)。

馆制作并发行作品复制件。为了"保存和防护",或在另一图书馆里存放,图书馆可以对其收藏的某一作品制作三份副本。如果某作品在其他地方不易获取,为了替换某一丢失的或损毁的副本,它也可以制作三份。为了某一用户的"私人学习、学术或研究",图书馆可以对某一杂志文章(或某作品的一小部分)制作一份副本。如果某作品不能在其他地方以合理价格获得,它可以为某一用户就该整部作品制作一份复制件。

该图书馆必须是向公众或某一领域的研究人员开放的。复制件必须包含版权声明(或表明该作品享有版权的警示)。复制可能没有商业性目的,图书馆也必须在其前台或其他适当位置展示版权声明。

第 108 条没有对"图书馆"或"档案馆"做出界定。或许会有人将这些术语延伸适用于有关经营:从录像店到在线搜索引擎、再到剪报服务机构,但商业性企事业单位不可能仅仅通过自称图书馆而获得第 108 条上的保护。可以说,第 108 条所能适用的复制和发行只能是基于"无任何直接或间接商业利益之目的"。[①] 另外,它仅适用于"单独的和无关联的复制或发行",而不是多重的或系统性的复制。[②]

# 七、专有权的其他限制

前述限制并非穷尽性的。《版权法》另有多处包含了其他限制。下面是一些值得注意的例子。

如果有人在公共场所播放收音机或电视机的广播内容,这在技术上属于对正在广播之作品的公开表演。第 110 条(5)规定,"在私人住宅常用的那种单个接收装置上对传输内容做公开接收,除非(i)为看到或听到传输内容而进行了直接收费;或者(ii)将被接收的传输内容进一步向公众传输",

303

---

① 《美国法典》第 17 编第 108 条(a)(1)。
② 《美国法典》第 17 编第 108 条(g)款。

不构成侵权。另外,第 110 条(5)还就机构的场地规模、设备属性做出了专门限制。

　　作为 1992 年《家庭录音法》所增加的一部分,第 1008 条允许消费者就音乐作品进行某些非商业性的家庭录制。引人注意的是,这一规定仅仅适用于某些类型的设备。尤其是,它不适用于普通用途计算机上的录音,从而一般不适用于因特网上的音乐下载。

304

# 第十四章　合理使用

合理使用位居版权法的核心。作为一项灵活的原则,合理使用允许未经许可和付酬就可以使用版权作品。判断一个使用行为是否属于合理使用,需要一个宽泛的、多要素的判定过程。包括版权原则以及竞争性的政策价值在内,合理使用的观念极不稳定。灵活性常常使合理使用在适用于特定案件时成为一个难以把控的标准。法院判决有时难以预测,这使人们通常难以决定是否依赖合理使用原则。

某地理学家对近期的一篇享有版权的报纸文章复制了 60 份,一个月后在其公开演讲中进行传发,以说明这个主题的重要性和专家之间的观点分歧。某音乐家的新舞蹈录音中重复使用了一个三秒钟的取样——来自 20 世纪 60 年代的一首享有版权的流行歌曲,以唤起往日的回忆,并与新的音乐样式和风格做对比。辩护律师的意见从对方最近的版权文章中引用了四段,以便有条理地驳斥其主张。谷歌尽可能多地复制网页,甚至还对书籍图书馆进行扫描,目的是为全世界已有的知识建立一个可供搜索的数据库。诸如此类形形色色的行为侵犯版权了吗?这将取决于法院是否将它们视为合理使用。每一个行为都可能具有多种结果,而且有关分析不得不更加深入地审视事实。每当人们面对版权的侵权问题时,必定要考虑合理使用问题。合理使用原则对侵犯版权之诉提供了一个宽泛但大致确定的抗辩。成文法明确了多项需要考虑的因素,但问题最终总要归结为判例法和政策考

305 量。因为合理使用相当依赖于具体事实的认定,当事人很难决定一个潜在的行为是不是合理使用。教师在其教案中引用材料,作者从一封信件中引了长长的段落,纪录片制作者抓取他人的图像或音乐纳入她的镜头画面,学生小组想要播映一部电影,混搭的制作者——这些使用者常常要寻求有关合理使用规则的指导。这增加了人们小心翼翼还会犯错的危险,其结果则

是扩大了版权的范围——更不必说那些因未使用作品而导致的无谓损失了。[1] 有些人对此作出的回应是，为经常需要使用他人作品的特定创作者起草合适的建议。[2] 另一个可能的做法是在美国版权局设立"合理使用理事会"，与专家们一起就某一使用方式是否合理做出判定。[3]

根据《美国法典》第 17 编第 107 条，版权作品的合理使用不侵犯第 106 条赋予的一揽子排他性权利和第 106A 条规定的视觉艺术家权利。成文法没有对"合理使用"做出界定。而且，法院必须首先考虑系争使用行为是否属于法律支持的使用："批评、评论、新闻报道、教学（包括用于课堂的多个复制件）、学术或研究。"[4] 然后，第 107 条要求法院考虑下述四项因素：

(1) 使用的目的和性质，包括该使用是否具有商业性质，或是为了非营利性的教育目的

(2) 版权作品的性质

(3) 与整个版权作品相比，被使用部分的数量和重要性

(4) 该使用对版权作品之潜在市场需求或价值的影响

对这些要素进行权衡之后，法院再决定是否适用合理使用原则。

作为 1976 年《版权法》的一部分，合理使用原则第一次被纳入版权成文法。在为该法获得通过做准备的漫长过程中，版权局于 1961 年提供了多个被判定为合理使用的示范判例：

为了说明或评论之目的在评论或批评中援引摘要；为了说明或澄

---

① 参见詹姆斯·吉布森：《知识产权法中的风险规避与权利增值》(James Gibson, *Risk Aversion and Rights Accretion in Intellectual Property Law*)，116 Yale L. J. 882 ( 2007)。

② 参见《纪录片制作者关于合理使用最佳方案和在线视频合理使用最佳方案准则的声明》(*Documentary Filmmakers' Statement of Best Practices in Fair Use and the Code of Best Practices in fair Use for Online Video*)。

③ 参见迈克尔·W. 卡罗尔：《确定合理使用》(Michael W. Carroll, *Fixing Fair Use*)，85 N. C. L. Rev. 1087 (2007)。

④ 《美国法典》第 17 章第 107 条。

清作者的观察所得，在学术或技术性作品中引用短小段落；在仿讽中使用被仿讽作品的部分内容；在新闻报道中概述一篇演讲或文章，并作简短引用；图书馆为替换被损坏副本的一部分而复制部分作品；教师或学生为说明一堂课而复制作品的一小部分；在立法或司法程序、或在报道中复制作品；在新闻短片或广播中附带地或偶尔地复制位于被报道事件现场的作品。①

联邦最高法院已经将版权的宪法地位放置在合理使用制度上。埃尔德雷德诉阿什克罗夫特案中的一个争议点是，国会为现有版权增加 20 年的保护期，是否违反了保障言论自由的第一修正案。② 埃尔德雷德案判决认为，版权保护一般不受第一修正案审查。法院的这一结论乃是基于多种理由。首先，版权条款和第一修正案几乎同时被通过。这表明制定者认为版权与第一修正案是一致的。其次，最高法院认为版权和第一修正案在效力上也是一致的。版权是对言论的限制，但它的目的则与第一修正案相同：促进言论。通过给予作者排他性权利，版权为作品的创作和传播提供了强大的激励。第三，版权法包含了"内置的第一修正案装置"。版权只保护创造性的表达。复制版权作品中的思想不侵犯版权。版权不限制思想的传播。同时，版权也允许对版权作品做合理使用。为了教育、批评、新闻报道和研究之目的，他人可以复制作品。依靠这些包含于版权法的"传统的第一修正案保障措施"，最高法院认为，由于"国会没有改变版权保护的传统轮廓"，第一修正案审查并无必要。

合理使用制度是美国版权法的特色。③ 很多国家的法律所提供的通常

---

① 《版权局通告》(Copyright Office Circular)，FL 102。

② 埃尔德雷德诉阿什克罗夫特(*Eldred v. Ashcroft*)，123 S. Ct. 769(2003)；参见丽贝卡·图什内特：《复制该文：合理使用原则如何损害言论自由与复制如何为它服务》(Rebecca Tushnet, *Copy This Essay：How Fair Use Doctrine Harms Free Speech and How Copying Serves It*)，114 Yale L. J. 535 (2004)。

③ 参见朱莉·科恩、莉迪亚·洛伦、露丝·奥凯迪吉与莫琳·奥罗克：《全球化信息经济中的版权》(Julie Cohen, Lydia Loren, Ruth Okediji, and Maureen O'Rourke, *Copyright in a Global Information Economy*)，492-496 (Aspen 2002)。

是许多具体的、狭窄的版权保护例外,就像美国成文法针对面授教学的免责。有些国家允许"合理交易(fair dealing)"免责,类似于合理使用但范围更狭窄,而美国这种宽泛的合理使用免责并不常见,甚至导致一些人提出这样的问题:美国是否遵守了它的条约义务。①

# 一、联邦最高法院判例法②

合理使用规则的棘手处众所周知,因为它几乎没有就各个因素在考量中所占权重提供引导。因而,大量的判例法对于合理使用原则的适用至为关键,特别是联邦最高法院适用第 107 条的四个判例。 307

1. 在索尼案③中,最高法院主张合理使用可适用于"时间转换":即为了在稍后时间里观看,未经授权对电视节目进行家庭录制。"使用的性质"这一因素包括两个层面。该使用行为只是制作作品的复制件,属于一种非受优待的(disfavored)"重复性(reproductive)"使用,而不是创益性(productive)使用[其中复制品制作是受优待行为(favored activity)的一部分——如教育或创造性作品的创作]。但该使用又属于非商业性、非营利性活动(为个人使用而私自录制),而不是非受优待的商业性使用。作品的性质变化多样,因为被复制的节目有很多,其中有些节目是受高度保护的创造性作品。复制数量是整个作品,这通常不利于合理使用判定;但这又因为如下事实而被削弱:所复制内容的广播是为了免费观看。通过时间转换,消费者只是在不同时间观看这些节目。至于第四个要素,原告未能具体证明时间转换这一做法造成了特定市场损害与价值损失。而这可能是关键性的事实。如果原告提交的证据表明家庭录制正在造成特定的收视律损失,降低了广

---

① 同前注。

② 为照顾阅读习惯,本部分译文对标题与叙述格式做了适当微调。——译者

③ 索尼公司诉环球电影公司(*Sony Corporation of America v. University City Studios*),464 U. S. 417 (1984)。

告收入或有其他损害,案情分析可能会有所不同。

2. 在哈勃与劳案[①]中,在福特总统自传即将出版之前,《国家》杂志取得了一个副本。该杂志所刊登的一篇文章从中逐字逐句地引用了共计 300 个单词(原稿大约 20 万单词),其中部分内容描述了福特赦免前任总统理查德·尼克松时的想法。结果,原计划刊发该书出版前摘录的《时代》杂志取消了协议。法院认为该案不可适用合理使用原则。其使用性质属于新闻报道(优待性使用),但它也是商业性的(不太可能合格)。《国家》杂志还属于"故意利用窃取的原稿"。该作品性质上属于事实性的,而因事实不受版权保护,该作品就比虚构性或幻想性作品更受合理使用的约束。但《国家》杂志不仅复制了该作品中的事实,还随意攫取了其表达性成分。尤其是,该作品尚未发表,这是不支持合理使用的一个关键性要素。使用数量少至仅是长篇大作中的几页。但所取用的部分却是原书的核心——最能吸引潜在读者的章节。此外,《国家》杂志本来可以自由复制原作中不受保护的事实和思想。因而它本可以完成新闻报道中受优待性的使用,而不必取用任何被保护的表达。最终,具体的市场损害已经得到证明:失去了《时代》杂志的出版前摘录的许可费。多种要素的综合考虑不支持合理使用判定。哈勃与劳案表明,即使是对历史事件做新闻报道之类的优待性使用,也可能不满足合理性要求,因为其他因素突出显示了相反的情形(未发表作品的商业性使用、证明有市场损害,其目的完全可以通过复制不受保护的事实和思想来完成)。

3. 在坎贝尔案[②]中,最高法院将仿讽(parody)定性为合理使用。音乐组合 2 Live Crew 对罗伊·奥比森的歌曲《漂亮女人》制作了一个仿讽性的说唱版本。通过对其歌词和音乐做一定程度的改变,他们颠倒了原歌曲的观点:新版本对奥比森原作之音乐和世界观进行了讽刺性的评论。基于该使用行为的商业属性以及仿讽使用了大量原作这一事实,下级法院否决了

---

①    哈勃与劳出版社诉《国家》杂志(*Harper & Row, Publishers v. Nation Enterprises*),471 U.S. 539 (1985)。

②    坎贝尔诉阿卡夫-罗斯音乐公司(*Campbell v. Acuff-rose Music*),510 U.S. 569(1994)。

合理使用。联邦最高法院则推翻原判、发回重审，要求做出更加细致的分析。为说明其观点，仿讽就必须从原作借用一些内容。本案仿讽是对原作《漂亮女人》的批评和评论，因而就比单纯对他人成果做搭便车式取用的仿讽更可能构成合理使用。并且，仿讽是转化使用（transformative use），这意味着被告为作品增加了独立的创造性因素。该原作在性质上属于高度受保护的创造性作品，而在涉及仿讽的情况下通常都是这样。使用数量没有超出受优待的评论性使用所必要的范围，特别是，仿讽版本的词语和音乐均已背离了原作。最高法院在发回重审时认为，一个关键的事实性问题是，其中是否显示有市场损害发生——这就是说，仿讽性说唱版本是否降低了原告本可授权的其他版本的潜在收入。法院指出，有些市场损害不应包含在内："当一个致命的仿讽——就像一篇严厉的影评一样——阻断了原作的市场需求时，它并没有产生可依《版权法》审理的损害。"法院还指出，"为商业目的逐字复制整个原作"应该被推定有市场损害。但在其他情况下，即使商业性使用也并不导致市场损害之推断。坎贝尔案表明，即使广泛的商业性使用也可能是合理的，只要其他因素做出其他证明［（1）转化使用，（2）还构成了批评，（3）没有超出优待性使用的必要范围，（4）没有利用版权人本可利用的特定市场］。

　　4. 在斯图尔特案[①]中，联邦最高法院认为，在阿尔弗雷德·希区柯克的影片《后窗》的制片人对小说原作《一定是谋杀》的权利终止后继续播映该影片，不构成合理使用。斯图尔特案的判决发生在索尼案和哈勃与劳案之后。尽管比上述三个判例较少被引用，斯图尔特案却将合理使用原则阐述得相当清楚。[②] 正如在其他判例中，潜在的许可费损失是决定性的因素。在斯图尔特案中，双方曾是一个许可交易的双方当事人。作者曾同意将整个有效保护期内的电影权利售予希区柯克。然而，希区柯克因一系列离奇的版

---

　　① 斯图尔特诉阿本德（*Stewart v. Abend*），495 U. S. 207，238（1990）。
　　② 参见史蒂芬·麦克约翰与罗里·格雷厄姆：《关于知识产权的三十二个小故事》（Stephen McJohn and Lorie Graham，*Thirty-Two Short Stories About Intellectual Property*），3 Hastings Sci. & Tech. L. J. 1（2011）。

权案件失去了该电影权利,该权利回归于作者遗产。结果,希区柯克试图利用合理使用制度获得比在交易中获得的更大的权利。有一种观点认为,继续允许希区柯克利用该影片应该是公正的。当事人都已经同意希区柯克永久享有该小说的电影权利。仅仅因为作者之死,以及一些涉及版权续展的复杂判决,希区柯克却要对继承人失去其曾经预期的权利。允许希区柯克继续播映《后窗》并不妨碍继承人依据原小说制作他们自己的电影。虽然如此,合理使用原则仍被判定不可适用,理由是,交易之当事人有权从该交易中获得法律赋予的权利。如果希区柯克继续播映其电影,这会对基于同一小说制作的其他影片的潜在市场构成消极影响。然而,本案市场讨论的语境与其他案件差异很大。在联邦最高法院的其他三个判例中,合理使用问题均发生在陌生人之间,当事人并非就之前的交易产生争议。按照斯图尔特案判决,合理使用很少会允许一方当事人获得比该方曾根据协议获得的更大的权利。

# 二、举例:影印

随着复制技术的发展,合理使用的范围引发争议。影印的话题很好地说明了合理使用——一种广泛存在的行为,其保护范围具有相当大不确定性。典型的合理使用实例涉及到影印技术。第 107 条专门提到了优待性使用:"用于课堂的多个复制件"。某社会学教师在早报上读到一篇恰好适合当天课堂的文章。他复印了 30 份,并分发给学生。这属于合理使用。其目的是教育性的;使用行为毫无准备且时间很急,因而显然不可能从出版人那里获得使用许可。因而第四项因素即市场损害不会发生。他使用了整个作品,这在一定程度上不利于合理使用认定,但又会因整个作品与优待性教学用途相关而被弱化。作品在性质上可能属于中度保护的作品——一件文字作品、含有很多不受保护的内容:如事实、思想和非原创性材料(如引自他人)。

如果我们改变各项事实,清晰的合理使用案例就要变得让人糊里糊涂。假设他保存了这篇文章,第二年为课程使用复制了 30 份。现在他可以有足够的时间获得授权。又假设,从读到这篇文章、到有关课程当天有一个月的时间——并且他让学校书店制作复制件,再出售给学生。现在的情况是:行为中有了商业性特征,并有更多的时间寻求授权。

有些法院会将《非营利性教育机构有关书刊课堂复制准则的协议》视为劝导性法源。这一套准则乃是由多家曾参加 1976 年《版权法》相关谈判的利益团体同意制定的,其关键点可概述如下:

- 简短性(复制是有限的,如一首短诗或一本书的 1,000 个词)
- 自发性(教师决定使用作品,时间太短而不能获得许可,且没有每学期重复复制)
- 累积效应(该做法不会变得太普遍)
- 非替代性(复制不减少作品销售,或创作选集,或代替计划被用完的作品如彩色画图本)
- 成本(实际复制成本外不再向学生收费)

这些指南声称仅提供最低标准,因而,超出指南范围的复制仍有可能属于合理使用,但它们还是向法院提出了供其考虑的相关因素。

最近的判决拒绝承认为商业目的的系统性影印属于合理使用,即使它与教育或研究相关。在普林斯顿大学案[1]中,被告是一家商业性复印店。它从教师那里取得课程清单,包括版权作品的实质性部分(如一本书的 90 页)。复印店将复制件装订成课程包,向学生出售。复印店认为这种使用属于合理使用。它主张,这是在进行受优待的教育性使用,只复制作品的一部分,且没有证据表明原图书的销量因为被复制而受损。复印店承认它没有

---

[1]　普林斯顿大学出版社诉密歇根文档服务社(*Princeton Univ. Press v. Michigan Document Services*),99 F. 3d 1381 (6th Cir. 1996)(全体法官出庭)。

支付许可费,但又认为每一项可能的许可损失若都被考虑到,合理使用可能会化为乌有。

法院对各项因素的看法差异很大。它认为有关使用是被告作为复印店的商业性使用,而并非最终由学生实施的教育使用。尽管被告仅使用了作品之部分,却是实质性的部分。并且,教师一般会选择其中最具价值的部分。至于市场损害,法院认为许可费损失与此高度相关。而当其他复印店实际已向出版社支付许可费的情况下,则尤为如此。所以,该案与索尼案或哈勃案不同——在后者,版权所有人未能证明它原本可以利用涉诉合理使用行为已经占用的市场。

另一个代表性的影印判例是美国地球物理学联合会诉德士古案。① 德士古预订了各种科学和技术类杂志。德士古的图书馆会购买一份杂志,并在其研究人员中传阅。图书馆有一个形成已久的惯例:按照研究人员的要求,对杂志上的文章高效制作复制件。一个研究人员对于与其工作相关的文章会得到一份复制件,并把它存放在办公室的书架上。德士古辩称,该行为属于合理使用:它是为了受优待的研究目的,且是"合理的、习惯性的做法";作品中包含了很多不受保护的材料(如事实和思想);并且在该案发生的时候,一种销售单篇文章的惯例已经形成。

法院判决不支持合理使用。它首先认为,尽管研究人员的使用并非直接具有商业属性,但最终目的却是为了德士古开发其商业产品。它拒绝了德士古的主张:就单篇文章制作复制件属于受优待的转化使用。毋宁说,使用若只是为存档目的而制作复制件,才能有利于合理使用。关键因素再一次表现为作品潜在市场需求所受影响。出版社虽然没有出售单篇文章复制件,但它们已通过版权清算中心提供了影印权利许可。法院明确主张,"当该种使用的付款方法变得更加容易时",合理使用的范围可能会改变。尽管有其价值,这种说法解读起来令人不安——设想一下,将来一切材料都可以

---

① 美国地球物理学联盟诉德士古(*American Geophysical Union v. Texaco*),60F. 3d 913 (2d Cir. 1994)。

311

通过互联网付费获得,这意味着合理使用会收缩,甚至消失。但就该案的具体事实来理解,这样说就没什么了;营利企业为了保存以供参考而复制版权作品,可以被要求支付费用。

这个判例突出地说明了出版社日益增长的许可能力。首先,它们正在采取集体行动,正如音乐版权人几十年来的所作所为那样。版权清算中心和其他集体权利机构在努力为影印和其他使用提供一种寻求许可的途径。其次,技术可以创造出提供许可的方法,做到更高效、更切合具体用法、且以更短的时限。这一发展对合理使用的影响很可能是一个持续引发争议的领域。如果我们的社会学教师在今天的报纸上看到一篇文章,页面底部就列有网站名称,可供即刻以合理费用取得许可。有些人可能会问:未经许可而复印的 50 份副本是否还属于合理使用?

312

# 三、合理使用概述

合理使用一直是一个基于事实的判断,而一系列的一般性原则可从判例中推断出来。注意各因素是如何相互依赖的。

## (一) 使用的目的和性质

商业性使用更不可能符合要求,因为它可能会发生市场损害,而且商业性使用者应该承担其成本费用。私人的、非营利的使用更有可能符合条件,但其理当不是绝对免责。并且,私人使用实际包含了一个种类范围,这是因为,如果私人使用代替了购买,或被用作交换,它就可能具有了商业属性。

成文法专门提到的使用是受到优待的:"批评、评论、新闻报道、教学(包括用于课堂的多个复制件)、学术或研究"。但其他使用也可能受优待。相比重复性使用,创益性使用——即作品被用作另一行为的一部分——更有可能构成合理使用,因为重复性使用的被告只是在使用作品。转化性使用将原作品用于完成另一件创造性作品,是受到高度优待的。

另一种优待性使用是对版权作品中不受保护的层面进行利用。反向工程需要复制某一电脑程序,以研究其中不受保护的功能性层面,或创造另一个将与之一起运行的程序。复制某一作品是为了传播其中不受保护的思想或事实,而不是其中受保护的创造性表达。当版权所有人试图对他人实施审查,而不是保护作品的市场时,这样的使用就很可能符合合理使用的要求。

法院也有可能考虑被告的善意。如果被告曾善意地寻求获得使用作品的许可,法院可能会因此而支持合理使用。如果被告通过违约、偷窃或其他恶意行为取得作品副本,将会不利于合理使用的认定。

## (二) 版权作品的性质

作品中的创造性表达越多,就越能获得对抗合理使用的保护。合理使用更多适用于保护较少的功能性作品(像电脑程序或实用物品)、事实性作品(比如数据库)以及非独创性作品(如司法报告或对公有领域作品复制而来的作品)。

按照哈勃与劳案判决,未发表作品更少适用合理使用制度。如果一份未发表作品副本被不合法获取,这个因素将会更强烈地不支持合理使用判定。

## (三) 被使用部分的数量和重要性

复制(或发行、改编、表演、展示)整个作品比仅仅使用一部分更难满足合理使用的要求。但合理使用也常常保护整个作品的使用,就像在索尼案中。如果作品受到低程度的保护,情况尤其如此——此时,复制整个作品依然只是复制了受到较少保护的表达(就像电脑程序或数据库)。被复制的特定部分可能是重要的部分。在哈勃与劳案中,复制量少于原作的 1%,但复制者选择复制的是作品的"核心",因而该复制不构成合理使用。无论被选部分本身是不是受到高度保护,创造性表达也还是相关的。

关键在于,对于受优待的使用而言,取用的数量是否合适。对此有几个方面需要考虑。第一个问题是,复制者的复制量是否与其计划用途相适应,比如,评论家所引用的是否只是与其作品分析相关的部分。第二个问题是,相较对复制部分的使用,选择性空间是否存在。哈勃与劳案再次成为关键,其中的观点是,被告杂志原本可以通过复制不受保护的事实、思想和非独创性材料,来实现其受到优待的新闻报道目的。第三个问题是,取用数量是否有可能降低版权所有人潜在的市场需求。

### (四) 使用的市场影响

作品市场影响可能是最让法院摇摆不定的因素。[①] 证明市场损害的方法有多种。版权作品的销售损失(或被告作品的销售)可能是最直接的方法,而其他市场也很重要。成文法提到"潜在市场",因而,证明版权所有人在其可能进入的市场上的损害,便为足够。另外,根据索尼案判决,只要证明被告的使用如果变成为普遍性行为,版权所有人将会遭受市场损害,可能已经足够,但通常需要做出具体的证明。人们假定"为商业目的逐字复制全部原作"具有市场损害。对于其他使用,纯粹的推定性理论是不够的。而且,版权所有人应当做出具体证明,如通过市场调查或其他证据。

有些市场损害难以识别。像批评这样的使用可能会降低销售,但不能对抗合理使用。事实上,它服务于版权法的基本目的,即促进思想交流。同样,反向工程之类的使用可能允许复制作品中不受保护的成分。使用非保护成分如果导致买家更喜欢某一产品,其中就不存在可识别的市场损害。

最后,就像论者和法院曾强调的,允许合理使用和允许市场发展机制之间有一种张力。如果影印一般被视为合理使用,就不会激励人们寻求许可;如果它不被视为合理使用,市场机制将得以发展以促进许可,就像版权清算中心。音乐下载是又一个这样的领域,有人从中看到了合理使用与许可使用之间的冲突。法院很可能要为找到一种平衡而努力。

---

① 参见巴顿·毕比:《美国版权合理使用判定的实证研究,1978-2005》(Barton Beebe, *An Empirical Study of U. S. Copyright Fair Use Opinions, 1978-2005*),156 Penn. St. L. Rev. 549 (2008)。

○实例

a. 甜蜜的慈善。《着陆》是斯纳普拍摄的一张著名照片。照片拍摄到三个学步的幼儿，欣喜若狂地举着胳膊，正在为某个未出镜的演员欢呼。斯纳普从该照片的各种使用许可合同中获得了不菲的收入。现在他很惊讶地发现，该照片被用在了福啼牌巧克力饼干盒子的正面。当斯纳普的代理人联系福啼饼干的销售商时，她得知对方未寻求许可是由于该使用被视为合理使用。福啼是一家非营利性的公司，销售饼干以支持各种慈善活动。通过销售福啼饼干(正面带有照片《着陆》)赚取的成百上千万美元，以及其他所有的钱(除了必要的最低花费)被用来支持各类备受称赞的事业，比如战胜传染性疾病、帮助地震中的受害者。《着陆》的使用能否构成合理使用?

b. 复印店。有一家商业性复印店 P，用大学教师提供的阅读清单为当地一所大学的学生制作课程包。其中每一个课程包都包括数百页文件，分别来自高达 10 种不同的资料源。这些资料广泛涉及课本、学术论文以及报纸文章。这些资料大多享有版权，而 P 复印店并没有寻求许可或承诺支付许可费。即使面对各类版权所有人的直接出面联系，该复印店仍拒绝寻求许可。在这个地区，其他复印店在制作这种课程包时都会寻求许可并支付报酬。但 P 复印店所持有的观点是，制作并发行课程包属于非商业性的教育活动，应作为合理使用受到保护。合理使用制度能保护 P 复印店吗?

c. 反向工程。索马克销售的一种文字处理程序 WP 广受欢迎。该程序是以目标代码版本出售给公众，这意味着它采取的是在电脑上运行的格式，而非软件开发者便于阅读和修改的源代码格式。工程师斯特瑞在当地办公用品店购买了一份 WP 副本，然后将其目标代码版本打印在几百页纸上。斯特瑞花费几个月的时间认真研究该目标代码，试图发现该程序的运行方法。后来，斯特瑞写出她自己的文字处理程序 Sd。斯特瑞小心谨慎，只在 Sd 中使用了 WP 的不受保护的、功能性的成分。她宣称其目的是要赢得超越 WP 的市场领导地位。

索马克对斯特瑞提起诉讼，认为后者侵犯了 WP 的版权。斯特瑞声称她没有侵权，因为她只是复制了不受保护的成分。然后她认识到她的确进行了复制——她将程序印在了纸上,但她相信合理使用制度可以保护她。合理使用对此可以适用吗?

d. **仿讽的麻烦。**《Evermore》是旺吉利斯写作并演唱的一首民谣,经常在收音机上播放。这首歌讲述的是现代罗密欧与朱丽叶的故事,表现出舒缓的电子声音。广受欢迎的喜剧演员微笑爱尔将这首歌曲的歌词和旋律用在他的录音《Mevermore》中。爱尔把歌词改写成了有关到 Mevermore 山旅行的趣味故事。《Mevermore》使用了《Evermore》的旋律,但没有对《Evermore》进行明示或暗示性的评论或批评。可以说,使用与《Evermore》相似的曲调可让《Mevermore》具有更好的销路。因为听众知道并喜欢这一曲调,他们也更希望听到这首新版的歌。当旺吉利斯指控侵权时,爱尔称《Mevermore》属于仿讽,因而应受合理使用的保护。合理使用保护爱尔的使用吗?

e. **电影剪辑。** T 公司制作电影预告片。当影片通过录像向公众发行时,T 公司就获得一个复制件。它选择某些部分并加以编辑,从而获得一个有趣的预告片,目的是让消费者租赁影片。T 公司向录像店提供预告片,向其顾客播映,以收取费用。T 公司还拥有它的在线录像租赁用户。当电影公司起诉它侵犯版权时,T 公司声称它是合理使用。首先,预告片没有取代原影片。其次,它们鼓励租赁,实际上有助于影片销售。接下来,T 公司提出,你能起诉图书评论的作者吗? 那么,合理使用能够保护 T 公司吗?

f. **缩略图。**互联网搜索引擎帮助用户找到网页上的图片。搜索引擎自动浏览网络,尽可能多地收集图片。同时使用人工与软件,它汇编成一个与图片有关的关键词索引。如果用户将"熊猫"键入搜索页面,它将反馈一切它能将其与词语"熊猫"联系在一起的图片。但它不展示原图,而是展示图片的"缩略图"版本。缩略图很小,只是原图片的低分辨率版本。要观看原图,使用者可以点击链接,从而获得原图所在的网页。一个在其网站上发布了原图的摄影师为此起诉侵权。缩略图提供属于合理使用吗?

g. **严厉批评。**批评家 C 对畅销书作家奥斯汀新出的侦探小说《滑板》撰写了一篇书评,其中有 10 处逐字引用原作,各有 1 到 4 句话。该评论颇具说服力地认为,奥斯汀只是在对她以前作品的情节和角色作重复利用。批评家 C 对其引文进行精挑细选以支持这一观点。书评刊行在一份全面发行的报纸上。《滑板》成了几年来奥斯汀第一本没有在排行榜上名列前茅的书。奥斯汀遂指责批评家 C,并起诉其侵犯版权。她认为合理使用不能适用,因为批评家 C 使用了她的表述,破坏了作品的市场价值。批评家 C 的行为是合理使用吗?

h. 复制以提取。数据收集者 G 为市政府汇编房产信息。市政府向居民发放各类表格,上面有关于房地产的各种问题(包括所有权、出借人、居住者、用途、修复情况和附着物等)。当表格返回后,数据收集者的雇员将它们录入数据库,存储于市政办公室的电脑里,可以被公众和市政工作人员获取。数据收集者对信息组织做出了几项创造性的选择,市政府向数据收集者支付了报酬。

一家竞争性机构派其员工下载了整个数据库,并将副本带至本部。在那里,他们提取所有的信息,将其放入自己的数据库。最终他们没有复制数据收集者 G 对信息的创造性编排,而只是复制了其不受保护的事实。但是,数据收集者 G 指控最初的复制构成侵权——该行为正是为了提取信息。该行为是侵权还是合理使用?

i. 窃取的信件。宏大公司 CEO 给董事会写了一封冗长的保密信函,对导致公司破产的事件进行了颇具说服力的描述。CEO 的个人助理向《金钱》杂志泄露了该信件,明显违反了自己签署的雇佣合同。在《金钱》准备刊行一篇大量摘录这封信件内容的文章前,CEO 寻求禁令救济。当杂志以合理使用为辩解时,她的律师主张合理使用不能适用于涉案复制件属于非法获取的情形。那么,非法获得的复制件能适用合理使用吗?

j. 全部是复制。被告的作品是一部有关埃维斯·普里斯利的纪录片,它融合了许多享有版权的图片、音乐节选和视频片段。为寻找和选择纪录片所使用的作品,被告投入了大量时间和创造。被告对纪录片进行了巧妙编辑,特别是更多地依靠当代一些作品,有趣地讲述了普里斯利的职业生涯。被告未能从众多版权所有人那里获得许可。一些惯例允许其中的大多数使用,但需要支付合理的费用。

k. 是合理使用测验吗？被告出版了《〈沈斐德〉倾向测评》(SAT),其中包含了有关长期连续上演的电视情景喜剧《沈斐德》角色与事件的多选题、匹配题以及短问答。事实上,这本书使用了电视节目中的各个娱乐层面,将其置于图书的形式。正如其创作者所言,"以问答书的方式抓取《沈斐德》的特色"。这本书没有提供针对该节目的独立分析或批评,但它对读者或观众的知识进行了测试。《沈斐德》的制片人未曾尝试创作他们自己的问答书。被告的行为属于合理使用吗？

l. 合理使用地带。艺术家理查德·普林斯购买了几本题为《是的,拉斯塔》的影集。普林斯将其中的 41 张照片装裱在背衬板,并对不同部分做了描画。普林斯对其作品进行了展览,统称其名为《运河地带》。画廊在它出售的展览目录中复制了这些作品。有多张画作被售出,收入共计几百万美元。另外一家画廊本来计划要展出原照片,但又取消了展览,因为它担心可能会背负利用普林斯(一个知名的盗用艺术家)之照片的骂名。普林斯可受合理使用的保护吗？

m. 搬起石头砸了自己的脚。《轰鸣》杂志出版人弗伦特是总统候选人埃勒里的坚定反对者。弗伦特的追随者创作了一份两页的卡通漫画,声称要讲述埃勒里的生活故事,但实际上都是各种令人不齿的虚构。埃勒里起诉其诽谤,却败于第一修正案赋予的表达自由。随后埃勒里向支持者们发放了成千上万封筹款信,其中包括这份粗俗的卡通画。支持者寄来了很多钱。弗伦特对其为埃勒里竞选增添佐料而恼怒,便起诉对方复制并发行其享有版权的卡通漫画。弗伦特试图让所有的筹款都要付费。埃勒里受到合理使用原则的保护吗？

n. 多选试题。芝加哥教育委员会设置了一系列标准化多项选择测试。测试每年对学生开展,以评估他们在多个领域的表现。委员会对测试内容进行了谨慎的保密工作,以使其能够重复利用。教师布罗迪小姐不喜欢这些试题(认为其命题草率,且与学生的课程不配套),也讨厌一般意义上的标准化测试。有一年,她拿到在她学校各年级使用的所有考题,并公开传发。

她声称这是合理使用,认为公开试题是批评它们并促进教育事业的最好方式。她的行为符合合理使用吗?

o. 文件分享。纳普斯特公司创作并发行了一个文件分享软件,供消费者免费下载。消费者可使用纳普斯特软件从其他纳普斯特用户处下载歌曲。要从他人那里获得歌曲,纳普斯特用户就要将其音乐文件开放给他人。这个软件可被用于分享很多东西,但至今用得最多的是进行版权音乐的交换。音乐及录音版权持有者遂起诉纳普斯特公司承担从属侵权责任。音乐公司提交了具体证据以证明纳普斯特造成了其音乐销售额的降低。纳普斯特主张,依据索尼案,家庭音乐复制作为合理使用受到保护。是这样吗?

p. 上传和讨论。"完全自由论坛"运营的一个网站致力于讨论政治、文化和其他所有方面的热门话题。论坛从报纸、杂志、博客及其他地方寻求广受关注的文章,将其全文及图片刊发于网站上。论坛标明了准确的来源,但未曾寻求版权所有人的许可。论坛也允许该网站的访问者在线发布评论。论坛的网站每个月都受到欢迎,拥有越来越多的访问者和上传评论。很多文章在首次发表后很短时间就常常可以在该论坛上出现,且被永久留存以作参考。对于各个层次的问题——从完全的哲学分析到单纯的谩骂,该网站都表现出极为热烈的讨论。

自由论坛没有寻求任何经济利益:没有经营广告,没有向企业出售信息或以其它任何方式使用网站或用户信息。许多版权所有人提出反对,要求论坛网站只能发布文章的链接。论坛借诸多理由予以拒绝:链接常常过期;一些材料需要登记,甚至付费预订;论坛所上传的来自纸质作品的文本未被在线提供。如果版权所有人提起诉讼,该论坛能受到合理使用原则的保护吗?

q. 谷歌图书。谷歌在实施一项图书馆数字化工程。谷歌的计划是灵活的,但假定它采取与多家图书馆合作的方式,谷歌将会一本又一本地扫描它们的藏书。谷歌将把这些材料纳入一个巨大的数据库。谷歌用户将可以使用"谷歌图书"搜索该数据库。用户不能下载图书的文本,却可以就每一次搜索获得仅仅几行文本。用户还可以获取购书处链接(如亚马逊网站)以及与搜索及其结果相连的广告。要达到这一目标,谷歌将不得不对版权作品(以及很多不受保护的作品)进行大量的复制(扫描、数据库存储、向用户提供片段等等)。出版商提出反对,并要求谷歌就许可费进行谈判。谷歌的使用是合理的吗?

该问题引发了大量的在线讨论。在谷歌网站搜索"谷歌图书"和"合理使用"可获得 1.02 亿个结果。有关观点各种各样。你认为呢?

r. 感谢你。《感恩死亡:旅程图解》讲述的是感恩死亡乐队几十年职业生涯中月复一月的故事,包括许多相关的艺术作品的复制。其中,有七张音乐会海报的缩略图,大约是具有高度创造性的大海报的 2×3 英寸的版本。出版商曾试图获得海报版权持有人比尔·格雷厄姆档案室的许可,却遭到拒绝。此前并无为这种使用支付许可费的惯例。这属于合理使用吗?

s. 魔法词典。RDR 出版社计划推出《哈利·波特词典》,一本列举《哈利·波特》图书与电影中的术语、事件、角色和其他各方面特征的百科全书。百科全书紧贴原书文本,各条目大量逐字引用许多段落。《哈利·波特》的版权所有人为此寻求禁令救济。除了其他理由,《哈利·波特》作者规划好了她自己的参考图书。该词典的出版商为此主张其为合理使用,理由包括,该作品属于参考工具书,有助于研究和学习;作品目的具有转化性,就像《可爱女人》案中受到保护的仿讽;使用数量是合适的;所使用的材料主要是不受保护的事实性材料,涉及书中某人发生了什么事;该词典没有伤害到《哈利·波特》巨大的市场。

t. 擅离职守。美国邮政局通过委托合同将"朝鲜战争老兵纪念碑"雕塑用于邮票。在协议中,雕塑家曾坚持保留了其雕塑的版权。美国邮政局将雕塑的照片使用在了邮票上,复制件销售达数百万之多。摄影师拍摄这张照片是要作为送给他父亲——一名朝鲜战争退役军人的礼物。美国邮政局只与摄影师签订了许可协议,但没有征得雕塑家的许可。这是合理使用吗?

u. 取样。"公告"乐队的歌曲《D. O. G. in Me》重复性地使用了来自乔治·克林顿的《Atomic Dog》的片段取样。被取样的成分是"将单词'dog'

的低频用作'音乐的点睛之笔',有节奏的律动",还有叠句"Bow wow wow, yippie yo,yippie yea"。其他有很多人为来自《Atomic Dog》的取样而付费,而"公告"乐队则没有。这是合理使用吗?

v. 放大。洛杉矶郡司法部门为使用沃尔数据公司的软件购买了 3663 个许可,却将其安装在了 6007 台电脑上,并配置好局域网,让仅仅 3663 个复制件可在任何时间得以使用。这属于合理使用吗?

w. 合理的拉斯塔。成功的借用艺术家普林斯从一本名为《是的,拉斯塔》的书上撕下照片印刷品,再用颜料进行戏剧性的改动、印刷并粘贴。经修改的印制品以高价出售,摄影师起诉其侵权。这是合理使用吗?

x. 是合理剪辑吗? 融文环球媒体监测服务帮助"用户基于网上新闻报道中存在的某些单词或短语来监测新闻,并接收这些新闻报道摘录。融文使用自动化电脑程序或运算法则复制或'刮取'在线新闻资源中的文章,对文章编排索引,再向用户逐字发送文章摘要以回应其搜索请求。"这是合理使用吗?

y. 课程包。大学教授对图书摘录制作复制件,并在线提供给他们的学生。这是合理使用吗?

⊙ 解析

a. 该使用不符合合理使用的要求。其最终的目的的确是资助备受称赞的事业,但本例中,合理使用分析的各项因素均不支持合理使用的判定。它不属于任何可受优待的行为:"批评、评论、新闻报道、教学、学术或研究",其目的按道理说是慈善性的(间接地),但直接用途却纯粹是商业性的。并且,该使用只是在单纯重复作品而未增加任何创造性表达,因而第一因素最多也只是中立性的——且更可能不利于合理使用判定。作品性质是受高度保护的创造性作品,这不利于合理使用。复制数量是整个作品,又是一项对抗合理使用的强因子。最后,斯纳普从照片的各种使用许可中赚取许可费。广泛利用作品却不向他支付许可费也让第四项因素不利于合理使用判定。

b. 基于最近的判例,法院可能会否决合理使用判定。作品的性质取决于所选择复制的材料,但表达性文本可能是受到高度保护的文字作品。复印店的目的是商业性的,而法院不可能会考虑学生的目的——即他们购买课程包的教育性目的。使用的数量通常不是整个作品,但教师可能会选择她认为重要的部分。考虑一下哈勃与劳案:从一本书上复制的、被视为特别重要的几百个词语被法院拒绝了合理使用判决(尽管作品未发表,这较少受合理使用限制)。最后一项因素则强烈支持版权所有人。其他复印店都支付许可费,因而 P 复印店的做法会对版权持有人造成市场损害。

c. 斯特瑞有一个强有力的理由——为反向工程目的而复制属于合理使用。[1] 该使用的目的是商业性的,但它也是研究。并且,复制有时可能是唯一可获得作品中不受保护的功能成分的办法。该版权作品是电脑程序,是功能性作品而非位居版权法之核心的高度表达性作品。被复制的数量是整个作品,但这种中间性的复制是功能性成分之研究所必要的,且创造性表达没有被复制到最终产品中。最后,索马克的销售额可能有损失,却不是由于斯特瑞销售侵权软件,而是因为斯特瑞以合法竞争的方式销售了非侵权的程序。这种市场损害并不妨碍合理使用判定,恰如书评中的批评或仿讽所引起的销售额损失也不妨碍合理使用一样。

d. 微笑爱尔这次要失去他的微笑了,因为他不能受到合理使用的保护。就像在坎贝尔案中,仿讽受到合理使用的保护,但本例有一个关键性的差异。在坎贝尔案中,仿讽的目的部分是评论,且正是对版权作品的世界观进行实实在在的批评。而在本例,仿讽不是对原作的评论或批评,相反,它是在借用原作的曲调,进而从其名气中获益,近乎版权法所要减少的搭便车行为。仿讽增加了创造性表达,且在一定程度上对原作进行了转化,而这些要素几乎存在于一切演绎作品中。[2] 关于仿讽对版权作品做出评论和批

---

[1]　参见如索尼计算机娱乐公司诉康涅狄克斯公司(*Sony Computer Entertainment v. Connectix*),203F. 3d 596 (9th Cir. 2000);雅达利游戏公司诉任天堂(*Atari Games v. Nintendo of Am.*),975 F. 2d 832 (Fed. Cir. 1992);世嘉公司诉阿克雷公司(*Sega Enters. V. Accolade*),977 F. 2d 1510 (9th Cir. 1992)。

[2]　参见苏斯博士公司诉企鹅出版公司(*Dr. Seuss Enters. v. Penguin Books USA*),109F. 3d 1394 (9th Cir. 1997)。(《猫不在帽子里! 鸠斯博士的仿讽》,对一个著名刑事审判进行重述的故事,采取了对著名儿童图书进行仿讽的形式,不受合理使用保护)。

评,因而可作为合理使用受到保护的例子,参见美泰诉步行山制造公
322 司案。[①]

　　e. 在视频管线公司诉博伟影视一案中,[②]法院拒绝了合理使用的诉求。
发行商所使用的虽然只是影片的一部分,其他的要素却不利于合理使用认
定。为使预告片有趣,发行商选择了一些精华片断(就像哈勃与劳案中,使
用了一本书中最有趣的部分)。预告片不会取代影片本身(多数情况下如
此),但发行商也妨碍了版权作品的一个潜在市场,因为电影公司或其他服
务商也很可能参与到预告片竞争中来。

　　另外,预告片与书评是没法进行类比的。预告片不是评论,没有将图书
的一部分用作对该书进行批评性讨论的一部分。毋宁说,预告片是对作品
片段的汇编。

　　f. 可能属于合理使用。[③] 该使用是商业性的,特别是当搜索引擎将该
服务用于销售广告时。本案中的作品是受高度保护的创造性作品。但该使
用是创益性的。搜索引擎至少制作了两个副本(下载一个副本并制作缩略
图)。但网站允许该下载,且缩略图的制作没有超出受优待的创益性使用所
必要的范围。并且,该使用也很可能未对潜在市场造成损害。该使用没有
被用来取代版权作品(因为缩略图只有大大缩小的分辨率),也不存在一个
授权搜索引擎使用的市场。

　　g. 属于合理使用。批评家 C 的确未经许可使用了受保护的表达,而合
理使用诸因素却有利于他。C 的使用是受优待的:批评。原作品是受到高
度保护的创造性作品,但此类作品理当面临批评,因而这一因素并无太大影
响。使用量不大,也与优待性使用相匹配。市场损害是存在的,但这不是可

---

　　① 参见美泰公司诉步行山公司(*Mattel Inc. v. Walking Mt. Prods.*),353 F. 3d 792,802 (9th
Cir. 2003)。(美泰公司出售的芭比娃娃被视为"美国女孩之象征"——代表着一种富于刺激的生活
方式、参与令人兴奋的活动,艺术家"对这一形象进行了头部转变,可以说是将经过仔细设置的、裸
体的、有时显得疲惫不堪的芭比娃娃,安置于通常是荒谬的、显然很危险的处境中")。

　　② 视频管线公司诉博伟影视公司(*Video Pipeline, Inc. v. Buena Vista Home Ent.*),342 F.
3d 191 (3d Cir. 2003)。

　　③ 参见凯利诉阿里巴索夫特公司(*Kelly v. Arriba Soft Corp.*),336 F. 3d 811 (9th Cir. 2003)。

识别的损害。作者销售额的损失不是因为批评家 C 复制了作品,而是因为该批评家导致人们相信不必购买该作品。

h. 合理使用可用于对版权范围实施其他限制。事实不可获得版权,但事实的数据库可受版权保护,因为其独创性表现于该数据的选择和编排。规模性的复制和发行可能构成侵权,因为它可能要复制数据库中受保护的成分,但选择和排列上的版权不能妨碍对非受保护成分的复制。为了提取事实,中间性的复制——包括对受保护性成分进行复制——可能是必要的。只要受保护成分的复制仅仅是为了得到对不受保护成分的获取,且复制范围没有超出这一目的,合理使用原则有可能保护提取者免于侵权之诉。① 323

i. 被告以非法方式获得复制件,将不利于合理使用的判定。例如,在哈勃与劳案中,最高法院就注意到,《国家》杂志在对福特总统自传进行出版前的摘要刊发时"故意利用了窃取的手稿"。同样,一些法院曾暗示,只有当原件系正当获取时,为了对某一产品进行逆向工程而制作副本的行为才是合理使用。不过,即使非法获取的作品可能不支持合理使用,其他因素也可能是允许的。② 在 NXIVM 公司诉罗斯学院一案中,研讨会手册被非法获取,然后作为对该指南进行批评性分析的文章的一部分,小部分手册内容被上传到互联网上。非法获取的方式不支持合理使用,但法院认为,合理使用的其他要素足以有力克服这一点。被告并非单纯地传播了手册复制件,而且还对其进行了转化性使用。被告的使用量未超出优待性使用之必要。思想的传播受到优待,而利用保护版权表达来抑制此种传播的做法则不受优待。

在我们的案子中,对于《金钱》的文章我们需要了解得更多。信件系通过违约获得这一事实并不妨碍合理使用的判定。所有因素都必须得到权衡。该使用属于新闻报道,一种受到优待的使用。如果信件摘录被融入了

---

① 参见评估技术有限公司诉 WIRE 数据公司(*Assessment Technologies of WI*, *LLC v. WIREdata*, *Inc.*),350 F. 3d 640 (7th Cir. 2003)。

② 参见 NXIVM 公司诉罗斯学院(*NXIVM Corporation v. The Ross Institute*),364 F. 3d 471 (9th Cir. 2003)。

一个更大的作品整体,而非单纯的复印性摘录,它可能就是创益性的,甚至是转化性的使用。使用量可能是个关键:它是否与优待性使用比例搭配,特别是,文章是否仅复制了不受保护的事实与思想而没有复制独创性表达。最后一点,该使用看上去不可能产生可明显识别的市场损害(与哈勃与劳案不同)。

　　j. 即使该使用具有某些报道、历史写作或其他受优待性的目的性特征,法院通常会认定其是为非优待的商业性目的。比如,在埃维斯·普里斯利实业公司诉通行证视频案中,[①]合理使用制度不允许纪录片使用来自版权作品的各种片段节录,其中已有许可费损失得到证明。这种汇编作品可以被视为学术或甚至是教育性的,其本身具有创造性和一定程度的转化性。有关收录什么、如何编排以及如何做整体编辑的决定都属于创造性选择。纪录片的意图是要促进有关著名公众人物的讨论。但法院认为,该制作行为更为突出的商业性目的可将它归入不受优待的范畴。转化性成分有些薄弱,被告所用系对原材料的原样剪录,并从其创造性的、可版权的内容中获利。因为这些片段剪录服务于与原作相同的娱乐性功能,这一因素不利于合理使用。尽管这些剪辑在绝对的意义上是很短的,但原告通常称其为原作品的"核心",因为纪录片制作当然要使用原作中的最佳时刻。未经许可使用原作可能会被视为潜在许可收入的丧失。此种做法如果广泛存在,原作许可当然会深受其害。埃维斯·普里斯利案是法院不愿意允许规模性使用享有版权的片段摘录的代表。它也代表着不愿扩张合理使用——即使对于真正具有学术或历史性的作品,这些作品也存在着通过使用版权作品来获利的商业性要素。毫无疑问,合理使用不能消除版权为学者和研究者设置的障碍。

　　k. 第二巡回法院否决了合理使用抗辩。[②] 被告辩称,该图书因多项理

---

　　① 埃维斯·普里斯利实业公司诉通行证视频(*Elvis Presley Enterprises*, *Inc. v. Passport Video*),349 F. 3d 622 (9th Cir. 2004)。

　　② 参见城堡磐石娱乐公司诉卡罗尔出版集团(*Castle Rock Ent. v. Carol Publishing Group*),150 F. 3d 132 (2d Cir. 1998)。

由可满足合理使用的要求。他们认为,这是一部转化性作品(使用一个电视节目并将其转化成一本问答书),对节目及其文化背景进行新的阐释。同时,这本书属于受优待的教育性作品,测评并增进读者对于《沈斐德》的了解。最后,《沈斐德》节目没有关于它自己的图书,因而也就没有可证明的市场损失。

第二巡回法院驳回了所有这些主张。该书不具有转化性,因为它只是对电视节目的娱乐层面进行了重新包装。它没有增加任何的独立批评或评论,且与坎贝尔案中的仿讽不同。虽然它是一本问答书,其教育价值非常轻微。毋宁说,这是一部商业性作品,旨在通过复制节目的创造性内容,达到借其流行谋取利益的目的。原作品在性质上属于受高度保护的创造性作品,被采用的数量非常之大,构成了问答书的主要部分。最后,《沈斐德》制片人虽然没有创作一部类似的书,但《〈沈斐德〉倾向测评》仍然利用了版权所有人"通常能够开发或授权他人开发"的市场,对此可参考坎贝尔案。《漂亮女人》的版权所有人可能不会就这首歌授权他人创作一个仿讽式的说唱版,但《沈斐德》的版权所有人却完全有可能授权一本仅就电视节目做重新包装的书。

l. 法院否决了普林斯的合理使用抗辩。该使用是商业性的,产生了大量的销售额。它被认为仅有最低程度的转化性。《运河地带》没有对《是的,拉斯塔》进行评论或批评(不像是仿讽),而只是将原照片作为原材料使用。照片展览被取消证明了市场损害的存在,以及已经显示出来的对演绎作品的可能需求。

325

m. 属于合理使用。特别是,候选人的支持者们(按道理说)不是贬损卡通画的消费者,本案中没有市场损害发生。[①]

n. 法院否决了合理使用诉求。该使用属于受优待性使用,即对测试题的批评,但这些试题是受高度保护的未发表作品,其价值取决于它们能保持

---

① 参见赫斯勒杂志诉道德多数派(*Hustler Magazine, Inc. v. Moral Majority*),796 F. 2d 1148 (9th Cir. 1986)。

不发表状态。使用数量是全部试题。受优待的目的本可以通过不发表全部试题的方式来达成——或公布特选的问题,或发表不损害其安全的试题分析。被告行为还违反了其合同承诺,这当然不利于合理使用认定。[①]

o. 法院认为合理使用不可适用。[②] 第一个问题是使用的性质。纳普斯特公司是一个商业机构,但相关使用是消费者的使用。第九巡回法院将消费者文件分享定性为商业性使用,因而得不到合理使用分析的支持。法院推理称,通过音乐交易,消费者免费向其他匿名公众提供音乐并获得音乐,而消费者原本是应该为此付费的。并且,这种做法等于是"对版权作品做重复与开发性的复制"。相比之下,在索尼案中,消费者独自制作复制件只是为了转换观看时间。

法院将消费者的使用称为"商业性"使用是否正确,可能尚有疑问,但这种使用确实不同于索尼案,在后者,版权所有人已授权广播供免费观看。时间转换只是改变了消费者观看节目的时间。而与之不同的是,文件分享却允许消费者避免为音乐付费,并为重复聆听而复制。

有关作品在性质上属于受高度保护的作品;它们受到了整体性复制。这两个因素均不利于合理使用。

最后一个因素是市场影响。法院认定,市场损害已经得到证实,这是对抗合理使用的一个有利因素。在索尼案中,有关电视节目时间转换的市场影响并没有取得这样的证明。

p. "完全自由论坛"不符合合理使用的要求。[③] 该论坛会主张,其使用行为促进了批评、评论和新闻报道这些受到优待的目的,可作为非营利的转化性使用而受到合理使用保护。它没有为文章的获取收取费用,因而它没有转移版权所有人的收入。

---

① 参考比较:芝加哥教育委员会诉《质料》报纸有限公司(*Chicago Board of Education v. Substance , Inc.* ),354 F. 3d 624 (7th Cir. 2003)。

② A&M 唱片公司诉纳普斯特公司(*A&M Records , Inc. v. Napster , Inc.* ),239 F. 3d 1004 (9th Cir. 2001)。

③ 参考比较:洛杉矶时报诉自由共和国(*Los Angeles Times v. Free Republic* ),54 U. S. P. Q. 2d 1453 (C. Dist. Cal. 2000)。

第一个因素支持论坛。即便它收取捐款,它也没有向访问者或者广告商收费,因而不可能是商业性使用。它的确在促进批评、评论和新闻报道。<sub>326</sub>但其他因素却不利于合理使用。

被复制作品在性质上属于受中度保护的文字作品,其中包含很多事实性、非独创性或因其他原因不受保护的材料。复制数量因素完全不利于合理使用认定。论坛复制了文章的全部文本。其促进评论的目的可通过更少的复制来达到。它原本可以复制所有不受保护的事实和思想,但它却通过规模性复制给自己省去麻烦。同样,它至少可以就某些作品链接其出处,相反却将这些作品复制到它自己的网站中。

关于最后一项,市场损害可能没有得到具体证明。但法院可能会就许多用户访问论坛网站推断市场损害,至少有某些用户以此作为访问原始网站的替代,导致后者失去广告收入、减少访问量(及其价值)。如果版权所有人能够提交其他具体的市场数据,这一因素甚至会更加突出——鉴于现有的大量数据,这并非不可能的。

q. 此案具有很大的讨论空间,因为有关合理使用与互联网的一般性话题还远未解决。两方面的观点可能如此展开:

(a)它当然是合理使用。该使用的性质是帮助人们找到他们关注的图书。这完全不是单纯的重复性使用,而是创益性——即使不是转化性——的使用。它有助于基本的版权政策即思想的自由流通,其中所发行的只是极少量的创造性表达,因为用户每次搜索只获得几行文本。可能有两个因素不利于合理使用。很多作品是受到高度保护的创造性作品,而且它们已被整体复制。但这两个理由又都被削弱了。就像整体性的作品,创造性成分的复制仅仅是作为促进研究和思想传递的一部分。这些创造性成分并没有被发行。最后,本案没有表明市场遭受的不利影响。图书片断不可能被作为图书的替代,甚至不能成为图书摘录的代替——这就像反向工程,人们进行对整个作品制作中介性复制只是为了获得其不受保护的方面。

(b)它当然不是合理使用。这是对整个图书馆的系统性复制,完全超出了任何合理使用的范围。没有市场损害么?谷歌通过扫描纸质图书制作了其电子版,再使用这些电子图书编纂索引。出版商已经在出售电子图书以及图书内容索引。如果谷歌需要这些图书的电子副本或可查询的索引,
327 就应该向出版商购买,或获得扫描许可。该使用是商业性的,正像影印。用户可能是为研究或教育使用"谷歌图书",但谷歌的所作所为是作为一家商业机构在售卖广告、在积聚有用的市场数据,并将它自己打造成一个重要的资料源——他人的享有版权的资料。最后,市场损害已有清楚的证明。谷歌的行为表明了使用版权图书数据库的需求。为此我们愿意为价格进行协商。

后来,谷歌调整了它的计划,宣称它要暂停扫描三个月,并尊重出版商选择退出该项目的请求。① 问题悬而未决:如果谷歌扫描了图书而出版商没有选择退出该项目,侵权是否发生。当然,愿意按要求忽略某些图书支持其为善意使用与合理使用,但这在四因素中只占一个要素的一部分。

2008 年,谷歌就作家协会和美国出版商协会提起诉讼达成和解。谷歌同意支付约 1.25 亿美元。双方计划建立一个图书权利登记簿,对作品使用进行追踪、收集并分配版税。作者可以选择退出。许多绝版图书又回来了。有一些规定是面向学校的预定服务和针对图书馆的免费服务。有些评论家表达了关切:通过有效排除潜在竞争者和可选择的获得方式,谷歌将会取得市场利益。初审法院没有批准这项和解,理由是双方不能约束未参与该诉讼的作者。② 法院判决谷歌图书项目属于合理使用,③但诉讼可能还会继续下去。

第二巡回法院认为,合理使用原则保护未经授权扫描图书并将其编入

---

① 参见《谷歌图书馆项目暂停以允许版权所有人反馈》(*Google Library Project Temporarily Halted to Allow Copyright Owner Response*),BNA Patent,Trademark & Copyright Journal,August 19,2005。

② 参见作家协会诉谷歌公司(*Authors Guild v. Google Inc.*),770 F. Supp. 2d 666,678 (S. D. N. Y. 2011)。

③ 参见作家协会诉谷歌公司(*Authors Guild v. Google Inc.*),954 F. Supp. 2d 282 (S. D. N. Y. 2013)。

供搜索的数据库。① 谷歌扫描来自其会员（如大学）图书馆库藏的图书。所建数据库允许三种使用。任何人都可以搜索该数据库，获得结果仅显示含有搜索词语的图书以及页码数字（没有文本片断，与谷歌图书不同）。会员图书馆可以使用数据库来方便残疾人读者（比如盲人或不能翻页的人）使用合适技术，比如放大文本或大声朗读的软件。会员图书馆还可以使用电子副本来替代已经遗失的原件。

数字时代将会继续提出很多有关合理使用的新问题。②

328

r. 是合理使用。③ 该使用的性质属于历史性写作，具有转化性，因为它把海报置于时间性背景下，将它们改编并融入了另一个创造性作品。被告曾试图获得使用作品的许可，显示了善意。对于第二个因素，原版权作品是具有高度创造性的海报，当然不利于合理使用。但该使用具有转化性，这一点就不太重要了。按照第三个因素，使用数量是整个作品，这再次不利于合理使用，但该使用的数量是适当的，因为整个海报与时间线索相关。并且，被使用的是缩略图，而不是全尺寸或高品质的复制，因而使用数量符合受优待使用的要求。最后，本案没有显示出相关市场的损害。传记不会对海报本身形成市场替代，尤其是，这里使用的"缩微"复制件具有比海报低得多的分辨率，视觉品质很低。对于此种许可，现实中也没有显示出常规的市场需求。

s. 纽约联邦地方法院拒绝了合理使用。④《哈利·波特》的作者不能阻止其他人写有关这位年轻魔法师的故事参考书，也不能阻止他人复制书中的思想和非独创性材料（比如她使用的已有魔法传说）。他人甚至还可以对

---

① 参见作家协会诉哈蒂数字图书馆（*Authors Guild v. HathiTrust*），755 F. 3d 87（2d Cir. N. Y. 2014）。

② 参见如马修·萨格：《版权和复制件依赖技术》（Matthew Sag, *Copyright and Copy-Reliant Technology*），103 Nw. U. L. Rev.（2009）。讨论了依赖复制从事非表达性使用的技术复制，如"搜索引擎，抄袭检测软件，反向工程和谷歌新的图书馆编目工作"。

③ 参见比尔·格雷厄姆档案室诉多林·金德斯利有限公司（*Bill Graham Archives v. Dorling Kindersley Ltd.*），448 F. 3d 605（2d Cir. 2006）。

④ 华纳兄弟娱乐公司诉 RDR 出版社（*Warner Bros. Entertainment Inc. v. RDR Books*），No. 07 Civ. 9667（S. D. N. Y. 2008）。

其独创性表达进行合理使用。但该词典超出了合理使用的范围,而关键性因素是,该词典所使用的很多表达已远非参考书撰写所必要。作者撰写一本经授权的《哈利·波特》参考书已有具体计划——这一事实表明潜在的市场面临损害。

t. 国家纪念碑的大多数拍照都可构成合理使用,但该使用不符合要求,理由有多项。美国邮政局的使用是商业性的(出售了数百万的邮票)。摄影师的照片未被认定具有转化性,而只是一幅雪中雕塑的美丽画面。而且本案中的任何转化性使用均属摄影师所为,而非美国邮政局。另外,本案各方均非局外人。谈判协议未向美国邮政局授予版权或创作演绎性作品的许可。合理使用不能改变协议本身。①

u. 属于侵权。该使用是商业性的,同时又具有转化性,但并没有对原作进行批评或评论。被复制的成分虽然很少,但它们属于原歌曲最具特色的部分。其他许多人曾为其取样获得许可并付费,这一事实表明了市场损失的存在。②

v. 构成侵权。"治安部门本来可以为它需要的灵活性讨价还价,但它没有。用户无论何时将享有版权的软件应用在曾经约定的用途之外,它就会影响该产品的合法市场。"③

w. 第二巡回法院判决该修改属于合理使用,并强调该使用是"转化性"的,因为它改变了原作,以"新的表达、意义或信息……普林斯这25幅画作显示了与卡里欧的照片完全不同的美感;另一方面,卡里欧宁静的、精心构思的肖像和风景照描绘了拉斯塔法里教徒及其周围环境的自然之美,而普林斯的画作则是粗犷的、不和谐的,表现出狂热与刺激。"④

x. 法院否认其为合理使用,主要是考虑到它对版权作品造成的市场影

---

① 参见盖洛德诉合众国(*Gaylord v. United States*),595 F. 3d 1364 (Fed. Cir. 2010)。

② 参见布里奇波特音乐公司诉 UMG 唱片公司(*Bridgeport Music, Inc. v. UMG Recording, Inc.*),585 F. 3d 267,277-279 (6th Cir. 2009)。

③ 参见 447 F. 3d 769 (9th Cir. 2006)。

④ 卡里欧诉普瑞斯(*Cariou v. Prince*),714 F. 3d 694 (2d Cir. N. Y. 2013)。

响:"拒绝向美联社支付许可费,融文公司不仅仅剥夺了美联社在已有市场上的作品许可费,还因与以同样方式付费使用美联社内容的公司进行竞争,降低了美联社作品的价值。"[1]融文公司不同于典型的搜索引擎——反馈缩略图或文本片段,而是提供所求信息本身,从而对原作构成替代。

　　y. 我们还需要知道很多,如摘录的长度、大学是否有获得许可的有效途径。[2] 法院关注的是,是否有可行的许可协议供大学采纳。如果作品未能提供许可,这种"电子储备"一般就属于合理使用。许可证可以获得,如通过版权清算中心,合理使用便可允许使用一章之部分(如果图书有 10 章以下)或一章(如果图书有更多章)。这一做法可能会对实践产生广泛影响。各大学可能会寻求更多的许可,或将电子储备限定于规定的范围内。出版商可能会考虑这一判决,也许是以可能有些可笑的方式,如将书分为更多更小的章。[3] 按照这个案例,通过对版权作品提供许可,权利持有人将会让未经授权的使用更不可能成为合理使用。人们将会把这视为收缩合理使用,因为出版商可以与许可服务机构签约合作,从而为其图书注射预防宽泛合理使用的疫苗。但人们也可能认为这有利于用户,因为它鼓励出版商提供图书,避免了令人讨厌的合理使用量的算计问题——这有点儿像在为版权侵权买保险。

330

331

---

　　① 美联社诉融文美国控股公司(*AP v. Meltwater U. S. Holdings, Inc.*),931 F. Supp. 2d 537 (S. D. N. Y. 2013)。

　　② 剑桥大学出版社诉贝克尔(*Cambridge Univ. Press v. Becker*),863 F. Supp. 2d 1190(N. D. Ga. 2012)。

　　③ 詹姆斯·格里姆梅尔曼:《剖析佐治亚州案判决意见》(James Grimmelmann, *Inside the Georgia State Opinion*),The Laboratorium,May 13,2012,http://laboratorium.net/archive/2012/05/13/inside_the_georgia_state_opinion。

# 第十五章　视觉艺术作品的精神权利

## 一、比较法与国际法语境

　　弗朗茨将其小说版权卖给了 M 出版公司。通过出版,编辑把弗朗茨笔下一个作家辛苦奋斗的温情故事改成了一个饥饿艺术家的恐怖传说。版权法不能为弗朗茨提供表示反对的理由。他出让了他的版权,其中包括改编作品的权利。如果弗朗茨出售的是绘画,情况可能就不一样。在美国,版权法为视觉艺术作品赋予了禁止修改、歪曲、错误归属和破坏的特殊保护。

　　精神权利显示出美国版权法和其他法域之间的巨大差异。很多国家明确承认几种精神权利,包括归属权(他人必须承认该作者而不能非法自称为作者)、作品完整权(禁止破坏或歪曲作品)以及发表权(决定是否与何时发表作品的权利)。[①] 有些国家赋予诸如撤回权(让诸如图书等作品退出市场)、回应批评的权利以及转售版税的权利(又称"追续权利",比如画家在其作品出售后收取一定比例价款的权利,即使在她出售作品已经很久之后)。相比之下,美国版权成文法几乎没有明确承认那些精神权利。

　　精神权利模式的不同经常被视为美国版权法与其他法域,尤其是欧洲版权法之间根本模式差异之表现。其他法域可能将版权视为一种自然权利。因为作者创造了作品(小说、绘画、某些音乐),她应当能够控制针对其作品的任何事情。作品是作者人格的一种表现。作者的名誉与作品相连。伤害作品就伤害了作者。与此不同,在美国,版权更多被认为是经济而非哲

---

　　① 参见罗伯特·莫吉斯、彼得·梅内尔、马克·莱姆利:《新技术时代的知识产权》(Robert Merges,Peter Menell,and Mark Lemley,*Intellectual Property in the New Technological Age*),443 (Aspen 2003)。

学上的问题。版权法规定一揽子的排他性权利是为了激励作者创作作品。

　　精神权利模式差异曾长期被视为美国加入《伯尔尼公约》——这一主要的国际版权公约的障碍。《伯尔尼公约》要求其成员授予一定的精神权利：

> 在作者经济权利之外，甚至在这些权利转让之后，作者仍应享有对作品主张作者身份的权利，以及反对任何有关该作品的有损作者声誉或名声的歪曲、损毁或其他改变，以及其他贬损行为的权利。[①]

　　因此说，《伯尔尼公约》要求其成员承认作者的归属权和作品完整权。

　　美国自 1989 年开始加入《伯尔尼公约》。在这种情况下，国会采取了最低限的精神权利模式。国会本来可以宽泛地规定，一切作者对其作品享有归属权和作品完整权。然而，普遍性的美国立场是，美国法律已经提供了《伯尔尼公约》所要求的保护。尽管美国版权成文法没有明确授予作品完整权和归属权，但作者从版权成文法和其他法律的各种条款中获得了等同的保护。举例来说，如果作品受到歪曲，这可能会因创作演绎作品而侵犯版权。歪曲作品可能会违反侵犯授权作品使用的许可合同，引起合同法上的索赔。作者身份的错误归属可能因为商标侵权、错误的来源指称或仅仅是虚假广告而违反商标法。损害作者名声的身份错误归属或歪曲作品可能会构成诽谤或不正当竞争。简言之，美国对版权成文法的修改没有明确规定版权持有人享有精神权利，而是依赖于现行法律中的保护。然而，加入《伯尔尼公约》后不久，通过 1990 年的《视觉艺术家权利法》（VARA），国会为一小类作品即"视觉艺术作品"规定了这些权利，如今则被规定于《版权法》第106A 条。

　　美国尽管加入了《伯尔尼公约》，但并未在精神权利之性质方面增加什么。一个美国作者若是感到她有权享有比美国法律提供的更多的精神权

---

　　[①]　《保护文学艺术作品伯尔尼公约》第六之二条（*Berne Convention for the Protection of Literary and Artistic Works*），Art. 6bis。

334 利，又能怎样？国会已经明确，《伯尔尼公约》不能靠自己执行——这意味着个人并不拥有依据《伯尔尼公约》本身即可实施的权利。毋宁说，他们仅仅享有美国国内法律提供的权利。作者不能因《伯尔尼公约》授予的权利被侵犯而在美国法院起诉。《伯尔尼公约》成员国如果认为美国没有为精神权利提供符合《伯尔尼公约》要求的充分保护，又能怎样？《伯尔尼公约》没有规定强制性的执行机制。成员国可以自动遵从国际法院的司法管辖权，但美国没有为实施《伯尔尼公约》如此规定。如果《伯尔尼公约》某一成员国认为另一成员国不符合要求，除了抱怨，别无办法。实质而言，美国是否满足了《伯尔尼公约》所要求的义务，它自己就是裁判员。这与《与贸易有关的知识产权协议》(TRIPS)有着显著的区别——正是该协议将知识产权带入了世界贸易组织（WTO）的规则框架。作为 WTO 组织架构的一部分，TRIPS 有着详实的执行程序，为解决纠纷和实施制裁做出了规定。该协议还要求，其成员须达到《伯尔尼公约》大多数要求。美国也是 TRIPS 的成员之一，未满足《伯尔尼公约》要求将会导致美国受到实质性处罚；不过，TRIPS 尽管包含了大多数《伯尔尼公约》的要求，却又明确排除了第六之二条上关于归属权和完整权的规定。

# 二、《视觉艺术家权利法》上的权利

《版权法》第 106A 条题为"某些作者对于作品归属和作品完整的权利"，是版权成文法对精神权利授予最明确保护的条文。所有版权持有人都享有第 106 条规定的权利，包括复制、改编、公开发行、公开表演以及公开展示 335 作品的排他性权利。而第 106 A 条则对小部分作者提供了一组额外的权利。[①]

---

　　① 原著在此处收录了《美国版权法》第 106A 条的全部条文，即视觉艺术作品精神权利的全部内容。考虑到阅读必要性以及体例协调性，本译文未予保留。——译者

## （一）受保护的作品

"视觉艺术作品"的作者享有《美国法典》第 17 章第 106A 条规定的作者归属权和作品完整权。所谓视觉艺术作品,应当是油画、素描、版画、雕塑或照片(当其"仅为展览目的而创作")。该条款没有为一般意义上的作者提供一套精神权利。诸如小说、诗歌、电影和歌曲之类的创造性作品就不受第 106A 条的保护,更不必说电脑程序或实用物品之类了。它还一定不能被大量生产——最多可能有 200 份复制件,且作者必须全部签名并编号。[①]如果复制件制作多于 200 份,或单个复件上没有明确签名和编号,即使像绘画或照片之类的视觉作品也不能被视为视觉艺术作品。

该成文法明确排除了几种带有商业性或功能性特征的作品。"视觉艺术作品"不包括:

　　任何招贴、地图、地球仪、航海图、技术图纸、图表、模型、实用艺术、电影或其他视听作品、书籍、杂志、报纸、期刊、数据库、电子信息服务、电子出版物或类似的出版物。[②] 337

此外,这项权利不适用于"任何商品或用作广告、促销、说明、装饰、包装的材料或容器"。[③]

这些权利也不适用于雇佣作品。创作视觉艺术作品的雇员不能享有第 106A 条的保护。如果雇员绘制一幅画像是其工作的一部分,她既不享有视觉艺术作品的权利(因为第 106A 条排除了雇佣作品),也不拥有原初的版权(因为雇主被视为作品的作者)。当然,她的合同可能规定了版权之转让,或要求其雇主就其作品做正确归属或避免歪曲该作品。

视觉艺术家权利法于 1991 年 6 月 1 日生效,其保护适用于此日之后创

---

[①] 《美国法典》第 17 编第 101 条。

[②] 同上。

[③] 同上。

作以及此前创作,但作者未转让其权利的视觉艺术作品。因而,它排除了在1991年6月1日之前创作但作者已经将其权利售出或做其他转让的视觉艺术作品。

此外,第106A条的保护仅仅适用于本身受版权保护的作品。如果作品因在1989年之前发表而未具版权声明,或没能提交续展申请,或只因版权到期而进入了公有领域,其作者就不能享有第106A条规定的权利。视觉艺术家权利法也不适用于未能满足版权实质要件的作品:固定在实体性表达媒介上的独创性作品。但这是一个较低的标准,大多数视觉艺术作品很容易就能满足。

有些范围问题尚待解决。非法的墙上涂鸦,能够被禁止歪曲、错误归属甚至破坏(对于具有公认地位的作品)吗?对于非法创作的作品,法院可能会限制对它的保护。尽管人们知道,禁止错误归属可能不会损害建筑的所有者;但对于那些财产被擅自图画的人,阻止歪曲或破坏该作品可能会给其带来不适当的负担。另一个问题是,作品在哪个阶段被赋予保护。有法院曾认为,视觉艺术家权利法不适用于尚待完成的作品。

○**实例**

a. 受 VARA 保护吗?下列哪些作品受到第 106A 条(即 VARA)保护吗?

(a)歌曲《漂亮女人》。

(b)一名新闻摄影者为发表而拍摄的获得普利策奖的马拉松获奖者338 照片。

(c)宏达公司 CEO 的油画,由宏大公司雇员、作为其工作之一部分而创作。

(d)一幅表现跳跃蜥蜴的平版印刷图画,作者格拉托,只制作了50幅。

(e)一幅描绘世界劳动者的壁画,由某人权组织的雇员为其总部绘制。租期届满后,房产被出租给一家银行,后者打算对壁画进行粉刷。

(f)毕加索 1966 年的绘画,1968 年被他出售。

(g)毕加索 1966 年的绘画,他从未售出。该画不受美国版权法保护,因为它在 1967 年发表时未具版权声明。

（h）一面表现马拉松运动员的彩旗，鳄鱼运动饮料公司委托一名艺术家创作。该旗子被用作了亨德森威尔马拉松的广告。

（i）阿什利1990 年的绘画，1992 年卖给一名收藏家。1993 年阿什利又将其版权卖给了鳄鱼饮料公司。

（j）杰弗里拍摄的静物照《坏天气》，只制作了一张，在他的画廊展览。

b. 尚未完成。布切尔，一名艺术家，在马萨诸塞当代艺术博物馆安装部工作。在"民主训练营"里，访客可以扮作移民、积极活动分子、抢掠者以及法官等角色，在从电影院到飞机机身等设施里各尽其乐。然而，该艺术家和博物馆没有一起努力完成这个项目。当博物馆提议展示这些未完成的作品时，艺术家提起诉讼，认为这样做会侵犯他基于 VARA 享有的权利。未完成的作品能受保护吗？

⊙解析

a.（a）VARA 仅仅保护"视觉艺术作品"，它们必须是油画、素描、版画、雕塑或照片。而歌曲不受保护。

（b）照片只有在单纯为展览目的而拍摄的情况下，才可以受到保护。新闻照片不符合要求，这张获奖照片不受 VARA 保护。

（c）雇佣作品不受保护，即便它是绘画、图画、版画、雕塑或照片。

（d）只有在单个作品被连续编号，且由作者签名的情况下，限量版作品方可受保护。此处作品并非如此，因而不受 VARA 保护。

（e）雇佣作品不受保护，因此本例作品不受保护。[1]

（f）1991 年 6 月 1 日之前创作的作品只有在艺术家未在该日期前转让权利的情况下，才可受保护。毕加索已经出售该画，故不受保护。

（g）如果作品不受版权保护，也就不受 VARA 保护，本例就是这样。

（h）VARA 不保护"任何商品或广告用品"，因而该旗子不受保护。[2]

339

---

[1]　参见卡特诉赫尔姆斯利–斯皮尔公司（*Carter v. Helmsley-Spear*），71 F. 3d 77（2d Cir. 1995）。

[2]　比较波拉拉诉西摩（*Pollara v. Seymour*），344 F. 3d 265（2d Cir. 2003）。

（i）这画受 VARA 保护。作者不再拥有该画作或版权这一事实不影响 VARA 权利（对于 1991 年后的作品）。

（j）一张只以展览为目的而被制作的静止照片可受到保护。

b. "视觉艺术作品"的定义并不要求作品已经完成。不保护未完成作品会留下相当大的漏洞。法院认为，精神权利适用于未完成作品，因而该艺术家的作品完整权与归属权可以受到保护。[1]

## （二）视觉艺术家权利的范围

第 106A 条规定的权利遵循了《伯尔尼公约》第六之二条的一般要求，对作品的归属权和保护完整权做出规定。第 106A 条甚至大量沿用了《伯尔尼公约》第六之二条的语句，但是它还对这些权利做出了很多限制。

如果帕梅拉画了一幅肖像，那么她有权：

（1）对作品主张其作者身份；对于不是她创作的视觉艺术作品，禁止他人将她的名字误称为作者。

（2）如果该作品受到歪曲、毁损或其他方式的改变，禁止他人以有损其荣誉或名声的方式将她的名字称为其作者。

（3）禁止故意对作品实施有损其荣誉或名声的歪曲、毁损或其他方式的改变。

（4）如果是享有公认地位的作品，禁止破坏该作品。[2]

简言之，视觉艺术作品的作者一般有权获得作者身份认可，禁止作者身份的错误归属，并且防止作品本身受到故意的改变或破坏。

每一项权利都受到严格限定。只有在作者能表明其荣誉和名声受到损害的情形，防止修改和避免就被修改作品指认作者身份的权利才可适用；禁

---

[1]　参见马萨诸塞当代艺术基金会博物馆诉布切尔（*Massachusetts Museum of Contemporary Art Foundation, Inc. v. Büchel*），593 F. 3d 38（1st Cir. 2010）。

[2]　《美国法典》第 17 编第 106A 条（a）。

止修改和毁坏的权利仅适用于故意或严重疏忽的行为。

禁止毁坏的权利有一项附加条件。"有公认地位之作品"的作者有权禁止对作品进行故意的或严重疏忽的毁坏行为。一件作品应多么知名，或多么备受称赞才算是"有公认地位的作品"？成文法未作规定。法院可能要考虑如下一些要素：(1)作品是否受到诸如其他艺术家、博物馆长、批评家等专家的称赞；(2)作品已有多么知名；(3)作品的艺术价值(即使面对版权案的法官通常也要回避审美判断)。

禁止歪曲和毁损的保护只适用于作品本身。人们可以制作被歪曲的复制件而不违反第106A条。他们也可以将某一作品的内容复制到另一作品中，而不违反第106A条。可能损害作者名声的其他行为如果不影响作品物件本身，也可能不违反第106A条。比如，对作品的不合理批评或有偏见的描述就不属于第106A条所规制的范围。

被排除在视觉艺术作品之外的作品也被部分地排除了视觉艺术家权利法(VARA)规定的责任。如上文所述，VARA权利不适用于许多功能性或商业性作品，如报纸或广告。在此种作品中对受保护的视觉艺术作品进行"复制、描述、描绘或其他使用"，本身不适用身份归属权，且如此使用作品对受保护作品不构成"破坏、歪曲、毁损或其他修改"。①

有人可能认为，这种规定过份狭窄以致不能符合《伯尔尼公约》第六之二条的要求，后者要求禁止"有关该作品的……其他贬损行为"。第106A条没有授予诸如回应批评权之类的保护。并且，这种规定在美国可能难与第一修正案协调。

作者享有的保护只针对故意修改、故意或严重疏忽的破坏。成文法也明确规定，"时间流逝或材料固有性质所导致"的改动不违反法律。同样，因为"作品的维护、公开展示——包括照明和安置"导致的改动，也不违反法律，除非系严重疏忽所造成。

---

①　《美国法典》第17编第106A条(c)(3)。

专门的条款对建筑物安装视觉艺术作品的情形做出了规定。[①] 如果作者在 1991 年 6 月 11 日之前同意安装,或书面同意具有移除风险的安装,就不能禁止破坏或修改。不然的话,如果作品可在无损害的情况下移动,建筑物所有人须首先向艺术家发出 90 天的通知,艺术家可自费移动作品(并拥有该作品的所有权)。如果作品不能毫无破坏或改动地移动,艺术家就保有禁止故意改动或破坏的权利——但这仍要受到前述条件的限制,如有损荣誉或名声(禁止故意改动)或公认的地位(禁止破坏)。

成文法明确规定,VARA 权利受制于合理使用原则。如前文所述,版权作品的合理使用不侵犯版权。合理使用通常包括为诸如教育、研究、批评和评论等受优待的目的复制作品。当批评或评论原作时,歌曲或小说的仿讽式利用可能构成合理使用。将合理使用原则适用于第 106A 条可能会很有趣,因为它可能会涉及到作品修改或作品归属的错误认定。迄今为止,相关判例还很稀少。

VARA 权利不受首次销售原则的约束。根据首次销售原则,合法制作的复制件所有人有权"销售或以其他方式处分"复制件而不侵犯第 106 条(3)的公开发行权。但就其条款表述而言,该保护只适用于第 106 条(3)规定的权利。第 109 条没有授权合法制作复制件的所有人以可能违反第 106A 条的方式处分作品,如毁坏或歪曲它。同样,所有人可以展示其复制件而不会侵犯第 106 条(5)的公开展示权。该展示权不限制第 106A 条的权利,但第 106A 条本身规定,因"公开展示——包括照明和安置"而改动作品不构成侵权。

VARA 权利的保护期取决于作品创作的日期。如果作品创作于 1991 年 6 月 1 日之前,且作者未在此前转让权利,VARA 权利的期限将与版权相同(可能是终生再加 70 年)。对创作于 1991 年 6 月 1 日之后的作品,VARA 权利则为作者之终生。对于合作作品,保护期则按寿命最长的作者的生年来计算。

---

① 《美国法典》第 17 编第 113 条(d)。

○**实例**

a. 多少保护？帕梅拉为侄女维拉画了一幅肖像。后来帕梅拉将这幅画卖给了维拉的母亲玛雅。下列哪些行为会侵犯帕梅拉的 VARA 权利？

（a）玛雅将画放在当地一家画廊做展览，展板注明：玛雅绘画。

（b）玛雅用薄薄的透明密封层覆盖该画，意在防止其磨损和撕裂。帕梅拉觉得密封层歪曲了画的外观。

（c）玛雅把画借给了糟糕艺术博物馆，将其置于糟糕儿童肖像画廊，还将橙色聚光灯照在上面，使其看起来很恐怖。

（d）玛雅取回该画作，用颜料对它进行润色，改变了主题的表现和特征以及绘画的整体气氛。这让画显得更差了。接着，她将画拿去展览，并将其归于帕梅拉名下。

（e）在一个寒冷的夜晚，玛雅把画烧了。

（f）冈左对这幅画拍了一张照片，用软件进行了大幅度的歪曲，并将该图片放到网上。

b. 不要动。一位景观艺术家为一个公园创作了一套整体性的雕塑。为了给公园新的整体外观设计让路，公园主人决定移动该雕塑。艺术家一开始就提出，这侵犯了他的保护作品完整权。即使雕塑在移动时没有受到物理性改动或歪曲，这也会改动和歪曲作为整体的作品，因为它属于整装的、位址特定的艺术作品。将雕塑从其原来的位置、以及滨海背景上移走，可能就像是以《蒙娜丽莎》景观为背景作画。VARA 禁止该雕塑的移动吗？

⊙**解析**

a.（a）这会侵犯作者的身份归属权。

（b）VARA 规定"因维护造成的视觉艺术作品的改动"不属于侵权。密封层正是为了用作保护措施。

（c）这可能不违反 VARA。在有些国家，将画放在糟糕艺术博物馆可能侵犯精神权利（因为轻蔑），但 VARA 没有规定这样的权利。VARA 还规定，"改动视觉艺术作品是由于对作品进行维护、公开展示——包括照明和安置，不属于破坏、歪曲、毁损或其他改动……除非改动是因严重疏忽所

造成。"博物馆会认为,它对作品的照明和安置受到保护,但这可能属于严重
疏忽——橙色聚光灯由此改变了作品的外观。问题在于,VARA 是否将
"改动"扩展至不改变作品物件本身的情形。成文法未对该词语进行定义,
至今也几乎没有判例法。博物馆也可能以合理使用作为其抗辩理由:它使
用橙色聚光灯作为对作品价值优劣的评论。

　　(d) 这会侵犯保护作品完整权(因为玛雅故意歪曲和改变了作品)和作
343 者归属权(因为被歪曲的作品以有损名声的方式归于帕梅拉名下)。

　　(e) VARA 禁止"破坏有公认地位的作品"。我们没有任何事实表明该
作品是有公认地位的——备受称赞、在博物馆展览(除了糟糕艺术博物馆)、
同行认可,因而帕梅拉似乎没有阻止破坏的权利。

　　(f) 第 106A 条规定的禁止歪曲和破坏的 VARA 权利仅保护作品本
身,因而冈左不因第 106A 条承担法律责任。然而,基于第 106 条,他可能
要为其侵犯排他性的复制和改编权(制作演绎作品)而负责。

　　b. 菲利普斯诉彭布罗克房地产公司一案[①]提出了这样一个难解的概念
问题:禁止改动和歪曲作品的权利范围。法院认为,该案的处理乃是以公开
展示条款为基础,即允许"公开展示——包括照明和安置"导致的改动。
VARA 没有对艺术完整性赋予绝对性的保护。相反,通过各种限制与例
外,VARA 在保护艺术家精神权利与保护其行为可能影响艺术的他人自由
之间达成了妥协。法院指出,在理论上,禁止对室外艺术的照明和安置做任
何改变不仅会限制财产所有人,也可能会限制相关邻居——他们对其财产
的使用可能会进入该艺术品的范围。

　　如此解读不会将艺术家置于失去法律保护的境地。VARA 在当事人
没有达成其专门协议的情况下提供了漏洞填补规则。艺术家可以通过与委
托方签订协议来寻求更大的保护。通过地役权或随土地一同转让的契约,
这种规定可以对未来的地主产生约束力。

---

　　① 菲利普斯诉彭布罗克房地产公司(*Phillips v. Pembroke Real Estate, Inc.*),459 F. 128,
137 (1st Cir. 2006)。

### （三）谁享有视觉艺术家权利？

《伯尔尼公约》规定，作者应当"在作者经济权利之外，甚至在这些权利转让之后"享有作者身份归属权和保护作品完整权。VARA 遵循了这一原则。基于 VARA 的权利与版权所有权、作品本身所有权相分离。[①] 作品之作者，而非版权所有人或作品物件所有者，享有 VARA 权利。如果一个画家将其画作和版权都进行了出售，她依然保有她的 VARA 权利。事实上，VARA 权利不可转让，因而任何有关这些权利的所谓转让均属无效。只有 344 作者可享有 VARA 规定的权利，无论她是否依然享有版权。

尽管这些权利不可转让，它们却可以被宣布放弃。放弃必须以书面形式，由作者签名，并特别明示"该放弃所适用的作品，以及该作品的用途"。[②] 作者可以放弃她的 VARA 权利，但必须以签名文书的方式做如此明示。

合作创作视觉艺术作品的所有作者是这些权利的共同所有人。一人放弃该权利，属于代表所有作者对该权利做共同放弃。因此，对于合作作品，人们只需从一个作者那里就可以获得其弃权。

# 三、精神权利的替代性法源

第 106A 条仅为一小类作品提供保护，但作者也可使用知识产权法的其他条款来保护作品完整权与归属权。比如，改动作品可能构成演绎作品创作。作品错误归属也可能侵犯复制件，可能会违反规制版权管理信息的新规定，简要讨论如下。终止权（见下文讨论）禁止作者永久放弃作品上的一切权利。更普遍的是，商标法和其他法律领域禁止对作品做错误的作者归属。合同法可以提供相当强的保护。如果作品使用的方式与作者的授权

---

① 《美国法典》第 17 编第 106A 条（e）（2）。
② 《美国法典》第 17 编第 106A 条（e）。

不一致,就可能会违反合同,引发损害赔偿与禁令救济。①

　　如果作品未经作者同意就被发表,可能侵犯版权。联邦最高法院就曾对首次发表权给予了相当大的重视。② 收回权(right of withdrawal)也同样可以通过作者的排他性制作和发行复制件的权利得到保护。按照美国版权成文法第 203 条,终止权所赋予的类似于下述权利。一名饥饿的艺术家如果将其画作或小说的版权售出,他在 35 年内拥有不可剥夺的收回权(right to reclaim)。并且,许多州还有精神权利法。如果它们提供的权利与第106A 条规定不等同,它们就不会因联邦法优先而被取代。③

　　不过,美国联邦最高法院曾认为,版权成文法限制将商标法作为归属权的法源。④ 在达斯塔案中,原告对于历史作品录像的版权已经到期。被告在移除了原版制片人的归属标识后再版了该录像。该案审理法院拒绝了这一诉求:该行为误称录像“来源”,违反了商标法。的确,如此宽泛地理解作品来源,将赋予版权作品无限期的保护,因为如此一来,作品即使已经进入公有领域,他人也不能使用该作品。为维持作品版权保护与来源标记之商标法保护之间的区别,最高法院裁定,商标法不能被扩大适用于单纯的利用公有领域作品的行为。

　　○实例

　　a. 铁腕。图书《鸭子》是一本影集,艺术图片社拥有其中所有图片的版权。该图片社已销售该书成千上万份。维比工艺品公司购买几册图书,剪下各类照片,将它们粘贴到装饰性瓷盘上,涂上光泽,最后在它的精品店里销售这些裱好的图片。艺术图片社知道它不能依据 VARA 提起诉讼;此间不涉及连续编号的限量版照片。但是艺术图片社起诉其侵犯版权,认为维

---

　　① 比较吉列姆诉美国广播公司(*Gilliam v. American Broadcasting Companies*),538 F. 2d 14 (2d Cir. 1976)。

　　② 哈勃与劳出版社诉国家杂志社(*Harper & Row, Publishers v. Nation Enterprises*),471 U. S. 539 (1985)。

　　③ 《美国法典》第 17 编第 301 条(f)。

　　④ 参见达斯塔公司诉 21 世纪福克斯电影公司(*Dastar Corp. v. Twentieth Century Fox Film Corp.*),123 S. Ct. 2041 (2003)。

比创作了未经授权的演绎作品。我们在几章前的论述中已经看到,对于维比是否侵犯了艺术照片社就创作演绎作品享有的排他性权利,法院之间存有争议。那么,该案与精神权利问题有何关系?

⊙解析

a. 正如伊斯特布鲁克法官所说,如果这"可被当作演绎作品,那么美国便通过后门确立了极其宽泛的作者精神权,艺术家借此可以禁止他们不赞成的改动其作品的任何行为。欧洲式的精神权利还没有走这么远。"[①]排他性的演绎权能够让作者防止对其作品的改变,但如果**任何**改动作品的行为都侵犯了演绎权,那么 VARA 可能就几乎不必要了。更为合适的观点是,演绎权的侵犯应该涉及新作品的产生,它应具有获得版权保护所必要的独创性。

---

① 　李诉 A. R. T. 公司(*Lee v. A. R. T. Co.*),125 F. 3d 580,582 (7th Cir. 1997)。

# 第十六章　技术措施保护与
# 版权管理信息

数字权利管理是一种技术,被硬件制造商、出版商、版权人和个人用于控制数字内容与装置的售后使用。

——数字权利管理,维基百科

2014 年 9 月 24 日[①]

复制保护(名词):一种防止无能盗版者盗取软件以及合法用户使用该软件的方法。被认为很傻。

——艾瑞克·S.雷蒙德:《术语档案》,版本 4.4.8

2004 年 10 月 1 日[②]

## 一、反复制与反接触措施的法律保护

长期以来,版权持有人依靠技术措施来防止或侦查复制,这包括从水印纸到数字水印。早期电脑游戏程序员依赖混淆和轻微的格式改变措施编写代码,盗版的游戏便无法正常运行。为阻止盗版软件的传播,一些游戏会要求用户回答各种问题,如"手册第 17 页第一个单词是什么",因而运行该款游戏就需要一份使用手册。[③] 用户可能要注册软件或拥有特定的序列号,

347

---

① http://en.wikipedia.org/wiki/Digital_rights_management。

② http://www.catb.org/jargon/html/C/copy-protection.html。

③ 参见维基百科"复制保护"(*Copy Protection*,Wikipedia),http://en.wikipedia.org/wiki/Copy_protection,2014 年 10 月 22 日。

或插入一个软件狗（一个编码硬件）。录像带、录音 CD、只读光盘、DVD 以及其他媒介同样都被实行过各种各样的控制复制的尝试。很多种装置和技术都曾被用于防止复制。但是，它们在可以阻挠潜在侵权人的同时，有时也妨碍了用户已获授权的使用。为了研究旧作品，历史学家、业余爱好者以及档案工作者时常要努力规避一些旧软件上的版权保护装置。

最近，数字权利管理（DRM）技术所寻求的目标是，既能阻止未经授权的使用，又能促进许可体系。理想的情况下（从版权持有者的观点来看），DRM 将在阻止任何未经版权人授权的使用的同时，又能允许产品以不同条件向不同类型的用户（或为个人付费，或为公司付费）实施高效许可。数字权利管理可控制使用作品的次数，获得作品的程度，并允许版权所有人远程监视和控制作品的使用。用户也可从这些控制中获益：允许版权持有人对其提供的产品做多方面设置，作品可以被广泛获得，从而使用户具有更多的选择。

论者提出了许多潜在的问题：DRM 体系（波及批评家）可能会妨碍合法的使用，如合理使用。DRM 可能会因控制获取而把作品中的非版权性成分也锁起来。DRM 监控也带来了隐私权问题。用户之间的价格差别是不合理的。DRM 制作者的承诺并不总是经得起技术专家的审查。各种 DRM 系统未能如其允诺般地有效运行，或者妨碍了用户对承诺内容的获取，或者竟把潜在的程序缺陷或安全漏洞引入用户的系统。由于 DRM 系统禁止改编和开发与现有产品一起运作的产品，它可能会妨碍创新。虽然它们也可能会鼓励黑客创新——无论好坏。①

1998 年，作为《数字千年版权法》（DMCA）的一部分，新的版权所有人保护类型被纳入《版权法》。如今的第 1201 条规定，版权所有人使用的两种技术措施受到法律保护：即反复制与反接触技术措施。② 人们认为，由于电子数码作品的复制和发行如此容易，此种法律保护很有必要（技术本身提供

① 参见乔纳森·齐特瑞恩：《互联网的未来——以及如何阻止它》(Jonathan Zittrain, *The Future of the Internet—and How to Stop It*)，2008。

② 参见《美国法典》第 17 编第 1201 条。

的实际保护除外）。基于《世界知识产权版权条约》，该立法也被认为是必要的。该条约要求其成员：

> 对于作者为行使本条约或《伯尔尼公约》所规定的权利而使用的，对就其作品进行未经该有关作者许可或未由法律准许的行为加以约束的有效技术措施，提供适当的法律保护和有效的法律补救办法，以制止规避行为。①

有些论者认为，通过对版权所有人之排他性权利做宽泛的界定，并通过帮助侵权和转承责任制度，美国法律已为此提供了足够的法律保护。②

　　第一种被保护的技术是反复制技术（此处"复制"是对版权所有人就其作品制作复制件、改编，或进行公开发行、表演或展览的排他性权利的简称）。版权所有人可使用技术措施来阻止复制其作品。复制保护技术通常被用于 DVD 和视频游戏，而 CD 和软件一般不太常用。流媒体允许观众在不必制作复制件的情况下观看电影。复制保护的旧格式包括软件磁盘和录像带上的防复制（以及意外擦除）装置。拥有受复制保护物件的人可以使用它，但不能另行制作副本在反复制装置按预期发挥作用的情况下——该装置对于精明的操作者通常不过是一个减速带而已。

　　另一种保护性技术——反接触技术，意在阻止那些能接触作品复制件的人在未经许可的情况下**有效**接触该作品。按观看次数付费的电影常常以打乱的格式被传输。有些数字格式的产品得到加密。有人可能拥有一本被加密的电子书副本，但若不规避其反接触技术（即对它进行解密）就不能阅读它。此种技术的目的是允许版权所有人控制使用作品的条件。各类规则（使用费、使用数量、使用类型、合同期限）都可通过限制作品接触的代码得到执行。

---

① 《世界知识产权组织版权条约》，第 11 条 "关于技术措施的义务"。

② 参见杰西卡·李特曼：《数字版权》(Jessica Litman, *Digital Copyright*)，2001。

　　第 1201 条有两类禁止令：

　　(1) 反规避规则，禁止规避反接触技术。

　　(2) 反交易规则，禁止对规避反接触技术或反复制技术的装置或服务从事制作和销售。[①]

　　规避反接触措施违反成文法，但规避反复制措施则不违反。这一区别的理由是，未经授权的复制常常为合理使用原则所允许。但（对此可能会有意见分歧）合理使用制度并不鼓励未经授权的接触。而且，实施规避的目的若不受合理使用保护，复制行为无论如何都会构成版权侵权，这就使第1201 条规定的额外责任不太必要。

　　比较而言，反交易规则同时适用于反接触和反复制技术：制作或销售规避两类技术的装置或服务都要受到禁止。如果我规避技术后复制一本电子书，我不违反第 1201 条；如果我通过规避技术来阅读这本电子书，我就违反了第 1201 条；如果我为上述二者之任一目的向他人销售商品或服务，我也违反第 1201 条。即使我销售该服务以帮助别人行使其合理使用权利，我也可能违反第 1201 条。

　　反规避规定可使版权所有人对不再受其直接控制的复制件实施法律控制。按照传统版权法，经授权的复制件一旦掌握在他人之手，版权所有人对它的法律控制就会受到限制。如果他人对版权所有人的作品制作复制件、创作演绎作品或公开表演其作品，版权所有人享有的具体排他性权利可能就受到侵犯。而基于首次销售原则，复制件所有人却可以公开发行或展示该复制件。并且，人们可以对该复制件进行很多次使用而不会触犯其排他性权利。阅读一本书、私下表演版权作品或复制版权作品中不受保护的材料都不属于侵犯版权，但反规避条款则允许版权所有人对接触作品之条件实施某些法律控制。

　　一个关键的问题是，法院对第 1201 条之保护的解释可有多宽。如下文

---

　　① 参见 1998 年《数字千年版权法》之版权局概要（*Digital Millennium Copyright Act of 1998*，Copyright Office Summary）。

所述,有些法院对这些保护可能作出了狭隘解释——仅仅在有人试图去除反接触或反复制措施以侵犯版权时才适用它。其他法院可能对这些保护作宽泛性解释——即使是为了使用作品中不受版权保护的内容或对作品做合理使用而实施规避,也会被判定违反第 1201 条。在宽泛的意义上,这一观点可表述如下:

> 第 1201 条不应当被认为禁止那些意在利用作品中不受保护之成分或以不侵犯排他性权利之方式使用受保护成分的行为。如果有人试图使用作品的实用性层面或非独创性层面,或试图对作品进行合理使用或单纯以排他性权利范围之外的方式使用作品,第 1201 条不应适用。否则,这将会把版权的范围扩大至其预定边界之外,甚至有可能超出国会权力之范围,因为国会不能对非独创性要素或思想赋予版权保护。假设一本电子书包含了《费恩历险记》(不受版权保护)的文本以及大约一页的新注释。该注释版可能会因为新注释的加入而符合版权保护的最低要求。但是,如果它通过反接触代码受到保护,而他人只是想使用不享有版权的《费恩历险记》文本,就不应被视为违法。

而相反的则是:

> 第 1201 条当然要超越现行《版权法》的保护范围,否则它就会多余。毋宁说,第 1201 条有意准许版权所有人来决定其版权作品在多大程度上被使用。版权所有人没有义务将她的作品全部公之于众。在数字领域,隐私是版权所有人面对的巨大风险。作品可以通过网络被轻易地复制和发行。第 1201 条只是说,如果版权所有人将其作品公之于众,同时对访问和复制采取了技术控制,成文法将惩罚规避反接触控制的行为,或买卖规避反接触或反复制技术的装置或服务的行为。换言之,如果有人得到的作品受到版权所有人附加的限制,她就必须遵守这些限制。

这样的一般性政策可能会影响法院对第 1201 条特定语言做出的解释。

## （一）反规避规则（仅适用于反接触措施）

第 1201 条首先禁止规避反接触技术："对于本法保护的作品,禁止规避有效控制其接触的技术措施。"[①]以概要形式言之,下列情况依该条产生法律责任：

a. 该作品受到《版权法》的保护；

b. 技术措施有效控制着对该作品的接触；且

c. 被告规避了该措施。

### 1. 作品是否受《版权法》保护

第 1201 条仅适用于受《版权法》保护的作品。对公有领域作品施加反复制或反接触措施不能依第 1201 条受到保护。若版权已经到期或作品内容不受版权保护（因它是非独创的、实用的或因其他原因不受保护）,第 1201 条不可适用。但回想一下,有些作品尽管基本不受保护,却有可能受到"微弱"保护。数据库由不受保护的事实构成,其选择和编排可能含有足够的、可受保护的独创性。电脑程序主要是实用性的,但仍然有可能至少享有防止逐字复制的保护。这类作品上的反接触或反复制措施可受第 1201 条的保护。如果第 1201 条致使接触成为非法,这会造成一种危险：一方当事人可有效地对不受版权保护的材料取得版权保护。

### 2. 技术措施是否有效控制作品接触

一项技术措施必须有效地控制对作品的接触,它才能受到第 1201 条的保护。受保护的反接触措施包括诸如在线影片干扰、含版权内容的 DVD 或 CD 光盘加密以及数据库或在线服务的密码保护等技术。

当要决定何种措施受到保护时,悖论产生了。如果一个反接触措施在技术上是成功的,法律保护就是不必要的。如果它能够完全阻止任何人接触作品,版权所有人就可以完全依赖技术保护而不必考虑使用法律措施。

---

① 《美国法典》第 17 编第 1201 条（a）（1）（A）。

而该条款的设计是为了针对反接触技术没有成功的情形。法律定义为保护设置了相对较低的门槛:"一项技术措施在其正常运转过程中,如果要求应用经版权所有人授权的信息或者工序、处理,以便接触到这个作品,该措施就是'有效地控制作品的接触'。"①立法过程表明,这样的保护可能包括加密、干扰以及验证机制(如密码)。

该条款保护控制"接触"作品的技术。构成接触行为可能有宽泛的或狭窄的解释。联邦巡回法院采取的方法可明显缩小反规避条款的可能性范围。盛柏林一案②中,竞争者销售一种设备,它为启动电脑控制车库门操控器提供一种必要的"滚动码"。其中受到考虑的是,第 1201 条是否受到违反。原告车库门制造商主张,滚动码属于受保护的反接触技术,因为要使用该版权程序就有必要使用该滚动码。基于这一观点,使用该程序就构成对版权作品的"接触"。

盛柏林案审理法院反对这一观点。它主张第 1201 条仅仅适用于与版权保护相连接的接触限制。该院认为,"天空连线公司被指控的规避装置与版权法提供的保护之间的联系"并不存在。法院的推理是,版权不保护作品的功能性成分,而仅仅保护其创造性层面。争议设备仅服务于启动车库门操控器,从而触发该程序的功能,但并没有复制其中任何表达性成分。因为该设备没有用于接触作品中受保护的层面,它就没有触发第 1201 条之反接触规定。因而,规避滚动码无需承担责任。

第六巡回法院同样拒绝适用第 1201 条来禁止电脑程序的使用——这不是复制行为或其他与版权保护相关联的行为。利盟案③所考虑的是,将程序用于打印机所必要的代码序列是否有资格成为受保护的接触控制设备。利盟打印机的拥有者很容易就能打印出该电脑程序的复制件,因而在

---

① 《美国法典》第 17 编第 1201 条(a)(3)(B)。

② 参见盛柏林集团公司诉天空连线科技公司(*Chamberlain Group v. Skylink Techs.*),381 F. 3d 1178,1182(Fed. Cir. 2004)。

③ 利盟国际诉静态控制元件公司(*Lexmark Intl. v. Static Control Components*),387 F. 3d 522 (6th Cir. 2004)。

其阻止获取程序副本的意义上，代码序列并未对接触实施控制。可以说，该代码序列对于程序的使用是必要的，而该程序是运行打印机之系列程序中的一个。法院的结论是，该代码不是受保护的接触技术，因为该代码非接触该程序所必须；不过它对于该程序的使用则是必须的："换言之，没有安全设备保护对打印机引擎程序代码的接触，相应地就没有安全设备必须被规避以达到对该程序代码的接触。"利盟案判决所依赖的是版权法（授予复制作品，而非使用作品的排他性权利）与专利法（授予一种强保护——使用专利发明的排他性权利）之间的区别。如果电脑程序的版权能通过第 1201 条被用于阻止未经授权接触程序，那么版权事实上将会成为排他性地使用程序的权利。

如果有多种途径可接触作品，规避其接触障碍可能不违反反规避条款。就像利盟案判决所称，"就像人们不会说房子后门上的锁'控制进入'前门没有锁的房子，并且正如人们不会说房子任何门上的锁在购买者拿到钥匙后都能'控制进入'该房子，如此认为显得并无意义；DMCA 这一条款可适用于以其他方式可轻易接触的版权作品。"利盟案判决认为，使用版权程序所必要的验证序列没有资格被视为反接触技术，因为该程序的代码通过其他方式可以很容易获得。

利盟案和盛柏林案为试图利用第 1201 条来控制售后市场的公司树立起一个相当大的障碍，比如车库门操控器以及打印机墨盒市场。根据上述判例，人们不可能认为第 1201 条可保护旨在操纵产品使用的反规避技术——这不是对版权之排他性权利进行规制。就像利盟案判决所说，"在审议 DMCA 时，国会没有表示要为规避旨在阻止用户使用消费品的技术措施创设一种责任，同时却将作品中的版权内容置于不受保护的境地。"

比较而言，戴维森诉荣格案[①]的判决认为，软件开发者利用反向工程来创作代码，从而绕开"秘密握手"协议以操作在线游戏的行为存在反规避违法行为。不同于利盟案，该作品复制件并不为公众所接触。不同于复印机

353

---

① 戴维森诉荣格(*Davidson ＆ Assocs. v. Jung*)，422 F. 3d 630，641 (8th Cir. 2005)。

中的程序,该游戏程序不向公众传播。而且,使用者只能在线接触游戏程序。戴维森案的审理法院提出代码不仅影响不受版权保护的实用性要素,还限制获取创造性表达,并且因此构成受保护的反接触装置。

**3. 被告是否规避了措施**

被禁止行为的界定很宽泛。规避被定义为"未经版权所有人授权,消除作品乱码、解除作品加密,或以其他方式避开、绕过、移除、取消或损坏技术性措施。"[①](强调系作者所加)各种绕开技术性措施的手段可能都在成文法规定的范围之内。对有线电视上的电影消除乱码,对 DVD 光盘进行解密、躲开密码保护以获得受保护音乐数据库等行为,均需承担法律责任。

不是每一种黑客行为都构成规避。假设某一版权程序控制着一台机器,而该程序的获取受到加密控制。被告制造了一个芯片,可被用来取代这一程序。被告插入芯片即可运行该机器。被告没有违反第 1201 条,因为他没有通过规避该措施来接触受版权保护的作品。被告仅仅替换了版权作品,而未曾对技术措施做任何事。[②]

在被告的行为没有促使侵权的情况下,违法行为就不存在。存储科技公司诉定制硬件工程咨询公司一案[③]的判决认为,被告获取并利用软件,系第 117 条(c)款之电脑维护避风港规则所允许,没有违反反规避条款。被告虽然规避了技术措施,但其最终使用不属于侵权,而是被授权的使用。

未经授权使用作品,本身不是对反接触措施的规避。使用未经授权的密码让法院产生分歧。假设某视频游戏制作者通过密码来控制对该游戏的接触。每一个用户必须注册、收到密码并允诺不向任何他人分享该密码。某用户将密码告诉朋友,该朋友就能使用该游戏的副本。在某些法院看来,该朋友没有违反第 1201 条,因为她没有规避技术措施。规避是"消除作品乱码、解除作品加密,或以其他方式避开、绕过、移除、取消或损坏技术性措

354

---

①　《美国法典》第 17 编第 1201 条(a)(3)(A)。

②　参见利盟案(*Lexmark*)。

③　存储科技公司诉定制硬件工程咨询公司(*Storage Tech . Corp. v. Custom Hardware Eng'g & Consulting , Inc.*),421 F. 3d 1307,1319(Fed. Cir. 2005)。

施"。毋宁说,她根据其技术设计使用了该措施(若非根据法律规则)。其他法院则认为,该朋友规避了密码保护技术,而该技术的存在就是为了使他们远离非经授权的密码。

最后一项要求有时可能取决于合同法。"未经版权所有人授权",只有买卖规避技术的装置才负法律责任。假设某商家购买了一份昂贵的会计软件。根据合同,该商家可以接触该软件。该软件代码包含了接触控制。商家聘请一个独立承揽人对这个软件进行修改。如果独立承揽人经该商家允许对接触控制实施规避,这对软件供应商而言是否"未经授权"? 在更为一般性的条款中,产品供应商能利用反接触措施来限制他人与供应商之客户做交易吗? 为解决这个问题,法院可能不仅要考虑第 1201 条,还要考虑合同法。事实上,使用第 1201 条来阻碍竞争者可能构成版权滥用。[①] 另一方面,授权客户接触不应当向所有来客打开无限制接触的门。

○ 实例

a. 诗人不知道它。某研究员在查阅档案时发现一首失传 200 年之久的诗歌,曾刊登在一份地方性报纸上。研究员希望严格控制该诗文本的传播。她对诗歌文本文件进行了加密,然后把加密文件副本发送给该领域的其他几个研究者,同时还分别给他们发送了文件解密说明。通过欺骗其中的一位文件获得者,因特鲁也取得了加密文档副本。因特鲁想破解加密文档并获得诗歌文本。因特鲁违反了第 1201 条吗?

b. 龙虾信息之争。信息咨询公司汇编了一个庞大的数据库,内容是龙虾产业信息。该咨询公司在选择和编排这些信息时投入了相当的创造性。该公司认为,这个数据库是有价值的商业秘密,便采取多项措施来保护这些信息的安全。信息接触通过加密和密码受到限制。然而,一家竞争对手规避了这些技术措施,并复制了整个数据库。该竞争对手违反了第 1201 条吗? 如果该竞争对手只是有选择性地复制了数据库中的一小部分条目呢?

---

① 参见丹・L. 布克:《反规避的滥用》(*Dan. L. Burk*, *Anticircumvention to Misuse*),50 UCLA L. Rev. 1095(2003)。

c. 抱歉了！斯克鲁发行了一张新的乡村音乐 CD。这张光盘进行了专门的加密，可在普通 CD 播放器上播放，但其编码通常会使之无法复制。范借了一张光盘，并在研究过其编码后试图复制一张。范违反了第 1201 条吗？范是否侵犯了版权？假设该编码禁止他人接触光盘中的音乐，答案会有什么不同？

d. 马里兰州的螃蟹。某雕刻家用密码锁将其最新创作《软壳蟹》锁在了地下室里。某盗贼设法潜入房屋，撬开锁，并偷走了雕塑。除了为非法侵入和侵占负责，该盗贼是否要因违反第 1201 条承担责任？

e. 黑色褪去。某电影公司正在销售一种可自动销毁的 DVD 电影光盘。这些 DVD 光盘覆盖了一种特殊的挥发性塑料。一旦从盒子里移出，DVD 光盘可使用三天。三天后，塑料就会退化并使 DVD 光盘无法观看。这项技术的目的是简化录像带租赁。商店不再出租三天录像带，而是销售仅能使用三天的录像带。某化学家购买了这样的 DVD 光盘。她很聪明地将它浸泡在防腐剂溶液中，消除这种自动销毁的效果，如此她就能按自己的意愿长期观看 DVD 光盘。这位化学家违反了第 1201 条吗？

f. 不只是电视。通过收取适度的费用，莎皮为私人房主定制有线服务（经有限电视公司允许）。通过对房主的分线盒做一些选择性调整，莎皮可让房主访问到优质的有线电视频道但不用为此支付费用。莎皮遭遇起诉，理由之一是他违反了第 1201 条。莎皮认为第 1201 条不可适用。第 1201 条仅适用于有效控制作品接触的技术措施，而有线电视干扰未能有效地控制作品接触。该干扰显然是无效的，因为莎皮很轻易地规避了它。他的主张能成立吗？

g. 耐心不是美德。永达运行的网站允许会员在线听她的音乐。每个会员支付极少的月费，就能收到一个密码，从而可不受限制地接触永达的所有作品。生活节约又勤奋的音乐爱好者培欣访问了网站，并耐心地尝试了几百次来猜测密码。最后，他把永达孩子的姓名组合在一起，猜到了有效的密码并成功获得音乐。培欣是否违反了第 1201 条？

h. 被置于角落。麦克匹克销售一种名为麦克盒的手提电子视频游戏机,价格低廉。麦克匹克通过销售在该手提游戏机上使用的游戏盒赚了很多钱。每台手提游戏机上都运行着一种操作系统程序。由于该系统程序中含有特殊的编码,只有麦克匹克销售的游戏盒才能与该程序一起运行。有一家竞争者聪明地制造了一种游戏盒:它被插入麦克盒后,其中装载的另一种操作系统程序可以使之运行,并能够与任何游戏盒适配。这位竞争者违反了第 1201 条吗?

i. 不是我的坏了。"愤怒的贼"是一款流行的视频游戏,复制受到保护。杰米非法获取一份游戏副本并把它修改成了喜剧版。麦迪用这款游戏为她的网站吸引流量。麦迪拥有在其网站上使用该游戏的许可,且该许可不禁止使用改编版,但她是否要为违反反规避规则承担责任?

j. 是朋友还是敌人?尼尼克使用社交工程走过多西公司的安全服务台。走在隔间里,尼尼克抓取了一位雇员的密码列表。尼尼克用其中一个密码访问了受版权保护的数据库。这属于违法规避行为吗?

⊙ 解析

a. 因特鲁没有违反第 1201 条,该条禁止的是对"控制接触受本法保护之作品"的技术性措施实施规避的行为。加密的确控制了该诗歌文本的接触,但这首诗不是"受本法保护之作品"。一首 200 年前发表的诗不受版权保护,而第 1201 条仅仅适用于对版权成文法所保护之作品实施保护的技术措施。

b. 该竞争对手规避反接触措施,违反了第 1201 条。数据库受版权保护。即使它主要由不受版权保护的事实构成,但数据之创造性选择和编排方面也包含了可受版权保护的表达。竞争者规避了控制接触版权作品的措施,违反了反规避规则。

在获取数据库之后,如果该竞争者仅复制了少量事实(它们不受版权保护)而不是整个数据库,结果可能有所不同。版权所有人可能会主张,第1201 条禁止规避,却并未将其局限于造成侵犯版权的规避。但是,依据利盟案和盛柏林案,法院可能认为,第 1201 条不禁止目的仅在于利用作品中非受保护之成分的规避。

357        c. 规避一项反复制措施不违反第 1201 条,因而范不会因第 1201 条对其复制行为承担责任。反规避规则仅适用于规避反接触措施(不是规避反复制措施),因此该规避行为不违反第 1201 条。范有可能侵犯了版权——但他可能会受合理使用制度或《家庭录音法》保护。

特别注意,如果凡规避了反接触措施,答案可能不同。那样可能潜在地违反第 1201 条,第 1201 条禁止规避反接触措施。

d. 这个例子所涉及的问题是,如何理解第 1201 条范围之宽窄。成文法可以被适用于这一情形。地下室可以被视为有效控制接触版权作品的技术措施。一项措施如果通常"要求应用经版权所有人授权的信息或者工序、处理",该措施就是在控制接触。[1] 要打开地下室,通常需要将正确的密码用于锁。盗贼通过撬锁,对锁进行了规避。字面上看,成文法在此是可以适用的。可能会有相反的观点认为,成文法没打算适用于这种情形,并且成文法的目的应当不是规制字面上可能理解的最大范围。当盗窃的目标是物体而非侵犯版权时,法院可能认为第 1201 条不能适用。当然,这并非案件的全部,盗贼需要承担各种刑事与民事责任。

e. 这里的问题是,该技术措施属于反接触措施还是反复制措施(记住:反规避规则仅适用于反接触措施),或者都不是。电影公司可能将它的特殊塑料视为一种反接触措施,因为它限制了作品的接触,但是这一定义所适用的措施"要求应用经版权所有人授权的信息或者工序、处理",以便接触作品。这种退化塑料并不要求应用信息就能接触;而且,它只是在打开三天后自动销毁。人们可以再次延展该法定用语:为在三天后接触作品,这位化学家的确必须采取一种"处理"。而更好的解读可能是这一措施属于第二类,反复制措施,因为它"约束或以其他方式限制行使版权所有人的权利"。规避反复制措施不违反第 1201 条。法院也可能认为它不属于任何一类技术。

f. 莎皮的观点可能不成立。确实,反规避禁止仅适用于"有效控制作品接触"的措施。但是,按照有关这一用语的定义,其所意指的措施通常需

---

[1] 《美国法典》第 17 编第 1201 条(a)(3)(B)。

要使用信息,或方法或处理,才能达到对作品的接触。"有效控制"并不意味 358
着该措施不可能或很难被绕过。规定较难处理,但它很有意义。如果它仅
仅保护完全有效的措施,成文法规定便没有任何意义了——因为它们不需
要法律保护。

g. 这里的问题是,培欣是否规避了反接触措施。永达可能认为,培欣
规避了密码保护技术。规避被定义为"未经版权所有人授权,消除作品乱
码、解除作品加密,或以其他方式避开、绕过、移除、取消或损坏技术性措
施。"①永达可能会认为,通过猜密码,培欣回避或绕过了授权密码的要求。
而培欣可能主张,她没有"规避"它(从绕开的意义上来说),而实际上她使用
了这项技术。她提交了密码,并被接受了,然后她被允许接触作品——这正
是该技术应该遵循的方式。一家法院的观点与培欣一致:"被告这样做没有
越过或穿过或避开任何技术措施;相反,它使用了原告向另一实体有意发送
的密码"。② 如果没有发生规避行为,未经授权的使用不违反第 1201 条。

h. 问题依然涉及竞争者是否规避了反接触措施。竞争者移除了包含
反接触措施的程序并代之以另一个程序。对第 1201 条做狭窄解读的法院
会认为,与其说竞争者规避了该措施,不如说它仅仅移除了它。并且,竞争
者并未尝试接触该计算机程序,而只是删除了它。更好的结果可能是,竞争
者没有规避反接触措施。请注意,这需要假定该代码首先就能够被视为反
接触措施。法院可能会判定,如果它仅仅控制程序的使用,那么它就不受第
1201 条保护,因为它未曾以一种与版权所有人之排他性权利相关联的方式
控制接触。

i. 麦迪只是在该措施被移除后才使用该软件的,她不因规避行为承担
责任。梅兰日兰系统公司案判决认为,只有在有证据表明一方实施了规避

① 《美国法典》第 17 编第 1201 条(a)(3)(A)。
② I. M. S. 查询管理系统公司诉伯克希尔信息系统公司(*I. M. S. Inquiry Mgmt. Sys. v. Berkshire Info. Sys.*),307 F. Supp. 2d 521,532-533(D. N. Y. 2004)。

行为——而不是在规避之后使用作品的情况下,反规避责任才会产生。[1]

j. 一些法院认为,使用未经授权的密码不是对反接触技术的规避。毋宁说,虽然未经授权,它也是在按照预期目的使用该技术。其他法院则更为宽泛地看待这个问题,将使用未经授权的密码视为对密码保护技术的规避。

## (二) 反交易规则(适用于反接触和反复制措施)

反交易规则适用于反接触和反复制技术。被告销售的软件规避了视频游戏 CD 中的反复制代码,或者允许用户接触经加密的版权保护之游戏,就要承担法律责任。

### 1. 反复制技术

本书所称反复制技术确实很宽泛。第 1201 条不只保护反复制技术,也还保护那些保护版权所有人之任何权利的措施。一项技术性措施如果"在其正常的操作过程中阻止、限制或以其他方式约束版权所有人依本法享有之权利的实施",该措施就是在"有效保护版权所有人依本法享有的权利。"[2]它所保护的技术防止实施版权所有人的任何权利:复制、演绎、公开发行、公开表演及公开展示。

### 2. 规避装置/服务之交易

第 1201 条禁止买卖规避反接触和反复制技术的装置或服务。被禁止的装置和服务范围广泛,所适用的装置或服务:

(1)"主要为规避目的而设计或生产",或者

(2)"除了规避,仅具有有限的实质性商业目的或用途",或者

(3)"投入市场……为了被用于规避。"[3]

被告设计该装置或服务的方式,其客户使用之目的以及被告如何销售——这些都为认定其违反第 1201 条提供了独立的依据。尤其是,有多种合法用

---

① 参见梅兰日兰系统公司诉通用公司(*MGE UPS Sys. v. GE Consumer & Indus. Inc.*),612 F. 3d 760 (5th Cir. 2010)。

② 《美国法典》第 17 编第 1201 条(b) (2)。

③ 《美国法典》第 17 编第 1201 条(a) (2)。

途的装置或服务也可能违反第 1201 条——如果其设计或销售之目的是为
了规避。这一原则预示了 2005 年的格罗克斯特案(*Grokster*):将重点置于
被告的目的和销售行为,从而判决其承担从属责任。

360

　　被禁止的交易行为包括"制造、进口、公开许诺、提供,或以其他方式交
易任何技术、产品、服务、装置、元件或其配件。"该定义范围宽泛,它可能会
覆盖销售:意在绕开视频游戏之接触措施的软件,用于免费获取有线电视的
未经授权的分线盒,以及为避开数字内容之复制控制而提供的按小时服务。
如果被告利用其网站上传可用于解密 DVD 的电脑代码,对提供该代码的
其他网站设置链接,该行为被认定为非法买卖反接触技术。①

　　该定义如此宽泛,以至于人们似乎可以认为,它触及到诸如对 DRM 保
护产品之技术信息进行公开之类的行为。事实上,一些公司已经以提起《数
字千年版权法》之诉来威胁那些揭露产品安全瑕疵的个人。其结果是,有人
已经提到了技术专家遭受到的寒蝉效应——有人不愿在会议上发表论文或
汇报其研究结果。有关反交易条款的此种宽泛式解读不可能经得起司法审
查——但是,若非成文法得到权威性解读以避免遏止此种讨论,即使是诉讼
风险也可构成一个相当大的代价。

## (三) 法院分歧:如何理解反规避规则的范围

　　有些法院认为,只有当某行动与侵犯版权有关联时,才会违反反规避或
反交易规则。② 按照这种观点,如果拥有作品的一方有权使用它,销售对车
库门操控器或视频游戏进行解锁的软件就不构成违法。

　　与之不同,有些法院明确拒绝了这种解释。③ 版权授予的是一系列排
他性权利(复制作品以及改编、发行、表演或展示作品)。并且,依此观点,

---

　　①　参见环球电影公司诉科利(*Universal City Studio v. Corley*),273 F. 3d 429 (2d Cir.
2002)。

　　②　参见盛柏林集团诉天空连线科技(*Chamberlain Group v. Skylink Techs.*),381 F. 3d
1178,1182 (Fed. Cir. 2004)。

　　③　参见 MDY 工业公司诉暴雪娱乐公司(*MDY Industries, LLC v. Blizzard Entertainment,
Inc.*),629 F. 3d 928 (9th Cir. 2010)。

《数字千年版权法》创设了一种新的权利——控制作品接触,由此,规避行为带来超出许可范围的使用,可能会侵犯接触控制之保护(因为它允许未经授权的接触)——即使它没有造成版权侵犯(因为用户拥有许可,即使规避让它们超出许可范围使用软件)。基于此路径,MDY公司要为其销售外挂程序Glider负有责任——该软件让在线游戏《魔兽世界》的玩家使用自动程序玩游戏,还能快速升级。Glider规避了限制使用《魔兽世界》软件的技术控制。MDY没有侵犯版权,但它的确侵犯了控制作品接触的独立权利。

○ 实例

a. 玫瑰易名。某电影公司发布了其最新大片《植物园》的DVD版本。每一张DVD光盘都包含两种数字权利管理编码。一种编码是为了防止DVD光盘被复制,另一种编码是一种区域代码,允许该DVD只能在专为北美区域生产的DVD播放机上播放。爱达荷软件公司销售的一种软件UNDVD能让用户规避上述两种编码。艾宝使用UNDVD制作了《植物园》DVD复制件。贝克使用UNDVD在她家用视频游戏机上播放《植物园》DVD。此二者中谁违反了第1201条?

b. 一加一等于有趣。数学公司向数学家销售一种流行的软件包MathMad。这个软件有许多用途:解方程、解决逻辑难题、画图和证明定理等。MathMad被用于各类数学及相关活动。狂热的视频游戏爱好者伊萨利用MathMad绕过了他最喜爱的游戏Ichabod中的复制保护编码。然后,伊萨在同类粉丝新闻组中发布一则消息,承诺提供有偿服务,复制更多的Ichabod以及其他版权游戏。数学公司要为反规避服务或产品的销售承担法律责任吗?伊萨呢?

c. 迎难而上。软件安全公司发布了它的新产品Minotaur,一种可定制的数字权利管理系统,其中使用了加密、密码以及各种光幻觉。Minotaur由音乐或视频出版商用来为其各自的产品设置有偿使用系统。软件安全公司声称,Minotaur中各种安全措施"不可攻破",并向任何能规避它们的人提供10万美元的奖金。几周之内,一位计算机科学教授宣称他已经发现规避Minotaur所有安全措施的途径。他承诺在下月的学术会议上公布他对

Minotaur 瑕疵的分析以及利用它们的算法。于是,软件安全公司寻求禁令,理由是这位教授有可能从事反规避产品或服务的交易。这位教授若将破解 Minotaur 安全措施的方法公之于众,是否违反第 1201 条?

d. 这是我见过的复制技术吗?现代复制机已经高度计算机化。商业复制机与运行机器、沟通用户、监控众多部件的软件一起销售。这种软件还与其他部件的运行软件相互配合。比如,硒鼓也包括微型芯片,以此来监视硒鼓的色阶、温度并调整某些可变因素以维持复制件的外观。复制机软件与硒鼓软件配合,以保持墨粉完成不同种类的工作并告知用户何时更换墨盒。

Hexmark 公司在售一系列商业复印机以及替代硒鼓。Hexmark 复印机与其替代硒鼓上的两款软件通过使用一个"握手"协议相搭配。只有当复印机接收到来自硒鼓软件的正确握手信息时,它才会正确运行。麦克白公司与 Hexmark 是替代硒鼓市场上的竞争对手。为了销售可在 Hexmark 机器上运行的硒鼓,麦克白设计的硒鼓程序能够发送可让 Hexmark 复印机识别的正确信息。于是,Hexmark 认为麦克白公司销售的装置规避了反接触措施,起诉后者违反第 1201 条。麦克白违反了第 1201 条吗?

⊙解析

a. 本例目的是要澄清第 1201 条的责任类别。第 1201 条有一项反规避规则,适用于反接触措施的规避。第 1201 条还有两项反交易规则,适用于就反接触措施或反复制措施之规避装置或服务从事交易活动。

本例中的 DVD 光盘同时包含了反接触措施和反复制措施。爱达荷软件公司销售的程序让用户规避这两种保护措施,可能同时违反了两种反交易规则。艾宝用这个软件规避反复制措施,可能没有违反第 1201 条,因为反规避规则仅适用于反接触措施。(当然,艾宝的复制行为可能要承担侵犯版权之责。)不同的是,贝克用这个软件规避了反接触措施,可能要承担第 1201 条规定的法律责任。

b. 数学公司不必为反规避服务或产品之交易承担法律责任。承担责任的条件是,该装置或服务必须(1)主要为规避目的而设计或生产,(2)除了规避,仅用于有限的商业目的,或(3)为规避而销售。而 MathMad 不属于

363 这些类型:其设计主要是为了各种数学用途,而不只是规避 Ichabod 的复制保护措施。除用于规避,它还有很多商业目的;它被投放市场也并非为了规避。如果数学公司表现不同,结果会有差异。如果它试图从事规避业务——通过设计一款专供规避的产品,或为规避目的销售其现有产品,该数学公司就要承担责任了。

与之不同,伊萨应该承担责任:他所销售的服务专为规避反复制措施之目的。

c. 本例取材于一个著名案例,反映了反交易条款在计算机科学家中间引起的广泛关注。争议中的教授成为了有关反向工程和 DRM 之法律与技术问题的代表性论者。[①] 有关教授违反第 1201 条这一观点的理由大致如下述。教授通过发布他对 Minotaur 的分析,为他人规避 Minotaur 这一反接触措施提供了可能。这一行为提供的产品或服务除规避之外并无实质性的商业目的,可能属于反交易禁止的范围。

该主张具有几个不足。公布学术性分析很可能不被视为提供产品或服务。即便它是,该公布行为也不属于三种交易中的任何一项。它不是为规避而设计;其目的更多属于在专家社群中传播知识。它具有规避之外的目的:促进技术知识,警示他人防止可能的缺陷。有人可能认为这些目的不算数,因为它们不是商业性的,但他的行为总体而言不具有商业性。最后,他没有为了将其分析用于规避 Minotaur 而从事销售活动。

如果他单纯地允许别人下载规避 Minotaur 的程序,结果可能就不一样了。那样的话,其目的就会是规避,而不是传播有关 Minotaur 的知识。

d. 本例也取材于一个真实的事件,即利盟案(*Lexmark*)。律师们构思出了多个理由(就像这一个),以便利用反交易条款作为限制兼容产品销售的策略。成文法的字面解读确有可能在此案中发现侵犯行为,其理由是:运行复印机的程序是版权保护的作品。握手协议是反接触或反复制措施。因而,替代硒鼓上的软件属于对密码保护之类的反接触措施实施规避的产品。

---

① 参见 http://www.freedom-to-tinker.com。

法院可能因多项理由拒绝这一观点。就像评论人士强烈主张的那样，这可能将成文法扩展到它的预定范围之外。法院可能会认为，握手协议不是反接触措施或反复制措施，而只是对机器中的不同部件进行协调的一个装置。换一种说法，法院可能认为，握手协议仅仅对纯粹功能性的、不受版权保护的层面进行限制，因而不会触及成文法。法院还可能认为，替代硒鼓软件并没有规避握手协议，而是像它应当的那样运行。它允许用户使用其机器，而不是允许未经授权的用户收听她没有为之付费的音乐。

### （四）免责

第 1201 条包括一些责任免除规定。免责名单听起来就像是那些受合理使用保护的行为。有一项免责适用于非营利图书馆、档案馆和教育机构。其他免责适用于反向工程和加密研究。但这些免责的设计如此狭窄，以致它们远不能像合理使用制度那样发挥广泛的作用。

比如，非营利图书馆、档案馆和教育机构之免责规定只在极其有限的条件下允许规避反接触措施。如果某非营利机构想要获得某作品的副本，却不能以其他方式获得该作品的副本来进行检查，它就可以规避反接触措施以获得一个它可以检查的副本。它对该副本的使用只能是为了看看它是否需要永久获得一个副本，并且它不能保留这个副本。该项免责仅仅适用于反接触禁止；为了让图书馆能够接触复制件而提供软件或服务，此人仍然会因此违反反交易条款。而且，图书馆大概必须依赖其员工的软件黑客能力来利用该免责条款，并且，如果图书馆实施了此种行为（短暂获取作品副本以决定是否购买该作品的永久副本），任何人都不可能以任何方式起诉图书馆。这一免责条款几乎不保护图书馆更有可能不期而遇的那种行为。如果图书馆拥有一份加密作品，并且希望为了诸如教育、档案保存或研究之类的目的而接触使用它，该免责规定对此无济于事。

其他免责同样是有限的。有一项针对反向工程的免责，但它未能涵盖可受合理使用保护的更宽泛的反向工程。反向工程是指把某个东西拆解开来（字面地或形象性地说），以观察其运行方式。要对某软件实施反向工程，

365　通常有必要制作该软件的副本。为研究该软件,人们可以打印一份并研读其代码,制作一个副本以运行软件,并跟踪其表现,或制作一个能被其他软件分析的副本。从事这种反向工程的人因各种理由对学习软件有兴趣,有人纯粹是对技术怀有好奇,有人则想制作类似产品。反向工程的目的是研究作品的功能性特征。而版权不保护作品的功能性成分,因而,多种反向工程都有资格成为合理使用而非侵犯版权。

但是,第1201条的反向工程免责只有非常狭窄的范围:"已经合法获得电脑程序复制件使用权的人,仅仅为了识别和分析该程序中为实现一个独创程序和其他程序之兼容性所必要的某些成分,可以对有效控制接触该程序特定部分的技术措施实施规避。"①如果某人有一份电脑程序副本,她就可以为了这一有限的目的规避其反接触措施:让这个程序与其他程序一起运行。

还有一项免责是为了加密研究。如果是研究加密本身所必要的,研究者可以规避反接触加密措施。在决定免责规定可否适用时,人们要求法院考虑研究者是否将其研究成果传送给了其他研究者(而不是潜在的侵权人)、她是否善意的加密研究者,以及她是否向版权所有人寻求许可并与其分享她的结果。

另一项免责是为保护隐私而授权自助。它授权规避反接触措施,如果该行为对于那些收集或传发个人识别信息的要素具有"唯一的识别和消除之效"。其他免责规定将权利授予了执法活动、安全测试以及未成年人接触网上材料。

第1201条还向美国国会图书馆馆长授权,以便有效地将某些作品排除在反接触规则(不是反交易规则)之外,为期三年。截至2011年,馆长对如下各类行为(大多相当狭窄)做出免责决定,从而允许当事人可以:

- 为了教育性使用、纪录片制作以及非商业性录像而规避 DVD 光盘上的内容干扰系统

---

① 《美国法典》第 17 编第 1201 条(f) (1)。

- 使无线电话能够执行应用软件或连接无线网络(又称"越狱")
- 规避控制以测试视频游戏上的安全措施
- 规避软件上过时的电子狗
- 规避电子图书上的控制,从而能够使用朗读功能或者将文本转化为特殊格式,比如为视障读者着想

366

如同大多数其他免责事项,这些免责规定仅适用于反规避规则。对于发行那些完成此类任务的软件的行为,反交易规则可能依然要课以责任。图书馆馆长规定的免责让人们可对其 iPhone 手机进行越狱,或接触 DVD 以为纪录片获得片段剪辑,或绕过有用的旧软件上的电子狗。该免责不会授权人们为在线实施这些行为而上传软件,或向试图利用这些免责的人提供其服务。表面上,这些免责只将保护赋予了相当前沿的用户。话虽如此,请记住,法院对于如何解释反交易条款之范围存有分歧。对其做狭窄解读的法院(仅仅禁止与侵犯版权有联系的交易)可能同样认为,如果交易行为允许人们利用免责规定,该交易就是被允许的。

## (五)合理使用与言论自由

第 106 条赋予版权所有人的排他性权利受到许多限制。不享有版权的成分不受保护,如思想、功能性特征以及非独创性要素。从版权作品中复制这些不受保护的要素不会侵犯版权。版权所有人的权利还因合理使用原则受到限制。一个人的使用如果属于合理使用,他就可以复制(或演绎、公开发行、展示或表演)一部版权作品。公开展示、发行作品的排他性权利还受到首次销售原则的限制。

但是第 1201 条赋予的权利并没有被明确置于那些限制之下。尤其是,该条款没有规定反接触或反复制技术可因合理使用的目的受到规避。而且,第 1201 条将第 1021 条上的法律责任从版权侵权中分离出来:"本条规定不影响本法规定的权利、补救、限制或侵犯版权之抗辩,包括合理使用

等。"①表面上,第1201条可以被解读为禁止规避或交易,即使行为之目的是对版权材料做合理使用,或是为了使用版权作品中不受保护的成分。

实际上,第1201条可能允许版权所有人保护作品中不享有版权的层面。比如,按照费斯特案判决,数据库中的事实不受版权保护。即使一家公司为汇编一个数据库投入了大量资源,它仍然不能就其中的事实享有版权保护。任何从数据库复制事实的人都不会侵犯版权,但数据库的某些要素可能会受到保护。假如汇编者使用了最少量的创造性,她对事实的选择和编排可能有资格成为受保护的表达。其他作品也受到"薄弱的"保护。主要属于非独创或功能性的作品可能包含一些受版权保护的创造性成分。

如果作品有资格受到版权保护,它也可能有资格获得第1201条的保护。如果版权所有人对数据库加密以阻止未经授权的接触,或利用数字权利管理软件来限制复制的数量,那么这种技术措施就可能受第1201条保护。如果有人规避了反接触措施,或为规避反接触措施或反复制措施提供服务,就可能被认定违反了第1201条。基于对第1201条的某些理解,即使背后的行为并没有侵犯版权,结果同样如此。如果行为目的是复制不受保护的事实或思想,或是为了实施教育性的合理使用,依然会违反第1201条。

尽管第1201条不包括明确的合理使用条款,法院仍然可以将合理使用解释这一条。第一家涉及第1201条的联邦上诉法院曾拒绝了这种做法。②科利案拒绝以合理使用解释第1201条,也拒绝分析合理使用之缺失是不是对言论自由构成了违宪限制。科利案所依赖的观点是,"联邦最高法院从来不认为合理使用是宪法上的要求,虽然其观点中有些孤立的声明也许可被视为有此要求"。

但在科利案之后判决的一个案件中,联邦最高法院强烈表示,合理使用的确是宪法上的要求。基于合理使用原则,埃尔德雷德诉阿什克罗夫特案

---

① 《美国法典》第17编第1201条(c)(1)。

② 参见环球电影公司诉科利(*Universal City Studio v. Corley*),273 F. 3d 429(2d Cir. 2002)。

判决支持版权法的宪法地位。① 在支持版权期限延长时,埃尔德雷德案拒绝依据第一修正案对版权立法实行严格审查。而且,埃尔德雷德案判定,版权法上的第一修正案保障机制——即合理使用与思想表达两分法足以保护言论自由利益。因而,埃尔德雷德案认为,由于国会没有"改变版权的传统轮廓",第一修正案审查也是没有必要的。

埃尔德雷德案可能在两方面影响了第1201条的适用。第一,法院有理由认为,至少有一些合理使用规则必须通过解释纳入第1201条,因为合理使用是版权法的核心理念。如若不然,问题就会发生:第1201条是否要依据第一修正案受到严格审查。国会如果改变了"版权的传统轮廓",严格审查就要适用。论者曾普遍将第1201条描述为对传统版权保护的背离。第1201条授予了比传统版权更广泛的权利,却没有传统版权法上的保障机制。相反的理由可能是:第1201条仅仅是将一种存在已久的版权工具(从属责任)适用于新的版权作品类型。

在把合理使用保护解释纳入第1201条时,联邦巡回法院曾考虑到埃尔德雷德案:

368

正如联邦最高法院最近的解释称,"国会对其版权条款权力的运用必须是合理的。"②在判定《版权法》的某个特定方面是不是"版权条款赋予的立法权力的合理行使时……我们主要遵从国会。正是国会被指派了这项任务,即界定作者应被授予的有限垄断的范围……以便让公众恰当接触他们的工作成果。"③盛柏林提议的对第1201条(a)的解释表明,在颁布《数字千年版权法》时,国会曾试图通过允许版权所有人拒绝公众的所有接触,以"让公众恰当接触"版权作品。即使是基于国会

---

① 埃尔德雷德诉阿什克罗夫特(*Eldred v. Ashcroft*),123 S. Ct. 769(2003)。
② 埃尔德雷德诉阿什克罗夫特(*Eldred v. Ashcroft*),537 U. S. 186,205 n. 10,123 S. Ct. 769,154 L. Ed. 2d 683(2003)。
③ 同前注,at 204-05。

应得的实质性遵从,这样的重新界定近乎毫无道理。①

按照原告对成文法的解读,盛柏林案审理法院也考虑到了合理使用原则可能受到的影响。"因此,这可能会允许任何一位版权所有人,针对单个的版权作品——甚至该版权作品之选定的复制件,通过合同条款和技术措施的结合来废除其合理使用。"换言之,即使对于已广泛发行的作品,有效利用合理使用制度的能力可能会不复存在。版权持有者可能会将成文法上的保护平衡归于倾斜。

在分析第1201条的适用时,人们应当注意到尚待解决的重要问题:法院是否要把合理使用原则解释纳入成文法,法院是否要为保护言论自由权限制成文法的范围。②

○**实例**

a. 今天的废物,明天的财富。流行文化博物馆保存了美国青少年的各种心血来潮的设想。它的视频游戏馆里有成百上千的视频游戏。博物馆在考虑要不要获取几十个游戏的复制件。它有这些游戏的复制件,但它们都含有复制保护和反接触技术。博物馆的雇员缺乏避开这些编码的专业技能。克拉夫咨询机构提供躲避编码的收费服务。博物馆只是想看看它是否有必要付费获得这些游戏的永久性副本。如果博物馆聘请克拉夫,会违反第1201条吗?

b. 过分计较于自己的利益。穆齐克对其销售的音乐光盘做了加密保护,既限制接触音乐,又阻止未经授权的复制。索尼克实验室的工程师决定研究穆齐克的加密代码。他们购买了几张穆齐克的光盘,并利用如光盘视觉检测和光盘内容机械分析等多种方法研究它们。工程师们尽力绕过了其中的复

---

① 盛柏林集团有限公司诉天空连线科技(*Chamberlain Group v. Skylink Techs.*),381 F. 3d 1178,1182 (Fed. Cir. 2004)。

② 参见丹·伯克、朱莉·科恩:《版权管理系统的合理使用基础》(Dan L. Burk and Julie Cohen, *Fair Use Infrastructure for Copyright Management Systems*),15 Harv. J. L. & Tech. 41 (2001)。

制保护和反接触保护措施。当穆齐克起诉他们违反第1201条时,工程师们回应称,他们只是在从事反向工程,因而同时受到合理使用原则与第1201条规定的反向工程和加密研究免责规则的保护。他们违反了第1201条吗?

c. 写作是正确的吗?回到第362页的例子:教授公布有关数字权利管理系统的分析报告。假设(与上面的分析相反)他的公开可能违反了第1201条。他能受到加密研究免责、合理使用或第一修正案的保护吗?

⊙**解析**

a. 克拉夫如果受聘于博物馆并规避这些反接触措施,它可能会违反第1201条。这一结果看起来可能有点奇怪。如果博物馆自己规避了这些反接触措施,它不违反第1201条。博物馆可以利用非营利图书馆、档案馆和教育机构的免责规定,如果它保持在该免责规定非常狭窄的范围之内。它规避保护仅仅是为了决定是否获取复制件,没有其他检查复制件的办法可以合理获取,且博物馆保留复制件的时间乃其目的所需,也没有将它用于其他目的。但是,该免责(像大多数免责一样)仅适用于反规避规则,而不适用于违反反交易规则的行为。如果克拉夫销售其服务以规避反接触措施,它就违反了反交易规则,且不能受到免责保护。然而,法院若将合理使用解释纳入第1201条,就可能认为克拉夫可获得合理使用保护。

这显示了免责规定的一个重要问题:它们都被限定在狭隘的范围,且其大部分所提供的保护仅仅针对反规避规则,而不涉及反交易规则。这种孤立的免责确实范围狭窄,可能几乎不能在侵权之诉中为大量受合理使用保护的行为提供保护。

b. 工程师有资格享有反向工程免责。该免责不保护一般意义上的反向工程,而仅适用于范围非常狭窄的反向工程:"为了仅有的目的"规避反接触措施——分析它并开发与之兼容的软件。工程师不只是在尝试开发一个兼容产品;他们在利用反向工程对该产品进行一般意义上的研究。

370

然而,工程师们很可能满足加密研究免责的要求。他们需要证明他们的目的是促进加密知识、或开发产品,且要证明他们实施规避之前曾首先寻求许可。并且,法院需要考虑工程师是否向其他研究者公开了他们的分析结果并向穆齐克披露了这一结果。因此说,加密研究比其他反向工程得到了稍微广泛一些的保护。

c. 加密研究免责仅适用于反接触规则,而不适用于反交易规则,所以它不保护教授对分析报告的公开。

合理使用保护这一公开行为吗? 第1201条似乎没有任何一般性的合理使用条款,所以合理使用显然不适用于任何违反第1201条的行为。但很有可能的是,法院至少会将某些合理使用保护解释纳入这一条文。

第一修正案能够适用吗? 这也属于未知领域,但基本分析如下。第一,即使在埃尔德雷德案之后,第一修正案的审查仍将适用于超出版权传统轮廓的保护。新的反交易条款似乎超出了传统的版权,除非法院只是将它们视为从属责任规则在数字时代的升级。那样的话,问题就成了何种程度的第一修正案审查才可适用? 本书将专门的分析留给未来的判例法,但很有可能,第一修正案不会单纯为了保护版权所有人之权利而允许禁止有关加密产品之思想的发表。可以说,范围更狭窄的保护可能是必要的。

# 二、起诉权与救济

由于他人违反第1201条而受到损害的任何人都可以根据第1203条提起民事诉讼。利用反复制或反接触措施的版权持有人对第1201条违反者拥有起诉的资格,但是其他人也可能有权起诉,因为第1203条不要求原告必须是版权持有人;她只需要"因违反第1201条而受到损害"。使用干扰措施以控制电影接触的有线电视公司有权起诉,即使该有线公司并不拥有该电影的版权(它只有播放许可)。

成文法为违反第1201条提供了一系列救济措施。法院可以为阻止或
371 限制违法而发布禁止令。① 法院也可以判付实际损害赔偿金和返还违法利

---

① 《美国法典》第17编第1203条(b)。

润。① 除了实际损害和利润,原告可以选择法定赔偿金:"依法院公正考虑,对于每项规避行为、装置、产品、部件、许诺或服务实施,总计不少于 200 美元,不超过 2500 美元。"②当被告有理由不知道其行为构成违法时,法院也可以因无辜侵权而减免赔偿额。③ 对于"故意且为了商业利益或私人经济收益之目的"而违法的,成文法还规定了刑事处罚。④ 刑事处罚很重,最高达 50 万美元的罚款,且首次犯罪有最高五年的监禁。

# 三、版权管理信息的法律保护

第 1202 条保护"版权管理信息"的完整性。版权管理信息的定义包含了识别作品的信息,如标题以及作者、版权人、表演者、作家、导演等人名,还有使用作品的期限和条件。

第 1202 条禁止为造成版权侵权而提供或发行错误的版权信息或移除、改动版权信息。这是一个相对较高的标准。提供错误信息或改动已有信息本身不违反第 1202 条。只有当具有"引诱、促成、帮助或隐瞒"版权侵权的意图时,第 1202 条才会受到违反。

一个悬而未决的问题是,"版权管理信息"保护的范围有多大? 保护可能被限于数字形式的信息。按照这种理解,只有被用作自动化数字权利管理系统之一部分的信息,如关于作品的编码信息及其相关的许可信息等,才可能符合要求。但人们也可以对成文法做足够宽泛的解读,从而使之覆盖任何形式的信息。依此观点,移除印刷材料如版权声明或使用条件等,也可能违反法律。

---

① 《美国法典》第 17 编第 1203 条(c)。
② 《美国法典》第 17 编第 1203 条(c)(3)。
③ 《美国法典》第 17 编第 1203 条(c)(5)。
④ 《美国法典》第 17 编第 1204 条。

# 第四部分　版权诉讼

# 第十七章 管辖权、起诉权与侵权诉讼的构成要素

## 一、管辖权

### (一)"基于"版权法

版权诉讼属于联邦管辖案件。对"基于"版权成文法而产生的任何民事诉讼,联邦初审法院拥有排他性的管辖权。[①] "排他性管辖权"意味着联邦初审法院可以审理版权案件,而各州法院则被排除在外。

州法上的诉求不能使联邦法院拥有审理案件的管辖权,即使另有其他管辖依据,如当事人公民身份的多样性(diversity of citizenship)。仅仅因为案件中涉及版权,也不能使之成为"基于"版权法的诉讼。假定某作者将出版图书的权利出售给了某出版商,报酬是出版商销售额的 15%。出版商销售图书达百万余册,却没有向作者送达过一张支票。该作者针对出版商的诉讼就只是一场州法上的合同之诉,因为诉由是后者未能支付约定的价款。若改变事实,它就可以变成一场版权侵权之诉:出版商未经作者许可,根据该图书制作并发行了一部电影。作者为此起诉,就属于侵犯版权之诉:侵犯的是作者的复制、改编、发行与表演权。

有时候会发生这样的问题:某案件究竟属于联邦版权案件,还是单纯州法上的合同之诉。假定作者通过签署合同授予出版商制作并发行"图书"的权利,固定报酬是 10 万美元。出版商承诺决不超越许可范围。出版商销售

---

① 《美国法典》第 28 编第 1338 条。

了大量纸质图书之后,又制作并发行了电子格式的书籍。作者为此起诉,称出版商获得的只是出版纸质图书的权利。这是一个有关授权范围的合同案件? 抑或是一个有关出版商侵犯作者排他性权利(发行电子格式的书籍)的版权案件?

　　按照解决这一问题的最相关性测试标准,一个案件若属于下列情形,便是"基于"《版权法》而产生:


　　　　① 为获得该法明确授权的救济而提起诉讼(如针对版权侵权的损害赔偿或禁令救济),或

　　　　② 所提出的诉求需要对该法做出解释,或者

　　　　③ 提出的案件中,该法上的特有政策要求以联邦原则支配有关诉求的处理。[①]


　　简而言之,如果一个诉求针对的是版权侵权,或该诉求需要就《版权法》如何适用于该案件做出判定,或《版权法》上的一项重要政策成为问题,法院就拥有管辖权。

## (二) 以版权登记作为起诉侵权的前提

　　版权的拥有不以登记为条件。作品一旦被固定于实体性形式(或者,对于 1977 年之前的作品,发表并附具版权声明或进行合格登记)就享有版权,但对于美国作品,提起版权侵权之诉前进行登记,是必要的。"对于任何美国作品,在其按照本法实施版权登记之前,有关侵犯版权的诉讼不能进行。"[②]

　　登记要件(和针对盗版录音的特殊规则)有三个例外。第一,它仅适用于有关"美国作品"的诉讼,此即首先在美国发表的作品、美国居民的未发表

---

　　① 　哈姆斯公司诉伊莉斯库(*T. B. Harms Co. v. Eliscu*),339 F. 2d 823,828 (2d Cir. 1964)。

　　② 　《美国法典》第 17 编第 411 条(a)。

作品,或来源国不是美国已加入的版权条约之成员的作品。第二,它不适用于第 106A 条规定的视觉艺术作品之精神权利的侵权诉讼。第三,版权局对作品登记的拒绝不妨碍侵权诉讼。可以说,如果申请人已经以适当的形式提交了作品保存、申请书和费用,而版权局拒绝登记,侵权诉讼仍可以提出。[①]

376

有些法院曾认为,提交登记申请书便已足够,但多数法院则是按字面适用成文法。如果申请已经提交,而登记或拒绝都没有发生,法院就没有管辖权。[②] 同样,如果登记被拒绝,管辖权就不产生,除非申请人曾以适当方式递交了交存作品、申请书以及费用——因而,申请中的瑕疵将会妨碍诉讼。但有些法院认为,"原告在版权局登记之前提出版权侵权之诉,当其获得版权登记后随即修改或补充其起诉的,第 411 条上的瑕疵就可以得到消除。"[③]

里德·埃尔塞维尔公司案涉及一个长期性的问题:版权登记是提起侵权诉讼的司法管辖要件,抑或只是一个可以免除的条件?[④] 其间之区别意义重大。如果一个要件涉及司法管辖权,那么,未满足该要件就意味着诉讼必须被驳回——即使该案件是在上诉过程中才首次提出这一问题。这还意味着,没有对其作品进行登记的当事人(就像在埃尔塞维尔公司案中)不可能成为诉讼当事人。那些涉及大量版权的问题可能会因此变得相当复杂,因为有些版权已经登记,其他的则没有。在埃尔塞维尔公司案中,联邦最高法院认为,这一规定不是有关管辖权的。因而,对于业余作者就谷歌图书项目侵权提出的集团诉讼,联邦地区法院拥有管辖权,即使并非所有被侵权作品都已登记。不过,最高法院承认,成文法通常会要求诉讼之前曾有登记,

① 《美国法典》第 17 编第 411 条(a)。

② 如拉·瑞索拉纳诉克莱房地产商(*La Resolana Architects*, *PA v. Clay Realtors Angel Fire*),416 F. 3d 1195 (10th Cir. 2005)("在登记发生或提起侵犯版权之诉以前,版权局必须先对登记申请做出批准或拒绝")。

③ 正面黑话公司诉现金录音公司(*Positive Black Talk*, *Inc. v. Cash Money Records*, *Inc.*),394 F. 3d 357,365 (5th Cir. 2004)。

④ 里德·埃尔塞维尔公司诉穆奇尼克(*Reed Elsevier*, *Inc. v. Muchnick*),559 U. S.,130 S. Ct. 1237,176 L. Ed. 2d 18,26-28 (2010)。

从而表明这一要件只在非常案件中才可以被放松,从而让法院能够解决那些不然就无法获得审理的复杂版权案件。

○**实例**

a. 是联邦还是州法院管辖?假定沃尔夫冈对其音乐作品《魔鬼交响曲》的版权进行了登记,其本人被标明为作者。下列案件拥有联邦管辖权吗?

(a)沃尔夫冈起诉一家录音公司,称其违反合同,因为该公司终止了其录制并发行该作品的协议。

(b)沃尔夫冈起诉另一家录音公司,称其侵犯版权并要求获得损害赔偿,因为该公司未经许可录制并发行了该作品。

(c)萨利起诉沃尔夫冈,声称她是该作品的合作作者,因而有权分享沃尔夫冈收取的报酬。该案件要求对"合作作者"的涵义做出解释,并对合作作者在版权成文法上的责任做出界定。

(d)萨利起诉沃尔夫冈,声称他向她转让了版权所有权。该案的问题是,一方当事人是否违背了写得相当含糊的合同。

b. 无登记,则无侵权吗?吐温针对奥斯丁提起侵犯版权之诉,声称后者未经授权,对吐温的图书制作、销售电子复制品,侵犯了其版权。奥斯丁要求法院驳回该诉讼,理由是,所称侵权发生很久以后,吐温没有进行版权登记。而且,直到该侵权诉讼提起之前不久,吐温才进行了版权登记。该案应被驳回吗?

c. 悬挂指针。埃尔弗瑞公司起诉 L-3 公司,称后者侵犯了其软件程序的版权。起诉之前,埃尔弗瑞忠实地进行了版权登记,并交存了 2003 年最初版本的复制件。诉讼中,埃尔弗瑞指控对方的侵权行为复制了其软件 2009 年版本的新增成分。有侵权发生吗?

⊙**解析**

a.（a）本例没有联邦管辖权。按照哈姆斯公司案（*TB Harms*）的判决,如果案件诉求是针对侵犯版权,或需要对《版权法》做出解释,或该法的特有政策要求以联邦原则支配诉求之处理,该案才能以《版权法》为依据。

该例只是涉及州法的违约指控，上述要素均不适用。

（b）此例具有联邦管辖权，因为诉由是侵犯版权。

（c）此例可能有联邦管辖权，因为诉求判定需要解释《版权法》有关内容，要解释"合作作者"、界定合作作者的义务。

（d）此例无联邦管辖权。该例涉及版权的归属，就像上一个问题。但其中没有需要做出判定的版权问题，而上一个问题需要依据《版权法》解释"合作作者"。可以说，法院将只需要对州合同法问题做出判定。

b. 吐温的起诉不应被驳回。登记不是版权保护的条件。作品一旦被固定于实体性形式，就获得版权保护。未登记版权的侵权照样是侵权。虽然说，版权若在侵权之前已经登记，就可有更多的救济方式，如律师费与法定损害赔偿。登记必须在提起诉讼之前进行（对于美国作品来说）。

c. 提起侵权之诉前，当事人必须进行作品登记，且只能就登记作品的侵权获得赔偿。因而，L-3 公司不承担责任。[1] 这里可能提出了有关软件作品的实际问题，它们可能有很多个版本。当事人可以对不同版本进行登记（就像演绎作品），发起诉讼前应特别谨慎地注意到有关版本已经登记并交存。

# 二、版权所有权/起诉权

谁可以对侵犯版权提起诉讼？版权所有人可以。"版权之排他性权利的法定所有人或受益所有人有权……对该特定权利在他或她享有时发生的任何侵犯行为提起诉讼。"[2]有些成文法对任何因违反该法之行为而受伤害者赋予起诉资格。《版权法》采取的是一种较窄的做法。

原告必须在所称侵权发生时拥有版权中的某项权利。原告可以是拥有

---

[1]　参见埃尔弗瑞系统公司诉 L-3 通讯公司（*Airframe Systems, Inc. f/k/a Airline Software Inc. v. L-3 Communications Corp.*），No. 10-2001（1st Cir. 2011）。

[2]　《美国法典》第 17 编第 501 条（b）。

该版权或拥有某一项排他性权利的"法定所有人(legal owner)"。如果某作者将出版图书的排他性权利出售给了某出版商,该作者(作为剩余权利的所有人)与出版商(作为排他性的图书出版权的所有人)就都拥有起诉侵权的资格。原告也可以是"受益所有人(beneficial owner)",他已经出售其法定权利但保留着版权中的某项利益。如果作者将其版权出售给了出版商,获得出版商因该作品所获收益的10%,该作者就是一个受益所有人。如果作者将其版权售得10万元现金,该作者然后就不再是法定所有人或受益所有人,且当该版权受到侵犯时,就不能拥有起诉资格。

　　起诉权被限于侵权发生时的版权所有人。版权的非所有人不具有起诉权,即使她创作了该作品,或在侵权之前曾拥有版权,或从版权所有人处获得了非排他性许可。并且,针对版权侵权的请求权的转让并不向受让人赋予强制执行该请求权的起诉权。假定某盗版者侵犯了某作者的版权,而该作者将针对侵权的价值请求权(valuable claim)转让给了某银行。银行拥有请求权却不拥有版权上的任何排他性权利,因而就不能拥有强制执行该请求权的起诉权。只有当该作者同意起诉时,银行才能获得赔付。如果作者不同意起诉,该银行就只剩下不可强制执行的权利。获让版权侵权请求权的人应确保从版权持有人处取得事先的同意,才能对该请求权进行强制执行。

　　集团诉讼提出了特殊的问题,其中有多个原告代表一群当事人起诉。将版权适用于被称为因特网的行星复制机,具有相当大的不确定性。解决不确定性的一个方法是解决诉讼。"谷歌图书"案的问题是,集团诉讼的和解能否约束那些未参加受影响群体的人。[①] 谷歌公司启动了一个雄心勃勃的计划,与多家大学图书馆合作,扫描千百万的图书。作家协会对谷歌发起集团诉讼,称其未经许可进行大批量的图书复制,并向搜索谷歌图书的人进行片段展示属于侵犯版权。谷歌回应称其可以适用合理使用原则。在依据

————————————

　　① 参见作家协会诉谷歌公司(*Authors Guild v. Google Inc.*),No. 1:05-cv-08136-DC (S. D. N. Y. 2011)。

是非曲直做出判定之前,各方当事人达成了和解。按照协议规定,谷歌可以继续扫描图书,出售图书数据库的订阅,并赚取与数据库搜索有关的广告收入。"图书权利登记处"将被建立,以便跟踪作品的使用并向版权持有人分配使用费。图书馆、大学和其他机构可为其使用数字图书馆进行预定。谷歌同意为建立整个系统支付大约 1.25 亿美元。反过来,作者将不能再起诉谷歌侵权,除非他们在 2012 年以前选择不加入这一协议。

基于多个理由,法院拒绝批准这一和解。该协议有效地解决了孤儿作品问题——此类图书的版权人不易确认。法院认为该问题属于国会权力范围内的事。和解对任何未选择退出者都具有约束力,如此涉及到的争议远远超出了该诉讼的实际当事人。并且,被确定的当事人并不代表作者集体和其他受影响的版权持有人。

○实例

a. 无权起诉。荷马遍游美国,然后将其游记上传到博客上。一家小出版商西塞罗喜欢该游记,遂向荷马要求取得以图书形式进行出版的许可。荷马告诉西塞罗,尽管去用吧。西塞罗印刷了几千册游记后发现,另一家出版商也开始上市该游记的图书,但未经荷马同意。西塞罗可以证明这让它丧失了几千美元的订单。西塞罗有权起诉另一家出版商侵犯版权吗?

b. 拒之门外。某作家是一家电影公司的雇员,撰写了一部剧本《达拉、塔拉、达纳》。因为该剧本是雇佣作品,该电影公司是其作者和版权所有人。剧本流传于整个电影行业,却没有拍成电影。如今该作家得知另有一家影厂制作了电影《达尼塔米和兰迪》。作家拿到一份副本,发现其中大量复制了她的剧本。该电影没有发行——既没有在影院放映,也没有制作 DVD,但其作者却得到了丰厚的报酬。该作家要求其电影公司提起侵权之诉。电影公司不想起诉,但把起诉侵权所需的所有权利转让给了该作家。该作家认为她可以对该侵权行为提起诉讼:她创作了作品,并拥有起诉理由。那么,她拥起诉的资格吗?如果电影公司还向她转让了版权呢?

c. 虽然如此。网站、博客和评论人常常从其他网络媒体上剪贴、上传一些内容,这可能构成侵权,也可能是合理使用。"权利港"购买了起诉侵权的权利,并发起了千百起诉讼,但权利港没有购买任何排他性权利。无论是获得具体付款,还是获得收益的一定比例,版权拥有者大都愿意出售其起诉权(过去和未来的)。这让版权持有人获得收益,却又无需亲自去实施其权利——如此将不只花费经济成本,还会影响其声誉。但版权持有者可能又不愿意转让整个版权,甚至是其中最有可能被侵犯的权利,因为这将会失去对作品使用的控制,还会阻碍某些形式的使用。对于所指控的侵权,权利港拥有起诉权吗?

⊙解析

a. 西塞罗没有起诉权。只有某一项或多项排他性权利的所有人才对侵犯版权拥有起诉资格。西塞罗从荷马那里获得的是非排他性的许可,因而西塞罗不是排他性权利的所有人,缺乏起诉权。有些成文法向任何因为该法上的违法行为而受害的人都赋予了起诉的权利。而侵犯版权只具有相对较窄的起诉权要件。

b. 该作家没有起诉的资格。[①] 原告必须在侵权发生之时就是排他性权利的法定所有人或受益所有人,而该作家一直并未拥有任何排他性权利。她创作了该作品,但版权所有人是电影公司。她拥有诉由,但她必须拥有一项排他性权利才能提起诉讼。

即使电影公司向她转让了版权,结果也不会有什么不同。排他性权利的所有人可以对"该特定权利在他或她享有时发生的侵犯行为"提起诉讼。本例所涉侵权行为发生在电影公司拥有版权的期间,因而只有它才对该侵权行为拥有起诉权。如果版权转让给了作家,并发生了转让后的侵权行为,那么该作家便拥有针对该侵权行为的起诉权。

c. 很多被告会寻求和解,但一旦有被告起来抵制,有些法院就会判决权利港没有获让足够的起诉权。[②] 在具体的排他性权利未受转让的情况

---

① 参见西尔弗斯诉索尼娱乐公司(*Silvers v. Sony Pictures Entertainment, Inc.*),402 F. 3d 881(2005)(全体法官听审)。法院裁定,剧本作者获让了针对版权侵权的已有请求权,但并不拥有版权本身的法定利益或受益权,不能提起侵权之诉。

② 权利港诉赫恩(*Righthaven LLC v. Hoehn*),716 F. 3d 1166(9th Cir. 2013)。

下,起诉版权侵权的权利转让不发生起诉权转移。版权案件起诉权的窄规则使得单纯就版权侵权从事实施业务的机构难以建成。有些法院判决权利港赔付律师费。在最后的报告中,经过反思,权利港的一个主要合伙人终止了他们之间的协议,声称"这是一个愚蠢的想法"。

再一个问题是,谁能成为被告? AF案判决驳回了针对众多无名氏侵犯版权提起的诉讼——而这是法院所称"色情业"实践的一部分。[①] 该案原告购买了色情电影《大众需求》的版权,起诉了1058个无名被告——只以IP地址来识别。起诉称他们都使用比特流服务下载了这部电影。但是,依据《联邦民事程序规则》第20条(a)(2),由于"关系到或产生于同一交易、事件或是系列交易或事件"的诉讼,多名被告可以被结合在一起。相比"在同一牌桌、不同时间游戏的两个人",下载同一文件作为不同比特流集群中的一部分,同样不属于同一个或一系列的交易行为。

# 三、原告起诉的条件

"对于侵权的成立,有两个要素必须得到证明:(1)有效版权的所有权;(2)独创性作品的构成要素受到复制。"[②]

382

## (一) 有效版权的所有权状态

原告必须证明其拥有遭受侵犯的排他性权利。其中有几个部分。第一,作品必须拥有有效的版权。我们曾注意到,作品缺乏版权保护表现为很多方面:它可能缺乏独创性;可能没有固定为实体性表达媒介;可能是政府作品;可能因为所有部分都侵犯已有作品而被否定版权;可能因为除功能属性外不具有创造性,不可享有版权。作品也可能失去版权:保护期可能已经

---

① AF有限责任公司诉无名氏(*AF Holdings*, *LLC v. Does*),752 F. 3d 990 (D. C. Cir. 2014)。

② 费斯特出版公司诉乡村电话公司(*Feist Publications*, *Inc.*, *v. Rural Telephone Service Co.*),499 U. S. 340 (1991)。

届满(尤其是 1924 年以前的作品),没有申请续展(对于 1963 年前的作品),或可能在发表时没有附具必要的版权声明(对于 1989 年前的作品)。

第二,原告必须拥有受到侵犯的权利。这需要判断版权首先归谁,谁是其作者。但是,作者不一定就是实际创作作品的人。对于雇佣作品,版权最初属于雇佣方。然后,版权所有权可能因版权让与协议、排他性许可、法定理由(如死亡、破产)或其他事由而发生转移。并且,版权上的任何利益转移都可能被终止,也即是说,权利会返还给作者或其继承人。

在很多案例中,原告不必提交很多证据来证明上述情形。可以说,及时的登记就产生了一种推定:版权有效且属于被登记的人:"在任何司法程序中,作品首次发表前或发表后五年内做出的登记证书应该构成有关版权、证书中记录事项有效的初步证据。"[1]这是一个相对较弱的推定:"此后做出的登记证书被赋予的证明力,应由法院自由裁量。"[2]对于版权无效或被登记人不拥有版权的证据,法院可轻而易举地进行考虑。因而,在事实遭受质疑的案例中,被登记人必须提供可支持她的证据,且不能仅依赖来自登记的推定力。

## (二) 作品的独创性成分被复制

原告必须证明,被告侵犯版权是因为复制了作品中享有版权的成分。这可能涉及两个问题:被告是否有复制行为(被称为"实际复制")、被告是否复制了受保护的要素(被称为"侵占")。

### 1. 实际复制与独立创作

原告必须证明,被告侵犯了原告依据《版权法》第 106 条享有的排他性权利之一(侵犯第 106A 条上的精神权利也是侵犯版权,见前面章节)。原告即版权所有人必须证明,被告复制了作品复制件或录制品,或改编了作品,或公开发行、展示或表演了作品。注意,版权侵犯不必是为了商业目的、

---

[1]　《美国法典》第 410 条(c)。

[2]　同上。

产生了金钱收益、具有欺骗性、含有不适当行为、出于明知或故意等。被告即使不知道他使用的是版权材料，也需承担责任。但被告的行为必须侵犯了排他性权利之一。

就此而言，被告必须曾经实际复制了受版权保护的作品。这意味着，被告曾经制作了作品的照抄性的复制件，或根据有版权的作品创作了一件作品，或在从事创作时心中想着版权保护的作品，而不一定是有意识地进行复制。曾经的披头士音乐人乔治·哈里森曾被判定在录音《我甜蜜的主》中侵权，因为他曾下意识地复制了《她如此之好》。

但是，没有实际复制，就不构成侵权。独立创作就不会侵犯版权。如果乔治·哈里森没有复制《她如此之好》，就不会承担责任——即使两首歌曲确有相同。

关于实际复制时常会发生事实性争论。被告可能是一个音乐家、作家或制片人，原告声称被告复制了她的作品。而被告会争辩说，她独立创作了该作品，没有复制原告作品。

要判定实际复制是否曾经发生，事实认定者关注的因素是多方面的。一是作品之间的相似性程度。作品越是相似，被告就越可能实施了复制。如果两首歌曲在某种程度上是相同的，这在某程度上就意味着被告有复制行为。比较而言，如果两本 400 页的小说具有惊人的相似，直至虚构事实的逐行描述，那么很大的可能是，一本小说复制了另一本。另外一个因素是，被告接触原告作品的可能性程度。接触的可能性越大，被告复制原作而非独立创作的可能性就越大。在被告写作剧本时，如果原告的图书就躺在被告的办公室里，这就增加了被告复制的可能性。事实认定者还会考查被告或他人提供的独立创作的证据。如果被告能够出示其作品产生过程中留下的笔记或草稿，或者有证人可证明她对其完成作品细节的辛勤付出所做的同步描述，这将增加被告未曾复制原告原作的可能性。在某些案例中，被告可以证明其作品完成于原告创作之前——这表明被告没有复制原告的作品。如果被告没有复制原告作品，但复制了第三人的作品，他也可以表明其为独立创作。假定《南方幽谷》的作者声称《薄荷郁金香》的作者侵犯了其版

384

权,并指出两部作品的很多相同之处。但被告证明她是从《哈克贝利·费恩历险记》中复制了所有这些内容,而后者已经不再受版权保护。该被告因此也就没有复制《南方幽谷》,不必承担侵权责任。无复制,则无侵权。很多案例中,在对被告是否复制原告作品做出判断时,事实认定者会考虑所有这三个因素——相似程度、接触程度以及独立创作的证据。

○实例

a. "你是我的唯一"。原告指控某录音公司复制他的歌曲《你是我的唯一》,创作了一首名为《你是唯一的》的歌曲。除了别的,两首歌的歌词都使用了"你是我的唯一"。旋律则似有类似——"它们的关系更类似于第二代的表兄弟姐妹,两重隔代亲",但这种相似性存在于公共领域的很多歌曲中。它们都使用了和声进行,一种普通的作曲技巧。它们都三次重复了同样的音符(就像其他很多歌曲那样)。原告曾将歌曲的复制件交给一个过去的同事,此外几乎再没有证据显示被告接触过原告的歌曲。同样,被告几乎没有独立创作的证据,如有关录制过程的磁带等。陪审团有足够的证据做出判定吗?

b. "你的爱有多深?"罗纳德·塞尔谱写了歌曲《让它结束》,并与他的乐队在芝加哥地区表演过几场。塞尔将磁带和乐谱寄给了几家音乐公司,反馈只是退回原物。塞尔申请并获得了版权登记。几年后,塞尔听到了一首歌,比·吉斯乐队创作的《你的爱有多深》。该歌曲传播甚广,并被用于好莱坞大片《周末狂热》。塞尔起诉其侵犯版权。

两首歌曲存在很多类似。其中有多个音符"音高相同、位置对称",不少节奏脉冲也都一样。但没有证据显示比·吉斯曾接触过塞尔的歌曲,后者的发行毕竟很有限。还有相当多的证据表明其为独立创作,它们来自证人,也有记录比·吉斯歌曲创作过程的磁带。此案有充分证据可支持实际侵权的判决吗?

c. 可逮着你了!R出版了一份每月通讯,其中均是有关S市房地产交易的信息。G出版了一份载有同样信息的周刊,R极其怀疑它复制了自己的通讯。G没有复制R文本中信息的选择、编排以及其他。为了验证其观点,R在通讯中加入了一项虚假交易:以售价123456美元销售波音大道

727 号,从玛丽莲·梦露到查理斯·德高。而这一条也及时地出现在了 G 的周刊中。这能证明侵权的存在吗?

⊙ **解析**

a. 现有证据不足以支持实际侵权的判定。[1] 法院会考虑作品的相似性、被告对原告作品的接触以及独立创作的证据。在这里来,这些细微的相似不过是巧合:平淡无奇的短语、似乎相似的旋律、普通的作曲技巧以及重复三次的音符。其中也没有接触作品的有力证据。原告恐怕无法满足其证明实际复制的举证义务。

b. 法院判决,并无充分的证据表明实际侵权的存在。[2] 案中存在着高度的相似性证明,但并不能表明有接触和充分的独立创作证据。原告要想单凭相似性获胜,就必须是高度的相似,以致只能被解释为复制。如果两部长篇交响曲完全相同,其中一部必定是对另一部的复制。但是,除了复制塞尔的歌曲,其他因素也可以造成两首歌曲之间的惊人相似。

c. 这不能证明有侵权。它表明有实际复制发生,因为其中的相似只能被解释为复制,但实际复制本身并不构成侵权;侵权构成必须同时还包含可受保护之表达的复制。房地产交易事实不受版权保护;它既然已被称为事实,依不容反悔原则就不能受到保护。

**2. 侵占与可允许的复制**

假如事实认定者判定被告复制了原告受版权保护的作品;或者,被告承认了复制。案件就此并不能结束。复制版权保护的作品不一定构成侵权;复制无版权的材料则不构成侵犯版权。

386

如上文所论,版权作品的很多方面不可受版权保护:思想、事实、功能性层面、非独创因素、政府作品、侵权材料以及其他成分等,都是不可享有版权的。有人可能从受版权保护的作品中复制了这些因素,但不构成侵权。如前面章节所述,虽然区分受保护的表达性成分与不受保护的部分可能是很

---

[1]　参见詹森诉戈登(*Johnson v. Gordon*),409 F. 3d 12,24 (1st Cir. 2005)。

[2]　参见塞尔诉吉布(*Selle v. Gibb*),741 F. 2d 896,900 (7th Cir. 1984)。

难的。一个作者复制了另一作者小说中的思想，不承担侵犯版权的责任。软件开发商可以复制软件包中不受保护的运行方法。制片人可以复制历史图书中讲述的不受保护的事实。除了证明复制，原告还必须证明被告复制了受保护的表达。

## （三）实质性相似

承担责任并不要求复制必须是逐字逐句（除非是录音制品侵权）。侵权所要求的，只是实质性相似（substantial similarity）。如前文所述，作品受保护的成分远远超出了其确定的形式。一个作家改写其他人的小说，或是一个摄影师高度模仿他人作品都可能承担责任。

实质性相似是一个事实问题，却取决于多项法律原则。在判断两部作品是否具有实质性相似时，事实认定者应该考虑的只是有关受保护成分的相似性。如果被告复制了思想、事实、功能项或其他不受保护的成分，对其应忽略不计。只有独创性表达的复制才与侵权判断相关。

法院可能考虑这样的问题：实质性相似是出自谁的角度？对于有些人，所有的重金属歌曲之间似乎都是实质性相似的。在一些典型的案例中，问题可能是从普通观察者的角度来看作品是否属于实质性相似。但对于以特殊人群为目标受众的作品，事实认定者可能要考虑这些受众是否感到有关作品具有实质性相似。当相关市场较为复杂（如特殊类型领域的音乐人），或并不复杂（如涉及儿童）时，法院曾采用过这一立场。<sup>①</sup> 有些法院会允许使用专家证词来帮助事实认定者。

两个作品实质上是否相似，常常难以通过语言进行分析，尤其是对于非言语性成分，如音乐旋律和艺术造型。有些法院将这一问题表述为：被告是否复制了版权作品的"整体观念与感觉（total concept and feel）"。但这一标准也有点儿麻烦。思想是不受版权保护的。第 102 条（b）特别规定，不保

387

---

① 参见里昂合伙诉莫里斯服装公司（*Lyons Partnership v. Morris Costumes*），243 F. 3d 789（4th Cir. 2001）。法院判决，被告的恐龙万圣节服装与描写巴尼（著名的紫色恐龙）的版权作品是否具有实质性相似，应该从孩子们的视角来判断，因为此类作品是以他们为目标。

护"观念、原则或发现，无论它是以什么方式得到描述、解释、解说和体现"（强调系作者所加）。观念的复制不构成侵权。并且，"整体观念与感觉"可能误导性地暗示两个作品必须总体上相似，但小部分复制也可能构成侵权。话说回来，"整体观念与感觉"检验标准可以有更好的表述。真正的问题是，被告是否复制了可视为相同的受保护要素——因为这才构成对版权的侵犯。

### （四）微量复制

De minimis non curat lex[①]——法律不关心琐事。有些法院曾判决，被告如果仅仅对版权作品进行了微不足道的使用，就不构成侵权。某电视广告将一幅享有版权的插图用于背景中，简短而且模糊，不构成侵权。[②]

微量复制规则一直适用于广泛存在的录音"取样（sampling）"。结果可能取决于原告是否拥有被复制音乐作品或录音的版权。而提取一个简单的三音符片段过分微不足道，从而不足以支持判决它与原音乐作品具有实质性的类似。[③] 但是，第六巡回法院曾认为，微量复制规则不适用于录音；而任何对版权保护的录音进行照抄式复制都有可能侵权，除非它符合合理使用原则。[④]

# 四、抗辩

## （一）合理使用

合理使用抗辩在版权领域发挥着巨大的作用。在大多数具有争议的案

---

①　拉丁语法律格言，意即"法律不关心琐事"。——译者

②　参见戈登诉纳克斯泰尔公司（*Gordon v. Nextel Communications*），345 F. 3d 922（6th Cir. 2003）。

③　参见牛顿诉戴蒙德（*Newton v. Diamond*），349 F. 3d 591（9th Cir. 2003）。

④　参见布里奇波特音乐公司诉帝门影业（*Bridgeport Music, Inc. v. Dimension Films*），410 F. 3d 792（6th Cir. 2005）。

例中,合理使用是一个潜在的问题。对于版权法自身边界的确定,合理使用制度地位重要。合理使用(见相关章节详述)不属于侵权。某使用是否合理,则有赖四个要素的判断:使用的目的与性质、版权作品的属性、被使用部分的数量以及原作品潜在市场或价值所受影响。

### (二)滥用

版权之滥用可能会妨碍其强制执行,对此法院曾确认了几种情境。版权人可能会利用版权保护来影响相关市场,如要求版权节目的购买者同时购买服务,或不购买竞争对手的产品、不与该版权持有者竞争。版权人可能利用版权对无版权材料(如思想、事实或功能性的要素等)实施一种类财产性的控制。原告可能会提出毫无根据的侵权之诉,强迫资源匮乏的被告应付诉讼。到现在为止,很少有案例法在特定事实背景下对滥用原则的内容做出阐述。

针对明显限制竞争的情形,如果同时缺乏有利于竞争的正当理由,法院就对案件适用滥用原则。电话交换软件许可证将使用限于使用许可人之微处理机卡的客户,并禁止竞争对手将被许可软件用于检测和开发竞争性软件的,滥用原则得到了适用。[①] 医学图书出版商销售图书时要求购书者不得使用竞争类图书,法院对其适用了滥用原则。[②] 但是,法院通常允许版权人在通过合同限制作品使用方面拥有一定的自由余地。

○实例

a. 苹果极品。赛斯塔公司开发并销售电脑,其中运行的是苹果公司的 Mac 软件。赛斯塔购买了一份操作系统 Mac OS X 雪豹的复制件,然后增加一个引导装载程序和内核扩展文件,使该软件能够在非苹果牌电脑上运行。赛斯塔随后将修改后的雪豹程序装载于它开发的电脑上,并以"开放电

---

① 参见阿尔卡特美国公司 DGI 技术公司(*Alcatel USA, Inc. v. DGI Techs., Inc.*),166 F. 3d 772 (5th Cir. 1999)。

② 参见 PMIC 管理信息公司诉美国医疗协会(*Practice Mgmt. Info. Corp. v. Am. Med. Assn'n*),133 F. 3d 1140 (9th Cir. 1998)。

脑"之名销售(最初为"开放 Macs",直到苹果基于商标权提出反对)。对每一台电脑,赛斯塔都预装了一份购自苹果公司的未启封雪豹程序复制件。苹果公司为此提起版权侵权之诉,因为赛斯塔复制了雪豹,改变之后向公众发行拷贝。即使赛斯塔为它销售的每台电脑都购买了雪豹复制件,其行为也违反了雪豹软件许可证要求——将雪豹的使用限于苹果电脑。赛斯塔抗辩称,苹果公司存在版权滥用,但它不能借限制已售复制件的用途来妨碍竞争者。果真是滥用吗?

⊙ **解析**

a. 法院判定,苹果公司没有滥用其版权。法院首先认为,苹果公司没有销售它的雪豹程序复制件,而只是发放许可,因而其许可条件是有效的限制。然后法院的结论称,不同于那些可以适用滥用原则的案例,苹果公司没有想要"扼杀"竞争:"苹果的软件许可协议并不限制竞争对手开发软件的能力,也不阻止客户将非苹果组件用于苹果电脑。相反,苹果的软件许可协议只是将苹果软件的使用限于自己的硬件。……赛斯塔生产自己的电脑硬件,并可以自由地开发自己的电脑软件。"法院的分析似乎考虑了其他因素:苹果公司有其有效的理由试图控制使用苹果软件的电脑的质量,苹果公司对个人电脑市场缺乏市场支配力。除了涉及软件许可证的首次销售案,对于限制其作品使用的版权持有人,苹果公司案给予了相当大的行为空间,只要购买者同意那些限制。[①]

## (三) 法定诉讼时效

依据《版权法》,民事诉讼必须"在请求权产生后三年之内提出"。[②] 被告以欺骗手段隐蔽侵权行为的,期限可以延长(这意味着,原告可以在其得知侵权行为后最迟三年内起诉)。有些法院还适用了"持续侵权"原则,如果侵权行为属于一连串侵权行为的一部分,则允许为起诉前超过三年的侵权

---

①　参见苹果公司诉赛斯塔公司(*Apple Inc. v. Psystar Corp.*),No. 10-15113 (9th Cir. 2011)。

②　《美国法典》第 507 条。

提供救济。对于何时起诉,版权所有人享有决定权,只要是在三年期限之内。最高法院曾经裁定,有关懈怠的衡平原则不妨碍法定限期内提起的版权之诉。[①] 如果原告毫无道理地延迟起诉,且被控侵权人因该延迟遭受损害,懈怠原则可以适用。因为国会已设定了具体的时间限制,彼得雷拉案判决拒绝将其适用于版权案件。

390

○**实例**

a. **杂乱无章的故事。** 1974 年前后,基德·奥莱听到过"乡村乔·麦克唐纳"的《钉死一块破布》。他立即认定该歌曲侵犯了他对《麝鼠漫游》的版权,却并没有采取法律行动。岁月如梭,乡村乔进行投资,利用该歌曲从事表演、发行和销售并取得回报。到了 2001 年,《麝鼠漫游》的版权转移给了奥莱的女儿芭贝特·奥莱。终于,2004 年,芭贝特·奥莱对版权侵权提起诉讼。为了回避三年的法定时效,她所控告的侵权是基于该歌曲在最近的重录。参与最初录音的大多数人已经去世,所有证据都已失踪。本案属于懈怠么?

⊙**解析**

a. **懈怠行为不妨碍诉讼。** 因为原告行为有不合理的迟延,对被告造成了损害。[②] 奥莱迟延了 30 年,这很容易被视为不合理行为。芭贝特·奥莱于 2001 年取得版权——这一事实并不重要,因为她完全处于其前手的地位。被告也遭受了损害。迟延意味着关键证人和证据再也找不到了。另外,由于并未遭到侵权指控,被告对该作品进行了投资。但是,彼得雷拉案曾令懈怠原则不能适用于版权案件。

**(四) 确认之诉**

如果有人受到版权侵权诉讼的威胁,为解决其中的不确定性,他或她本人可以提起诉讼,以寻求获得确认不侵权判决。提起诉讼的条件有所不同。

---

① 彼得雷拉诉美高梅公司(*Petrella v. MGM*),134 S. Ct. 1962 (U. S. 2014)。

② 比较:奥莱诉麦克唐纳(*Ory v. McDonald*),2005 U. S. App. LEXIS 15775 (9th Cir. 2005)。

原告不必拥有版权（他或她是被控侵犯版权的人），版权不必已经登记（被控侵权人不能登记版权）。可以说，司法管辖权所要求的是，当事人之间存在实际争议。有一个采用确认判决的例子涉及詹姆斯·乔伊斯的作品。乔伊斯遗产持有者公开威胁称，将起诉任何只是从乔伊斯作品中引用了少量词句的人侵犯版权，即使该使用完全符合合理使用原则。该威胁使那些作品中涉及乔伊斯的人难以找到愿意出版的出版商。有文学学者提起确认之 391 诉，所赢得的不只是判决支持其合理使用，而且还有律师费判付，这意味着乔伊斯遗产持有人最终资助了针对自己的诉讼。[①]

○**实例**

a. 澄清。以 1923 年前发表，因而已经失去版权的夏洛克·霍姆斯小说为基础，凯恩正在创作一部电影。作者的遗产持有人称此将侵犯版权，因为 1922 年之后的小说依然享有版权保护。除了投资拍摄，然后为侵权之诉做出抗辩之外，凯恩能利用司法程序来澄清权利吗？

⊙**解析**

a. 凯恩拥有发起确认之诉的起诉权。其中存在着实际争议，因为遗产持有人声称该电影将构成侵权，并威胁要提起诉讼。[②]

---

① 参见凯伦·斯隆：《詹姆斯·乔伊斯遗产持有人同意支付原告在合理使用纠纷中的费用》(Karen Sloan，*James Joyce Estate Agrees To Pay Plaintiff's Fees In Fair Use Dispute*)，Nat'l L. J.，September 30，2009。

② 参见克林格诉柯南·道尔庄园遗产管理公司(*Klinger v. Conan Doyle Estate*，*Ltd.*)，755 F.3d 496 (7th Cir. 2014)。

# 第十八章　帮助侵权和替代责任

　　侵权人常常获得他人的帮助或引导。要销售未经授权的音乐CD,需要有设备和空白光盘、被复制的音乐、销售处所及消费者。音乐作品版权人可以起诉未经授权之光盘的销售者,但她也许希望能起诉盗版人的供应商、房东、消费者和雇员。这将使她可以从更多的人那里获得损害赔偿,也可能导致人们更不可能与版权侵权人打交道。然而,过于宽泛地施加该种责任可能会有巨大的成本。如果房东不得不审查和监视他们的承租人,这将从各方面提高租赁成本(包括金钱与隐私)。同样,如果空白光盘、电脑和音乐设备销售商要为其消费者的侵权承当责任,他们也将不得不以某种方式转嫁成本(或通过向所有消费者抬高价格、审查和监视消费者、减少投资人回报、降低自身供货商的价格,或牺牲其自己的利润)。在考虑在线服务提供者是否应当为其用户的行为负责时,同样的问题也发生了。一般来说,版权责任的风险可能阻碍技术革新、文化交流和投资。而过轻的版权责任则可能为侵权提供诱惑,减少对作品创作与授权传播的激励。为从属侵权划定边界涉及到多种竞争性价值以及成本/收益之平衡。

393　　版权法承认有两种类型的从属责任:帮助侵权和替代责任。"人们通过故意诱导或鼓动直接侵权实施帮助性侵权,通过拒绝行使中止或限制直接侵权的权利以从中获利,实施替代性侵权。"①版权成文法没有对间接责任做具体规定。可以说,法院已承认这项原则,并界定了其边界。

　　没有直接侵权人也就不会有从属责任。若非有人已经实施了直接侵权,替代责任与帮助侵权均不能适用:他们复制了版权作品,将其改编为演绎之作,公开发行或对作品进行公开表演或展示。假定一位工程师复制一

---

　　① 美高梅电影公司诉格洛克斯特公司(*MGM Studios Inc. v. Grokster, Ltd.*),125 S. Ct. 2764,2776 (2005)。

件视频游戏以对其进行逆向工程。如果这个工程师有资格被视为合理使用,她将不承担侵犯版权之责。既然没有直接侵权人,她的雇主也不承担从属之责。

　　假定某老板令其雇员制作和销售1000份未经授权的流行电脑程序复制件,并将收入交给老板。该老板没有直接侵权,因为他没有制作或销售复制件;但他要基于帮助侵权和替代责任原则承担责任。该老板控制着雇员,且直接因侵权获利,还诱导了雇员的行为。只有当雇员的行为出于其主动,属于为老板之工作的一部分,并且是为老板利润而销售侵权复制品时,替代责任方可适用;只有当老板说服他人制作和销售复制品时,帮助侵权才能适用。简而言之,帮助侵权要求表现出高度的知悉,而替代责任要求表现出更强的控制力。

　　从属责任制度可以降低版权保护的实施成本。假定有一种做法普遍存在:个人通过互联网销售、交换或泄露未经授权之版权作品的复制品(可能是音乐、影片、游戏或电子书)。若要针对直接侵权实施版权保护,可能就需要发现并鉴别他们,提起很多诉讼并试图对很多个人采取救济措施,而其中某些人也许履行不能,甚至很难确定。对少数文件共享行为获得否定性判决,有可能会对其他人产生阻止效应;而更低成本且更加有效的是,让版权人能够起诉那些在线服务提供者或文件共享软件的销售者。这类公司被告更容易定位,数量更少且钱袋更鼓。一言以蔽之,阻止文件共享网络的经营者,要比追究成千上万的文件分享者更加容易。

　　但这确实会产生抵消性的成本。潜在的从属责任会增加合法技术创新的成本。比如,文件共享网络在侵犯版权之外还有许多创益性目的,但如今其开发者的潜在从属责任很不确定,而不确定就会增加成本。同样,版权作品要受到合理使用等制度的限制,而这些可能会因从属责任之虑而大打折扣。法院正在通过划定从属责任之边界来对这些竞争性利益做出平衡。

# 一、替代侵权

假设盖密·瑞泰经营着一个巨大的游戏厅，其场地上的一个摊位租给了派特。派特销售电子游戏，将利润的 25％ 付给盖密作为租金。按照租约，盖密有权控制派特的经营，但除了每周向派特兑换现金，盖密很少注意到派特究竟在做什么。盖密并不了解，由于销售未经授权的游戏复制品，派特赚了很多钱。当版权人发现并提出异议时，派特带着剩下的款项逃匿，盖密成为唯一可以找到的被告。盖密可能认为他不应为侵权承担责任——他没有直接侵权，因为他没有制作复制品、改编作品、向公众发行复制品、公开表演或展示作品，他甚至并不知道侵权行为的发生。

但盖密应该为其替代性侵权而被追责，"当被告直接从侵权获利，且具有监管直接侵权人的权利与责任时，允许对其追究责任，即使被告当初缺乏对侵权的了解。"[①]替代责任背后的理论是，被告不应当从其被控制者的侵权行为中获利。这个逻辑类似于侵权法中的雇主责任原则。

关键在于，替代责任不要求知悉直接侵权行为。雇主、房东或者独立承包人的雇佣方都可能为版权侵权承担责任，即使他们并不知道直接侵权行为。

替代责任需受两项重要限制。第一，它只在被告取得直接经济利益时适用。典型例子是房东作为被告。假设房东以市场价将公寓出租。承租人搬来高技术机器并生产了数以千计的盗版音乐光盘。因为房东仅仅收取了其他承租人都会支付的相同的租金，而没有直接从侵权行为中获利，所以他不会因替代侵权而承担责任。同样，假设一位雇员使用雇主设备以制作和销售侵权的视频游戏复制品，并且该雇员藏匿了所有的金钱。该雇主不应

395

---

① 格罗克斯特案（*Grokster, Ltd.*），125 S. Ct. at 2776，引自夏皮洛与伯恩斯坦诉格林公司（*Shapiro, Bernstein & Co. v. H. L. Green Co.*），316 F. 2d 304（2d Cir. 1963）。对于唱片店承包商的直接侵权行为，商场应替代性地承担责任。

承担替代责任,因为雇主并没有从该侵权行为中获利。

直接经济利益不必是直接侵权人收益中一定的比例。在舞厅案中,舞蹈乐队未经许可表演版权作品构成直接侵权,舞厅所有者为此承担替代责任。舞厅所有者直接从侵权中获得了利益,因为未经授权使用流行乐曲增加了入场费收入以及茶点销售。

第二个关键性的限制是,被告必须具有"监督直接侵权人的权利和能力"。假设上例中的盖密将其部分财产完全出售给派特,派特然后将其用作违法生产设备。如果盖密对派特没有控制权,盖密就无需负责,即使派特将其部分违法所得用来支付该财产的价款。监督的权利和能力有几种表现方式。可能有一份正式合同授予了这种权利;可能有一份雇佣合同或委托暗示雇佣方控制着受雇人;可能有一种非正式关系,如发起人组织和控制着一场音乐会;一方当事人持续为直接侵权行为提供其必要的商品或服务(比如软件或在线服务)时,必要的控制可能是存在的。

直接经济利益和控制能力都是必要的。有些人如果缺乏控制能力,即使取得了直接经济利益,也不承担替代责任。比如一个股东,他可能从公司的侵权行为中获利,但他如果缺乏控制能力,也不会承担责任。[①] 同样,能够控制但未获得直接经济利益的人也不承担替代责任。

○**实例**

a. 社区音乐。普卢比镇允许非营利团体免费使用其市政厅。由当地音乐家组成的普卢比表演者团体与之签署了一份标准协议,承诺修复任何损坏之处、晚十点前结束所有活动、尊重所有相关法律及城镇地方规定。任何违反都将导致该镇终止表演者团体对市政厅的使用。在整个夏季,表演者举办了系列音乐会,未向稀少但热情的观众收取入场费。这些音乐大多享有版权,但表演者没有寻求或不需要获得许可,因为这种非营利表演得到《版权法》第 110 条(4)的授权。有一位版权人起诉了小镇,认为第 110 条的

---

① 参见索夫太尔公司诉龙医药科技公司(*Softel, Inc. v. Dragon Med. & Sci. Communs.*),118 F. 3d 955,971 (2d Cir. 1997). 拒绝仅以被告系直接侵权公司的董事长或股东作为其承担替代责任的理由。

396 保护并未涉及从属责任问题。小镇是否担责？

　　b. 社区剧场。该镇允许当地表演者团体"普卢比山庄"以相似的方式使用市政厅。这些表演者在夏天表演了很多受版权保护的戏剧。与那些音乐家不同，这些表演者可能构成侵权，因为 110 条（4）只允许非戏剧类音乐与文字作品的非营利性表演。我们还假设，合理使用不保护他们。如果表演者是直接侵权人，那么小镇是否承担从属责任？

　　c. 商业音乐。普卢比小镇与活动发起人达成一笔交易，由该发起人租下市政厅，其占用行为需遵守城镇的规章和指导。发起人并进一步承诺遵守所有的法律，包括取得版权人的必要的许可。发起人同意向城镇支付其收入的 25%。发起人举办了一场名为"普卢比偶像"的夏季才艺比赛，由当地人通过表演知名歌曲参加竞赛。城镇所不了解的是，表演并没有征求版权人的许可。当版权人提出指控时，发起人带上钱溜之大吉。城镇回应称，其没有参与其中，甚至不知道侵权行为，还曾对此做过特别禁止。该城镇应当承担责任吗？

　　d. 非百老汇演出。舍伯特剧院公司把剧场出租给了一个演出经理。双方当事人签订了一个被称为"四壁协议"的典型租约①。舍伯特每周按常规收取租金，将剧场的一切控制权交给了演出经理。后来该演出经理未经告知迪斯尼，便上演了《狮子王》。舍伯特剧院承担责任吗？

　　e. 手拉手，点对点。茄瑞拍卖行发起和组织了一场物品交易会。卖主们每日向拍卖行支付租金，即可在拍卖行控制和巡查的场地上占用一个小摊位。拍卖行按照合同拥有终止卖方租用场地的权利。消费者向拍卖行支付入场费，可以闲逛、光顾卖方摊位，并通常要为停车和茶点向拍卖行付费。交易会有一个重要的吸引力：很多卖家在出售价格诱人、未经授权的音乐唱片。茄瑞拍卖行应该承担责任吗？

　　f. 纳普斯特案（格罗克斯特案之序幕）。通过传播软件和提供在线服

---

　　① "四壁协议（four walls agreement）"主要用于娱乐行业。按此协议，租用方以固定费用租借剧院场地及其中的工作人员，而具体的演出、广告经营以及收入等均与出租方无关（参见：*https://definitions.uslegal.com/f/four-walling-entertainment-law/*）。——译者

务,纳普斯特公司推动了音乐分享。用户一旦下载了纳普斯特的音乐免费分享软件并注册成为其用户,就可以向他人提供音乐文件、搜寻纳普斯特网站上的音乐目录,并通过向纳普斯特发送请求、建立用户链接,便可从其他用户那里下载音乐。纳普斯特没有因其软件和服务向用户收取费用。其计划是,通过广告和目标电子邮件之类的业务,依据用户群获取收益。用户需要遵守纳普斯特的使用规则,包括纳普斯特有权随时终止账户和服务。纳普斯特知道,使用纳普斯特软件交易的音乐大多受到版权保护。纳普斯特公司需要承担替代责任吗?

397

⊙解析

a. 城镇无需承担责任。没有直接侵权人,也就不存在从属责任。音乐家没有侵权,因为第 110 条保护他们的行为,城镇也就不需要适用第 110 条。城镇本身不是直接侵权人,因为它没有复制或改编这些作品,没有公开发行、展览或表演作品。没有直接侵权人,它也就不承担从属责任。

b. 这次有直接侵权人存在。城镇只有在它"直接从侵权行为中获利,且对直接侵权人有监管的权利和能力"时,才承担替代责任。原告必须就两个方面提出证明:直接的经济获利和控制的权利与能力。城镇已有第二点(控制的权利和能力)但还缺乏第一点,因为它并没有取得经济利益,因而它不承担替代责任。

c. 城镇这次需要承担替代责任,因为其中包含了直接经济利益(收入分成)和控制(发起人占用行为需遵守城镇规章和指导)。城镇不知道侵权这一事实并不妨碍它的责任。对于替代责任的承担,证明其知道直接侵权是不必要的。"即使被告最初缺乏对侵权行为的了解",责任依然存在。[1]

d. 舍伯特不承担责任。没有控制的权利和能力就没有替代责任。不同于普卢比镇——保留了指示租用人的权利,舍伯特将剧场的一切控制权

---

[1] 美高梅电影公司诉格罗克斯特公司(*MGM Studios Inc. v. Grokster, Ltd.*),125 S. Ct. at 2776。

都交给了租用者。① 舍伯特收取了常规租金,而不是对侵权活动的参股,这样,即使它拥有控制权,却也可能没有必需的直接经济收益。注意,如果舍伯特知道侵权行为,结果可能有所不同。那样的话,它可能要为帮助侵权承担责任(下文讨论)。

e. 茹瑞拍卖行应承担替代侵权之责。② 此案被告拥有必要的控制之权利与能力。它发起并组织了物品交易会,并通过规则设定权来控制卖方、对场地进行巡查、终止卖方的租用。被告还收取直接的经济收益,虽然没有确定的分成比例。但是,以优惠的价格获得未经授权的复制品是对消费者的极大诱惑。正因有很多消费者,茹瑞拍卖公司从卖方那里获得了较高的租金、入场费、停车费、食品费和其他获利。茹瑞拍卖公司不像房东,后者是偶然遇到一个从事侵权的承租人,而茹瑞拍卖公司更像是舞厅老板,在那里,实施侵权行为的目的就是为了"提高场地对潜在顾客的吸引力"。

f. 第九巡回法院将纳普斯特公司视为线上的茹瑞拍卖公司:"纳普斯特没有监管系统'场地',加之证据表明纳普斯特在其系统上持续提供侵权文件以获取经济利益,导致替代责任的产生。"③因为提供侵权材料是对用户的诱惑,而用户数量的增加是纳普斯特未来收益之关键,本案存在着必要的直接经济利益。纳普斯特未向用户收费,但随着下载版权作品的用户数量增多,接踵而至的广告和其他收益来源也会增加。纳普斯特公司恰如物品交易会的发起人或者舞厅经营者。法院裁定,必要的控制权利与能力也存在于此。纳普斯特公司"具有对列于其搜寻目录的侵权材料进行定位的能力,以及终止用户访问系统的权利。因此,文件名索引存在于纳普斯特公司有能力监管的'场地'上。"

---

① 参见罗伯特·斯蒂格伍德公司诉赫维茨(*Robert Stigwood Group. Ltd. v. Hurwitz*),462 F. 2d 910 (2d Cir. 1972)。

② 参见丰诺维萨公司诉茹瑞拍卖公司(*Fonovisa Inc. v. Cherry Auction, Inc.*),76 F. 3d 259 (9th Cir. 1996)。

③ A & M 唱片公司诉纳普斯特公司(*A & M Records, Inc. v. Napster, Inc.*),239 F. 3d 1004,1024 (9th Cir. 2001)。

# 二、帮助侵权

　　"人们可通过故意诱导或鼓动直接侵权实施帮助性侵权。"①帮助侵权可采取很多形式,适用于"明知有侵权行为,并对他人的侵权行为进行诱导或实质性帮助的人"。②

　　与替代侵权不同,明知侵权发生对于帮助侵权的构成是必要的。如果被告只对直接侵权人有一般性的控制权,或在不知道侵权行为的情况下帮助了作品的创作或发行,被告将不会被追究帮助侵权责任。注意,替代侵权和直接侵权之间并没有明确的界限。被告可能基于两种理论被追究责任(就像纳普斯特案)。

　　帮助侵权案件可以被区分为两类:被告与直接侵权人一起行动的情形和被告提供设备供直接侵权人使用的情形。③ 在第一种案件类型中,被告可以与直接侵权人一起行动,实施诸如下列行为:为用于一部电影而选择侵权材料,在歌曲创作过程中就某些改变提出建议,或者发放许可供使用版权材料(并无授权)。④ 同样,对侵权活动实施监管的被告可能要承担帮助侵权之责,比如无线电台经理监管着音乐导演和电台日常活动。⑤ 在很多此类案件中,被告如此介入侵权活动,以至于也作为直接侵权人被追究责任。

　　第二类是为侵权提供设备或服务。复制、表演和传输领域的技术创新既具有社会效益,也会成为版权侵权的隐患。法院曾与各时代的新技术展开斗争——从自动演奏钢琴到卡式录音带、影印机、录像机和因特网——诸

399

---

　　① 美高梅电影公司诉格洛克斯特公司(*MGM Studios Inc. v. Grokster, Ltd.*),125 S. Ct. 2764,2776 (2005)。

　　② 格什温出版公司诉哥伦比亚艺术家管理公司(*Gershwin Publishing v. Columbia Artists Management*),443 F. 2d 1159 (2d Cir. 1971)。

　　③ 参见戈德斯坦:《版权》(Goldstein, *Copyright*),§6.1。

　　④ 同上。

　　⑤ 同上。

如此类的制造和传输复制品的全球性设备。这些案件提出了重要的政策考量。最高法院曾经寻求

> 不同价值之间的合理平衡——通过保护版权来支持创造性事业与依靠限制版权侵权的责任范围来促进传播技术革新。艺术保护受到的偏袒越多,技术创新所遭遇的挫折就会越大;执行版权法是一种有关平衡交易之经营的操练。①

最高法院对于索尼案和格罗克斯特案的判决将会对版权人、技术专家和消费者产生影响。

在索尼诉环球电影公司案②中,法院采纳了专利法中的一个标准:单纯销售"适于实质性非侵权目的的常用物品或商品",不构成帮助侵权。录像机具有实质性的非侵权目的,索尼不为其销售承担责任:版权人不反对电视节目的录制,录制电视节目是要在不同的时间观看,这种行为被认定为合理使用。复印(xerox)不承担责任,因为影印机有许多非侵权的用途。空白光盘的销售者不承担责任,因为空白光盘能够用于存储盗版作品以外的大量内容。不过,安全港的宽度又是模糊的。依据索尼案判决,一种设备如果具有"实质性的"或"商业上重要的"非侵权用途,那么被告单纯发行该设备不需承担责任。并不太明确的是,该设备究竟是只需要具备这种非侵权使用,还是说必须具备实际的非侵权用途?并且,如果非侵权用途必须得到证明,需要多少?是用户的 10% 还是 50%?

最高法院下一次处理帮助侵权大概在 20 年后的美高梅诉格罗克斯特案中。就像纳普斯特,格罗克斯特发行的软件被消费者用于音乐文件的交换。格罗克斯特的工作方式不同。通过纳普斯特软件,用户在纳普斯特服

---

① 美高梅电影公司诉格洛克斯特公司(*MGM Studios Inc. v. Grokster, Ltd.*),125 S. Ct. 2764,2775 (2005)。

② 索尼公司诉环球电影公司(*Sony Corp. of America v. Universal City Studios, Inc.*),464 U. S. 417 (1984)。

务器上的目录中检索音乐,从其他用户处下载则只能通过向纳普斯特发出请求,再由后者把两个用户链接在一起。简单而言,一切都要通过纳普斯特。与之不同,格罗克斯特仅仅发行软件,软件的使用者能够用来分享音乐,而无需通过格罗克斯特。格罗克斯特认为,它可因索尼案的避风港规则受到保护。它不为发行软件承担帮助侵权责任,因为软件具有实质性非侵权用途(所分享的是版权人未禁止的音乐、不享有版权的音乐或其他作品)。

在格罗克斯特案中,法院判决索尼案的原则无法适用。依其观点,索尼案的判决是,仅仅因为发行的设备具有实质性非侵权用途,被告不能承担责任。而格罗克斯特不仅仅发行软件;它也推动了为侵权目的的软件用途。格罗克斯特案的法院聚焦于帮助侵权中的意图因素:"从被发行产品的特性或用途出发,索尼案适用的规则在法律上限制可责性意图的采用。但索尼案中并没有什么要求法院忽视意图的证据——如果存在着这种证据,且该案决没表示要取消来自普通法的过错责任规则。"[1]对于设备发行之外的案件的处理,法院确立了一项标准:"我们认为,一个人抱着推广其侵权用途之目的发行一种设备,如其明确表达或其他为推进侵权而采取的积极措施所表明的,就要对由此而产生的第三方侵权行为承担责任。"[2]法院强调

> 仅仅是知道侵权可能性或实际的侵权用途,在此不足以使一个发行人承担责任。产品发行附带的普通行为,如向消费者提供技术支持或产品升级,本身也不支持责任承担。相反,诱导原则以有故意的、可责的表达和行为作为承担责任的前提,因而不会损害合法贸易或打击具有合法预期的创新。[3]

法院看到有很多因素能够支持这样一个结论:格罗克斯特不仅知悉侵权行为,而且其行为还具有促进以其软件实施侵权的目的。第一,格罗克斯

---

① 125 S. Ct. , at 2779。
② 125 S. Ct. , at 2770。
③ 125 S. Ct. , at 2780。

特向用户称自己是被关闭的"声名赫赫的文件分享服务——纳普斯特"的继承者。第二,它没有试图"开发过滤工具或其他机制来减少将其软件用于侵权行为"。第三,它的广告销售依赖大量使用,而使用又依赖其下载版权音乐的功效。

格罗克斯特案不应受到过分宽泛的解读。当事人可以资助侵权交易而不必承担帮助侵权责任。对于向侵权网站进行信用卡支付,即使意识到侵权在进行,信用卡公司也不为此承担责任。① 提供信用卡付款服务不属于实质性帮助,因为它与侵权行为不存在直接关系。提供资助使得商业交易持续运作变得更加容易,但这并没有直接造成侵权行为。这两者之间是有区别的:信用卡公司提供服务,一般性地便利商业交易;搜索引擎或用户创作内容网站等实体则是实际复制版权作品,引导网站用户。后者如果在接到通知之后仍继续维持侵权材料,则很有可能被判承担责任。

## ○实例

a. 特殊订单。菲尔向如姬公司购买 CD 唱片。菲尔向如姬发去一个邮件,罗列了想要收藏的唱片。如姬便找来音乐录音,未经授权制作了复制件,将它邮寄给菲尔。菲尔知道他得到的是未经授权的复制件——这正是价格低廉的原因。事实上,菲尔也经常发送信息帮助如姬找到要复制的录音——或在当地音乐图书馆,或在收藏家那里。受到侵权起诉后,菲尔认为他并未侵犯版权人的任何排他性权利:他并未复制或发行唱片。菲尔需要承担责任吗?

b. 特别定制。阿卜杜拉向他的客户销售盒式录音带《时间之累》,后者业务是制作和销售未经授权的版权音乐复制品。空白磁带总是有特定的长度,比如 45、60、75 或 90 分钟。如果你正复制的 CD 是 68 分钟,那么一盒 60 分钟的磁带就太短,而 75 分钟的磁带就会余留很多空间——这对于制作者而言费用更高,对于顾客则是一种烦恼。阿卜杜拉为顾客提供特定长

---

① 参见完美 10 号公司诉维萨卡国际公司协会(*Perfect 10, Inc. v. Visa Int'l Serv., Ass'n*),494 F. 3d 788,796 (9th Cir. 2007)。

度的磁带。他知道他的客户在制作未经许可的唱片。阿卜杜拉是否为侵权行为负责？

c. 寻找，你就能找到。用户可以通过谷歌找到几乎一切在线的东西。有些人使用谷歌找到让他们下载版权音乐的网站。谷歌并没有推广此种用途。一般而言，谷歌若拥有更多的用户，就能够获得更多收益，而无论他们在搜寻人、音乐或其他任何东西。在格罗克斯特案判决后，谷歌需要承担帮助侵权之责吗？

d. 替代者。最高法院对格罗克斯特案作出判决后不久，F2F 就出现了。这是一种新型的提供文件分享的软件，与格罗克斯特非常相似。就像格罗克斯特，F2F 允许分散型的文件分享，其中大约 90％的分享是享有版权的音乐。事实上，F2F 与格罗克斯特的相似性为其吸引了很多以前的格罗克斯特老用户。也像格罗克斯特，F2F 通过依赖使用量的广告获得收益。而与格罗克斯特不同的是，没有记录显示 F2F 明确声称鼓励将其用于侵犯版权。F2F 有无帮助侵权之责？

e. 自由鸟。一个志愿者小组开发并发行了文件分享软件"自由网"。与人人皆可使用的格罗克斯特不同，自由网小组只向受信任的成员开放。自由网使用加密技术规避外部监视，就像曾使用秘密握手协议的旧式秘密社团一样。自由网的开发者本来是出于政治目的，如"为那些电脑通讯受政府监控的国家的异议人士提供帮助"。[①] 但他也轻视版权，崇尚信息的自由分享，并认识到自由网软件的主要用途可能是用于侵权复制品的"暗网"发行。如果一些团体使用自由网软件从事音乐、游戏和软件交易，自由网的开发者是否应承担帮助侵权责任？

f. 坏的小程序。旺卡软件公司雇佣查理开发乔玛软件包。查理签订了雇佣合同，同意遵守旺卡的规章，也同意旺卡可无缘无故随时解雇他。经历随后的几个月时间，查理为乔玛软件包代码的实质性部分做出了贡献。

---

① 约翰·马科夫：《匿名的文件分享器：建立一个私密网络》(John Markoff, *File Sharers Anonymous: Building a Net That's Private*)，New York Times，August 1，2005。

乔玛成为热销产品。后来真相大白,查理并没有写出任何代码,而只是从其前雇主的软件代码中截取、复制了长长的一段。旺卡认为它自己不应当承担替代责任,因为它没有取得直接的经济利益,查理的编码与乔玛的销售之关系是非常间接的。旺卡还认为,它也不承担帮助侵权责任,因为它对查理的侵权行为缺乏了解。旺卡是否应承担责任?

⊙**解析**

a. 菲尔无需承担直接侵权责任,但他要承担帮助侵权责任。帮助侵权适用于"明知有侵权行为,仍对他人的侵权行为进行诱导或实质性帮助的人"。[①] 菲尔故意诱导如姬制作侵权唱片,也通过寻找可复制的录音来提供帮助。

b. 阿卜杜拉应承担责任。[②] 这些磁带或许具有实质性非侵权的目的,但是在本案中并不重要:其中,阿卜杜拉一直知道侵权行为,并向具有侵权目的的人销售其产品。根据格罗克斯特案,他应当就帮助侵权承担责任,而不能援引索尼案获得保护。

c. 谷歌不应承担帮助侵权之责。与格罗克斯特案不同,谷歌并没有推销侵权服务,或依赖侵权作为其业务基础。没有证据表明谷歌具有必要的"推广其侵权用途的目的——如其明确的表达或其他为推进侵权而采取的积极措施所表明的",而这正是格罗克斯特案确立的标准。如果搜索引擎经是为促进在线侵权而专门设计和销售,结果将有所不同。

d. 这里,F2F 未做鼓动侵权活动的表达,这与格罗克斯特案有所不同。而问题在于,提供格罗克斯特服务的替代品——像格罗克斯特,主要用于侵权的软件,是否足以符合法院在格罗克斯特案中确立的标准。换言之,行为本身是否足以构成促进,或者说,语言是否也是必要条件。

e. 这个例子也需要解释格罗克斯特标准。自由网的目的不是促进版

---

[①] 格什温出版公司诉哥伦比亚艺术家管理公司(*Gershwin Publishing v. Columbia Artists Management*),443 F. 2d 1159 (2d Cir. 1971)。

[②] 比较 A & M 录制公司诉阿卜杜拉(*A & M Records, Inc. v. Abdallah*),948 F. Supp. 1449 (C. D. Cal. 1996),前格罗克斯特案。

权侵权,而是普遍性地允许信息的自由分享,且不为外界所知。如果开发者没有采取任何积极措施去推广自由网软件的侵权用途,基于格罗克斯特案,似乎就不承担责任。比较而言,一个受广告支撑的网站怂恿用户下载使用比特流的电影,并提供技术支持的,就应当为其引诱侵犯版权承担责任。

　　f. 这只是一个无关主题的提示性实例,就此没必要对帮助或替代责任做具体分析。查理要作为直接侵权人为制作和发行侵权复制品承担责任。

# 三、互联网接入与在线服务提供者:用户侵权免责

　　YouTube 上经常可以看到:"由于版权争议,该视频不再提供",它们来自音乐公司、新闻机构或其他主张版权的人。网站用户经常侵权:向 You-Tube 上传受版权保护的材料、分享版权音乐、截取并粘贴小说等诸如此类(合理使用通常有可能适用于某些情形)。国会为在线服务提供者规定了侵权豁免,条件是他们要采取行动,移除他们知道属于侵权的材料,并回应版权人发出的移除通知。"服务提供者"在成文法上的定义很宽泛,覆盖了所有提供在线服务或网络接入的人,因而包含了提供因特网接入的当事人(如 Comcast 公司)、提供内容或其他服务的网站(如 YouTube 和亚马逊)。①这就是为什么我们在 YouTube 上查找视频时常常能发现一个屏幕,直接声称该作品应版权人要求已被移除。如果一个服务提供者被要求为用户的所有侵犯版权的行为负责,那责任就太大了。音乐、视频、文本、图片复制品都是在为用户传输、主持以及提供其他服务的过程中产生的。第 512 条在一定条件下提供了服务提供者保护。如果他们采取某些措施以降低侵权的数量(如对移除通知做出回应),并帮助起诉实施侵权的用户,他们对某些复制所承担的责任就受到限制。换句话说,像 YouTube 这样的服务提供者都有

404

---

　　①　《美国法典》第 17 编第 512 条(k)(1)。

一套程序,移除可能侵权的视频以避免承担侵犯版权之责——不仅针对被移除的视频,也涉及其他侵权视频。第512条对服务提供者责任的限制,通常涉及在电脑网络的操作和使用中做出的几种类型的复制:

- 在传输、连线和提供连接时产生的复制品
- 缓存
- 用户所做复制件
- 使用信息定位工具所产生的复制件(如搜索和链接)

要获得最后两个安全港的保护(用户和信息定位工具产生的复制件),服务提供者必须采纳和实行某些政策。一般而言,当服务提供者已实际知悉侵权行为时,它必须移除有关材料。另外,它必须有一项程序来接收用户的侵权指控通知,并采取特定行为以移除侵权材料,终止屡次侵权人的账户。① 服务提供商必须设置用于保护作品的技术措施。在适当情况下,它必须终止多次侵权人的账户。② YouTube上经常出现的另一条信息就表明了这一点:"本视频不再能够获得,因为与该视频关联的YouTube账户已因第三方多次的版权侵权通知而被终止"。有些服务提供者必须对那些希望识别侵权用户的函件做出回应。

为了利用安全港规则,服务提供商一旦能"察觉某些明显具有侵权迹象的事实或情况",就必须采取行动。③ 如果指控侵权的通知不符合成文法的要求,就不会引发这一责任,因为这样的通知不能被认为能激发这样的察觉。成文法只要求服务提供商在知道或应当知道侵权行为时才需采取行动。并且,服务提供商不需要监视其用户的行为或积极监管潜在的侵犯版权的行为。④ 为免于承担从属的版权侵权责任,服务提供商必须设置一套

---

① 参见埃里森诉罗伯逊(*Ellison v. Robertson*),357 F. 3d 1072 (9th Cir. 2004)。美国在线公司没有资格援引安全港原则,因为它没能为接收侵权指控通知更新邮箱地址,"允许可能的版权侵权通知陷入真空状态并置之不理"。

② 第512条(i)。

③ 《美国法典》第17编第512条(c)(1)(A)(ii)。

④ 参见Perfect 10公司诉CCBill公司(*Perfect 10, Inc. v. CCBill LLC*),488 F. 3d 1102,1112 (9th Cir. 2007)。

合理可行的通知和移除政策。以"合理的（reasonable）"这样一个经典词语来描述一项法律标准，有着相当强的灵活性。法院已经通过判决确立了一项政策，要求服务提供商拥有一套可行的通知机制，具有一套程序用于处理DMCA合规性的通知，且不要积极阻止版权人收集通知程序所必要的信息。

移除程序中有一些保护性措施。移除通知必须做到：

* 包含经授权代表版权人采取行动的单位的签署
* 对作品进行确认
* 对侵权材料做出确认
* 提供合同信息
* 提供诚信声明，表明有关材料未经版权人或法律授权

当事人可能要为其在移除通知中缺乏诚信承担责任。当事人在下列情况下发出通知的，可能需要承担责任：它并不享有版权，它是被授权使用或者该使用明显属于合理使用。歌曲《让我们疯狂吧》版权人的命运正是如此：他对 YouTube 上一个小孩的跳舞视频发出移除通知，因为该视频将这首歌用作了背景音乐（明显属于合理使用）。[①] 针对没有版权的作品（如很老旧的书籍或政府记录）或明知已被移除的作品发出通知，也会导致承担责任。

在收到移除通知后，服务提供者一般会移除该材料以确保其免除责任。如果服务提供者确信移除通知不够充分，或该材料没有侵权（比如属于合理使用），它可能会选择维持该材料。如果要移除该材料，应该通知用户。用户的反馈可以是发出恢复通知（put-back notice），并通过善意声明表示该材料并未侵权。如果移除通知发送者在 10—14 天内没有提起侵权诉讼，服务提供者必须恢复该材料，否则就可能要向用户承担责任——如果该移除 406 没有正当理由、得不到服务条款的允许。

---

① 楞次诉环球音乐公司（*Lenz v. Universal Music Corp.*），572 F. Supp. 2d 1150（N. D. Cal. 2008）。

移除通知的处理要占用相当多的资源。TouTube 每个月会收到 10000 多条移除通知(大部分针对音乐)。YouTube(及其所有者谷歌)拥有一套处理通知的自动系统——很多通知是由代表版权人进行搜索的软件自动生成的。

移除程序只能适用于侵犯版权的指控。针对商标(比如提供冒牌衣服的网帖)或专利侵权的指控不属于这些规则的范围。当事人有关商标侵权的诉求将不会影响到服务提供者的版权侵权之责(如果服务提供者未作回应),并且,如果该声明并无根据,当事人也不会承担责任(基于版权成文法)。

○ **实例**

a. 视而不见吗?很多影视公司以从属性侵犯版权为由起诉 YouTube。YouTube 对移除通知做出回应。即使在没有收到移除通知的情况下,You-Tube 也移除了它了解到已构成侵权的特定材料。但 YouTube 并没有为发现并移除侵权材料而监督其网站。YouTube 能免责吗?

b. 接招。艾古对其竞争者奥赛罗成功的仿讽视频感到嫉妒。奥赛罗制作了仿讽著名电影的短动画,将其上传至 YouTube,并在上面巧妙地设计了广告。艾古遂发出移除通知,假称对电影版权人具有代理权。艾古也知道该视频可受到合理使用制度的保护(该仿讽是对相关电影的直接评论)。奥赛罗有什么办法可以使用?

⊙ **解析**

a. YouTube 可免除责任。[①] 法院曾否认了这样一种观点:意识到网上普遍存在侵权,表明 YouTube 已实际知悉侵权的存在。相反,法院曾判决,在线服务提供商不只是一般性地知道侵权,而是在"知悉具体而可辨的个别作品侵权"后作出回应,才足以符合要求。Viacom 案的判决影响巨大,因为其没有要求服务提供商积极寻找并移除侵权材料,而只是要求他们在获知

---

① 参见维亚康姆公司诉 YouTube 公司(*Viacom Int'l, Inc. v. YouTube, Inc.*),679 F. 3d 19 (2d Cir. 2012)。

侵权行为后做出回应。其他法院也遵循了这一解释。[①]

b. 艾古要承担双重责任。他冒充代表版权人采取行动,还假称该材料的使用未得到版权人或法律的允许——而合理使用制度允许这种使用。关于有关材料是否侵权,成文法明确规定了虚假陈述的责任。这可能会被理解为对其他虚假陈述课以责任。

408

---

[①] 参见卡皮托唱片公司诉 MP3tunes 公司(*Capitol Records, Inc. v. MP3tunes, LLC*), No. 1: 07-cv-09931-WHP-FM (S. D. N. Y. 2011)。

# 第十九章　救济措施

　　各项救济措施确保着版权中的排他性权利。法院可以对侵犯版权判定一系列的救济措施:实际损害赔偿和利润,规制侵权人未来行为的禁止令,扣留或销毁未经授权的复制品、甚至其生产设备。[①] 如果版权人曾及时登记过版权,她还有另外两个选择:可选择获得法定赔偿而不采用实际损害赔偿,可以寻求律师费赔偿。

　　救济措施与版权保护的形式要件相关联。只有在侵权发生时已经登记的版权(或者登记不晚于首次发表后三个月,且侵权发生在发表之后)才能获得法定赔偿和律师费。[②] 比之于未登记版权,已登记版权在执行力度上要更强一些。并且,如果作品在 1989 年 3 月 1 日前发表但未附版权声明,相信该作品没有版权,从而实施无辜侵权的人不承担损害赔偿之责。[③]

　　在不同类型的案件中,救济措施的差异非常重要。有这样三个可能的侵权人:阿尔弗将一篇已发表一年的杂志文章(未登记版权)复制 50 份并在学术会议上提交;贝蒂下载了 1000 首歌曲(版权已登记);盖莫准备发行一部名为《大爆炸》的好莱坞电影,却获悉剧本整体取自某短篇小说(版权已登记)。每个案例中都有一个问题:其中是否发生了版权侵犯。阿尔弗可能受到合理使用的保护;贝蒂可以证明其下载已得到许可;盖莫可以证明该剧本的写作独立于那个短篇小说。但是,每个被告(和原告)还都会考虑:其中是否有侵权,何种救济可以适用?

　　阿尔弗可能不太担忧。他可能要承担实际损害赔偿,而一篇杂志文章 50 份的损失数额可能不太吓人。阿尔弗没有赢利,因而无钱可以支付。法院可能就未来的发行发出禁令,甚至要求销毁侵权复制品——但阿尔弗可

---

① 《美国法典》第 17 编第 504 条。
② 《美国法典》第 17 编第 412 条。
③ 《美国法典》第 17 编第 405 条(b)。

能没考虑到要发行更多以及已发行复制件的命运。

　　贝蒂可能会更加担心。假设法院判定每首歌曲 1 美元,1000 首歌曲的实际损失就是 1000 美元,这已经够糟了。但是,因为版权已经登记,原告可以选择获得法定赔偿额:每件作品 750—30000 美元,或者在 75 万—3000 万美金范围内(如果这些歌曲是各自分离的)。[①] 对于故意侵权,法院甚至可以将赔偿幅度提高到每件作品 15 万美元。更糟的是,法院可以为已登记版权判付律师费,贝蒂因而也不得不支付,这增添了难堪与更多损害。

　　盖莫可能对法定赔偿不太关心。即使对于故意侵权(且我们还没有显示故意的事实),当只有一部作品被侵权时,最大赔偿额也就 15 万美元,这可能正处于好莱坞电影的预算范围之内。但是,除了法定赔偿金,原告可以证明其实际损失和侵权赢利。这可能包括该电影之剧本作家所应获得的报酬。如果法院认为电影的成功大部分源于从小说中复制的部分,应该支付的利润可能是数百万美元。律师费也有可能需要赔付。并且,与阿尔弗和贝蒂不同,盖莫会担心禁令,因为这将令他停止使用该电影。同样,没收和销毁侵权复制品也将是难以承受的(虽然此类案件罕有此种判决)。

　　简言之,在评估版权对现实世界的影响时,救济措施发挥着关键性的作用。

# 一、损害赔偿与利润

## (一) 实际损害赔偿

　　成功的原告有资格获得损害赔偿和利润返还:"版权人有资格获得他或她因侵权遭受的实际损害赔偿和侵权人因为侵权而取得,且在计算实际损 410

---

　　① 贝塔斯曼音乐公司诉冈萨雷斯(*BMG Music v. Gonzalez*),430 F. 3d 888 (7th Cir. 2005)。针对从网上下载版权歌曲的个人,基于每首歌曲 750 美元,判付 30 首歌曲的法定赔偿金 22500 美元。

害赔偿时没有考虑在内的利润。"①金钱赔付服务于两个目的:"判付损害赔偿以补偿版权人因侵权造成的损失,判付利润以禁止侵权人因其不法行为获得不正当利益。"②各被告要"共同并连带(jointly and severally)"承担责任,这意味着每一个被告要为全部损害赔偿额承担责任。例如,如果六个被告承担责任,他们各自的责任并不限于赔偿额的1/6。

　　对原告的损害赔偿可以采取多种方式。可能有因版权作品销售额减少,或者是演绎作品或有关产品销售额减少造成的收入损失;可能有许可机会的丧失或原告总体业务遭受损害。损害赔偿可以包括版权人对被告的相关使用应收取的许可费支付。这种"假定交易标准(hypothetical transaction test)"常被使用于专利诉讼,并也可以适用于版权。在计算损害赔偿额时,法院可以考虑作品的实际价格,或就作品许可的正常市场价值做出评估。无论如何,成文法明确指出,因果关系必须得到证明,允许对"因侵权行为"而遭受的损害做出赔偿。举证证明损害的责任在原告一方,而不能只是要求推断性的货币赔偿。

　　有陪审团因版权侵权损害判付甲骨文公司大约13亿美元,但法院推翻了这一损害赔偿判付。法院的理由是,甲骨文没有为计算其许可费损失提供足够的证据。对于假想交易中的当事人双方可能达成协议的许可费,甲骨文有权利获得,却"没有提供原告通常赖以证明他们可能达成该许可的证据,如过去的许可历史或原告以前的许可实践等。"甲骨文没有证明"版权作品的实际利用,以及由此损失的可客观核实的消费者数量。"甲骨文也没有证明另一计算依据,如行业内其他公司的许可实践。不过,甲骨文案提出了支持损害赔偿判决的证据类型,可为未来的诉讼参与者提供指导。③ 有家法院适用了假想交易标准并考虑到以前的许可协议,判决美国邮政局因未

---

①　《美国法典》第17编第504条。

②　美国联邦国会报告(House Report),No. 94-1476。

③　参见甲骨文公司诉 SAP 公司(*Oracle Corp. v. SAP AG*),2014 U. S. APP. LEXIS 16840 (9th Cir. Aug. 29,2014)。二审支持初审法院判决,推翻陪审团裁定。

经许可擅自使用"朝鲜战争纪念"雕塑图片而赔偿 684844.94 美元。[1]

除了损害赔偿,原告有资格重获"侵权人因其侵权行为而取得的利润"。对此,成文法不允许双重计算,将原告获赔限于"计算实际损失时未考虑到的"利润。如果被告销售了 1000 册图书,原告除了获得被告销售 1000 册图书之利润,不能再要求获得损害赔偿(1000 册销售额的损失)。但被告一定是从一个独立的市场获利,正如根据一本书制作一部电影、在广告中使用照片。

相关利润的计算可能很简单:对于未经授权的图书销售,利润可能只是侵权人的图书销售额减去其成本。但在其他情况下,按比例分配可能是必要的。当一短篇小说被用于拍摄电影时,电影的某些赢利可能归功于小说,但有些则是源于其他方面,如电影明星的票房魅力、特殊努力、市场宣传等。

美国之外的行为不侵犯作品在美国的版权,但一些法院会允许对海外行为要求损害赔偿——该损害赔偿来自美国国内的侵权。[2]

有一项特殊规定专门规制那些通过接收作品传输侵犯版权的企业,例如接收广播或电视的企业因为其太大而没资格享受第 110 条之(5)提供的保护。被告若依据第 110 条(5)要求获得不合理的保护,可能有责任支付额外的损害赔偿:对被告在过去三年应该支付的许可费增加一倍。

## (二)法定损害赔偿

实际损害赔偿和利润可能太少或者难以举证。如果版权在侵权发生时(或者,对于已发表作品,在发表后三个月内)已经登记,原告可另行选择获得法定损害赔偿金。

> "在终局判决做出前的任何时候,针对任何一部作品,版权所有人可以就诉讼所涉一切侵权,选择要求判付法定损害赔偿,以代替实际损

---

[1] 盖洛德诉合众国(*Gaylord v. United States*),112 Fed. Cl. 539 (Fed. Cl. 2013)。
[2] 参见洛杉矶新闻社诉路透社(*L. A. News Serv. v. Reuters TV Intl.*),149 F. 3d 987 (9th Cir. 1998)。

害赔偿和利润,由一个侵权人单独,或由两个或多个侵权人连带承担,赔偿金额不低于 750 美元、不超过 30000 美元,由法院酌定。"①

版权持有人即使没有对损害赔偿做出举证,她也有权获得损害赔偿判付。在很多侵权案件中,损害赔偿额难以证明。法定赔偿额则可大致补偿版权持有人,并威慑潜在的侵权人——否则,他可能会被免于起诉。法定赔偿的正当性还在于它可被用来解决可能存在的执法不足问题,因为作品的使用可能分布广泛,私下进行且超出版权人的知悉范围,版权人常常几乎没有办法查明其作品是否经允许而被使用。②

对于每件被侵权的作品,法院要判付 750 至 30000 美元的赔偿。在决定判付数额时,事实认定者有广泛的酌处权,可以考虑下列因素:被告是否知道他正在侵权、利润或节约成本等金钱收益、侵权行为的次数、所用版权作品的数量、版权持有人所受损害以及对其他侵权人的震慑作用等。③ 成文法进一步规定,对于故意侵权,法定赔偿额可提高至每件作品 150000 美元。故意侵权在于"(1)被告实际上意识到其侵权行为,或(2)被告之行为源于对版权持有人之权利的'全然不顾'或'故意无视'"。④

如果"侵权人不知道且没有理由认为他或她的行为构成侵犯版权",法院还可以将无辜侵权人(innocent infringers)的赔偿额度降低至 200 美元(同前注)。不过,如果版权通告标注于被告可以获得的作品复制件上,这种无辜侵权抗辩就不可适用。⑤ 对于某些特定的侵权人(如图书馆雇员等),

---

① 《美国法典》第 17 编第 504 条(c)(1)。

② 参见罗杰·D.布莱尔、托马斯·F.科特:《知识产权:权利与救济的经济与法律之维》(Roger D. Blair and Thomas F. Cotter, *Intellectual Property: Economic and Legal Dimensions of Rights and Remedies*),77-78 (2005)。

③ 参考比较:菲尔特纳诉哥伦比亚电视公司(*Feltner v. Columbia Pictures Television, Inc.*),523 U.S. 340 (1998)。判决被告有权就法定赔偿金额的事实问题得到陪审团审判。

④ 艾兰软件与计算机公司诉微软公司(Island Software & Computer Serv., Inc. v. Microsoft Corp.),413 F. 3d 257, 263 (2d Cir. 2005)。

⑤ 《美国法典》第 17 编第 402 条(d)。参见独行侠录音公司诉哈珀(*Maverick Recording Co. v. Harper*),598 F. 3d 193 (5th Cir. 2010)。

他们合理地相信自己可因合理使用受到保护，法定赔偿额可能是 0。[①]

一个关键性的实践问题是，每件被侵权的作品都可能判付法定赔偿。有些侵权人仅对一件作品实施侵权，如一个作者复制了另一个作者的作品。但有些侵权人却复制了大量作品，如音乐海盗可能销售了成千上万的不同作品，此类案件的法定赔偿额可能会很高。

有多少作品被侵权，并非总是很明确。成文法提到了某些情形："就本项规定而言，一件汇编作品或演绎作品的所有部分构成一件作品"。这一规定可做两种解读。一种解读是将其理解为一项限制：复制《2006 年最佳短篇小说》的被告有责任赔付一笔法定赔偿（为其复制该汇编作品），而不是对书中的每篇小说分别做出赔付。[②] 但有些人的理解是，它准许对侵犯汇编作品的行为做出一个判付，但也对汇编中的每件作品做出一个判付。[③] 这种解读在寻求对法定赔偿之根本目的的实现，但似乎难以符合成文法的表述。

413

如果被复制的不是汇编作品本身，而是其中之部分且该部分也出现在该汇编作品之外，就产生了另一个有待解决的问题。如果有三首歌曲被汇编在同一张 CD 中，对它们进行单独复制（如从不同的网站下载）是否侵犯了某一首或三首的版权，有待确定。其他类型的作品都有同样的问题。有法院曾裁定，电视周刊节目的每一部分都是一个单独的作品。[④] 克雷普顿广播公司一案判决适用的是一个被普遍采纳的测试标准：所称作品是否"具有独立的经济价值且本身即可自足"。

成文法就每件作品规定了 750—30000 美元的赔偿幅度（故意侵权的上限是 150000，下限则是 200 美元，某些无辜侵权可低至 0 美元）。它没有具体规定，法院在这一幅度内应如何做出具体决定。法院对此要考虑多种因

---

[①] 《美国法典》第 17 编第 504 条(c)。

[②] 参见 Xoom 公司诉象线公司（*Xoom v. Imageline*），323 F. 3d 279，285 (4th Cir. 2003)。

[③] 参见戈德斯坦：《版权》（Goldstein，*Copyright*），§ 12.2.2.1(a)。

[④] 参见哥伦比亚诉克雷普顿广播公司（*Columbia Pictures Indus. v. Krypton Broad. of Birmingham，Inc.*），259 F. 3d 1186，1193 (9th Cir. 2001)。

素：原告及版权价值所受损害、被告有无善意、作品的属性以及第三方所受影响等。

　　法院正在为确定法定赔偿金之限制做出努力。在世人瞩目的两个有关音乐下载的案例中，陪审团判付巨额的法定损害赔偿：分别是 24 首歌曲 1.92 百万和 30 首歌曲 67.5 亿美元。[①] 而两个法院都将判付数额降至大约每首歌曲 2250 美元。在索尼案的上诉审中，第一巡回法院判决认为，初审法院判决赔付违宪是错误的——违反了正当程序。与其涉及棘手的宪法问题（正当程序、第七修正案），初审法院还是不如首先适用普通法上的减免损害赔偿规则（remittitur），允许法院降低过度的赔付（并允许原告在接受减赔与重新审判之间做出选择）。[②]

## （三）惩罚性损害赔偿

　　惩罚性损害赔偿也是可以判付的，但它应受到宪法的限制。第六巡回法院曾经指出，36.6939 万美元的补偿性赔偿之外再判付 3.5 百万美元，过分得令人无法容忍。[③] 法院将会考虑是否存在下列情形："已致损害是生理性的而非经济性的；侵权行为表明了对他人健康或财产的冷漠或完全忽视；行为目标具有财务上的脆弱性；行为涉及反复的动作抑或孤立事件；损害是由于故意或恶意、诡计或欺骗，抑或单纯的意外"。[④]

　　○实例

　　a. 无损害，无违规。艺术生以赛亚在他的网站上刊出一个抽象设计。有一天他看到，该设计出现在泰勒的畅销小说《垄断解剖图》的封面上，由此引发诉讼。初审时，双方证人同意，该封面设计不影响小说的销售。的确，

---

　　① 卡皮托录音公司诉托马斯·拉塞特（*Capitol Records Inc. v. Thomas-Rasset*），680 F. Supp. 2d 1045（D. Minn. 2010）；索尼贝塔斯曼诉特南鲍姆（*Sony BMG Music Entm't v. Tenenbaum*），721 F. Supp. 2d 85（D. Mass. 2010）。

　　② 参见索尼贝塔斯曼诉特南鲍姆（*Sony BMG Music Entm't v. Tenenbaum*），No. 10-1883（1st Cir. 2011）。

　　③ 参见布里奇波特音乐公司诉贾斯汀（*Bridgeport Music, Inc. v. Justin Combs Pub.*），507 F. 3d 470（6th Cir., Tenn. 2007）。

　　④ 见前注，引自最高法院。

大多数购书人只有在购买或预定该书之后才看到其封面。对于这样一个封面,标准的艺术家佣金应该是 10000 美元。以赛亚的律师提出,赔偿金应该是每一册图书 10 美分。现已有 1000 万册售出,赔偿金总额为 100 万。她认为,若再减少,将无法阻止出版商的偷窃行为。法院应如何判付赔偿金?

b. 迟到胜于无。玛丽亚复制了伊莎贝拉拍摄的大约 200 张照片,伊莎贝拉考虑为此提起版权诉讼。她意识到自己没有什么证据来证明其实际损失或玛丽亚的赢利,而法定赔偿金可达每件作品 750—30000 美元。因为版权尚未登记,她便决定尽快办理登记以使之有资格获得法定赔偿。这能行吗?

c. 利益返还。伊维尔电影厂拍摄的一部高投入大片盗用了伊恩创作的剧本《鲨鱼廊》。按照惯例,这样的剧本费用大约是 500 万美元。伊维尔电影厂的影片制作与市场运作很失败,损失巨大。伊恩提起诉讼,伊维尔对禁令欣然表示同意,并将电影撤出市场。但它又恶劣地声称,没有损害可以赔付,因为该电影遭遇巨大失败。它正确吗?该案中,版权在侵权发生时是否已获登记,有无重要意义?

d. 有多少作品?在其漫长的生涯中,阿维吉特的很多照片发表在各类出版物和展览中。阿维吉特保留了其版权并全部做了登记。最终他收集了 1000 幅最喜爱的图片,结集一册出版。斯坦迪什未经许可复制了其中的大量图片,用在一个服装设计目录里。法定赔偿金的幅度是每件侵权作品 750—30000 美元(故意侵权最高赔偿 150000 美元,合理地相信自己没有侵权的人可低至 200 美元,图书馆雇员之类的赔偿额可以是 0 元)。在这里,有多少作品遭受侵权:是众多照片的大量版权,抑或是一本图片集的一个版权?

e. 延伸。北极熊公司拍摄激流皮划艇录像,并授权天美时公司将其用于"远航"牌手表的促销。天美时公司非常喜欢这些镜头,以致超出许可期限仍在使用。北极熊公司为此寻求获得赔偿,并声称,它原本可以销售价值 20 万美元的录像《激流探索》。它无法制作这段录像并将其推向市场,因为天美时公司没有为其额外利用提供资金。并且,北极熊公司认为,天美时公司因为使用该镜头获得了间接利润,因为这提升了其远航品牌的价值,即使它没有被用于广告活动。一个陪审团判付北极熊公司全部这些赔偿金。法院将维持该判付吗？

　⊙**解析**

　　a. 该作品在侵权发生时显然没有办理登记,因而不能获得法定损害赔偿和律师费。以赛亚有权得到实际损害赔偿和侵权之利润返还。经举证证明的实际损害似乎只是 10000 美元,即通常可被支付的佣金。可返还利润不能得到证明,因为图书利润没有哪部分可归功于侵权。其每册图书 10 美分的主张实际上是要求惩罚性赔偿——但成文法对此不允许惩罚性赔偿,只有补偿(实际损害赔偿)和利归原主(利润返还)。如果他能证明其更多的实际损害(他或作品价值的损失,或者更多的许可费损失),结果可能就大为不同。

　　b. 对于玛丽亚过去的侵权,现在登记不能带来法定赔偿。只有在侵权发生时已经办理版权登记的情况下(或者是,首次发表后三个月内登记,侵权发生在发表之后),法定赔偿和律师费才能获得法律支持。[①] 而这些作品在侵权发生时尚未登记。最近发表作品的三个月期限仅适用于对已发表作品的侵权。这个实例显示,如果版权人希望获得法定赔偿和律师费,她就必须及时办理登记。

　　c. 法院可能判决伊恩获得损害赔偿金 500 万美元。获胜的原告有权取得实际损害赔偿和被告因侵权所赚利润。如果电影有盈利,法院必须判定其中哪部分归功于剧本的利用(而非其他因素,如导演、演员和销售者的贡献)。此案被告没有盈利,因而无甚可以交付。但伊恩仍有资格获得损害赔偿。证明损害赔偿的一个好办法是侵权利用的合理市场价。剧本使用费通常是 500 万美元,法院因而就可以做如此判付。

　　如果版权未办理登记,损害赔偿金判付不会受到影响。侵权给原告带来的是获得实际损害赔偿和利润的权利,无论其版权是否及时办理登记。(注意,作为提起诉讼的前提,伊恩将被要求办理登记,但这可以在侵权发生后办理)。如果版权得到及时登记,原告可以选择获得法定赔偿,以代替实

---

　　① 《美国法典》第 17 编第 412 条。

际损害赔偿和利润返还。如果伊恩没有登记,就不能获得法定赔偿——但是,法定赔偿金的最大数额是 15 万美元,即使面对故意侵权(此处既然)。伊恩宁愿获得 500 万的实际损害赔偿金。

d. 本案所涉是成文法解释中的一个待决问题。斯坦迪什会主张,它只侵犯了一件作品的权利:即该册图书,它是包含众多照片的一部汇编作品。成文法规定:"就本项而言,汇编作品或演绎作品之所有部分构成一部作品。"斯坦迪什会认为,众多照片同属于一部汇编作品,因而他仅有赔付一笔法定赔偿金的责任。

阿维吉特则会主张,他所起诉的不是汇编作品的侵权。他不认为斯坦迪什复制的是各张照片的选择、安排或协调。毋宁说,他的诉讼所针对的是每一张照片。有些法院将会适用这一测试标准:所称作品是否具有独立的经济价值且本身即可自足。众多照片都有资格作为单独的作品,因为他们单独存在于出版物与展览中。按照这一原则,斯坦迪什将有责任为每一张照片支付一笔独立的法定赔偿金。

e. 该赔付因为缺乏因果关系而被推翻。如果钱到账了,北极熊公司应能为一次成功的录像销售活动提供资金——这一理论是"画饼充饥(pie in the sky)"式的空想。它需要更为具体的证据。侵权人有责任赔付部分侵权利润,但间接利润理论同样过分薄弱。可以说,就该利润进行分配的依据必须得到证明。[①]

# 二、禁 令

法院可以"依据它认为合理的条件,授予临时或最终禁令以阻止或限制版权侵权"。[②] 版权禁令过去曾几乎是自动适用,如今法院对禁令所适用的

---

① 参见北极熊制造公司诉天美时公司(*Polar Bear Prods. v. Timex Corp.*),384 F.3d 700 (9th Cir. 2004)。

② 《美国法典》第 17 编第 502 条。

是与其他案件相同的一般标准。通用的方法是考虑如下三个因素：(1)申请
方面临不可挽回之损害的威胁；(2)如果准予禁令，该损害与非申请方所受
417　损害之间的平衡；(3)公共利益。[1] 对于临时禁令，法院也会基于是非曲直来
考虑成功的可能性。

　　实践中，法院很乐意在版权案件中发布禁令。版权所有人拥有使用其
作品的排他性权利，法院常常会禁止侵权人继续其未经授权的行为。但是，
如果侵权性使用只涉及被告作品的一小部分，禁止被告使用的危害将大大
超过原告所受损害，法院可能会拒绝发布禁令。有时候，法院不对被告发布
指令，只要其能为继续使用支付合理的许可费。[2] 如果禁令会对被告表达
自我或传播思想的能力产生过度的负担，言论自由问题就需要引起注意。
与此相关，禁令不应该妨碍他人使用作品中无版权的部分，如非独创性成
分、思想和功能性要素。

　　除了考虑是否发布禁令，法院还须决定禁令的范围。禁令不应该太宽
或太窄，而应针对侵权行为量身定做，以保护双方利益。比如，法院可以禁
止进一步使用一部电影的侵权部分，而不是禁止全部使用。

　　对于版权人而言，利用禁令救济是一个有力的工具。假定一部电影侵
犯了一首歌曲或某短篇小说的版权：如果是配音侵犯了一首歌曲的版权，电
影制作人可在修改该配音后继续发行；如果整部剧本复制了某短篇小说，针
对进一步侵权的禁令就意味着停止继续发行，这将有力地激励其与该小说
版权人达成和解。

　　○实例

　　a. 禁止吗？动画电影《燃素》中，一段 30 秒的场景未经授权使用了莎
拉简的绘画《烟花》。莎拉简请求支付实际损害赔偿金、利润，并禁止该电影
的继续发行、表演以及基于该电影的任何演绎行为。该影片曾经做过多次

---

　　① 泰勒公司诉四季公司(*Taylor Corp. v. Four Seasons Greeting, LLC*)，403 F. 3d 958,967
(8th Cir. 2005)。

　　② 参见如塞林格诉科尔廷(*Salinger v. Colting*)，607 F. 3d 68 (2d Cir. 2010)。在支付赔偿金
的情况下，允许侵犯《麦田守望者》版权的续集可以继续出版。

试映,但还没有投入商业性公映。电影厂主张,一小时的电影里只有 30 秒钟构成侵权,所以法院不应颁布禁令,而损害赔偿则是适当的。该电影应该被完全禁止吗?

418

⊙ **解析**

a. 法院有可能考虑:(1)申请方所面临的不可挽回之损害的威胁;(2)如果发布禁令,该损害与对方所受损害之间的平衡;(3)公共利益。在这里,与诸如课本或医学杂志之类的作品比,第三个因素即公共利益可能不太重要。问题可能是双方损害之间的平衡。莎拉简可能会因该侵权性使用的广泛传播而遭受损害,而损害赔偿将在一定程度上减少她的损害。禁令如果意味着该电影将完全不能使用,完全禁止将非常不利于电影公司。但是,法院看起来会在中间做出选择——在 30 秒的侵权片段被删除,或替换为非侵权内容之前,该电影被禁止发行、表演。法院在此将需要更多的事实(莎拉简的艺术声誉和电影公司现状可能受到的损害)。该实例主要有助于表明,禁令救济是一个公正问题,而不是细节性技术问题,且可以得到调整。

# 三、律师费与诉讼费

法院可依其自由裁量权向胜诉方判付诉讼费,其中可以包括合理的律师费。[①] 获胜的原告与获胜的被告都可以寻求获赔律师费,且二者适用相同的标准。[②] 福格蒂案没有为律师费判付设立标准,但它肯定性地援引了对下列因素的考虑:"轻率任性、动机、客观不合理性(包括案例的事实与法律部分),以及特别情况下提出赔偿和威慑之考虑的必要性"。

侵权或诉讼中的不合理性可能会支持向对方判付律师费。当被告做出不合理抗辩时——如就纯商业使用主张合理使用,但不具有合理使用要素

---

① 《美国法典》第 17 编第 505 条。

② 参见福格蒂诉梦幻公司(*Fogerty v. Fantasy, Inc.*),510 U. S. 517 (U. S. 1994)。

或否认被告曾知道的事实,律师费可能被判付。当原告对其侵权诉求缺乏合理依据时——如指控侵权但只有思想被复制,无复制之依据或作品明显不受保护(如作品发表于 1910 年或作品由联邦雇员创作),律师费也可能得到支持。即使被告复制了受保护的表达,而合理使用或微量侵权之抗辩明显可被支持时,针对过分固执的原告,律师费也可以被判付。①

## 四、侵权物品的扣押与处置

侵权复制品和为此使用的装置可以被判令扣押和销毁。法院在任何时候都"可以依其认为合理的条件,判令扣押被控违反版权人排他性权利而制作或使用的所有复制品与录音,及其所有的印版、模具、底片、原版、磁带、软片,或用于制作复制品或录制品的其他物品。"②在最终判决时,法院可能判令销毁这些物品或做其他处置,包括将它们交付给原告。③ 并非每个案件都会做出扣押物品的判决。比如人们注意到,侵权的纹身可能会得以保留;如果有其他救济方式可以采用,侵权的书籍也有可能被留下来。

## 五、刑 事 责 任

"警告:未经允许复制或发行该版权作品是违法的。侵犯版权犯罪——包括未获金钱收益的侵权——由 FBI 负责调查,并被判处在联邦监狱最高5 年监禁和 25 万美元的罚款。"你肯定会在租来的电影《木偶出征百老汇》

---

① 参见康柏电脑公司诉埃尔戈诺姆公司(*Compaq Computer Corp. v. Ergonome, Inc.*),387 F. 3d 403 (5th Cir. 2004)。所指控的侵权使用了版权作品的微小部分,没有对其市场状况产生影响。

② 《美国法典》第 17 编第 503(a)条。

③ 《美国法典》第 17 编第 503(b)条。

DVD 上看到过这个警告。

刑事制裁确实可以适用。"任何人故意侵犯版权,(1)以商业利益或私人经济收益为目的,或者(2)在 180 天内,复制或发行(包括以电子手段)一件或多件版权作品的一份或多份复制件或录制品,其总的零售价超过 1000 美元的",应承担刑事责任。[①] 这是一个较高的责任标准。第九巡回法院曾判决,版权刑事责任需要被告知道其行为的违法性。[②]

420

还有旨在防止作品盗版的刑事制裁措施。未经许可在电影院内录制电影的,属于重罪。[③] 如果作品是计算机软件、音乐作品、电影或其他视听作品及录音,在商业发行之前发行未经许可的复制品,是一种犯罪。[④] 在当地大影院对尚未制作 DVD 的电影进行录像或传播其复制品的,可能招致监禁。

421

---

[①] 《美国法典》第 17 编第 506 条。

[②] 合众国诉琉(*United States v. Liu*),731 F. 3d 982 (9th Cir. 2013)。

[③] 参见《美国法典》第 18 编第 2318B 条。

[④] 《美国法典》第 17 编第 506 条(a)(1)(C)。

# 第二十章　州法理论与联邦优先权

本章所论系有关版权的某些州法理论，以及联邦成文版权法在多大程度上优先于州法。

## 一、合同法与创意提交

单纯的创意不受版权、专利或商标法的保护。版权所有人对其作品拥有复制、公开发行、改编、公开展示或公开表演的排他性权利。但版权只保护创造性表达而非思想（无论多么具有原发性和创造性）。同样，专利权人有权排除他人使用、制造、许诺销售、销售或进口其发明。而单纯的思想是不可获得专利的；发明必须被付诸实践——作为产品或方法。商标所有人可以排除他人以可能造成消费者混淆的方式使用其符号，但商标法同样不保护思想。有价值的思想可能具有足够的商业价值，从而构成商业秘密，但商业秘密并不赋予其拥有者就该思想享有排他性权利。他可以将思想作为商业秘密禁止窃用，但条件是他必须通过合理的安全措施保守该商业秘密。

423　思想一旦公开，任何人都可以使用。

合同法可被用于创意的部分保护，只要当事人就此达成协议（默示或明示）。发明人可基于不公开协议与可能的投资人分享她的创意，这种协议是一份合同，信息接收者由此承诺不对它进行利用。更宽泛地说，公司的雇员、发明人和其他人通常要签署一份合同，以此控制他们对创意的利用：不公开协议、不竞争协议、有关作品与发明之权利的转让。这样，创意可在公司内散布，而合同法可预防其外泄。[①]

---

① 参见奥伦·巴-吉尔、吉迪恩·帕乔莫夫斯基：《知识产权法与公司的边界》(Oren Bar-Gill and Gideon Parchomovsky, *Intellectual Property Law and the Boundaries of the Firm*)，June 24, 2004。它表示，知识产权法影响着公司的可选择规模，因为专利前的创新必须在单独一家公司的范围内实施。

　　这里我们聚焦创意提交（idea submission）问题。创意缺乏保护可能对那些拥有创意并相信其价值的人提出一个难题。某人可能拥有一个关于电影、图书或儿童玩具的创意。而要利用该创意，她就有必要说服电影公司、出版商或制造商投资其建议的项目。如果她泄露了不受保护的创意，获得者可能会直接去制作并销售电影、图书或玩具，而不会为此向她支付报酬。如果思想不受保护，获得者就不需要创造者的允许，且没有义务向其支付使用费。

　　合同法的适用不是为了赋予对世性的排他性权利（就像版权、专利或商标），而是要对创意的接受者施加义务。披露者可以允诺向电影厂、出版商或制造商披露其想法，但要遵守有关分享电影、图书与玩具之收益的协议。

　　在一个典型的创意提交案例中，披露者声称他提出了一项有价值的创意，接受者加以利用但没有根据明示或默示的义务支付必要的补偿。法院拥有多个法源（sources of law）来处理这种类型的事实，包括合同、不当得利、信托关系、财产和诈欺。这里我们只讨论法院曾在创意提交案例中利用过的一些合同法规则。

　　法院采用了若干合同原则，但也有其共同的线索。法院可要求创意新颖而具体，当事人具有明确或暗示性的协议，接受者实际上已使用了被提交的创意。新颖性与具体性的判断标准变化多端。一项创意，接受者如果已经知悉、她自己也容易发现，或已从其他地方获得，可能就不具有新颖性。较高的新颖性标准可能要求创意还应具有惊人的创造性。如果创意太过模糊或初级，而不具有任何具体用途，具体性将得不到满足。更高的标准可能要求创意已经获得开发，具有了一种商品化形式。

　　如下文将述，在对创意提交案例适用合同法原则时，法院所考虑的正是前述要件。

# 二、合同已经成立吗？

## （一）明示合同：要约、承诺及其确定

　　按照要约与承诺的要求，创意的提交者要对一项具有约束力的合同做

出证明,需要克服多个障碍。创意的提交通常采取的方式不属于达成合同的邀约。提交者可能会直接提交思想,或提交思想并要求付费,或将补偿问题留给接受者去判断。如果创意不够具体,所谓的邀约就可能过分模糊而不能成为签订合同的基础。

即使创意的提交是作为缔约之明确邀约的一部分,接受者也可以明确拒绝该邀约。她可以做出承诺,却是改变条款的承诺;而承诺与邀约不一致的,法院会裁定合同没有成立。提交者也可能主张,接受者以行为的方式(by conduct)接受了邀约,即利用了其创意。但是,若创意不够新颖或不够具体,法院可以判定,以行为做出的承诺并不存在。假定,非原发的创意是根据一部畅销的侦探小说制作一部电影。如果接受创意的电影厂确实拍摄了该电影,但法院仍可以判决,它并非通过如此显然的行动表示接受该合同。该创意也可能过分模糊而无法通过实施行为做出接受。同样地,如果接受者的计划不同于被提出的创意,也就不存在以行为做出的承诺。

## (二) 对价

如果提出的创意没有价值(因为缺乏新颖性和具体性),拘束性合同所必要的对价就可能得不到证明。众所周知,对价是合同法上难以捉摸的学说。但是,如果交易的一方没有向另一方交付有价值的东西,法院可以适用对价之要件原则,裁定有效合同不存在,即使明示性协议已经做出。

## (三) 默示合同

在很多创意提交案例中,对于一个依法具有约束力的合同来说,明确的要约与承诺并不存在。在有些情况下,基于当事人行为和相关情境所提供的证据,法院认定有默示协议存在。法院所考虑的因素包括:行业惯例、接受者是否曾推动创意的提交、双方此前的交易情况、双方之间的密切关系、双方的地位与商业表现以及创意与相关经营的性质等。

# 三、被告是否使用过已被提交的创意

如果被告没有使用被提交的创意,可能也就没有付酬的义务,即使曾达成过具有约束力的合同。假定,某作家与某电影厂同意,该作家向电影厂提交有关一部电影的创意,前提是一笔费用和影片中声明致谢。作家的创意是,根据一部 19 世纪喜剧小说《小人物日记》拍摄一部喜剧电影。而电影厂已有这样一项规划正在进行,已有人在忙着撰写剧本,其他人则在物色演员。由于电影厂原非从作家处取得该想法,法院可能会判定它没有使用该作家的创意,没有付酬的义务。如果电影厂后来根据 19 世纪某喜剧小说制作了一部电影——但不是按照该作家所建议的,结果应该也是如此。

如果被提交的创意不新颖、不具体,要证明被告使用了该创意恐怕也是很困难的。如果创意不新颖,被告可能是从其他源头获得了该创意。如果创意模糊或太粗疏,被告实际上是否使用了该特定的创意,则难以证明。

# 四、提交者是否履行了许诺的合同义务

如果创意缺乏新颖性和具体性,提交者实际可能就没能履行其合同义务。假定某顾问向某企业承诺转让一项有价值的新生产方法,条件是该企业将其一定比例的收入回报给该顾问。协议达成后,顾问提交的方法已在业界广为人知(因而不具新颖性),或非常模糊。顾问提出的创意与其宣称不符,违反了合同,从而也就解除了企业的支付义务。

# 五、回避合同义务

有些企业坚持政策,以确保他们不被认为已明确或默示同意过与创意提交者之间的合同。投机资本家经常明确表示,当他们听到商业创意的"说教"时,他们不会签订保密协议。否则投机资本家可能会拒绝一家公司的投资,然后发现自己无法投资其他有类似想法的公司。电影厂、音乐公司或图书出版商可能有一项政策:不需经过阅读、收听,退还非经约请而主动提交的手稿或磁带,以避免对作者承担任何可能的义务。这也可以节约时间——当然也放弃了一些机会。在某些情况下,思想不受保护这一事实为创意人向他人分享思想带来了不少困难。而其他替代性方案——抽象思想所有权——将会对思想的流通造成更大的限制。

　　○实例

　　a. 傻瓜都懂的。谭晶成功地开发并销售一种登山所用的冰镐,品牌名称为 K1。在过去六年里,谭晶的销售量以每年 10% 的速度持续增长。工程师兼销售顾问埃德蒙在某财经杂志上读到一篇称赞谭晶创业的文章后与之取得联系,并承诺提出一个建议,可使其销售额提升 10%,条件是谭晶向他支付一大笔佣金。谭晶对此表示同意。然后埃德蒙说,"只需维持你现在的所作所为,成功孕育成功。"谭晶继续经营他的业务,未做任何实质改变,一如既往。第二年,谭晶的销售额增幅为 10%。谭晶是否应该按合同向埃德蒙支付大笔佣金?

　　b. 小事一桩。魔塔产品公司 CEO 玛格丽特担心她的公司是否赶得上时代。十多年来,魔塔公司一直在生产并销售同一类型的建筑用品。魔塔经常在商业杂志上做广告,内容是它的宣传口号("好的老的可靠的魔塔")、著名建筑师的认可以及产品与价格的简单罗列。玛格丽特与其经营团队正在考虑向新产品领域扩张,并要采用一种新的、时髦的广告活动。玛格丽特聘请劳迪斯顾问集团进行全面的市场调查。双方为此签订了内容详细的合同,指定了劳迪斯公司的具体工作任务(用户调查、目标性典型买家团体调查、与各类公司的基准比较、市场推广活动策划)。劳迪斯及其合伙人花费了几千个小时来汇编数据并分析。他们起草了一份报告,详述其发现、并提出一个行动计划。大体上看,该计划是让玛格丽特避免对其实施的经营方式做任何实质性改变。当前的产品线正逐渐增加赢利。如果魔塔进军新的生产线,难以赢得市场份额,而生产与发行所必要的投资却令人望而却步。即使是市场活动也应保持不变。研究表明,潜在买家对已有的市场活动有极大的喜爱和信任。玛格丽特以极大的兴趣阅读了该调研报告,然后决定遵循这些建议。但她通知劳迪斯,她不会向她付酬,因为该报告没有告诉他们应该做什么她还没有做的事情。玛格丽特要承担依据合同支付报酬的义务吗?

c. 亲爱的读者。计算机科学家费斯托想出一个简练的方法:编写一个简短的程序以使网络用户摆脱广告困扰。费斯托向某计算机科学杂志提交了一篇文章,对这个方法进行了详述;并将文章上传至他的网站。在论文的第一个脚注里,费斯托写进了这样的话:"使用了我文内方法的任何人,因避免了令人烦恼的广告,都同意向我支付适度的报酬,每年 365 美元,每天 1 美元。"在这一地区,这种条件是极不寻常的。可以说,对于发表在学术文章中的信息,无论读者发现了何种用途,通常都被认为是免费的。费斯托的论文在软件开发人员中间广泛流传,他们有很多人用它来撰写程序,使该方法发挥作用。这些程序转而广泛传布,并经常被纳入网页浏览器。很快,数以百万计的人们在使用着融合了费斯托方法的程序。他们都有义务向费斯托支付每天 1 美元的费用吗?

⊙ **解析**

a. 谭晶并没有依合同向埃德蒙支付佣金的义务。法院很可能判定,该创意不够新颖、具体,不足以产生有约束力的义务。埃德蒙的建议是完全显而易见的,并非以特别有用的信息为基础;它也过分模糊,无法满足具体性要求。埃德蒙对谭晶业务的了解只限于读了一篇杂志文章,因而当埃德蒙建议他继续现在的活动时,该建议并没有什么具体内容。

法院可能利用新颖性与具体性的缺乏,适用多种理论中的任何一种。它可能裁定,埃德蒙没有为有约束力的合同提出必要的对价,或者说谭晶没有使用埃德蒙显而易见的思想(可以说,即使没有得到该建议,谭晶也会做同样的事情)。

b. 玛格丽特有义务依据合同支付酬金。该案同时涉及创意提交和其他服务合同。仅仅是因各类研究服务的实施,劳迪斯就足以有资格获得补偿。并且,所提交的思想并不缺乏新颖性和具体性。可以说,对于特定情况下的特定业务,对于各种备选方案之间的选择而言,它们属于可得充分支持的理由。该行动方案可以被视为显而易见的,但该建议却建立在相当多的研究与分析的基础上。与上一个实例不同,双方当事人之间有明确清晰的合同,其中详细规定了它们各自的义务。该建议基于研究与分析,因而它是有价值的。玛格丽特明确采用了该意见(连同研究与分析的成果)。劳迪斯给出了对价——不仅建议,还有用于汇编和分析数据的大量资源。因而,法院可能会判决,各种合同法要件已经得到满足,玛格丽特有义务付酬——为她获得的具体的、曾经约定的服务。

c. 费斯托没有资格从使用其思想的任何人那里获得报酬——无论是将其方法写入程序的开发人员,还是使用这些程序的用户。该案说明了这样一个事实:即使某创意新颖而具体,向他人提交创意并不总是能令提交者有资格获得报偿。明确或默示的为创意付费的义务必须有赖其他条件才能产生。费斯托提交其创意的方式使它成为公众知识的一部分,其他人无需承担支付费用的义务。虽然他在脚注中做出了那样的表示,其他人随后也使用了该方法,法院仍不会认定这构成明示或默示的合同。

提交的具体情境不足以产生默示性的义务。该方法发表在学术论文中,其中,作者和读者通常会把信息理解为可自由使用。接受者与费斯托没有保密关系,没有鼓励他提交具有商业效用的信息。事实上,大多数用户与费斯托没有直接联系。没有人做出明确的口头承诺。法院也不会裁定其间存在以行为做出的承诺。方法一旦被发布,就成为公众中广泛知晓的信息。而公共信息的使用不构成对合同做出承诺(对价或要约与承诺的原则在此可以适用)。不然的话,费斯托将有效地获得权利,排斥他人使用其已被公知的方法。

# 六、侵占

非法侵占（tort of misappropriation）问题出自国际新闻社诉美联社案。[①] 美联社和国际社是两家竞争性的新闻社。作为报社联合体的美联社将大量资源投入新闻收集，并向其遍布全美的报社成员分发新闻。国际新闻社系统性地、尽可能快速地获取美联社的新闻报道，然后将信息电传至其客户报社。国际社反应快速，以致其客户能够像当地美联社成员那样尽早获得报道。

法院判决认为，依据联邦普通法，国际新闻社应为其侵占行为承担责任，但没有对侵占的范围做出界定。后来有很多州在州普通法中吸收了侵占之责。一些判例对侵占进行了宽泛的解释，以此赋予了一种禁止取用（taking）有价值信息的权利——如果这种取用看上去违反了商业伦理。另有一些判例则对它做了狭隘解释。第三部《不正当竞争法重述》的起草者甚至主张排除非法侵占行为，因为其界定不明确，其所覆盖的材料最好留给其他法律，如版权法与专利法。

当下具有代表性的案例是全国篮球协会诉摩托罗拉一案。[②] 摩托罗拉公司向其传呼机客户发送正在进行中的 NBA 篮球赛的最新信息。该案判决认为，为避免联邦版权法的优先适用（优先权问题见本章下文讨论），以极为狭窄的形式存在于纽约法中的非法侵占规则适用于：

（1）原告不惜成本生产或收集信息

（2）信息具有时效性

（3）被告使用信息对原告的努力构成搭便车

430

---

①　即国际新闻社诉美联社（*International News Service v. Associated Press*），248 U. S. 215（1918）。

②　即全国篮球协会诉摩托罗拉（*National Basketball Association v. Motorola*），105 F. 3d 841（2d Cir. 1997）。

（4）对于原告提供的产品或服务，被告与之存在直接竞争

（5）其他当事人能够对原告或他人搭便车，将大为降低生产产品或服务的积极性，使其生存或质量受到严重威胁。

摩托罗拉的行为不属于如此狭窄界定的侵占行为。特别是，第五项要素显然没有被满足。摩托罗拉通过寻呼机提供信息，并没有威胁到 NBA 的存在，即使 NBA 提供竞争性服务的能力受到限制。

○**实例**

a. 数据库。某信息公司 Info 完成了白页电话簿的汇编，为此，它投入了大量人财物力，在城内收集名字、地址和个人电话号码，按名字拼音顺序编排信息，进而印刷并发行该电话簿。Info 公司通过在电话簿中出售广告谋求赢利。某数据公司 Data 是它的竞争者，从他人处购买了该电话簿。Data 公司使用机器拆开电话簿并扫描其信息，然后出版并销售它自己的电话簿，成本远远低于 Info 公司汇编信息之所需。依据 NBA 案中的认定标准，Data 公司需要承担侵占之责吗？

b. 优势。庞特是面向股票市场交易者的新闻社，有着大量的资源，并与财经界很多要人保持着长期密切的关系。要获悉影响股市价格变化的信息，庞特常常是首选新闻机构。庞特对信息预订者收取高额费用，反过来，庞特全天 24 小时尽可能快速地向订户发送信息，并特别努力地跟踪订户——无论他们在哪里。订户们承诺将信息用于其个人交易目的，而不向他人分享。力帆投资机构是庞特的一个订户。庞特获悉，几年来，力帆的一个执行人员玛尔塔在她自己的账户交易中使用她获悉的庞特报告，并由此赚得大量金钱。玛尔塔知道，其行为违反了力帆为信息获取所规定的条件。她的行为也违反了她与力帆之间的合同，因为这与力帆员工守则冲突。那么，依据 NBA 案认定标准，玛尔塔应为其侵占行为向庞特承担责任吗？

⊙**解析**

a. Data 公司无需依 NBA 案认定的标准承担侵占之责。NBA 案中的多数要素得到了满足：Info 公司不惜成本收集信息；Data 公司的使用可能属于搭便车，因为它以很少的努力获得这些信息，Data 公司与 Info 公司具

有竞争关系。但是,并无事实表明 Data 公司能满足最后一个要素,即人们使用这些信息将大大降低对信息收集的激励。这些信息并不具有时效性,第二个要素也显然没有得到满足;相反地,电话簿信息的目的是在较长时期维持其有用性。所以说,并非所有必要的要素在此都得到了满足。该案表明这样的事实,NBA 案所显示的,只是一个非常狭窄的非法侵占行为。

b. 玛尔塔不因其侵占行为向庞特承担责任。有一个条件要求被告在原告提供的产品或服务方面与之存在直接竞争关系。玛尔塔没有提供与庞特竞争的产品或服务,她只是购买和销售股票,而不是销售产品或服务。玛尔塔违反了她与力帆机构之间的合同,并知道她的行为违反了信息提供的约定。但是,非法侵占并不仅取决于被告行为的非法性。可以说,正如 NBA 案判决所阐述的,它要求满足多项非常具体的限制。注意,一些早期案例可能会就此适用侵占原则,其理由是,玛尔塔以不道德的方式使用有价值的商业信息。而 NBA 案的判决所例示的倾向却远非这种宽泛性的阐释。

# 七、形象权

形象权(right of publicity)是一种商业性利用个人身份形象(identity)的排他性权利,正逐渐得到各州法的承认。[①] 有些政策支持这种权利。形象权可激励人们从事让他们出名的事情,并促进使用其身份形象的需求。这一权利也可以被视为防止对他人善意搭便车、实施精神性权利以控制个人形象的利用。该权利可发挥类似于商标的作用,防止就产品与服务的个人联系来欺骗用户。历史上,形象权常被视为隐私权的延伸。

432

而其他政策考虑则倾向于相反的方向,即限制形象权的范围。如同版

---

① 参见:托马斯·麦卡锡:《形象权与隐私权》(J. Thomas McCarthy, *The Rights of Publicity and Privacy*),2 ed. 1987 and supp.。

权,形象权是对表达的一种限制。对于言论——从娱乐、艺术到新闻报道,甚至闲聊八卦,形象是其所需之材料。最能引起人们的谈论兴趣的,就是人。如果由个人来控制涉及他们的表达,表达渠道受到预先限制,微妙的平衡便处于危险之中。

在各州之间,形象权的范围大为不同(且很多方面尚未确定)。在对形象权的范围进行界定时,一些关键性问题不断产生。

## (一) 州法是否承认形象权

多数州通过案例法或成文法允许形象权之诉,但有些州还没有。通常,这些州没有明确拒绝这种诉由。而更常见的是,州最高法院未对该问题做出裁定。

## (二) 谁拥有形象权?

只有当个人已名声在外时,形象权才可对其适用。如果一个人没有成为公众关注的对象,他人为商业目的而利用其形象可能就不是一种抢生意性质的使用。该权利也可能被局限于激励性原则。如果该权利是要激励赢得赞誉的行为,它可仅被限于那些通过其业绩和个人奋斗赢得名誉的人,而不是更加依靠机遇的名人。但普遍的做法是将这一权利延伸至所有的人,即使是几乎不具公共利益的特殊人物。

## (三) 如何界定受保护的身份?

形象权可限于对一个人的姓名与肖像的利用,而趋势是更加广泛地承认多种可以识别个人的方式。该权利可适用于姓名、昵称或标语等识别性短语、声音、讲话风格、宽泛的视觉肖像(如剪影甚至是穿着、打扮、姿势让人想起某个名人的机器人)。

各州同意,被保护的范围无论宽泛或狭窄,有关特征必须能够用于识别某一对象。假定一个名叫卡拉·皮尔斯的人没有什么名气,广告中碰巧使用了名为卡拉·皮尔斯的形象,因为公众不会把虚构的皮尔斯与该真人联系起来,其形象权就没有被侵犯。相比而言,形象是不是必须在实践中被公众用于识别其人,尚未得到确定。假定,某无名之辈的面容被用在广告中,公众不知道她是谁。其是否涉及到形象权? 这是多数司法区域未予解决的问题。

## (四) 如何界定商业利用的排他性权利?

形象权可适用于在商品或服务广告中使用他人身份的行为,但它也可以被延伸至商业性使用的所有方面。

## (五) 权利期限

形象权保护期可以以多种方式加以设定:形象被公众熟知的时间、特定的年限、对象终身、对象终身加一定年限,或者是代代相传的永久性保护。

## (六) 转让

该权利是一项可转让的财产权,还是一种不可转让的权利? 其判断取决于该权利的分类方式。

## (七) 权利限制的范围

依其定义,形象权是对表达自由的限制。相应地,一些州明确承认了某些例外情形,如新闻报道、评论或仿讽。当形象权得到宽泛理解时,第一修正案也可能会发挥其限制作用。加利福尼亚州最高法院阐述过一种平衡测试标准,认为一旦"涉案作品增加了重要的创造性成分,以致获得转化,不再是单纯的名人肖像或模仿",第一修正案上的考虑就要超越形象权保护。[①]　434

类似于版权限制的制度也可适用于形象权,如首次销售原则。带有某

---

[①]　比较第三喜剧产品公司诉盖瑞·萨德鲁普(*Comedy III Prods. v. Gary Saderup*),25 Cal. 4th 387 (Cal. 2001)(所销售的 T 恤衫仅有"三个臭皮匠"的形象而没有转化性成分,侵犯了形象权)与 温特诉 DC 漫画(*Winter v. DC Comics*),30 Cal. 4th 881,885 (2003)(漫画书中的角色以蓝调音乐家兄弟为基础,却又将其转化为"恶毒的半虫半人后代",因而第一修正案禁止其形象权诉讼)。

人形象的物品被售出之后,拥有者就可拥有展示或进一步发行该物品的权利,不对形象权构成侵犯。

○**实例**

近来,宽州与严州各自通过的成文法创设了形象权保护。宽州法律规定:

> 每个在世或死去的人,对于可对其进行识别的名姓、肖像、声音、签名或其他任何符号、代表性形象及其组合的商业性利用,均享有排他性权利。这种权利应具有个人财产的属性,保护期长为各人终生加 50 年。任何侵犯该权利的人应支付损害赔偿金与律师费。为了文学、文化、新闻报道、批评和娱乐之目的,仅仅提及该人而并无商业性目的的,不侵犯该权利。

而严州的立法规定:

> 每个知名人物,对于在商品或服务广告中使用其姓名或相貌的行为,享有排他性权利。该权利不可转让,期限不应长于权利人终生。

a. 时尚。伊戈尔·艾恩连续多次在高尔夫锦标赛中获奖,一举全国成名。格林·比尔公司制作了一个电视广告,画面是正在打球的伊戈尔·艾恩的面部特写,背景声音是对格林·比尔浓啤酒令人放松之功效的赞美。伊戈尔没有允许对其形象的使用。按照宽州法律,格林·比尔要承担责任吗?依严州法律呢? 如果不是一个知名高尔夫球手,格林·比尔只是利用了一个无名小辈的面部特写,结果有何不同吗?

b. 形状。伊戈尔继续取得其更大的成功。每当她赢得一次比赛,她就用一个独特的庆贺手势把推杆举过头顶。因斯坦产品公司开始销售一种 T恤,使用了一张表现伊戈尔著名手势的简单照片(simple photo)。该照片品质粗陋,让人不能辨认其面孔,但大多数看到者都能立即认出是伊戈尔,她是站在高尔夫绿地上做此姿势的唯一人。按照宽州法律,因斯坦公司应否承担责任?依严州法律呢?如果该照片只是伊戈尔面部的常规性照片(stock photo),结果有何异样?

c. 比生活更真实。维杰是奥特的新小说《看望》中的一个角色。为了获得出版,奥特以几千美元稿酬将版权卖给了邦德。维杰是一个大学生,正在努力发现自我,与全国范围的学生产生了共鸣。不久,某代理人授权以奥特小说为基础创作了一部动画电影。电影播映以后,该代理人许可卡丽电话卡公司,将电影中维杰的相貌用于电话卡广告。奥特对维杰形象的商品化感到震惊,遂起诉禁止该广告。奥特承认他已转让了图书版权,但他认为,作为维杰的创造者,他拥有维杰的形象权。按照宽州法律,奥特能胜诉吗?依照严州法律呢?

⊙ **解析**

a. 无论是按照宽州还是严州法律,格林·比尔都要承担责任。伊戈尔·艾恩的肖像被显著地用于电视广告,同时背景是对啤酒的称赞。按照宽州法律,这对她的肖像构成"商业性利用"。按照严州法律,这是对她面孔的使用,而其唯一的目的是为商品或服务做广告。

如果是一个无名小辈,依严州法律,结果有所不同,因为该州法律仅适用于著名人物。依宽州法律则结果没有变化。当整个广告是由其面部特写构成时,使用个人面孔属于对其肖像的商业性利用。宽州法律不要求公众能够真正识别出其肖像被使用的那个人。

b. 依宽州法律,因斯坦公司可能要承担责任;但依严州法律则可能不必担责,因为它仅适用于对姓名或相貌的利用。在这里,T恤没有使用伊戈尔的姓名或相貌。

宽州法律所要求的,是对可识别出伊戈尔的代表性形象(representation)的"商业性利用"。T恤包含了必要的识别性代表形象,因为照片中的形象轮廓很容易被识别为伊戈尔。问题是,将这一代表形象用在T恤上,是否属于对识别性代表形象的商业性利用。将她的形象轮廓用在T恤上并出售,可能构成了必要的商业性利用,但是,法院可能认为,该法无意适用

436 于涉及个人的每一项商业活动。该成文法规定了例外：即为各种不具商业性的目的而"单纯提及（mere references）"。制作和销售 T 恤看似具有商业目的，且并不明确属于一种受保护的目的。但"商业性利用"可能仅被理解为将对象身份用于广告或类似用途。

同时，形象用于 T 恤是一种表达性使用，其非"商业性言论"，受到有限的第一修正案之保护。因而，案例法虽然尚不确定，授予排他性权利而限制个人表达，可能违宪。

如果 T 恤使用的是一幅伊戈尔面部的常规性照片，依据宽州法律的分析是相同的，虽然"商业性使用"的主张可能会更加有力一些。依据严州法律，问题会比较接近。面部照片（与姿势轮廓照片不同）属于受保护的姓名或相貌的利用。但严州法律被限定于目的单一的情形，即为商品或服务做广告。而在这里，肖像出现于商品本身。肖像被用作产品本身——虽然也可能在 T 恤展示销售时被用作广告，因而其单一目的不是做广告，该使用可能不会落入严州法律规制的范围内。

c. 无论依据哪州法律，奥特都不能胜诉。这里的问题是，虚构人物是否享有形象权。宽州法律将权利赋予"每个在世或死去的人"。严州法律将权利授予"每个知名人物"，且规定该权利仅存在于其有生之年。两州法律显然仅适用于人类，而不是虚构人物（如虚构作品之角色）。因而，维杰不存在形象权保护。

# 八、《版权法》上的联邦法律优先

联邦政府与各州都有权调控财产权领域。按照《宪法》，联邦法律是整个国家的最高法。在某个领域，在联邦法律优先适用的范围内，州法无效。法院适用的优先权有三种：

第一，明示优先：有关领域的联邦成文法可能完全或部分地明确优先于州法。

第二，领域优先：如果联邦法管辖了整个领域，州法就没有适用的空间。

第三，冲突优先：如果（a）州法与联邦法不可能同时适用；（b）州法妨碍了联邦法目标的实现，州法就因联邦法优先而被排除。

版权成文法的优先范围是相当大的。在针对州法的优先权问题上，现行《版权法》的制定者试图在版权法方面实现全国统一，以代替各州成文法的混杂局面："恰如麦迪逊在《联邦党人文集》中的评论所表明的，《宪法》上版权条款背后的一个基本目的是推动全国统一，避免在各州各法院，依据不同法律判定和实施作者权利方面实际发生的困难。"[①]并且，版权法在激励作者与作品使用者权利方面做出了很多平衡。如果各州实施其各自的版权法以及在合理使用和首次销售等问题上的不同规则，这种平衡将被打破。

复制信息有可能违反很多类型的州法，例如合同法（使用信息违反合同限制，或拒付约定补偿）、商业秘密法（通过侵占商业秘密获得信息）、形象权（对个人识别性要素做商业利用）、不公平竞争（销售复制的产品）和非法侵占（复制有价值的信息）。联邦《版权法》优先于各州有关禁止复制的权利法规。

## （一）明示优先

《版权法》明确优先于授予等同性权利（equivalent rights）的州法。[②]按照第 301 条，《版权法》排他性地调控：

与第 106 条为独创性作品规定的版权范围内的排他性权利等同的一切法定权利或衡平法权利，这些作品被固定于实体性表达媒介、属于

---

① 美国联邦国会报告（House Report），No. 94-1476。
② 《美国法典》第 17 编第 301 条（a）。

第 102 条和第 103 条规定的版权客体。

对于非等同于联邦法版权权利的州法权利（如规制绘画所有权而非绘画之版权所有权的州法）、未固定作品的州法权利（如尚未以实体性形式固定的舞蹈上的普通法版权），或不属于版权范围内的州法权利（如继承绘画的权利），第 301 条不可优先适用。

### 1. 在第 102 和第 103 条规定的版权范围内

优先权不适用于非版权客体。试举一个著名的例子，1972 年之前，录音不属于联邦版权法所保护的对象。第 301 条明确规定，1972 年前之录音的州法保护不适用优先权原则。纽约州上诉法院曾裁定，纽约州法承认1972 年前之录音享有永久性的所有权。①

法院通常的理解是，"版权的范围"包括受版权保护的项目，但也包括《版权法》不予保护的项目。立法的历史表明，"只要作品属于第 102 条和第103 条之一般客体类型之一，该法案就对它排除州法保护，即使它因为太微不足道或缺乏独创性而不合格，或者因为已进入公共领域从而没有获得联邦法定版权。"②《版权法》不保护某些项目——这一事实并不意味着州法可自由地为其赋予权利。可以说，其结果是在版权法的意义上将该材料投入了公共领域。为非独创性材料提供类似版权保护的州法因优先原则而被排除。③ 否则，州法可能会打破由联邦版权法确立的平衡。

### 2. 等同于版权范围内的排他性权利

第 301 条排除了与第 106 条上任何排他性权利（复制、改编、公开发行、公开表演和展示作品的权利）"等同"的州法权利。要判定一项权利是否等同，多数法院运用了"额外因素"测试标准。法院判断的是，可能侵犯联邦法

---

① 参见卡皮托录音公司诉美国纳索斯（*Capitol Records v. Naxos of America*），4 N. Y. 3d 540（2005）。

② 美国联邦国会报告（House Report），No. 94-1476。

③ 参见 ATC 集团诉 WIT 传输公司（*ATC Distrib. Group, Inc. v. Whatever It Takes Transmissions & Parts, Inc.*），402 F. 3d 700,713（6th Cir. 2005）。即使数字不享有版权，针对复制零件编号，《版权法》优先原则也可排除州法诉由。

版权的行为是否会侵犯州法权利？抑或说,侵犯州法权利是否需要证明有额外的实质性因素？假定州法禁止未经授权复制一幅绘画。任何人未经授权而复制,同时都违反了州法和联邦法。该权利就是等同性的,州法因而就被排除适用。比较而言,假定州法禁止欺诈销售未经授权的绘画复制件。欺诈意图这个额外因素就不是版权法所要求的。就此而言,州法权利就不与版权等同,不因优先原则而被排除。

权利等同的判断并非总是很明确,因为优先原则广泛适用于"版权的一般范围内"的任何权利。法院常常要求,州法权利需存在实质性差异才能避免被优先原则所排除。假定,州法禁止为商业收益而擅自复制绘画。构成版权侵权不要求具有商业收益这一要素,但是,因为该额外因素对权利的实质内容无影响,州法权利实质上依然与版权等同,因而会被排除。同样,对于未予付酬而使用剧本和小说拍摄电影的做法,《版权法》优先于州法上的不当得利诉求。虽然,"得利"不是版权侵权之诉的构成要素,诉讼实质上是在实施"改编权——即基于小说或剧本创作或授权创作演绎作品的权利"。[①]

在考虑等同性时,法院也考虑是哪方受该权利的支配。比如,一项合同可能对信息的使用规定了限制,这类似于第 106 条上的权利。信息的接受者可能同意不对信息进行复制或发行、改编。代表性的判决认为,这种合同权利与版权下的权利并不等同,因为它只适用于合同双方,而非对世性的排他性权利。[②] 评论者认为,如果信息基于这种限制广泛发放许可(如大众性软件),该限制在功能上可能就等同于一种排他性权利。

### 3. 固定于实体性表达媒介的独创性作品

1976 年《版权法》之前,联邦版权主要适用于已发表作品,虽然某些未发表作品可能已通过登记享有版权。州版权法一般适用于未发表作品。国会于 1976 年改变了这一平衡状态,作品一旦被固定为实体性形式,联邦版

---

① 布里帕奇公司诉凤凰公司(*Briarpatch Ltd. L. P. v. Phoenix Pictures, Inc.*),373 F. 3d 296,306 (2d Cir. 2004)。

② 参见 ProCD 公司诉泽登伯格(*ProCD, Inc. v. Zeidenberg*),86 F. 3d 1447 (7th Cir. 1996)。

权保护就可对其适用。同样,优先原则将州版权法排除,除了"未固定"——即没有固定为实体形式的作品。立法历史显示,这将某些(并不很多)作品留给了州版权法保护:"例如:向来没有被拍摄或记录的编舞,即席演讲,只通过对话传播的'独创性作品'或'未被录制的'现场广播,以及即兴而发或由记忆形成但未经记录或写下的戏剧梗概或乐曲。"①

440

## (二) 冲突优先

除了第 301 条明确规定的优先,州法还需适用冲突优先。第一类冲突优先(不可能同时遵守联邦与州法)罕见适用于此类对象,但第二类冲突优先(州法阻碍着联邦法律目标的实现)则在多个领域被提出。

对于与《版权法》具体规定相冲突的合同法,法院通常是适用联邦版权规则将其排除。即使当事人各方有过依据州法可强制执行的口头协议,第 304 条为版权转让规定的签名文书要件占据支配地位。同样,一方可以依据《版权法》行使终止版权许可或转让的权利,即使可适用的州法可能允许该协议具有永久性。

在其他领域,案例法正艰难面对优先权原则。假定某摄影师拍摄了一张冲浪者的照片。经拥有版权的摄影师许可,该照片被用于一次广告活动。那么,该冲浪者是否就其形象权拥有诉由?或者,被使用的照片权利是否受联邦版权法的专属管辖?唐宁案判决认为,冲浪者的形象权不因优先原则被排除。② 随着形象权的扩张,这种可能性的冲突可能会增加。法院很可能会裁定,联邦版权成文法应优先于这种针对州法形象权的宽泛性理解。不然的话,联邦版权法与州形象权法如何允许使用并分配权利,其间会发生冲突。③

---

① 美国联邦国会报告(House Report),No. 94-1476。

② 唐宁诉阿伯克龙比(*Downing v. Abercrombie & Fitch*),265 F. 3d 994 (9th Cir. 2001)。

③ 参见詹妮弗·E. 罗斯曼:《版权优先与形象权》(Jennifer E. Rothman,*Copyright Preemption and the Right of Publicity*),36 U. C. Davis L. Rev. 199 (2002)。

另一类冲突的产生关系到将版权用于贷款担保。债权人要保护他的权利,是应该向版权局提交,还是应该到州《统一商法》执行机构办理备案? 问题尚待解决。[1]

合同常常包含的某些条款可能限制了版权法所允许的使用。软件许可证可能包含禁止反向工程的条款,而这在其他情况下可能属于合理使用。数据库许可证可能会禁止复制或传播事实,而事实不受版权法的保护。保密协议同样也会禁止披露不享有版权的材料,如功能性事物、事实或思想。多数案件曾经支持通过合同限制优先权原则。[2] 但是,对于可能与版权政策相冲突的州法权利,一些法院限制了其可执行性。[3] 冲突优先仍旧是一个相对不稳定的领域。

　441

○实例

a. 作者的权利。新的宽州成文法规定,任何诗人,一旦他把诗歌写下来或以其他方式保存下来,他就对其享有销售复制件、公开阅读的排他性权利。诗人谢科准备依据该法实施其权利,禁止某文学杂志未经许可刊印他的一首诗。该杂志主张,联邦成文法优先于州成文法。谢科回复说,宽州法与联邦法完全一致,因而不因优先原则而被排除。二者都对诗歌作者赋予了权利。宽州法律因优先原则受到排除吗? 如果宽州法律仅适用于作者没有写下来,或没有以其他稳定方式加以保存的诗歌(也即只存于作者脑中的诗),情况将有何不同?

b. 未经授权的传记。宽州通过了一部成文法,赋予每个人创作或销售基于其生活的传记的排他性权利。任何人未经许可创作或销售有关某人的图书,承担支付其一定比例收入的责任。该州法明确规定,它不适用于受版

---

① 参见世界辅助能源公司诉硅谷银行(*World Auxiliary Power v. Silicon Valley Bank*),303 F. 3d 1120 (9th Cir. 2002)。判决认为,联邦法律优先原则所排除的是已登记版权而非未登记版权的完全担保权益。

② 例如前述 ProCD 公司案。

③ 参见佛奥特公司诉奎德软件公司(*Vault Corp. v. Quaid Software Ltd.*),847 F. 2d 255 (5th Cir. 1988)(当软件许可证否认《版权法》第 117 条所规定的权利时,将优先原则适用于许可条款的实施)。

权保护的表达的复制,而仅适用于对个人事实的使用。联邦法优先于该州法吗?

c. 食言。佐索夫特销售的数字图像处理软件使用广泛。要使用该软件,用户必须对其点击包协议,点击"是"。有个协议条款规定,用户同意不将佐索夫特软件的任何部分复制于其他软件。默特尔购买了一份软件,并盛赞其功能。后来默特尔开发了他自己的商用数字图像软件,其中复制了佐索夫特软件的一些功能性要素。佐索夫特为此提起违约之诉。默特尔认为,联邦法律优先于该协议。佐索夫特的诉由会因优先原则而被排除吗?

d. 角色也是人。宽州向图书、电影及其他作品中的虚拟形象赋予形象权,从而扩大了其形象权成文法的范围。宽州法律规定,任何虚拟形象都应该享有形象权——对含有该形象的任何作品进行创作和发行的排他性权利。该权利归属于首次出现虚拟形象之作品的作者。几年前,党派克出售了其首部小说的版权。版权买主刚刚以该小说为基础出版了一部续集,并发行了一部电影,它们均以白手起家的侦探安妮·阿斯法特为主角。联邦法是否优先适用并排除党派克依据该宽州法律所拥有的诉由?

e. 侵占。苍蝇壁网络公司收集主要金融机构做出的投资建议,并赶在这些金融机构将其公开之前发布这些信息。面对州法上的侵占之诉,苍蝇壁网络公司声称,联邦版权法优先适用可为其排除任何州法上的责任。是吗?

f. 僵尸之诉?蒙茨向电视制片人谈起要出售他的"一个电视节目创意:跟随超自然调查组进行实地调查"。他们没有雇佣他,但不久之后,他们制作了《幽灵猎人》,而蒙茨认为这正是其创意的化身。按照加利福尼亚州法,若一个作者向一个制片人透露了他的剧本创意,其中可能就有一个默示性的契约:如果该创意被使用,作者将得到补偿。制片人认为,联邦法排除单纯基于复制思想的诉讼。联邦版权法允许思想复制,因而州法不能禁止它。蒙茨能够胜诉吗?

### ⊙解析

a. 依据《版权法》第 301 条,宽州成文法因优先原则而被排除。有关冲突优先或领域优先的考虑是不必要的。《版权法》明确优先于某些州法——如宽州成文法上的权利。依据《版权法》第 301 条,《版权法》优先于符合下列条件的州法权利:

(a) 与第 106 条上的任何排他性权利相等同,

(b) 固定于实体性表达媒介上的独创作品,

(c) 处于第 102 和 103 条规定的版权范围之内。

宽州立法规定的权利满足了所有这三个条件。该权利等同于第 106 条上的权利——向公众发行作品和公开表演作品;该权利属于被固定的独创性作品,已被写下来或以其他方式保存;诗歌当然属于版权的范围。

该宽州立法如果只是适用于作者未以实体性方式保存的诗歌,它就不会被排除。如上所述,《版权法》第 301 条优先原则仅适用于固定于实体性表达媒介的作品。领域优先和冲突优先也不可适用于未固定作品。可以说,州法一般仍然可以自由地调控未固定作品的版权(范围狭窄的作品类型)。

b. 该宽州成文法有可能因优先原则而被排除。第 301 条优先原则的适用并不明确。宽州该成文法赋予的权利等同于第 106 条上的权利(复制或向公众发行作品的权利),它处于版权的范围之内。但该权利可以说并非基于固定于实体媒介的独创作品;它只是以有关个人生活的非实体性事实为基础。但人们可以推论称,思想一旦由他人以写作图书的形式固定下来,该法就赋予此人一种版权。无论如何,该法确实因冲突优先而无效,因为它要为使用某种事实创作和发行图书赋予排他性权利,而《版权法》有意将这类材料保留在公共领域。它不包含任何额外要素如欺骗,因而相当于要对事实赋予版权。

c. 该案所显示的,是一个当前尚不确定的领域:在多大程度上,合同法可被用来取得版权法所没有赋予的权利。合同常常保护版权法不予保护的信息(如事实、思想或功能性事物),或减少版权法赋予的用户权利(如合理

443

使用或首次销售之权利）。法院普遍支持这种限制。[①] 但问题远未得到解决。

如果只有很少的人受制于此类合同,这种私立协议与版权法似乎没有多大冲突——并且,通过推动版权作品的有效许可,反而常常能促进版权法。但是,随着法律性与技术性许可措施进一步完善有关信息的控制,法院会在更多的案件(如在专利法中那样)中判定,鉴于联邦版权法政策(或其他联邦法,如反垄断),合同性限制不可强制执行。因而,该案没有明确的答案。法院一般会裁定支持合同性限制超越版权排他性权利,但分界线应划在何处,则有待判例法上的进一步发展。法院可能会认为,这种禁止复制的协议为不受版权保护的成分赋予排他性权利,其执行可能与《版权法》中的联邦政策发生冲突,应该根据优先原则将其排除。

d. 联邦版权成文法排除党派克州法上的诉由。宽州成文法向虚拟形象的作者授予的创作和发行含有该形象之作品的排他性权利等同于联邦版权法上的排他性权利(复制、改编和发行复制件的权利)。它应该依据《版权法》第 301 条被排除适用。

e. 法院认为,按照本章前面讨论过的涉及非法侵占的 NBA 诉摩托罗拉一案,本案中,联邦版权法可排除单纯的信息复制之责。[②] 联邦版权法允许复制事实、非独创表达和其他不享有版权的成分。苍蝇壁网络公司一案所面对的是国际新闻社一案的"魅影(ghostly presence)"——依此案,"热点新闻(hot news)"侵占可作为诉由[③]。第二巡回法院认为,在与联邦版权法大为不同的情况下,"热点新闻"原则可能依然存在,只是侵权的适用范围非常狭窄:将仅仅适用于被告实施搭便车行为、以低成本直接竞争的方式生

---

① 如鲍尔斯诉海湾州技术公司(*Bowers v. Baystate Techs*),302 F. 3d 1334,1343 (Fed. Cir. 2002)(其中判决,通过"点击包"合同禁止软件反向工程的协议不适用优先原则);戴维森诉荣格(*Davidson & Assocs v. Jung*),422 F. 3d 630 (8th Cir. 2005) (判决相同)。

② 巴克莱资本公司诉苍蝇壁网络公司(*Barclays Capital Inc. v. Theflyonthewall.com, Inc.*),99 U. S. P. Q. 2d (BND) 1247 (2d Cir. 2011)。

③ 国际新闻社诉美联社(*International News Service v. Associated Press*),248 U. S. 215 (1918)。

产产品。但在这里,原告是金融机构,做投资建议是其提供金融服务这一广泛业务之一部分。它们与投资建议销售者没有直接的竞争;如果这些建议被提前公开,其整体业务也不会面临危险。按照苍蝇壁网络公司案,仅仅因为复制信息而课以责任是件困难的事(不同的是以不当方式获取信息——按照商业秘密侵占或违反保密承诺等理论,这依然要承担责任)。

f. 版权法不能排除州法上的诉求,因为它包含有"一项附加成分:一个为利用所披露创意而支付费用的协议"。①

445

---

① 蒙茨诉旅行者影视公司(*Montz v. Pilgrim Films & Television Inc.*),98 U. S. P. Q. 2d (BNA) 1569 (9th Cir. 2011) (en banc)。

# 索　引

### (索引中的数字为原书页码,即本书边码)

**图书在版编目(CIP)数据**

版权法:案例与解析/(美)斯蒂芬·麦克约翰著;宋
慧献译.—北京:商务印书馆,2021
(威科法律译丛)
ISBN 978 - 7 - 100 - 19795 - 3

Ⅰ.①版… Ⅱ.①斯…②宋… Ⅲ.①版权—著
作权法—研究—美国 Ⅳ.①D971.234

中国版本图书馆 CIP 数据核字(2021)第 070443 号

威科法律译丛

**版权法:案例与解析**

〔美〕斯蒂芬·麦克约翰 著

宋慧献 译

商 务 印 书 馆 出 版
(北京王府井大街 36 号 邮政编码 100710)
商 务 印 书 馆 发 行
北京艺辉伊航图文有限公司印刷
ISBN 978 - 7 - 100 - 19795 - 3

2021 年 6 月第 1 版 开本 710×1000 1/16
2021 年 6 月北京第 1 次印刷 印张 32
定价:155.00 元